내 삶이 콘텐츠가 되는 순간

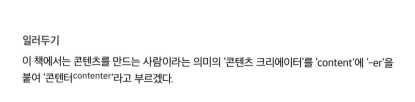

일러두기

이 책에서는 콘텐츠를 만드는 사람이라는 의미의 '콘텐츠 크리에이터'를 'content'에 '-er'을 붙여 '콘텐터^{contenter}'라고 부르겠다.

평범한 내 일상이
누군가에겐 '인생 콘텐츠'가 된다

내 ✦ 삶 이
콘 텐 츠 가
되 는 순 간

한혜진 지음

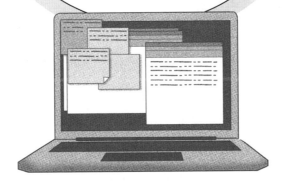

경이로움

나를 발견하고 가꾸는 콘텐터의 삶으로 당신을 초대합니다

소박한 내 삶에서 센스 있게
콘텐츠를 건져 올리는 법

"보통 사람이 센스 있게 콘텐츠를 시작하는 방법은 없을까?" 이 책은 이런 질문에서 출발했다. 이 책은 일기장에서 한 발짝 나아가 자신이 발휘한 뭔가가 '콘텐츠'로 불리길 원하는 사람을 위해 쓰였다.

평범한 내 일상이 누군가에게는 '인생 콘텐츠'가 될 수 있다. 평범하면 평범할수록 좋다. 사실 우리 삶은 평범함의 합이기 때문이다. 기록으로 출발한 글과 사진이 콘텐츠와 커리어, 사업 등으로 성장할 수 있다. 내 삶이 콘텐츠가 되는 순간, 모든 것이 가능해진다.

먼저 나를 간단히 소개하자면, '완벽한 콘텐츠 소비자'에서 '콘텐츠 생산자'로 변신한 사람이다. 왜 완벽한 콘텐츠 소비자였는고 하니 어린 시절에는 TV와 라디오 편성표를 머릿속에 통째로 외울 정도로 미디어에 홀딱 빠져 살았기 때문이다. 대학 졸업 이후부터 약 12년간은 TV 방송작가로 일했다. 2013년부터 10년간은 콘텐츠 창작자로 활동하며 이 책까지 총 7권의 책을 썼다. 이 책에는 소비자에서 생산자로 전환한 나의 모든 지성과 노하우가 담겨 있다.

나는 당신이 '생산자'가 되길 바라며 이 책을 썼다. 엠제이 드마코MJ DeMarco가 "부의 추월차선에는 오직 생산자만 있다"라고 말한 것처럼 생산자가 되면 꿈이 현실로 이뤄질 가능성이 높아지기 때문이다. 전작 『나는 매일 블로그로 출근한다』가 콘텐츠 동기부여 책이었다면, 이 책은 보통 사람이 현실적으로 콘텐츠를 발견하고 만들어가는 방법을 알려준다. 아직 한 번도 콘텐츠를 만들어본 적 없는 사람, 나름대로 콘텐츠 활동을 하고는 있지만 일상의 기록 이상으로 발전시키기 어려운 사람, 이미 탁월하지만 더 탁월해지고 싶은 사람에게 영감을 줄 수 있는 내용을 담았다.

이 책을 컴퓨터의 단축키라고 생각해주면 좋겠다. 단축키는 작업 시간을 줄여준다. 하지만 단축키만 안다고 해서 작업의 신이 되는 것은 아니다. 활용은 오직 자신에게 달렸다. 단축키를 익히고 응용하고 자기 것으로 만들어야 한다. 필요 없는 단축키는 생략하기도 해야 한다. 이 책도 그렇다.

당신도 잘 팔리는 콘텐츠를
만들 수 있다

"남편이 어제부터 블로그 책을 읽기 시작했어요."

집에서 아이만 키우던 아내가 어느 날 블로그를 시작하더니 출강을 나가고 월 300만 원을 벌어오는 모습을 생생히 지켜보면서부터라고 한다. 내 수강생의 이야기다. 나는 강점을 발굴해 개인의 서사를 중심으로 콘텐츠와 커리어를 만드는 콘텐츠 방식을 추구한다. 순전히 나만의 방법이었지만 시대 흐름이 내가 추구하는 방법을 지지해주는 방향으로 흐르고 있어 반갑다. 이 방식은 내가 성장한 방식인데 타인에게도 적용해보니 통한다는 것을 알게 되었다. 단, 전제가 있다. 이 방식을 받아들이는 사람에게만 효과가 있다. (이게 무슨 말인지 쉽게 이해하고 싶다면 세바시 1,143회 빨간모자쌤 신용하의 강연을 보길 바란다.)

영어 공부의 원리, 콘텐츠의 원리가 따로 있는 것이 아니다. 인생의 원리를 콘텐츠에 적용하면 된다. 개인의 자원을 취재하고 다듬는 방식으로 콘텐츠를 하게 된 것은 내가 교양 다큐멘터리 구성작가 출신이라는 점이 한몫했다. 휴먼 다큐멘터리나 교양 정보 프로그램은 특정한 사람을 취재해서 방송할 때가 많다. 일면식도 없는 한 사람을 취재하고 탐구해 기획하고 제작하면 방송이 만들어지는 과정을 12년간 숙련했다. 인간에게는 자신이 생각하는 것보다 더 깊고 고유한 자원이 있다. 신기한 것은 대부분이 이 사실을 모르거나 잘못 해석한다는 것이다.

"콘텐츠는 특별한 사람만 만들 수 있는 거 아니야?" "나는 너무 평범해서 딱히 만들 게 없는데." "왜 굳이 콘텐츠를 만들어야 하지? 그냥 편하게 살자." 혹시 이런 생각으로 계속 소비자로 머물면서 남이 만든 영상, 남이 쓴 글에 당신의 시간과 돈을 쓰고 있지 않은가? 솔직히 콘텐츠를 소비하기만 하면 편하긴 하다. 소파에 누워 재밌는 콘텐츠를 보고 있으면 서너 시간이 마법처럼 훌쩍 지나가버릴 정도니 말이다. 맛있는 걸 먹으며 예능이나 드라마를 보는 것처럼 즐거운 시간이 또 있을까? 웹툰이나 웹소설은 또 어떤가? 하나만 보고 자려고 했는데 도저히 끊지 못하겠고, 그러다 보면 동이 터 있을 때도 있다. 나도 그럴 때가 많다.

그런데 생산자로 살다 보니 이젠 만드는 재미에 더 푹 빠졌다. 소비만 할 때는 시간이 허망하게 가기도 했는데, 생산도 같이 하다 보니 시간이 의미 있게 간다. 내가 보낸 시간이 축적되어 콘텐츠라는 가치로 탄생할 때의 희열은 말로 표현할 수 없을 정도다. 단지 감정적인 만족뿐만 아니라 좋은 인연이 생기고 돈도 벌 수 있다면 금상첨화가 아닐까? 콘텐츠 생산자로서의 전환은 삶을 풍요롭게 변화시킨다.

나는 앞으로 거의 모든 개인이 콘텐츠 활동에 어떻게든 기여하는 삶이 펼쳐질 것으로 믿는다. 왜일까? 바야흐로 1인 가구의 시대이기 때문이다. 1인 가구는 세계적인 추세다. 혼자 사는 시대에는 삶의 요령과 지혜를 콘텐츠에서 얻을 가능성이 높다. 지금은 '콘텐츠'라고 이름 붙이지만, 나중에는 당연한 소통방식이 되지 않을까? 거주 불능 지구를 떠난 인류가 우주에서 생활하는 내용을 담은 영화 〈월-E〉에서 전 인류가 모니터를 사이에 두고 대화하는 장면처럼 말이다. 사람은 연결되고 싶은 본능이 있다. 소속감, 인간관계, 누군가와 소통하고 교류하고 싶은 마음, 도움을 주거나 혹은 도움받고 싶은 마음이 그렇다. 혼자 사는 사람이 기분이 좋아지고, 문제가 해결되고, 삶이 편안해지고, 배울 수 있는 콘텐츠를 만들면 잘 팔린다.

당신만의 콘텐츠를 발견하는 가장 현실적인 방법

잘 팔리는 콘텐츠를 만드는 가장 현실적인 방법은 콘텐츠에 '나+너+우리'를 담는 것이다. 잘 팔리는 콘텐츠에는 이 3가지가 반드시 있다.

잘 팔리는 콘텐츠의 3요소

나
(메시지)

우리
(소통)

너
(기여하고 싶은 사람)

'나'는 내가 하고 싶은 말, 즉 내가 전달하고자 하는 메시지다. '너'는 내가 이 말을 해주고 싶은 사람, 즉 나의 메시지로 도움을 주고 싶은 사람이다. '우리'는 소통이다. 내가 일방적으로 전달하기만 하는 것이 아니라 상대의 말을 듣고 반응하고, 상대의 질문이나 반응을 다음 콘텐츠의 아이디어로 삼기도 하면서 상호작용하는 것이다. 이 3가지를 충실하게 해나가는 콘텐츠는 대부분 좋은 콘텐츠로 알려진다. 그런데 대부분 첫 번째에서부터 막힌다. 자기가 하고 싶은 말이 뭔지 도무지 찾기가 어렵다고들 한다. 그래서 남의 메시지를 따라 하거나 중도 포기한다.

이 책은 당신을 발견하고 가꿔서 콘텐츠에 다다를 수 있는 구체적인 방법을 알려줄 것이다. 내가 실제로 사용한 방법이기도 하고, 내 주변에도 같은 경로로 생산자가 된 사람이 여러 명 있다. 가장 강력한 콘텐츠는 자기다운 콘텐츠다. '나'와 세상을 바라보는 시각이 달라지는 순간, 콘텐츠는 신나게 샘솟을 것이다. 지금 바로 당신에게서.

한혜진 작가

1장 좋은 콘텐츠는 단 한 사람을 위한 것

2장 콘텐츠 만들기 1단계: 나를 취재하라

3장 콘텐츠 만들기 2단계: 내가 원하는 것을 정하기

4장 콘텐츠 만들기 3단계: 실천하기

5장 방송작가처럼 콘텐츠 구성하는 법

6장 콘텐터로 살아가는 법

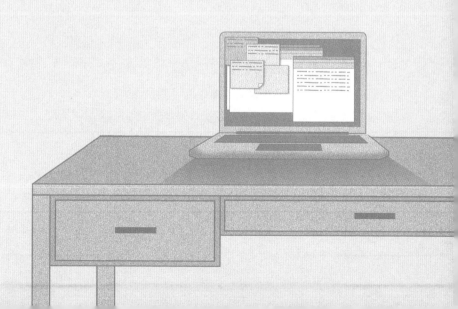

콘텐츠가 넘쳐나는 시대다. 그래도 우리는 콘텐츠를
만드는 생산자가 되어야 할까? 좋은 콘텐츠란 무엇일
까? 잘 팔리는 콘텐츠에는 어떤 비밀이 숨어 있을까?
1장에서는 좋은 콘텐츠란 무엇이며, 왜 콘텐츠를 만
들어야 하고, 어떤 태도로 만들면 좋을지 이야기 나
눠보자.

1장

좋은 콘텐츠는
단 한 사람을 위한 것

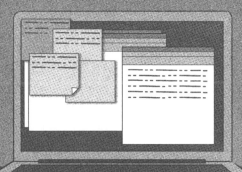

강력한 콘텐츠는
미디어가 무엇이 됐든
퍼지게 되어 있습니다.[1]

-박웅현

당신의 콘텐츠를 발견해야 하는
3가지 이유

첫째, 누구도 거스를 수 없는 시대 흐름이니까

2017년 10월, 서울대 건설환경공학부 유기윤 교수 연구팀은 오직 데이터에 근거해 미래 도시에 대한 시뮬레이션 연구 결과를 발표했다. 연구에 따르면, 미래 도시에서 인간은 플랫폼 소유주, 플랫폼 스타, 인공지성, 프레카리아트의 4개 계급으로 살아가게 된다.[2]

　1계급 '플랫폼 소유주'는 전 세계 상위 기업 중 플랫폼으로 성공적 변신을 한 기업가와 투자자다. 2계급 '플랫폼 스타'는 대중의 감정에 호소할 수 있는 일부 정치 엘리트, 예체능 스타, 창조적 전문가들이다. 3계급은 법인격을 지닌 인공지성 계급이다. 마지막으로 '프레카리아트'

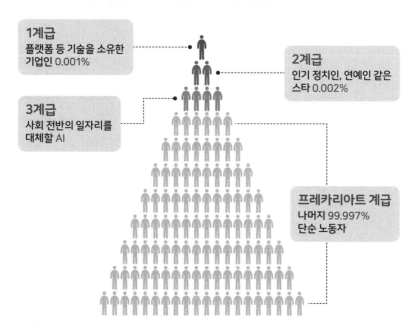

2090년 미래 계급 전망

1계급
플랫폼 등 기술을 소유한
기업인 0.001%

2계급
인기 정치인, 연예인 같은
스타 0.002%

3계급
사회 전반의 일자리를
대체할 AI

프레카리아트 계급
나머지 99.997%
단순 노동자

는 영국의 경제학자 가이 스탠딩Guy Standing이 주창한 새로운 사회 계급이다. 인간의 노동이 대부분 AI로 대체된 미래 사회에서 임시 계약직, 프리랜서 형태의 단순 노동에 종사하면서 저임금으로 근근이 살아가는 계층을 말한다. 결국 플랫폼을 소유하느냐, 플랫폼에서 스타 플레이어로 활동하느냐가 계층을 구분한다는 것이다.

이 연구 결과를 접했을 때 극단적인 비율이 충격적이었을 뿐 결과 자체는 납득이 갔다. 불편한 예측이긴 하지만, 사실 지금 우리가 사는 세상을 비춰봐도 전혀 이질적이지 않다. 플랫폼을 가진 기업과 플랫폼

스타가 막대한 부를 독식하는 구조가 이미 정착되고 있는 상황이지 않은가? 유기윤 교수는 플랫폼 스타의 또 다른 이름이 '1인 플랫포머'라고 말한다. 플랫폼 속에서 개인 플랫폼을 구축했기 때문이다. 플랫폼을 만들 수 없는 사람은 이미 만들어진 플랫폼에서 자신을 플랫폼화하라고 조언한다. 빅데이터 전문가 송길영 박사도 같은 조언을 한다. 미래는 플랫폼과 크리에이터의 시대가 된다는 것이다. 기업과 직장인의 형태도 달라져 기업은 일종의 '플랫폼 프로바이더(제공자)'로, 구성원은 '콘텐츠 크리에이터'로 모습을 바꿀 것으로 내다봤다.[3]

플랫폼에서 가장 중요한 것은 무엇일까? 콘텐츠다. 결국 앞으로 삶을 영위하기 위해서는 콘텐츠 생산자로 살아야 한다. "과장처럼 들리기도 하겠지만, 요즘 같은 시대에 내 작업이 온라인상에 있지 않다면 그건 존재하지 않는 것이다."[4] 이제 무엇을 하든 온라인상에 존재해야 한다. 어떤 모습으로? 콘텐츠의 모습으로. 콘텐츠와 무관했던 기업들이 대거 콘텐츠 기업을 선언하는 이유이기도 하다. 왜일까? 이제 단순히 광고만으로 제품을 어필하는 시대는 막을 내리고 있기 때문이다. 콘텐츠로 홍보하고 어필하는 시대다. 콘텐츠에 반응한 사람이 소비자가 되고 단골이 되는 시대다. 콘텐츠는 개인이든 기업이든 그들이 무슨 일을 하는지, 어떤 생각을 하는지, 이걸 왜 하는지를 표현하는 통로가 되어준다.

인간이라면 누구도 거스를 수 없는 것 중 하나가 시대 흐름이다. 언젠가 하겠다고 미뤄두기에는 세상은 빠르게 변하고 있다. 2022년

11월, 챗봇이 등장한 후 변화의 속도는 더욱 빨라졌다. 송길영 박사는 『시대예보: 핵개인의 시대』에서 이러한 시대 흐름을 외면하려는 사람에게 일기예보를 비유해 말한다. 장마철 일기예보를 외면하고 하천길로 나서는 무모한 산책객이 되지 말라고. 시대의 흐름을 인정하고 제대로 무장해 살라는 것이다. 오늘 시작하는 것이 내 생에서 가장 빠르다. 이것이 당신이 콘텐츠를 발견해야 하는 첫 번째 이유다.

둘째, 돈은 부족하고 시간은 남아도는 노후를 대비해야 하니까

내가 콘텐츠를 꾸준히 하는 이유 중 하나는 노후 준비를 위해서다. 왜 노후 준비일까? 크게 2가지 측면에서다. 하나는 커리어와 수익을 위해, 다른 하나는 자아실현과 유의미한 시간 운용을 위해서다. 100세 시대에는 크게 4가지 장수 리스크가 도사리고 있다고 한다.[5]

100세 시대 4가지 장수 리스크

· **무전장수**: 은퇴자금 없이 장수할 위험
· **유병장수**: 질병에 시달리며 장수할 위험
· **무업장수**: 하는 일 없이 장수할 위험
· **독거장수**: 혼자 오래 살아야 하는 위험

이 중 '무전장수'와 '무업장수'에 주목해본다. 내 어머니는 제주에서 홀로 노년을 보내고 있다. 제주 생활 자체는 만족스럽지만 시간을 보내기가 무척 곤란하다고 한다. 수면 시간이 줄어서 새벽이면 눈이 떠지는데 TV 시청 말고는 할 것이 없다. 정기적인 일이 없기 때문에 동네에서 일손이 필요하다고 하면 그렇게 반갑다고 한다. 귤 수확철은 용돈 벌이에 시간까지 보낼 수 있어 가장 반가운 시기다. 어머니는 몇 년째 블로그를 해보려고 시도 중이다. 처음에는 컴퓨터를 켜지도 못했다. 전원을 켜고, 인터넷 창을 찾고, 클릭하고, 블로그에 로그인을 하기까지 3년은 걸린 듯하다. 그래도 포기하지 않는다. 지금은 일기 형식이지만 꾸준히 하면 어떻게 성장할지 모를 일이다.

노년은 아마도 전 생애 중 시간 확보가 가장 용이한 시기일 것이다. 만약 이 시간을 의미 있게 보내면서 생활비로 사용할 수 있는 수익도 얻을 수 있다면 어떨까? 인간의 수명이 길어지면서 우리에게 확보된 시간은 더욱 늘어났다. 내가 70세까지 산다면 61만 1,000시간을 산다. 내가 100세까지 산다면 87만 3,000시간을 산다. 수학적으로 100세 시대에는 인생의 시간이 1인당 26만 2,000시간 늘어나게 된다. 『아웃라이어Outliers』를 쓴 말콤 글래드웰Malcolm Gladwell은 "무엇인가에 대해 전문가가 되려면 1만 시간을 그것에 투자해야 한다"라며 1만 시간의 법칙을 주장한 바 있다. 우리가 익히 알고 있는 1만 시간의 법칙을 대입해본다면 이런 결론에 다다른다.

26만 2,000시간 = (하루 9시간으로 가정했을 때) 1만 시간의 법칙을 적용하면 8~9가지 새로운 숙련이 가능한 시간

1만 시간은 하루 9시간을 투자한다면 3년, 하루 3시간을 투자한다면 10년이 걸리는 시간이다. 결국 아무리 느리더라도 최소 2가지의 새로운 숙련이 가능한 시간이라는 의미다. 만일 숙련이 목표가 아니라면 시도하거나 익힐 수 있는 가짓수는 더 많아진다. 물론 모든 변수를 소거한 정량적 계산이다. 하지만 시간 자산이 풍족해졌다는 측면에서 그 의미를 곰곰이 되새겨볼 필요가 있다.

'어느 95세 노인의 수기'로 유명한 강석규 박사는 호서대학교 설립자로서 65세에 명예롭게 은퇴했다. 65년 생애는 떳떳했지만 이후 30년 생애는 비통한 삶이었다고 한다. 죽는 날만을 기다리며 덧없이 살았기 때문이다. 선생은 95세에 영어 공부를 시작했다. 10년 후 맞이하게 될지도 모를 105세 생일날 '95세 때 왜 아무것도 시작하지 않았는지' 후회하지 않기 위해서였다고 한다. 영어 공부는 103세에 별세하실 때까지 이어졌다고 전해진다.

요즘 어르신들은 종로 탑골공원이 아니라 인천공항에서 시간을 보낸다는 이야기를 들은 적이 있다. 왜인고 하니, 시간을 보내기 가장 좋다는 것이다. 인천공항으로 가는 이동 시간이 길고, 여행을 가거나 돌아오는 사람만 봐도 눈요기가 충분하다고 한다. 여행 가는 이들을 구경만 할 것인지, 자신만의 서사와 자원을 찾아 떠나는 여행을 할 것인지는

오직 본인의 선택에 달렸다.

콘텐츠로 장수 리스크를 다스린다면

- **무전장수→유전장수**: 나이 들어도 내 콘텐츠로 돈을 벌 수 있다.
- **유병장수**: 질병에 걸려도 치료할 돈을 마련할 수 있다.
- **무업장수→유업장수**: 하는 일이 생긴다.
- **독거장수**: 혼자 살지만 소통할 창구가 있다.

콘텐터는 수익은 물론이고 자아실현을 할 수 있는 최고의 자유 직업이다. 앞으로 그 가치는 더욱 높아질 것이다. 당신이라는 개인으로서 자립하라. 시간을 때우지 말고 운용하라. 돈은 부족하고 시간은 남아도는 노후, 스스로를 책임지기 위해서 콘텐츠를 시작해보면 어떨까? 이것이 당신이 콘텐츠를 발견해야 하는 두 번째 이유다.

셋째, 흔들릴 때마다 나를 잡아줘야 하니까

세 번째 이유는 철학적인 이유다. 커리어나 수익도 중요하지만, 다가올 미래에 결코 놓쳐서는 안 될 삶의 요소라고 판단되어 세 번째 이유로 꼽았다. 고백하건대, 사실 이 책은 조금 더 일찍 출간하려고 했었다. 하지만 그럴 수가 없었다. 집필 기간 중 거대한 역사적 사건이 발생했기 때문이다. 바로 인공지능 챗봇의 출현이다. 사람보다 더 빠르고 완벽하게 글을 쓴다는 챗봇 앞에서 직업작가인 나는 한동안 무력감을 느꼈다. 그런 내가 이상해 보였는지 어느 날 큰아이가 말을 걸어왔다.

아이   엄마, 기분이 안 좋아 보여. 무슨 일 있어?

나   기분이 안 좋은 건 아니고 좀 힘이 빠져서. 이제 인공지능이 글쓰기를 하는 시대래. 엄마는 작가를 그만둬야 하나… 힘이 좀 빠졌어.

아이   엄마! 그건 걱정할 필요가 없어. 왜인지 알아?

나   왜?

아이   인공지능은 인간이 물어보면 백과사전 같은 답변은 잘할 거야. 예를 들어서 "헬륨가스가 뭐야?"라고 물어보면 인공지능은 이렇게 답하겠지. 헬륨가스는 기체이며 원소기호 어쩌고저쩌고. 막 이렇게 어려운 말만 하겠지. 근데 만약에 대박이(동생)가 나한테 "언니, 헬륨가스가 뭐야?"라고 물어보면 나는 이렇게 말하잖아. "하늘을 나는 풍선 본 적 있지? 그 속에 헬륨가스가 들어 있어. 공기보다 가벼워서 잘 날아가. 헬륨가스를 마시면 목소리도 웃기게 변해." 이건 완전히 다른 거야, 엄마. 인간이 쓸 수 있는 건 감성적이고 경험적인 거야. 나는 엄마가 작가를 계속 해야 된다고 생각해.

나   그, 그런가?

아이 말을 듣고 나니 정말 그랬다. 나는 헬륨가스 원소기호가 무엇인지 모르고 과학적 지식도 부족하다. 하지만 헬륨가스로 무엇을 할 수 있고, 그것이 인간에게 어떤 느낌을 주는지는 비교적 구체적으로 표현할 수 있다. 아이는 흔들리는 나를 단단히 잡아줬다. 여전히 사람만이 희망이다.

기술의 고도 발전은 이미 정해진 미래다. 이런 세상에서 필요한 것은 무엇일까? 주체적으로 사는 것이다. 자기 생각을 가지고 인간적인 삶을 영위하는 것이다. 나는 이렇게 말하고 싶다. 기계가 지배하는 세상에서 흔들리지 않기 위해, 완벽한 기계 앞에서 스스로 쓸모없게 느껴질 때마다 자신을 잃지 않기 위해 콘텐츠를 만들자고 말이다.

강원국 작가는 인공지능 시대에 오히려 인간은 놀이를 위해 글을 더 많이 쓸지도 모른다는 견해를 밝혔고,[6] 트렌드 전문가 김용섭 작가는 『프로페셔널 스튜던트』에서 "인간이 끝까지 지킬 분야는 예술"이라고 했다. 기계의 시대에는 인간다움이 더욱 빛을 발할 것이다. 자신의 품위와 존엄을 위해, 나아가서는 인간의 품위와 존엄을 위해, 원시시대 벽화를 그리듯 인간으로서의 자기 이야기를 기록하자. 그렇게 차곡차곡 이야기를 쌓아가다 보면 콘텐츠로 이름 붙일 만한 뭔가가 눈앞에 그려질 것이다.

좋은 콘텐츠란 무엇인가

여전히 어려운 말 '콘텐츠', 딱 정리해드립니다

디지털 세상 어딘가에 깃발을 꽂고 수익 구조를 만들고 싶거나 자신을 알리고 싶은 마음으로 이 책을 선택했을 것이다. 막연한 사람도 있을 것이고, 어느 정도 시도해보다가 중단했거나 지지부진한 사람도 있을 것이다. 혹은 활발하게 활동은 하고 있으나 자신의 방향이 맞는지 확인하고 싶어 이 책을 읽기 시작했을지도 모른다.

이 책은 모든 창작물의 근본이 되는 콘텐츠에 대해 이야기한다. 유튜브, 인스타그램, 블로그, 틱톡 같은 플랫폼은 '표현 도구'다. 텍스트, 이미지, 음성, 영상 언어로 뭔가를 표현하도록 마련해둔 곳이다. 어느

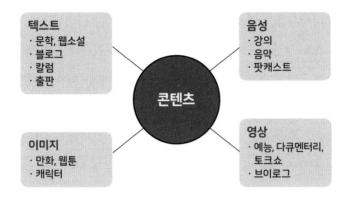

콘텐츠의 형태

텍스트
· 문학, 웹소설
· 블로그
· 칼럼
· 출판

음성
· 강의
· 음악
· 팟캐스트

콘텐츠

이미지
· 만화, 웹툰
· 캐릭터

영상
· 예능, 다큐멘터리,
  토크쇼
· 브이로그

플랫폼을 이용해 어떻게 표현할 것인가는 당신의 선택이다. 하지만 본 질을 기억해야 한다. 텍스트든 이미지든 영상이든 결국 콘텐츠가 좋아야 성공 확률도 높아진다는 점이다. '기승전 콘텐츠'인 것이다.

독자와 주파수를 맞추기 위해서 우선 이 책에서 말하는 콘텐츠가 무엇인지 함께 정리해보자. 콘텐츠contents의 사전적 의미는 "각종 유무선 통신망을 통해 제공되는 디지털 정보를 통칭해 이르는 말"이다. OECD에서는 콘텐츠의 개념을 "인간을 위해 구성된 메시지로써 미디어와 결합되어 공중에게 전달되는 상품product"으로 정의하고 있다. 콘텐츠의 가치는 유형의 질에 있지 않고, 소비자에게 교육적·문화적·정보적·오락적 가치를 얼마나 제공하는가에 따라 결정된다고 덧붙였다.[7]

콘텐츠는 '콘텐트'에 's'를 붙인 복수형이다. 콘텐트content와 콘텐츠 contents 중 무엇이 맞는가에 대해 갑론을박이 있다. 국립국어원은 표준

어로 '콘텐츠'를 선택했다. 서울대학교 언론정보학과 이준웅 교수는 콘텐츠의 대체어를 찾아보자는 제안을 했다.[8] 이유는 "콘텐츠는 디지털 시대의 소통 현실을 관통하는 핵심 개념어가 되었는데 우리말로 공들여 번역하지 않고 적당히 뭉개듯 사용하고 있기 때문"이라고 했다.

내 생각도 비슷하다. 어떻게 적당히 뭉갰는지 전후 사정까지는 잘 모르겠지만, 콘텐츠를 초등학생이 알아듣게 설명하기가 어렵다는 점에서 개선에 동의한다. 어른도 이해 못 하는데 어떻게 아이에게 설명하겠는가. 아이에게 설명할 수 없는 지식은 체화한 지식이 아니다. "콘텐츠가 뭐예요?"라고 아이가 물으면 나는 보통 이렇게 말하곤 한다. ('하곤 한다'고 표현하는 이유는 그때그때 조금씩 달라지기 때문이다.) "콘텐츠는 '이야기'야. 만복이 머리에 떠오르는 이야기가 있지? 네 이야기일 수도 있고, 어디에서 들은 이야기일 수도 있고, 상상한 이야기일 수도 있어. 그게 다 콘텐츠야." 그래서 이 책에서는 콘텐츠와 함께 '이야기'라는 표현도 왕왕 사용할 것이다. 이야기가 곧 콘텐츠이고, 콘텐츠가 곧 이야기이기 때문이다.

좋은 콘텐츠란 한 사람에게 유익을 주는 것

이 책에서는 콘텐츠 크리에이터를 'content'에 '-er'을 붙여 '콘텐터 contenter'라고 부르겠다. 콘텐츠를 만드는 사람이라는 의미다. 대중을 매료시킨 콘텐터는 좋은 콘텐츠를 뭐라고 정의했을까? 100쇄를 넘게 찍은 메가히트 베스트셀러 『여덟 단어』의 저자이자 카피라이터인 박웅현 작가는 콘텐츠란 "사람을 어떻게 움직이는가에 대한 메커니즘"이라고 했다. "강력한 콘텐츠는 미디어가 무엇이 됐든 퍼지게 되어 있다"는 것이 그의 말이다.

1년에 100만 부를 판 '천재 편집자' 미노와 고스케箕輪厚介. 그는 당대 최고의 스타들만이 출연한다는 산토리맥주 광고에 출연하기도 했다. 일 잘하는 편집자를 넘어 팬덤을 거느린 스타가 되기까지의 여정을 그린 『미치지 않고서야』에서 그는 "극단적일 정도로 어느 한 개인을 위해 만든 것이 결과적으로 대중에게 퍼져 나간다"라고 말했다.

수많은 콘텐츠 전문가와 경험자는 공통으로 말한다. 모든 사람을 위한 것을 만들려고 하지 말고, 단 한 명을 위해 만들라고 말이다. 12년간 TV 방송작가로, 10년간 블로거로 활동하며, 이 책까지 7권을 쓴 저자로서 내 생각을 말하자면, 좋은 콘텐츠는 특정한 한 사람에게 유익을 주는 것이다. 그 유익은 정보일 수도, 재미일 수도, 위로일 수도, 감동일 수도 있다.

좋은 콘텐츠는 누군가를 더 나은 삶으로 이끈다. 좋은 콘텐츠는 만드는 사람도 만나는 사람도 신나게 한다. 결국 콘텐츠는 신나는 것이다. 좋은 콘텐츠는 결국 잘 팔리게 된다. 하지만 팔릴 만하다고 해서 좋은 콘텐츠라는 보장은 없다.

잠시 세계적인 만화가 찰스 슐츠Charles Schulz의 말을 빌리겠다.

"독자가 많다고 해서 그것이 꼭 좋은 것이라고는 말할 수 없다. 나는 후대를 향해 말을 거는 창작물만이 진정한 예술이라고 불릴 만하다는 이론을 지지한다."[9]

좋은 콘텐츠를 찾는
가장 다정한 방법

성격, 특징, 콤플렉스가 히트 콘텐츠로

나는 요리를 잘하지 못한다. 유튜브와 블로그에서 레시피를 참고해 요리를 하곤 하는데 그중에 애정하는 블로그가 있다. 10만여 팔로워가 구독 중인 MJ의 '후다닥 레시피'다. '후다닥 레시피'라는 말이 재미나기도 하고 바쁜 엄마인 나에게 유용할 것 같은 인상을 받았다. 나는 우리나라 사람들이 워낙 빨리빨리 하려는 경향이 있어서 '후다닥'이라는 이름을 붙인 줄 알았다. 알고 보니 자신의 성격을 반영한 이름이었다. 그녀는 평소에 성격이 급하고 손이 빠른 편이라고 한다.[10] 처음에는 자기표현이었지만 구독자들은 '이 레시피는 빨리 하는 레시피인가?'로 인식했다. 자기다운 표현을 콘텐츠에 드러낸 덕분에 한 번 들으면 잊을 수 없는 독보적인 콘텐츠가 되었다.

좋은 콘텐츠의 출발 지점을 보면 자신에게서 비롯되었다는 공통점을 발견할 수 있다. 내가 뭔가 필요해서, 내가 뭔가를 좋아해서, 내가 뭔가에 관심 있어서, 내가 뭔가 고생을 많이 해서 생활 속에서 '나만의 뭔가'를 발견하고 가공한다. 잘 팔리는 콘텐츠의 비밀이기도 하다. 왜일까? '나'에게서 출발한 그 자체가 누군가에게 유익을 주기 때문이다. 지구 상 어디에라도 내 관심과 취향에 반응하는 사람은 반드시 있다. 단한 사람이라도. 누군가를 끌어모으려고 애쓰기보다 내가 가진 것을 애틋하게 다듬어서 선보이면 그것에 대한 반응이 더 빠르다.

자기다운 콘텐츠가 최고의 차별화 전략

표현방식은 달라도 잘 팔리는 콘텐츠의 공통된 특성은 '자기다운 콘텐츠'다. 2018년 한 해 동안 카카오톡에서 가장 많이 팔린 이모티콘으로 선정된 '옴팡이'도 비슷하다. 찹쌀떡처럼 귀여운 모습으로 큰 인기를 얻은 옴팡이는 정다슬(필명: 애소) 작가의 성격이 투영되었다고 한다. 정 작가는 평소 아이 같은 말투와 행동이 콤플렉스였다. 그런데 아이러니하게도 이런 자신의 모습이 이모티콘의 특징이 되었다. 정 작가는 한 인터뷰에서 옴팡이 탄생 배경을 이렇게 설명했다. "저도 소심하고 내성

적이고 수줍어하는 편이거든요. 감정 표현도 잘 못하고 삭이는 편인데, 이모티콘이 대신 표현해주니 카타르시스를 느낍니다. 작가와 이모티콘이 닮은 경우가 많아요. 작가의 개성과 진솔한 마음이 담겨야 반응이 좋은 것 같아요."[11]

나를 잘 알면 콘텐츠도 잘 만들 수 있다

신기하게도 다른 이모티콘 작가도 정 작가와 비슷한 이야기를 한다는 것을 발견했다. 나는 그림 그리기를 좋아한다. 이모티콘을 만들어보려고 관련 책을 여러 권 읽어봤는데, 작가들이 공통으로 강조하는 것이 자신을 관찰하고 이모티콘에 표현해보라는 것이었다. 특히 『읽으면 진짜 이모티콘으로 돈 버는 책』에서는 자신을 공부해보라는 조언을 꽤 많은 지면을 할애해 강조하고 있다.[12] 임선경 작가는 "나를 잘 알면 이모티콘도 잘 만들 수 있다"라면서 세계적인 캐릭터 '스누피'의 작가 찰스 슐츠를 대표적인 예로 들고 있다.

찰스 슐츠는 작고 왜소한 체구에 수줍음이 많은 외톨이로 전 과목에서 낙제한 열등생이었다고 한다. 그가 창조한 '찰리 브라운'은 슐츠 자신의 경험을 바탕으로 만들었다. 만화에 담긴 슐츠의 철학은 『찰리 브라운과 함께한 내 인생My Life with Charlie Brown』에서 선명하게 확인할 수 있다. 찰스 슐츠가 직접 쓴 기고문, 책의 서문, 잡지에 실린 글, 강연

문 등이 묶여 있는 이 책에서 그는 찰리 브라운을 통해 미성숙한 평균적인 사람의 초상을 그렸다고 말했다.

자기다운 콘텐츠의 대표주자로 찰스 슐츠를 언급한 임 작가 또한 자기다움으로 큰 사랑을 받는 아티스트다. 임 작가는 어려서부터 착하다는 말을 많이 들은 편이라고 한다. 자신의 모습을 담아 착하고 상냥한 성격의 이모티콘 캐릭터를 제작하려고 했더니 처음에는 주변에서 현시대에 맞지 않는다며 반대했다. 그러나 그녀는 자신이 가장 잘 표현할 수 있다는 확신으로 밀고 나갔다. 뽀그리 아가씨 캐릭터로 만든 '사랑하는 그대에게'는 출시 후 1개월 만에 1억 원 이상의 매출을 기록하며 큰 사랑을 받았다. 그녀는 말한다. "나다운 것이 가장 개성 있고 매력적입니다"라고.

왜 내가 콘텐츠인가

콘텐츠에는 자신의 사고방식이 담긴다. 콘텐츠는 앎과 삶이 일치하는 과정이다. 노희경 작가도 말하지 않았는가. 글과 삶이 따로여서는 안 된다고. 콘텐츠는 주체적으로 사는 것이다. 그래서 '나me'가 콘텐츠다. 실제로 자기 노력으로 살을 빼본 적이 없는 사람이 다이어트 콘텐츠를 만들기 어렵고, 실제로 자기 노력으로 공부해본 적 없는 사람이 공부법 콘텐츠를 만들기 어렵고, 실제로 자기 노력으로 책을 써본 적이 없는 사람이 책쓰기 콘텐츠를 만들기 어려운 이유다. 엄밀히 말해, 물리적으로는 만들 수 있다. 하지만 늘 소재 고민, 제작 고민을 하게 되고 결국 유지하기 힘들어진다.

내 주변에서 콘텐츠로 자신이 원하는 삶을 사는 사람들을 보면 90%가 자신이 생각하고 경험한 이야기를 한다. 또한 앎과 삶이 상당히 일치한다. 100%라고 말할 순 없지만 근접한다. 책을 많이 읽으라고 말하는 사람은 실제로 책을 많이 읽는다. 아이를 충분히 사랑해주라는 사람은 실제로 아이를 충분히 사랑해준다. 환경을 아끼는 제로 웨이스트를 실천하자고 하는 사람은 실제로 제로 웨이스트를 실천한다. 실제로 해보는 것. 올바른 방향으로 나의 애씀을 하나씩 쌓아 올리는 것. 그것이 콘텐츠다.

나는 콘텐츠의 또 다른 말은 '경험'이라고 말하고 싶다. 콘텐츠는 왜 이렇게 인식해야 할까? 시대가 달라졌기 때문이다. 예전에는 결과물만 좋으면 과정은 크게 신경 쓰지 않았다. 때때로 과정 '따위'는 철저히 무시되기도 했다. 과정을 은폐할 수 있었기 때문이다. 하지만 우리는 충실한 과정이 결과를 더 빛내주는 시대에 살고 있다. 세상이 점차 투명해지고 있다. 리포트 결과만 보면 A+여도 '이거 인공지능이 대신 써준 거 아니야?'라며 재검증을 하는 시대다. 앞으로는 글쓰기 시험도 옛날 과거시험처럼 현장 라이브가 되지 않을까? 세상은 이제 오직 완벽한 결과물에만 찬사를 보내지 않는다.

과정이란 무엇일까. 삶이다. 일상이다. 결과가 수려하지 않더라도 과정이 훌륭하면 세상은 환호한다. 삶의 방점이 바뀐 시대에 우리의 콘텐츠 가치관도 달라져야 한다. 이것을 일찍 깨닫는 사람은 튼튼한 콘텐츠를 활용해 더 나은 자신, 더 나은 세상을 만들 수 있을 것이다. 좋은 콘텐츠를 가진 사람이 많아지면 세상도 더 좋아질 수 있으리라 믿는다.

독자로서의 나, 콘텐츠의 출발점

내가 독자라면 내 콘텐츠를 볼까

지금까지 자신에게서 출발해서 한 사람에게 유익을 주는 콘텐츠가 좋은 콘텐츠라고 이야기했다. 여기에서 중요한 점을 짚고 가려고 한다. 좋은 콘텐츠는 누가 가장 처음 볼까? 첫 댓글을 다는 사람인가? 가족인가? 가장 친한 친구인가? 대체 누굴까? 모두 다 틀렸다. 좋은 콘텐츠의 첫 독자는 바로 '나'다. 만든 사람이 '나'인데, 독자도 '나'라고? 이게 무슨 소리일까? 잠시 내 경험을 말해보겠다.

카카오 이모티콘처럼 네이버에는 블로그나 카페에서 사용할 수 있는 네이버 스티커라는 것이 있다. 나는 네이버 스티커에서 3가지 이모티콘을 승인받은 적이 있고, 현재는 하나만 판매 중이다. 나는 왜 네이버 스티커를 만들었을까? 네이버 블로그 활동을 하면서 적절한 이모티콘으로 내 상황이나 감정을 표현하고 싶은데 마땅한 스티커가 없어 불편했기 때문이다. 다른 사람이 만들어놓은 스티커로는 내가 느끼는 감정을 섬세하게 표현하는 데 한계가 있었다. 그때 문득 그런 생각이 들었다. '왜 나는 남이 만들어놓은 걸 사용할 생각만 하지? 내가 사용하고 싶은 스티커를 직접 만들어볼까?'

나는 기획력에는 자신이 있었다. 하지만 스티커를 만들 만큼 그림 솜씨가 뛰어나지는 않아 그림을 그려줄 일러스트레이터를 찾았다. 마침 내가 운영하는 카페에 유명 콘텐츠 회사에서 그림을 그려본 엄마 작가가 있었다. 기획안을 정리해 직접 만나서 회의를 하고 3개월여에 걸쳐 하나씩 완성해갔다. 그렇게 '꿈꾸는 엄마 미세스걸Mrs Girl' 스티커가 완성되었고 단번에 승인도 받았다.

네이버 스티커를 만들면서 거듭 확인한 게 있다. '내가 구매자라면 이 스티커를 구매할까?' 구매자 입장에서 내 스티커가 살 만한 것인지 생각한 것이다. 이 과정은 매우 중요하다. 콘텐츠를 만들다 보면 콘텐터인 자신에게 매몰될 때가 종종 있다. 하지만 우리는 생산자인 동시에 소비자다. 나는 콘텐터인 동시에 타인의 콘텐츠를 소비하는 독자다. 자기 객관화를 통해 내가 독자여도 내 콘텐츠를 선택할지 생각해보는 것이 좋은 콘텐츠를 만드는 데 큰 도움이 된다. 이는 방송작가로 일할 때도 적용했던 방법이다. '내가 시청자라면 이 방송에 채널을 고정할까?'

내가 보고 싶은 것을 만들어라

생각보다 많은 콘텐터가 이 과정을 건너뛴다. 내가 구독자라면 안 볼 것 같은 콘텐츠인데도 내가 고생했기 때문에 발행하거나 일단 발행하는 것이 목표라서 이 과정을 생략하기도 한다. 공장에서 제품을 만들 때도 제대로 된 과정을 거치지 않으면 잘못된 제품이 생산될 수 있다. 그런 제품을 소위 '대충 만들었다'고 표현한다. 사실 나는 열심히 만들었고 최선을 다했는데 독자가 대충 만들었다고 여기면 얼마나 억울하겠는가? 조급한 마음을 내려놓고 잠시 멈춰서 독자 입장에서 내 콘텐츠를 보자. 완성한 직후에 보면 제3자로서 감정이입이 안 될 수도 있다. 그렇다면 잠시 시간을 뒀다가 다시 돌아와서 보자. 만들고 나서 1시간 이후 혹은 다음 날 보면 좋다. 남의 것이라고 생각하고 내 것을 봤는데도 괜찮다고 생각된다면 잘 만들어진 것이다. 좋은 콘텐츠에는 이 과정이 포함되어 있다. 첫 독자는 자신이다. 좋은 콘텐츠에는 '나라도 이건 본다'라는 객관적인 확신이 들어가 있다.

콘텐츠의 차이를 만드는 결정적 비밀

내가 이모티콘에 관심을 가지고 실제로 만들기도 하면서 느낀 점은, 인기 있는 이모티콘이 매우 특별한 과정을 거쳐 완성되었을 거라 여기는 사람이 많다는 점이다. 이 생각은 반은 맞고 반은 틀리다. 아마 히트 치려고 작정한 콘텐츠가 모두 히트를 친다면 이 세상에 모든 콘텐츠는 흥해야 한다. 하지만 왜 어떤 콘텐츠는 작정해도 안되고, 어떤 콘텐츠는 우연히 했는데 잘되는 것일까? 잘되는 콘텐츠와 안되는 콘텐츠의 차이는 어느 특정한 사람에게 의미 있게 다가갔느냐다. 그리고 그 차이를 만드는 결정적 비밀은 '나'를 제대로 관찰하고 반영했는가에 있다.

자, 이제 정리해보자. 좋은 콘텐츠란 무엇인가? 한 사람에게 유익을 주는 것이다. 그 유익은 어떻게 주는가? 나에게서 출발해서 발견하고 가공한다. 내가 좋은 콘텐츠를 만들었는지 어떻게 아는가? 나를 첫 독자로 삼아서 질문해보면 된다. "네가 독자여도 이걸 선택하겠니?" 그 대답이 "예"라면 잘하고 있는 것이다.

잘되는 창작자의
17가지 결정적인 공통점

성시경은 왜 유튜브를 했을까

이번에는 좋은 콘텐츠를 만들고 있는 실제 사례를 둘러보겠다. 첫 번째 손님은 이제 가수라고 해야 할지 유튜버라고 해야 할지 헷갈린 '발라드의 황제' 성시경이다. 산업과 산업의 경계가 흐려지는 현상을 요즘 말로 '빅블러big blur'라고 한다. 가수인지 유튜버인지 MC인지 특정할 수는 없지만 그는 성시경이다. 성시경이라는 이름에 유튜버라는 수식어가 추가된 것은 2020년 12월 22일이었다. '다들 힘냅시다 크리스마스 선물'이라는 내용을 덧붙여 노래를 불렀다. 방구석 유튜브 콘서트였다. 2023년 12월, 그의 유튜브 채널 구독자는 172만 명이다.

그는 한 방송을 통해 인터넷 문외한에서 크리에이터가 된 소회를 밝혔다. 의외로 그동안 SNS를 전혀 하지 않았다고 한다. 처음 SNS를 하게 된 것은 코로나 팬데믹 때문이었다. 가수에게 무대가 사라졌고, 생명줄이 끊기는 기분이었다. 팬들과 소통을 하고 싶어서 문득 물리적으로 소통 가능한 인스타그램을 떠올렸다. 가수인 그가 요리를 했다. 누가 시켜서가 아니었다. 만날 수 없는 상황에서 온라인으로라도 소통하고 싶었고 자신이 평소 요리를 좋아했기에 시작했다. 그가 콘텐츠를 만드는 이유였다. 인스타그램에서 요리 인증을 하는 1년간 요리 실력이 많이 늘었다고 한다. 그는 요리와 음악이 비슷하다면서 이렇게 말했다.

"요리는 음악과 비슷하다. 재료를 알아야 하고, 공부를 해야 맛을 알 수 있고, 만든 다음 먹는 사람을 보면서 두근거리는 것도 비슷하다."[13]

이 말을 듣고 무릎을 쳤다. 콘텐츠의 본질적 원리이기 때문이다. 콘텐츠를 만들려면 재료, 즉 '나'라는 사람을 알아야 한다. 자신의 취향과 관심사, 기질, 성격 등 자기해석과 자기인식을 통해 재료 파악을 해야 한다. 다음으로는 공부를 해야 한다. 크게 두 종류의 공부다. '나'라는 사람을 공부하고, 자신이 하고 싶은 분야를 공부해야 한다. 콘텐츠를 만들어서 대중에게 선보일 때의 보람과 두근거림이 있다. 어쩌면 좋아하는 뭔가에 시간을 할애하는 원리는 모두 똑같은 것일까? 노래도, 요리도, 콘텐츠도 비슷한 것을 보면 말이다.

나는 솔직히 제작진이 따로 있는 줄 알았다. 그의 직업이 연예인이니까. 내 생각은 틀렸다. 직접 장비를 꾸려서 매니저와 단둘이 제작한다고 한다. 그는 영상을 통해 순대국밥 먹는 모습, 노래하는 모습, 강아지 키우는 모습을 소탈하게 보여준다. 이제 대중은 가수 성시경뿐 아니라 인간 성시경도 함께 좋아한다. 정갈한 모습으로 무대에서 노래하는 그도, 국밥에 소주를 마시는 그도, 모두 그이기 때문이다. 유튜브를 하면서 웃지 못할 에피소드가 많은데 그중 하나가 남성 팬들이 친밀함을 표현하는 것이라고 한다. 예전에는 여자친구가 그를 너무 좋아해서 밉기도 했는데 국밥에 소주를 마시는 모습이 친근해서 어떤 팬은 "형, 그동안 오해해서 미안해요"라고 말하기도 했다고. 진짜 모습을 보여주니 거기에 공감하는 팬이 더 늘어났다.

연예인도 자기발견과 자기표현으로 먹고사는 시대

성시경은 코로나 팬데믹 이전부터, 순댓국과 소주를 좋아한다고 방송에서 공공연히 말해왔다. 말뿐이 아니라 실제였음을 확인한 순간이 개인 콘텐츠 활동이었다. 아마 한두 달 하다가 말았다면 유튜버로 불리기는 어려웠을 것이다. 쌓인 것이 없기 때문이다. 그러나 그는 꾸준히 했다. 1년 이상 지속적으로 했더니 유튜버라는 부캐릭터가 생겼고, 유튜버 성시경으로 TV 방송 출연까지 하게 되었다.

내가 방송국에 다닐 때만 해도 연예인의 자기표현이 콘텐츠가 되는 일은 비교적 드문 일이었다. 연예인은 기획사에서 기획되는 것이 일반적인 공식이었다. 그래서 같은 사람이어도 기획사에 따라 색깔이 달라지기도 했다. 하지만 지금은 어떤가? 이제 연예인도 가공한 모습보다는 자기표현을 하며 활동하고자 한다. 시청자들도 실제 모습과 활동 모습이 일치하는 사람에게 더 호감을 느낀다.

- 예전: 연예인 지망생 → 기획사 → 연예인
- 요즘: 사람 → 자신을 주체적으로 표현해서 인기를 얻으면 유명해짐

사람이 콘텐츠고, 콘텐츠가 사람인 대표적인 사례가 인기 웹 예능 '공부왕찐천재 홍진경'이다. 방송을 기획한 이석로 PD는 '이 방송은 홍진경 그 자체'라고 말한다. 평소 홍진경의 방송을 보며 호감을 느꼈던 그는 기획안을 들고 유튜브 방송을 제안했다. "나는 유튜브를 한다면 공부를 하고 싶다." 그녀의 이 말이 바로 기획이 되었고, 공부에 목마른 어느 엄마의 처절한 공부 과정이 콘텐츠가 되었다. 딸에게 공부를 가르치고 싶은 엄마의 심정이 녹아든 이 방송은 세간의 화제를 모았다. 특히 나이 들어 공부하려는 열정이 있는 독자들이 큰 반응을 보였다. 학생들 사이에서는 재밌으면서도 공부가 되는 방송, 혼자 밥 먹으면서 보기 좋은 방송, 유튜브를 보고 있어도 엄마한테 혼나지 않는 방송으로 유명하다.

‘공부왕찐천재’에 홍진경이라는 인물이 없다면 과연 이 기획이 성립할 수 있을까? 다른 사람이 주인공이 되었을 때 이 방송의 그림이 잘 그려지지 않는다. 영상 중에 방송인 장영란이 나와서 콘텐츠 고민 상담을 하는 장면이 있다. 장영란은 자신은 리액션 좋고 공감하는 건 자신 있는데 딱히 잘하는 게 없어서 뭘 해야 할지 고민이라고 했다. 이때 홍진경의 답이 인상 깊었다. "안 웃겨도 돼. 진지해도 돼. 슬퍼도 돼. 그냥 네 안에 있는 너를 보여줘. 진짜 네가 궁금해. TV에서는 우리를 보여줄 수 없어. 프로그램에 맞는 의도대로 가야 되니까. 하지만 네 채널이잖아. 너의 진정성에 공감하는 분들이 봐주실 거야."[14]

잘되는 콘텐터는 자신을 표현한다

　콘텐츠를 잘 만드는 사람들을 보면 공통점이 있다. 자신을 잘 안다. ‘나’를 아는 사람은 잘 표현할 수 있다. 순댓국을 좋아하면 순댓국 맛집을 찾아다니게 되고, 누구에게나 추천할 만한 단골집도 생기게 마련이다. 하루 이틀 먹어서 생기는 게 아니다. 순댓국 애호가여야 가능하다. 요리도 그렇다. 내가 퇴사했다고 치자. 할 일이 없어졌을 때 요리를 떠올릴 수 있으려면, 내가 요리를 좋아한다는 걸 알아야 한다. 관심 있거나 좋아하거나 자신의 흥미에 평소 시간을 할애한 사람이 콘텐츠 세상에서는 유리하다.

송길영 박사는 앞으로 사람들은 깊은 애호愛好나 해박함으로 승부하게 될 것이라고 했다. 깊은 애호는 전문성으로 인정받는다. 애호는 특정한 누군가에게 말을 건다. "혹시 냉면 마니아 아니세요?" "캠핑 좋아하시죠? 저랑 같이 캠핑장 구경해볼까요?" 누군가가 내 콘텐츠를 보고 '어? 이거 난데?'라거나 '어? 나도 그런데?'라고 생각한다면 특정한 한 사람에게 어필한 것이다.

홍진경은 평소 예능에서 '무지함'을 개그 코드로 활용하곤 했다. 그런데 아이를 키우다 보니 아이가 공부 질문을 할 때 난감했다고 한다. 방송을 위해 가상으로 만든 콘셉트가 아니라 실제 상황이다. 그렇게 탄생한 채널이 마흔다섯 엄마의 공부 채널이었다. 그녀의 공부에 공감한 사람은 누구인가? '나도 공부에 목마른 사람인데.' '나도 공부한 거 다 까먹어서 아이에게 가르쳐줄 수가 없는데.' 공부라는 본질에 충실했기 때문에 나중에는 학생들에게도 어필했다.

첫 목표는 '단 한 사람을 만족시키는 것'에서 시작하라

한 사람에게서 출발한 것이 다수를 만족시킬 수는 있어도, 다수를 만족시키려고 출발한 것은 누구도 만족시키지 못할 수 있다. 왜일까? 아무도 그 이야기가 자신에게 해당한다고 생각하지 않기 때문이다. 만일 모두를 만족시키려는 시도가 성공의 열쇠라면, 모든 메뉴를 다 섞어놓은 식당은 반드시 성공해야 한다. 하지만 우리는 모든 메뉴보다는 고유의 분위기와 메뉴가 있는 식당을 선호한다. 왜일까? 그 식당에 가는 것이 곧 내 취향을 반영하기 때문이다. 그 식당에서 먹고 사진 찍는 자체가 내 취향을 드러내는 행위다. 5,000만 국민 혹은 80억 세계인이 모두 만족하는 콘텐츠는 없다. 한 사람을 구하는 것이 세상을 구하는 것이라는 말처럼, 한 사람을 감동시키면 세상이 감동할 수 있다.

당신에게 '이런 사람'이 있다면
콘텐츠의 지름길이 된다

아버지를 향한 마음을 영상에 담았더니 벌어진 일

앞선 사례는 연예인의 콘텐츠 이야기였다. 이번에는 보통 사람의 콘텐츠 사례를 몇 가지 살펴보자. 2023년 2월 8일, 숏폼 short-form 플랫폼 틱톡에 16초 분량 영상이 올라왔다.[15] 해당 영상에는 백발에 수수한 차림으로 원고 정리를 하는 한 남성의 뒷모습이 촬영되어 있었다. 자막에는 다음과 같은 설명이 있었다. "아빠는 책 한 권을 쓰는 데 무려 14년이란 세월을 보냈다. 아빠는 풀타임으로 일했고 늘 우리가 1순위였다. 그런 와중에도 시간을 내서 책을 썼다. 책이 안 팔려도 아빠는 행복했지만 이제는 책이 좀 팔렸으면 좋겠다. 아빠는 틱톡이 뭔지도 모른다."

도대체 무슨 사연일까? 영상 속에 보인 남성은 미국 버몬트주에 사는 변호사이자 세 자녀의 아버지인 로이드 리처드Lloyd Richards였다. 그는 소설가가 되고 싶어 무려 14년간 작품 활동에 몰입했다. 이윽고 2012년 14년간 집필한 소설 『스톤 메이든스Stone Maidens』를 출간했다. 여성을 표적으로 삼는 연쇄살인마를 FBI 법의학자가 추적하는 스릴러물이었다. 그러나 그의 소설은 11년간 단 한 권도 팔리지 않았다. 이를 안타깝게 여긴 딸이 진솔한 마음을 담아 아버지의 사연을 틱톡에 올린 것이다.

이 영상은 조회수 4,000만 회를 넘었고 소설 판매량에도 영향을 미쳐 아마존 연쇄살인 스릴러 부문 판매량 1위를 기록했다. 딸은 이 사실을 알리고 아버지가 직접 영상과 댓글을 볼 수 있도록 했다. 이 장면 역시 영상으로 촬영해 틱톡에 공유했다. 리처드는 끝내 눈물을 훔치며 딸아이에게 이렇게 말했다. "고맙다. 며칠 동안 일어난 일은 정말 꿈만 같구나."

가족을 도우려다 콘텐츠가 생겼다

누군가를 위한 마음을 표현하다가 콘텐츠가 된 사례를 주변에서도 어렵지 않게 찾아볼 수 있다. '고딸'이라는 닉네임으로 블로그와 유튜브에서 총 10만여 명의 구독자와 소통 중인 콘텐터다. '고딸'은 '고등어

집 딸내미'의 줄임말이다. 그녀의 아버지는 고등어를 비롯한 수산물 판매업체를 운영한다. 고딸 임한결 작가는 자신을 이렇게 표현한다. "고등어 팔려고 블로그 시작했다가 영어책 11권을 출간했어요." 어떻게 고등어를 팔다가 영어책을 출간하게 되었을까?

그녀가 처음 블로그를 시작한 계기는 2013년 일본 방사능 때문에 국내 수산업에 위기가 왔을 때 아버지의 고등어를 판매하기 위해서였다. 고등어 홍보대사를 자처하며 야심차게 시작했지만 머지않아 콘텐츠가 고갈되는 느낌을 받았다. 자신은 수산물에 대해서 잘 모르는데 부모님과 떨어져 살고 있던 터라 콘텐츠로 표현하는 데 한계가 있었다. 결국 블로그를 잠정 중단했다.

이후 다시 블로그를 시작한 계기는 아버지의 영어 공부 때문이었다. 그녀에게는 뉴질랜드 교환학생의 인연으로 만난 외국인 남편이 있었다. 어느 날 집에 갔더니 아버지가 사위와 영어로 대화를 하고 싶다며 영어 문법책을 추천해달라고 했다. 부부는 아버지와 함께 서점으로 향했다. 그런데 대부분 입시나 시험을 위한 문법 위주의 책이었다. "아버지가 쉽게 공부할 수 있는 영어 콘텐츠는 없을까?" 그녀는 아버지 눈높이에 맞춘 영어 공부 콘텐츠를 블로그에 올리기 시작했다. 그때 이미 고등어 홍보용 고딸 블로그가 있었기 때문에 똑같은 플랫폼을 이용했다. 닉네임도 그대로 사용했다. 자신이 영어 공부를 했던 경험, 영어 교재 회사에서 일해본 경험을 살려 되도록 쉽게 설명하려고 노력했다. 아버지는 딸의 블로그를 보면서 영어 공부를 했다. 블로그에서 기본적인 문장 구조를 익혔고 현재도 영어 공부에 관심이 많다고 한다.

그녀는 자기만의 콘텐츠를 만드는 것이 재밌었고, 자신의 콘텐츠로 아버지가 공부를 열심히 하니 그 또한 신바람이 났다. 신기한 것은 아버지를 위해 만든 콘텐츠가 다른 사람에게도 어필했다는 것이다. 블로그 방문자와 팔로워가 늘어갔고, 급기야는 여러 출판사에서 출간 제안을 받았다. 그 결과 『고딸영문법 1, 2, 3, 4』 『라이트 초등 영문법 1, 2』 『고딸 잉글리시톡 1』 등 총 12권의 영어책 저자가 되었다.

수학계의 아이돌로 불리는 '깨봉수학'도 가족을 도우려다가 탄생한 콘텐츠다.[16] 서울대 계산통계학과(컴퓨터 전공)를 졸업하고 미국 서던캘리포니아대에서 인공지능AI으로 석·박사 학위를 받은 AI 전문가 조봉한 박사는 어느 날 딸의 수학 성적표를 보고 충격을 받았다. 당시 아이는 외국인학교에 재학 중이었다. 초등학교 4학년 수학 성적이 옛날 한국 성적으로 따졌을 때 '미' 수준이었다고 한다. 그는 직접 팔을 걷어붙였다. 딸에게 어떻게 하면 짧은 시간 안에 많은 내용을 알려줄 수 있을까 고민하다가 비주얼(그림)로 설명하는 방식을 고안하게 되었다. 이는 곧 현재 깨봉수학의 창의적 수학교육법으로 자리매김했다. 아빠의 수학 수업은 실제로 효과가 있었다. 아이는 수학 실력이 향상되었을 뿐 아니라 미국 아이비리그 중 하나인 다트머스대 수학과에 합격했다. 그 덕분에 아버지는 수학 콘텐츠 창작자이자 수학 교육 기업의 대표가 되었다.

내가 아이에게 한글을 가르칠 때 도움이 되었던 한글 교육 동화책이 있다. 이 책도 아버지가 아이를 가르치려다가 탄생한 콘텐츠다. '받침 없는 동화'와 '받침 있는 동화' 시리즈다. 책의 맨 뒷장을 보면 탄생 비화가 적혀 있다. 한규호 작가는 아이에게 한글을 가르쳐주고 싶어서 교재를 사려고 서점에 갔다. 하지만 아무리 둘러봐도 마음에 드는 책을 발견할 수 없었다. 아이에게 어떻게 하면 쉽고 재밌게 한글을 가르칠 수 있을까 고민하다가 직접 교재를 개발하게 되었다. 자신의 아이를 위해 만든 콘텐츠가 다른 집 아이들에게도 도움이 된 것이다.

진정 돕고 싶은 누군가가 있는가

지금까지 소개한 사례는 모두 가족을 향한 마음을 표현하거나 실질적으로 도우면서 콘텐츠가 탄생한 경우다. 가족을 돕다 보니 도움받은 가족에게도, 도움을 준 가족에게도 모두 좋은 일이 생겼다. 찾아보면 이런 사례는 너무나 많다.

누군가를 돕기 위해 만든 콘텐츠는 타깃이 비교적 명확하다는 장점이 있다. 일부러 타깃을 설정하려고 하진 않았지만 도우려는 사람과 입장이 비슷한 사람에게 뜻밖의 도움을 줄 수 있다. 가령 고딸영어는 아버지를 위해 만들어졌다. '영어 콘텐츠를 만들고 싶은데 누구를 타깃으로 해야 먹힐까?'부터 생각했다면 흔히 초·중·고 학생부터 떠올렸을 것이다. 아니면 취업준비생의 스펙을 위한 영어공부법이나 직장인을 위한 비즈니스 영어가 되었을 수도 있다. 아버지를 떠올리며 만든 콘텐츠는 아버지와 여건이 비슷한 사람에게 어필할 수 있다. 실제로 내가 고딸영어책으로 공부를 해봤는데 영어 공부에 손을 놓은 지 오래된 나에게도 도움이 되었다. 비록 나를 위해서 만든 건 아니지만 60대 아버지를 위해 만든 콘텐츠가 40대인 나에게도 도움이 되어 결과적으로 수요층이 넓어진 것이다.

따라서 어떤 콘텐츠를 만들 때는 자신 혹은 주변 사람을 떠올려보길 바란다. 콘텐츠가 안 나올 때 구체적인 그 사람을 떠올리며 구상하면 좀 더 쉽다. 그 대상이 실제로 앞에 있다고 생각하고 육성으로 표현해보면 더 좋다.

진정 돕고 싶은 사람이 있는가? 그 사람은 구체적으로 누구인가? 그 사람은 어떤 상황과 여건에 놓여 있는가? 누군가를 위한 마음을 표현하면 콘텐츠가 된다. 당신의 마음을 표현해보자.

플랫폼마다 일희일비하지 않는
뚝심 있는 콘텐츠 비법

일단 실행하면서 씨앗 콘텐츠를 찾아라

자고 일어나면 새로운 기술과 플랫폼이 생겨나는 시대다. 이럴 때 필요한 것은 어떤 류의 플랫폼이 등장하더라도 흔들리지 않는 자기만의 코어 콘텐츠core contents를 발굴하는 것이다. 코어 콘텐츠란, 이름 그대로 핵심 콘텐츠를 말한다. 이를 위해서는 먼저 코어 콘텐츠의 씨앗이 될 만한 씨앗 콘텐츠seed contents를 찾아보길 추천한다.

　내가 어릴 때 부모님은 이불 사업을 했다. 이불이 잘 팔릴지 안 팔릴지 시험해보기 위한 과정이 있는데, 이를 '샘플sample'이라고 한다. 시장 반응을 보기 위해 조금만 만들어서 팔아보는 것이다. 샘플을 만드는 작업은 주로 어머니가 담당했다. 어머니는 중학교를 졸업했고 디자인 관련 공부는 해본 적도 없다. 하지만 일본 잡지책, 미술책, 자수책 등 도안을 참고할 만한 모든 서적을 총집합해 창작품을 만들었다. 해보고 싶은 게 있을 때는 먼저 기업에 전화해서 샘플을 만들어볼 테니 시장 반응을 봐달라고 요청했다. "이번 샘플 반응 좋네요. 1,000장 제작해주실래요?" 기업에서 반응이 좋으면 더 만들어달라고 연락이 온다. 시장 반응을 이미 확인한 상태이기 때문에 샘플 그대로 만들기만 하면 된다. 부모님은 이런 방식으로 자수성가해 나를 키웠다.

당신의 콘텐츠도 이런 방식으로 해보면 어떨까? 잘 팔려야 한다는 부담 때문에 코어 콘텐츠 만들기를 망설이는 사람이 많다. 아마 대부분의 사람이 이런 부담을 느낀다고 해도 과언은 아닐 것이다. 팔려야 한다는 부담은 마치 만점을 받아야 한다는 수험생의 부담처럼 몰입을 방해한다. 이럴 때는 수행 가능한 최소 행동 단위를 정해보면 좋다. 이불 샘플을 뽑듯이 해볼 만한 샘플을 만들어보는 것이다. 콘텐츠 하나가 반응이 괜찮으면 그것을 기준으로 채널의 정체성을 정해도 된다.

프리랜서 아나운서이자 유튜버인 '코스모지나' 성진아 아나운서는 처음 유튜브를 할 때 자신이 가진 자원 중에서 도움이 될 만한 이야기를 여러 가지 시도해봤다. 아나운서 준비 방법, 해외여행 후기, 꿈을 이루는 법, 다이어트 방법 등 다양한 것이었다. 그런데 유독 영어 공부법 콘텐츠의 반응이 좋았다. 그때부터 영어 콘텐츠의 비중을 높이며 선택과 집중을 할 수 있었다고 한다.

35만 유튜버 '감성대디'는 전업아빠로 아기를 키우고 있었다. 한밤 중에 수유를 위해 어둠 속에서 아기에게 젖을 먹이고 잠을 재우는데, 문득 이야기를 하고 싶은 생각이 들었다고 한다. 자신의 인생 경험을 바탕으로 '괜찮은 남자들이 의외로 많은 세 군데 장소 말씀드립니다' 라는 제목의 연애 콘텐츠를 올렸다. 아기를 안은 모습 그대로 스마트폰 카메라로 촬영한 영상이 무려 150만 뷰를 달성했다. 이후로 '인생 조언'을 콘셉트로 콘텐츠를 만들었고, 현재는 강연과 사업으로 콘텐츠 범위를 확장했다.

'코스모지나'는 영어 콘텐츠, '감성대디'는 연애 콘텐츠가 씨앗이었다. 자신이 할 수 있는 것과 상대의 반응이 좋은 것, 그 사이 교집합을 간파해 일관성 있는 콘텐츠를 만들어갔다. 두 사람의 공통점은 반응이라는 피드백을 민감하게 관찰했다는 것이다. 반응에 둔감하면 자기가 하고 싶은 것만 만들거나 '우연히 반응이 좋았겠지' 하면서 가볍게 넘기기 일쑤다.

반응은 피드백이다. 샘플을 판매해봤더니 시장 반응이 좋았던 것과 같다. 부모님은 샘플을 만들고, 대기업에 납품하고, 납품받은 대기업이 대신 판매하고, 판매한 후에 실적을 바탕으로 통계를 낸 다음 피드백을 받을 수 있었다. 생산부터 피드백을 받기까지 과정이 복잡하고 시간도 오래 걸렸다. 지금은 다르다. 콘텐츠를 올리는 순간부터 빠른 시일 내에 피드백을 받을 수 있다.

댓글을 보면 씨앗 콘텐츠가 보인다

나의 콘텐츠 생활이 성장할 수 있었던 것도 피드백의 민감성이 한몫했다. 나는 조회수보다는 댓글을 눈여겨봤다. 나는 그저 소소한 육아 기록을 하던 사람이었다. 지금 보면 흑역사에 가까운 글이 많다. 그래도 꾸준히 기록했고 지우지 않았다. 그러던 어느 날 '왜 잠을 잘 때도 엄마 껌딱지일까?'라는 글을 썼다. 아기가 잠을 자면서 내 배꼽을 만져서 배꼽이 너무 아프다는 내용의 신세 한탄 글이었다. 그런데 그 글에 이런 댓글이 달렸다. "저랑 똑같네요. 지금은 해결되셨나요? 해결한 방법이 있다면 알 수 있을까요?" 내가 글을 쓴 시기는 8월이었다. 댓글은 11월

나와 독자가 만나는 시점

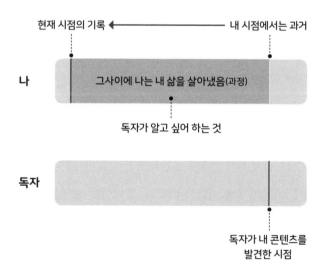

에 달렸다. 3개월이라는 시간이 지났으니 그사이에 혹시 내가 해결책을 찾았는지 물어보는 내용이었다.

이후에도 이런 메커니즘이 반복되었다. 나는 현재 시점으로 쓴 글이지만, 댓글을 남긴 사람들은 이후에 내게 변화가 있었는지, 있었다면 어떤 변화인지, 그 변화가 자신에게 도움이 될지 궁금해했다. 내가 '현재'를 기록할수록 나의 현재를 본 사람은 자신의 현재 시점에 나에게 질문을 했다. 이런 원리로 나의 현재 기록을 쌓아둘수록 질문을 다양하게 많이 받을 수 있다. 질문을 받을 수 있는 환경을 조성하는 셈이다.

씨앗 콘텐츠를 찾을 수 있는 간단한 방법

독자는 내가 어떻게 살아냈는지를 궁금해했다. 즉 나의 시간 경과에 관심이 있었다. 나를 통해서 '미래에는 어떤 일이 일어날지' '해결할 수 있는 일인지'를 가늠하는 것이다. 그들이 원하는 것은 근거 있는 희망이다. 희망이 없다면 공감이라도 얻고 싶어 한다. 이런 측면에서 본다면 콘텐츠는 '과거와 미래의 대화'가 아닐까 한다. 누군가의 과거가 누군가에게는 미래다. 유치원생에게 초등학생은 미래다. 대학생에게 신입사원은 미래다. 미혼자에게 기혼은 미래다. 중년에게 노년은 미래다. 생애주기만이 과거와 미래는 아니다. 무엇을 하기 전과 후도 과거와 미래가 될 수 있다. 가령 염색하고 싶어 하는 사람에게 염색한 후의 사람은 미래다. 고양이를 키우고 싶어 하는 사람에게 집사는 미래다. 풀빌라를 가고 싶어 하는 사람에게 풀빌라를 다녀온 사람은 미래다. 이래서 '○○ 후기'를 궁금해하는 것이다.

사람들은 뭔가를 해보기 전에 이미 해본 사람의 경험치를 알고 싶어 한다. 왜 알고 싶어 할까? 덜 후회하고 싶거나, 더 만족하고 싶거나, 잘 준비하고 싶기 때문일 것이다. 당신이 알고 있는 경험치를 최소 단위로 쪼개서 전후로 나눠보라. 그러다 보면 씨앗 콘텐츠가 보일지도 모른다. 엑셀 배우기 전과 후, 챗봇 사용 전과 후, 수영 배우기 전과 후, 등산 다니기 전과 후, 제주 한 달 살기 전과 후 등 모든 경험에는 전후가 있다. 그걸 알려주면 콘텐츠가 된다. 아주 작은 이야기라 할지라도.

씨앗 콘텐츠를 가꾸면 코어 콘텐츠가 된다

2016년, 이런 질문을 받았다. "블로그를 잘 하시네요. 저는 중년의 직장인입니다. 어떻게 하면 블로그를 잘 할 수 있을지 팁을 얻을 수 있을까요?" 이 댓글을 본 당시에 굉장히 놀랐던 기억이 지금도 생생하다. 육아일기를 쓰는 내가 블로그 잘 하는 법에 대한 질문을 받게 될 줄이야. 하지만 나는 그냥 넘기지 않았다. 질문하는 사람에게는 이유가 있을 것이고, 작은 도움이라도 주고 싶었다. 2016년에 받은 질문을 연구한 끝에 2022년 탄생한 책이 『나는 매일 블로그로 출근한다』다.

2013년부터 4년간은 '블로그 하는 법을 콘텐츠로 만들어봐야겠다'는 생각이 전혀 없었다. 그러나 2016년, 질문을 받은 그 시점부터 마음가짐에 변화가 일었다. '누군가 내게 질문을 한다는 건 내게 질문받을 만한 뭔가가 있다는 뜻 아닐까? 그 지점이 대체 뭘까? 그걸 개발해서 책을 써봐야겠다.'

그렇게 6년간 '블로그 글쓰기 책을 낼 만한 사람'으로 최선을 다해 살았고 마침내 책도 쓸 수 있었다. 지금까지 내가 쓴 책은 1권을 제외하고 6권 모두 독자의 질문에 대한 나의 대답이다. 내 나름대로 숙고해 정리한 답변이 책이 되었다. 질문이 바로 책이 되었을까? 그렇지 않다. 질문이 콘텐츠로 숙성된 과정은 크게 다음과 같다.

1 질문을 받으면 성심성의껏 댓글을 단다. 단, 내가 답변할 수 없는 내용은 모른다고 솔직하게 말한다.
2 내가 받는 질문의 공통적인 패턴을 인식한다. (예: '책 쓰는 법을 물어보는 사람이 5명이 넘네?')
3 공통적인 패턴이 발견되면, 상대가 납득할 만한 답변을 준비한다. 인터넷에 있는 글, 관련 서적, 영상, 강의 등을 공부해 참고한다. (예: '책 쓰는 법에 대해 글을 써볼까? 다른 사람은 이렇게 말하네? 이 사람들 콘텐츠를 보라고 해야겠다. 이 사람들이 말하지 않는, 나만 해줄 수 있는 답은 뭘까?')
4 자료를 연결하고 나의 생각을 정리해서 포스팅한다.
5 포스팅에 흥미롭거나 의미 있는 댓글이 달린다면 후속으로 추가 포스

팅한다. (이런 식으로 시리즈물이 되기도 한다.)

6 질문과 답변을 반복하다 보면 '이걸 책으로 써봐야겠다'라는 생각이 들거나 출판사에서 먼저 출간 제안을 해오는 등의 변화가 생기는 시점 이 있다. 그때 작심하고 책을 쓰면 진짜로 책이 나온다. ('써봐야겠다'에 서 그치면 책은 안 나온다. 이걸 구분하는 것이 중요하다.)

신변잡기에 불과했던 일기장이 콘텐츠라는 이름으로 불리기 시작한 시점이 이즈음부터다. 피드백에 민감하게 반응하고 도움 되는 답변을 하려고 애쓰면서부터 제법 구색을 갖춘 글이 만들어졌다. 택배기사에서 418만 유튜버로 성장한 허팝도 방송 아이템의 70%는 시청자 의견에서 얻는다고 했다. 일종의 집단지성의 효과라고 봐도 좋다. 질문과 답변이 융화되면서 일어나는 시너지다.

현존하는 대부분의 웹 플랫폼에는 '좋아요'와 '댓글' 기능이 있다. 이런 기능이 있는 이유는 경쟁하라는 의미가 아니다. 피드백를 위해서다. 내가 표현하고 싶은 메시지를 정하고, 해당 플랫폼의 성격에 맞도록 변형해보자. 반응이 오는 콘텐츠가 있다면, 마침 그 콘텐츠가 내 마음에도 든다면 쭉 밀고 가보자. 악플은 참고할 필요가 없다. 악플러는 성심성의껏 답변할수록 공격 대상으로 삼기 때문이다. 내 콘텐츠에 호의적인 시선으로 질문하는 피드백을 귀담아듣고 집중해보자. 나의 메시지가 코어 콘텐츠다. 잘 팔리는 콘텐츠에는 중심이 되는 핵심 콘텐츠가 있다. 코어 콘텐츠가 있다면 어떤 플랫폼이 생겨난들 끄떡없다.

당신에게는 자원이 있다. 아직 발견하지 않은 잠재력
도 있다. 2장에서는 당신의 가능성과 질문을 발견하
는 방법, 콘텐츠를 만드는 첫 단계에서 왜 '나'를 발견
해야 하는지에 대해서 이야기 나누겠다.

2장

콘텐츠 만들기 1단계: 나를 취재하라

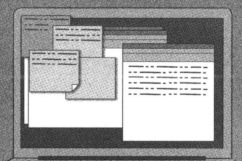

자신의 성공 능력을 믿는 것은
미래에 끄떡없는 부자가 될 수 있는 열쇠다.
성공을 예견하는 데에
다른 무엇보다도 중요한 요소는
자아 인식이다.[1]

- 제이 새밋Jay Samit

콘텐츠의 3가지
기본 권법

나에게서 출발하라
- 지금 여기 권법

가장 개인적인 콘텐츠가 가장 힘이 세다. 개인의 일화는 추상적인 데이터보다 인상적이고 더 오래 뇌리에 남는다고 한다. 그 이유는 인간이 개인적 경험을 통한 증거만 접할 수 있는 환경에서 진화했기 때문이다.[2] 가장 개인적인 콘텐츠는 어디에서 나오는가? 헤어지고 싶어도 절대 헤어질 수 없는 '나'에게서 나온다. 그렇다면 자신에게서 콘텐츠가 나오려면 어떻게 해야 할까? 콘텐츠를 만들고 싶어 하는 내 아이와 나눈 대화를 보며 자세히 알아보자.

얼마 전 이런 일이 있었다. 큰아이는 초등학교 4학년인데, 오래전부터 입버릇처럼 말했다. "나도 엄마처럼 책을 쓰고 싶어." 자기도 콘텐츠를 만들고 싶다고 했다. 그때마다 나는 복사한 듯이 말한다. "책을 쓰려면 어른이 될 때까지 기다릴 필요가 없어. 지금 당장 써도 돼." 그러면 아이는 또다시 물어봤다.

"내가 책을 썼다고 쳐. 그럼 출간은 어떻게 해?"
"누가 내 글을 책으로 내줘? 책으로 내줄 사람한테 내 글을 어떻게 알려?"
"책은 어떤 소재로 써야 돼? 뭘 써야 잘 쓴 거야?"

나는 지금 당장 시작해도 된다고 했지만 아이는 뭔가를 거듭 확인하려 했다. 왜 그럴까? 사람은 뭔가 준비가 되어야 시작할 수 있다고 생각하는 경향이 있기 때문이다. 물론 면밀한 준비가 필요한 분야도 있다. 예를 들어 에베레스트 등정을 하는데 편의점에 음료수 사러 가는 차비로 나설 수는 없을 것이다. 하지만 콘텐츠는 다르다. '지금, 여기'에서 시작할 수 있다. 콘텐츠를 만들 수 있는 자격이 있는 사람이 따로 있지도 않다. 스스로 자격을 주면 된다.

심리학에서 중요시하는 개념 중 하나가 '지금, 여기here and now'다. 마음이 힘든 사람은 과거에 얽매이거나, 아직 일어나지도 않은 미래를 걱정한다. 신기하게도 콘텐츠 만들기를 주저하거나, 시작은 했는데 미진한 사람들도 비슷하다. 자신의 과거를 보면서 '내가 콘텐츠를 만들

자격이 되나' 하고, 자신의 미래를 보면서 '나는 콘텐츠를 아무리 만들어봐야 잘 안될 것 같은데' 한다. 반대의 경우도 있다. 자신의 과거를 보면서 '이 정도 능력이 되니까 할 만하지' 과신하는 사람도 있고, 자신의 미래를 보면서 '구독자 1만 명은 쉽지' 하는 사람도 있다. '지금, 여기'는 실천법이자 몰입법이다. 자신을 들여다보자. '나'는 과거에도 미래에도 없다. 지금 여기에 존재한다. 콘텐츠가 안 풀릴 때는 지금 여기 권법을 기억하자. 지금 여기에서 할 수 있는 것을 할 수 있는 만큼 하자. '나'를 둘러싼 상황, 감정, 생각, 경험이 콘텐츠다. 내가 콘텐츠다.

좋은 것을 먹어라
- 호식 권법

다시 아이와의 대화로 돌아가겠다. 아이에게 어떤 책을 쓰고 싶냐고 물었다. 아이는 지구온난화와 환경에 관한 책을 쓰고 싶다고 했다. 좋은 아이디어다. 환경에 대한 화두는 앞으로도 지속적으로 인류가 적극적으로 관심을 보일 주제다. 여기서 주목할 부분은 아이가 자신의 책 소재로 왜 '환경 보호'를 떠올렸는가 하는 점이다.

최근에 아이는 『숨 쉬는 도시 꾸리찌바』 『내가 조금 불편하면 세상은 초록이 돼요』 『못난이 채소 크롬꼬머』를 인상 깊게 읽었다. 이 책들은 초등 3~4학년 환경 추천 도서다. 책은 아이에게 새로운 지식과 안목을 주었고, 관심이 깊어지자 직접 책으로 쓰고 싶다는 생각까지 이르게 된 것이다. 아이의 작은 동기가 앞으로 어떻게 발전할지는 아이도 나도 모른다. 하지만 분명한 것은 아이에게 콘텐츠를 만들고 싶다는 일말의 동기가 피어났다는 것이다. 무엇 때문에? 앎으로 인해서. 아는 만큼 보인다. 모르면 못 본다. 아니까 보이고 쓰고 싶다는 생각에 이르는 것, 이 것이 콘텐츠의 시작이다.

식이위천食以爲天은 먹는 것을 하늘로 삼는다는 뜻으로, 사람이 살아가는 데 먹는 것이 가장 중요하다는 말이다. 인간은 먹은 대로 싼다. 콘텐츠의 원리도 비슷하다. 좋은 책, 좋은 영상, 좋은 콘텐츠를 봐야 좋은 콘텐츠가 나온다. 해로운 걸 보면 해로운 것이 나온다. 자연의 이치다.

글쓰기가 똥누기와 비슷하다며 '글똥누기'라는 콘텐츠를 만든 현직 교사가 있다. 『글똥누기』의 저자 이영근 교사다. 내가 글똥누기를 알게 된 것은 아이 덕분이었다. 큰아이가 3학년이 되고 나서 매주 학교에서 '글똥누기'라는 활동지를 받아왔다. 글쓰기가 직업인 나도 처음 들어보는 말이었다. 아이에게 물어봤다. 이게 뭐하는 거냐고.

아이　학교에서 하는 건데, 글로 똥을 누는 거야.

나　글로 똥을 눈다고?

아이　어, 재밌지, 엄마.

나　너무 재밌다. 글로 똥을 어떻게 눠?

아이　되게 쉬워. 생각나는 게 있을 때마다 쓰면 돼. 그게 글똥누기야.

작가로서 말하건대, 나는 이 활동이 아주 좋다고 생각한다. 왜냐하면 "글쓰기는 쉬워"라고 아이 입으로 말했다는 자체만으로 이미 좋은 활동이기 때문이다. 수많은 어른이 글쓰기를 얼마나 어렵고 힘들다고 여기는가. 어릴 때부터 글쓰기를 쉽다고 생각한다면, 아이는 글쓰기의 허들을 하나 넘은 셈이다. 이영근 교사는 글쓰기가 똥누기와 닮았다고 했다. 이유는 다음과 같다.

글쓰기가 똥누기와 닮은 3가지 이유

1. 잘 먹어야 좋은 똥이 나온다.

   = 제대로 살아야 좋은 글이 나온다.

2. 누고 싶을 때 똥이 잘 나온다.

   = 쓰고 싶을 때 글이 쉽게 나온다.

3. 똥을 누고 나면 기분이 좋다.

   = 글을 쓰고 나면 기분이 좋다.

이영근 교사는 좋은 글을 쓰려면 잘 살아야 한다고 말한다. 글은 그 사람의 모습을 그대로 보여주는 거울과 같기 때문이다. 글을 잘 쓰고 싶다면 삶을 잘 가꾸라고 한다. 그렇다면 어떻게 해야 삶을 잘 가꿀 수 있을까? 좋은 언어에 지속적으로 나를 노출해야 한다. 글자만 언어가 아니다. 글, 말, 소리, 사진, 영상 등 멀티미디어가 언어다. 현대에는 다양한 언어가 존재한다. 내가 좋아하는 김창옥 교수도 말했다. 삶은 자신이 본 것과 들은 것의 종합이라고. 그래서 인간은 좋은 것에 노출되어야 한다고 말이다. 좋은 것에 계속 노출되면 지금 당장은 아니더라도 좋은 것이 쌓이고 쌓이고 쌓여서 자기 안에 어떤 소리를 만들어내는 게 확실하단다.[3] 깊이 공감한다. 호식好食 권법은 좋은 것을 먹으며 나를 발견하는 비법이다. 밥상에서 골고루 먹어야 하듯이 삶의 다양한 소리를 듣다 보면 자신 안의 목소리를 발견할 수 있을 것이다.

직접 경험하라
- 가치 경험 권법

다시 아이와의 대화로 돌아가보자. 아이가 환경에 관한 책을 쓰고 싶다고 했던 것을 기억하는가? 나는 물었다.

나	네가 그 책을 통해서 하고 싶은 말이 한 문장으로 뭐니?
아이	환경을 지킵시다.

　좋은 말이다. 환경을 지켜야 한다. 누구나 안다. 일찍 자고 일찍 일어나자, 양치질을 잘하자, 인사 잘하자, 반찬은 가리지 말고 골고루 먹자, 놀고 난 자리는 직접 정리하자, 쓰레기는 쓰레기통에 버리자, 과소비하지 말자, 저축하자, 운동하자, 책을 읽자, 글을 쓰자, 교통신호를 잘

지키자, 양심적으로 살자, 배려하자, 친구와 사이좋게 지내자, 겉모습보다 마음을 보자, 가족에게 잘하자, 형제자매와 잘 지내자, 스마트폰 보는 시간을 줄이자, 자신을 사랑하자. 이 세상에는 좋은 말, 지켜야 하는 말이 차고 넘친다. '환경을 지킵시다'라는 말은 누구나 할 수 있다. 그런데 왜 하필 '내'가 그 말을 해야 하는가?

나 왜 만복이가 '환경을 지킵시다'라고 하는 말을 내가 귀 기울여서 들어야 돼? 너에게서 특별히 들어야 하는 이유가 있을까?

아이 나는 어린이잖아. 어린이는 우리나라의 미래야. 어린이는 미래의 지구환경에서 살아야 해. 우리 어린이들에게 살 만한 지구를 물려줘야 되잖아. 나는 살 만한 지구를 물려받고 싶어. 그래서 환경을 지키자고 말하고 싶은 거야.

나 그렇구나. 일리 있어. 네가 어린이니까 할 수 있는 말이다, 이거지? 실제로 너와 같은 생각에서 출발해서 환경운동을 하는 어린이가 있어. 인도의 칸구잠과 스웨덴의 툰베리야. 칸구잠은 7살, 툰베리는 15살 때부터 환경운동을 하고 있어. 칸구잠은 직접 식물 호흡기라는 걸 발명하기도 했대.

아이 어떻게 7살이 그렇게 할 수 있어? 대단하다.

나 환경을 지키는 일은 어른이 될 때까지 기다릴 필요가 없기 때문이지. 네가 어린이니까 할 수 있는 말이라는 점에 엄마도 충분히 공감해. 실제로 툰베리도 어른들에게 환경 지키기를 행동으로 보여달라면서 꿈과 유년기를 지켜달라고 호소하고 있거든. 한마디로 '말만 하지 말고 행동하라'는 거야. 여기에 대해서 네 생각은 어떠니?

아이   그치. 행동해야지. 솔직히 환경을 지켜야 되는 걸 모르는 사람은 없잖아. 행동 안 하는 사람이 더 많으니까 문제지. 생각해보니까 내가 요즘에 환경을 위해서 뭘 했나 싶어. 환경을 지키자고 해놓고는 내가 안 지키면 말해봐야 소용이 없긴 하겠다. 그러면 내가 해보면서 달라지는 걸 경험하고 글을 쓰면 돼?

나   오, 멋진 생각이다. 답은 네가 가지고 있어. '환경을 지킵시다'라고 말할 때 상대방이 네 말을 듣게 하려면 어떻게 해야 할까? 그 생각이 나름대로 정리가 되면 그게 바로 책이 될 거야.

콘텐츠의 또 다른 말은 '경험'이다. 경험이 없다고 콘텐츠를 못 만드는 것은 아니니 오해 없길 바란다. 경험이 없어도 콘텐츠를 만들 수는 있다. 다만 팔릴 만한 콘텐츠, 주목받는 콘텐츠를 만들기는 쉽지 않다. 왜일까? 설득력이 부족하기 때문이다. 경험 없이 설득력을 갖추려면 꽤 정교한 설득의 설계도를 짜야 한다. 타인의 경험과 연구를 빌려 흥미로운 논리를 만들어야 한다. 경험은 가장 인간다운 설득법이다. 수억 개의 비슷한 콘텐츠 속에서 군계일학이 되는 가장 간단한 방법이 있다. 증험 證驗하는 것이다.

나는 경험한 것만 말한다. 이 책도 경험 기반이다. 실제로 경험하고 내 경험으로 증명하는 방식은 콘텐터로서 효율적인 방법이기도 하다. 내가 경험한 것만 말하면 되기 때문이다. 많은 창작자가 자신이 뭘 이야기해야 하는지 결정하는 데 시간을 보낸다. 직접 경험하면 고민 시간이 단축된다. 다 버리고 경험한 것만 말하면 비교적 단순명료해진다. 가치 경험 권법은 자신만의 편애에 가치를 담을 수 있도록 도와줄 것이다.

내 삶의 다큐멘터리
작가가 되다

휴먼 다큐멘터리에서 배운 취재의 정석

"형사의 머리와 어린이의 자세와 부처님의 마음으로 취재해야 한다."

방송작가로 일할 때 선배 작가가 한 말이다. 빛바랜 작가 수첩에 별표가 10개나 그려져 있는 걸 보면 당시 나에게 무척 인상 깊게 다가온 문장임이 분명하다. 나는 2003년 KBS 대표 휴먼 다큐멘터리 〈인간극장〉에서 방송작가 생활을 시작했다. 나의 역할은 막내작가였다. 막내작가의 또 다른 이름은 '자료조사'다. 휴먼 다큐멘터리 기획 과정에서 가장 중요한 것이 아이템 선정이고, 아이템의 재료를 찾고 취합하는 것이 막내작가의 최우선 소임이다. 당시 메인작가는 방송 제작진이 지녀야 할 취재의 태도를 강조하며 아이템 선정 시 다음 사안을 유념하라고 당부했다.

1. 아이템 선정 시 사회적 흐름과 트렌드를 파악하라. 트렌드를 분석할 때는 사회현상을 반대로 뒤집어서 생각해보기도 하라.
2. 정보를 연결하는 훈련을 하라. 인터넷을 활용할 때는 새로운 시각을 가지는 훈련을 하도록 노력하라.
3. 아이템 회의에서 PD와 작가 등 전 제작진이 의견을 교류하고, 이를 통해 입체적인 시각을 다시 반영할 수 있도록 하라.

20년 전에 배운 가르침이지만 현시점에 콘텐츠 기획에 적용해도 전혀 손색이 없다. 휴먼 다큐멘터리에서는 인물(출연자)이 가장 중요하다. 예능 프로그램에서 말 잘하고 끼 많은 출연자가 재미를 압도하듯이, 휴먼 다큐멘디리는 인물이 얼마나 흡인력·설득력·진정성을 지녔느냐에 따라 흥미가 좌우될 수 있다. 내러티브narrative(서사, 이야기)도 좋은데 캐릭터까지 좋다면 그야말로 금상첨화다. 여기에 사회적 메시지나 귀감이 될 만한 포인트가 있다면 이보다 좋을 순 없다.

또한 출연자에게는 현재진행형의 사건이 있어야 한다. '상황'이 과거형이면 이미 종료되어버려서 촬영할 장면이 없기 때문이다. 가장 좋은 출연자는 동사형 출연자다. 따라서 어떤 사건이 현재 일어나고 있는 상태인지 아닌지 파악하는 것이 중요하다.

그렇다면 그런 출연자를 대체 어디에서 어떻게 찾는 것일까? 왕도는 없다. 수단과 방법을 가리지 않고 찾아내야 한다. 모래밭에서 조개 찾기가 아마 더 쉬울지도 모른다. 아이템을 찾는 막연한 순서는 있지만 정답은 없다. 선배들이 쌓아온, 아이템 찾는 법으로는 도서관에 가서 사보, 잡지, 신문 등을 뒤져 이미 기사화되었거나 단서가 될 만한 콘텐츠를 찾는 것, 흥미로운 라디오 사연이 있는지 모니터링하는 것, 휴먼 다큐멘터리가 아니라 다른 방송에 나온 인물인데 뭔가 있을 것 같은 인물을 더 추적해보는 것, 상상력으로 가상의 인물 조건을 만든 후 찾아보는 것(이를테면 무인도에 사는 사람이 존재할까? 만약 존재한다면 사는 게 어떨까? 이런 상상에서 출발함), 작가가 개인적 경험으로 길거리나 식당이나 여행지 등에서 눈길이 가는 인물을 발견했을 때 취재해보는 것 등이 있다. 다른 매체에 나온 적이 없는 인물이 가장 좋고, 차선으로는 나온 적은 있으나 그 사람에 대해 충분히 알려지지 않은 경우가 낫다.

아이템을 찾을 때 가장 중요한 것은 상상력, 그리고 끝까지 포기하지 않는 것이다. 한마디로 '상상력을 동반한 집요함'이 필요하다. 형사가 사건을 수사하는 심정이 딱 이렇지 않을까? 소설, 영화, 드라마 등 상상력을 자극하는 것을 많이 접하려고 노력했지만 막내작가의 빠듯한 일상은 주말에도 휴식을 허락하지 않는 경우가 많아 짬을 내어 하는 수밖에 없었다. 다행히 나는 공상가였다. '만일 이런 사람이 있다면 어떨까?' 하는 상상은 사람에게 관심을 가지게 했다.

상상력을 동반한 집요함을 발휘하다 보면 제작진이 과반수 찬성하는 특정 인물이 몇 명 정해진다. 그다음부터 중요한 것은 취재다. 취재는 전화취재와 대면취재가 있다. 통상 전화로 먼저 취재한다. 전화취재를 하며 얻어야 할 정보는 '이 사람한테 이야기가 있나? 있다면 얼마나 있나? 5부작 다큐멘터리 정도 되나?'다. 이야기가 있긴 한데 본인은 출연하고 싶지 않다고 할 때가 가장 힘들다. 〈인간극장〉은 꼼수가 없다. 정직하고 올바르며 정도正道를 걷는다. 이 프로그램을 하며 인간에게서 발휘되는 진정성이란 무엇인지, 한 사람의 이야기가 어떻게 시리즈물이 되는지, 상상력이 어떻게 현실이 되는지, 왜 어떤 사람은 반향이 있고 어떤 사람은 반향이 적은지 생생하게 배웠다.

내가 〈인간극장〉 출연자라면

방송작가는 크게 드라마 작가와 비드라마 작가가 있다. 비드라마 작가를 구성작가라 하는데, 구성작가에는 예능, 라디오, 교양(종합구성), 다큐멘터리 작가 등이 있다. 나는 교양 프로그램을 전문적으로 다루는 구성작가였다. 휴먼 다큐멘터리의 제작 과정을 살펴보면 다음에 나올 그림과 같다.

사전 제작 단계와 후반 제작 단계의 상당 부분이 문서, 즉 글쓰기로 구현된다는 것을 알 수 있다. 다큐멘터리는 영상물이지만 설계와 완성에서 글쓰기가 중요한 역할을 한다. 특히 기획안은 제작진과 시청자를

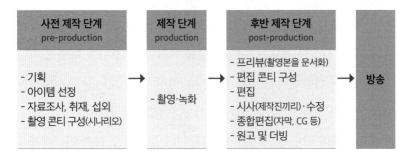

휴먼 다큐멘터리 제작 과정

사전 제작 단계 pre-production	제작 단계 production	후반 제작 단계 post-production	방송
- 기획 - 아이템 선정 - 자료조사, 취재, 섭외 - 촬영 콘티 구성(시나리오)	- 촬영·녹화	- 프리뷰(촬영본을 문서화) - 편집 콘티 구성 - 편집 - 시사(제작진끼리)·수정 - 종합편집(자막, CG 등) - 원고 및 더빙	

설득하는 문서이기 때문에 간결하면서도 구체적으로 써야 한다. 한 문장으로 '이 방송은 이겁니다'라고 말할 수 있다면 똑 떨어지는 기획이다.

좋은 기획자는 제작자 입장에서 프로그램을 많이 보면서 모니터링하고, 풍부한 자료조사를 통해 현실적인 구상을 해보는 습관이 있다. 기획은 멀리 있지 않다. 선배들이 항상 강조하던 말이 "네 가까이에 아이템이 있다"였다. 특히 〈인간극장〉에서 일할 때는 "네 어머니께서 무엇을 보고 들으며 반응하는지 잘 봐라. 네 어머니의 관심사가 기획이다"라는 이야기를 자주 들었다. 〈인간극장〉의 주 시청층이 40~60대 여성이었기 때문이다. 실제로 우리 어머니와 어머니 친구들의 삶을 관찰하면서 아이디어를 얻은 적이 많다.

위의 전 과정에는 문지기gate keeper가 존재한다. 아이템 선정도, 기획도, 구성도, 방송도 문지기의 컨펌confirm이 있어야 다음 단계로 진행할 수 있다. 한마디로 누군가가 허락해야 방송을 할 수 있다는 말이다. 콘텐츠를 시작할 때는 몰랐는데 콘텐츠를 10년간 만들다가 돌아보니,

혼자서 콘텐츠를 만들 때의 제작 과정

사전 제작 단계	제작 단계	후반 제작 단계	방송
- 아이템 선정: 나 또는 내 주변 - 기획: 내가 하고 싶은 것 - 시나리오 구성: 내 마음대로	- 촬영: 내가 이야기하고 싶은 내용을 사실적으로 보여주거나 호기심을 자극하는 사진을 내가 찍음	- 시사·수정: 시사도 내가, 수정도 내가	- 방송: 내가 발행하고 싶은 날이 방송일

내가 했던 콘텐츠 방식은 내가 〈인간극장〉 출연자라고 여기고 썼다는 생각이 든다. 물론 이제 와서 그렇게 해석하는 것이다. 당시에는 한 번도 그런 생각을 한 적이 없다. 스스로 '복직이 요원한 경력 단절 방송작가'라고 여겼기 때문에 더욱 그렇다. 그런데 내가 내 이야기를 바탕으로 콘텐츠를 만들었더니 방송 제작 과정의 상당 부분이 절약되었다. 가장 큰 차이는 문지기가 없다는 점, 내가 하고 싶은 건 내 책임하에 진행하면 된다는 점이었고, 회의도 없고 시사회도 없었다. 아이템은 '나'나 '내 일상'이었다.

뭔가 효율성이 극대화될 것 같지만, 나에게는 풀어야 할 숙제가 하나 있었다. 내가 아이템인데, 내가 나를 잘 모른다는 것이었다. 엄청난 딜레마였다. 형사의 머리와 어린이의 자세와 부처님의 마음으로 취재해야 했다. 누구를? 바로 나를. 그런데 또다시 문제가 있다. 내가 나를 어떻게 취재해야 하는가? 다중인격으로 내가 나에게 질문하면서 적으면 되는 건가? 누가 보면 살짝 맛이 갔다고 생각하지는 않을까? 참으로

내가 나를 취재해야 한다

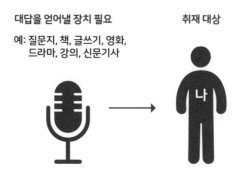

대답을 얻어낼 장치 필요

예: 질문지, 책, 글쓰기, 영화,
드라마, 강의, 신문기사

취재 대상

나

곤란한 상황이었다. 차라리 남이면 내가 물어보고 취재하면 되는데, 제작자도 나고 출연자도 나인 이 상황은 대체 어떻게 돌파해야 하는가?

이때 내게 큰 도움을 준 방식이 있었으니, 바로 독서와 글쓰기였다. 취재하려는 의도는 아니었으나 결과적으로 그렇게 되었다. 독서는 나에게 질문을 했고, 글쓰기는 대답을 유도했다. 독서와 글쓰기는 짝꿍이 되어 나를 취재할 수 있도록 도와줬다. 독서는 인풋input, 글쓰기는 아웃풋output이다. 이 활동을 반복할수록 나를 관찰하고 발견할 수 있었다. 그렇게 발견한 내 모습, 취향, 생각, 깨달음을 글로 적었더니 콘텐츠가 되었고, 내 생각에 공감하거나 동의하거나 재미를 느낀 사람들이 구독했다.

글을 카드뉴스로 만들면 인스타그램, 글을 영상으로 만들면 유튜브 콘텐츠가 된다. 글이 원천 소스이고, 사진·음성·영상은 표현 도구다. 이 사이클이 반복될수록 '취재-기획-콘텐츠-반응(구독)'의 사이클이 바퀴

'나'다운 콘텐츠를 발견하는 스캔 프로세스

나를 취재하고 Seek	원하는 걸 정하고 Crave	실천하면 Action	콘텐츠가 된다 Network
① 나를 공부하며 나의 자원과 가치관 발견하기	② 내가 원하는 걸 정하기	③ 꾸준히 일관되게 실천하기	④ 콘텐츠 만들기

처럼 굴러가면서 무형의 프로세스를 형성했다. 이 작업을 10년간 반복하면서 내가 발견한 사이클이 바로 '스캔SCAN 프로세스'다. 칼로 무를 자르듯이 4단계로 딱 잘라서 구분할 수 없지만 큰 순환의 틀을 표현하기 위해서 만들었다.

앞글자를 따서 '스캔'이다. '스캔 프로세스'라는 이름에는 숨은 의미가 있는데, self-can, 즉 스스로 할 수 있다는 의미이며, 유심히 살피면서 해나가라(scan의 사전적 의미)는 의미다. 짧은 영어 실력으로 영어사전 뒤져가며 만들었는데 퍽 마음에 든다. 스스로 할 수 있다, 스캔! 유심히 살피면서 해나가자, 스캔!

나를 독학하며 기록했더니
콘텐츠가 생겼다

아무도 관심 없는 나를 독학하다

스캔 프로세스는 '책 읽기-글쓰기-실천' 3종 세트를 통해 나를 발견하고 만들어가는 콘텐츠 실천법이다. 나 혼자만 이런 방식으로 콘텐츠를 만들었다면 책을 쓰기는 어려웠을 것이다. 다른 사람도 이 방식으로 자기 이야기를 발굴해 콘텐터가 되는 것을 보고 더 많은 사람에게 알리고 싶어 글을 쓰게 되었다. 이 방법이 정답이라는 의미는 아니다. 기억하기 쉽고 실천하기 쉽도록 정리했을 뿐, 자로 잰 듯이 똑같이 하려고 애쓰지 않았으면 한다. 인생은 응용이다. 다양한 실험을 거쳐 자기만의 오솔길을 찾아가길 바란다. 먼저 내가 직접 경험한 콘텐츠 여정을 잠시 이야기하고자 한다.

　나는 사는 대로 생각하던 사람이었다. 살아지는 대로 살아도 전혀 지장 없던 내 삶에 제동이 걸린 것은 내가 엄마가 된 순간부터였다. 아이를 낳았더니 모든 것이 달라졌다. 마치 나만 빼고 온 우주가 달라진 기분이었다. 내가 가장 불편했던 점은 내 상태를 뭐라고 불러야 할지 알 수가 없었다는 점이다. 흔히들 나 같은 사람을 보고 '산후우울증' '육아우울증'이라고 하던데, 이 표현이 나에게 적절하게 느껴지지 않았다. 오직 나만 느끼는 섬세한 감정이었다. 요즘 말로 '핏이 맞지 않는' 기분이었으니까. 나에게는 언어가 필요했다. 나를 설명할 적절한 언어 도구. 김영란 전 대법관이 "책은 세상을 납득해보려는 도구"라고 하지 않았던가.

　나는 책을 통해 '나'와 세상을 납득하고 싶었다. 그때부터 끌리는 책을 찾아 읽었다. 처음 읽었던 책은 육아 전문가가 쓴 육아서였다. 한두 권 정도는 읽을 만했지만 3권 이상은 도무지 쉽지 않았다. 혼나는 기분이 들기도 했다. 죄책감이나 자기비하의 감정이 느껴진 적도 있다. 피로워서 더 이상 읽기 힘들었다. 그러다가 만난 책이 『엄마, 힘들 땐 울어도 괜찮아』 『꿈이 있는 엄마가 아이도 잘 키운다』 『아이만 낳으면 엄마가 되는 줄 알았다』였다.

　3권의 공통점은 나와 비슷한 입장에서 서술했다는 것이다. 표현이 쉽다는 점도 비슷했다. 어려운 말이 전혀 없었다. 책을 읽으며 몇 가지 언어를 획득했다. 내 상태를 설명할 수 있을 만한 실마리를 얻은 것이다. '혹시 나도 이래서 그런 기분이 든 건가?' 내 안의 의식이 묘하게 달라지는 것을 느낄 수 있었다. 개미 코딱지만 한 변화지만 정말 느껴졌다. 내가 나를 설명할 수 있을지도 모른다는 희망이 생겼다. 더 이상 우울증 환자가 아니어도 되는구나, 야호!

콘텐츠의 시작은 질문을 찾는 것

콘텐츠는 질문에서 출발한다. 질문은 자연스럽게 기획의도가 된다. '이걸 왜 해야 돼?' '이걸 왜 봐야 돼?'가 기획의도이기 때문이다. 부끄럽게도 나는 소싯적에 책을 별로 읽지 않았다. 일해야 해서 읽은 적은 많지만, 나를 위해서 읽은 적은 없다. 솔직히 읽을 시간도 마음의 여유도 없었다. 먹고살기 바빴으니까. 그런데 내 삶에 질문이 생기니 자기 주도적으로 해결해야 하는 상황에 부닥쳤다. 오직 나만 느끼는 감정과 상황이었기 때문이다.

책을 읽기 전에는 막연한 의문이 있었다. '모든 엄마가 다 이런가? 나만 이상한 건가?' 그런데 독서를 거듭할수록 질문이 뾰족해졌다. '왜 아이를 낳으면 일을 하기가 힘들지? 아이를 키우면서 뭐라도 할 수 있는 방법은 없을까?' '왜 아이 키우는 게 힘들어야 하지? 명랑하게 키울 수는 없을까?' 아이를 충분히 사랑하면서도 내 이름을 지키고 싶었다. 마음만 사랑하는 것이 아니라 물리적으로 함께 있으면서 일도 하고 싶었다. 질문이 뾰족해질수록 해답이 담겨 있을 것 같은 콘텐츠를 끊임없이 찾아보게 되었다. 나는 1권을 읽더라도 내 것으로 만드는 것을 중요한 지침으로 삼았다. 100권을 읽더라도 남는 게 없다면 인생은 똑같을 것이기 때문이다.

나의 독서 원칙

1. 처음에는 마음을 다독여주는 책을 읽는다.
2. 책을 읽다가 저자의 다른 책이나 책에서 인용한 책을 읽고 싶으면 미리 사놓은 다른 책이 있더라도 그것부터 읽는다.
3. 인생의 지침과 큰 그림을 볼 수 있게 해주는 인문서, 교양서를 많이 읽는다.
4. 감명 깊은 영화, 다큐멘터리를 병행해서 본다. 독서의 시너지 효과가 일어난다.
5. 다독多讀에 대한 강박관념을 갖지 않는다. 1권을 읽어도 내 것으로 만들고, 느리고 깊이 있는 슬로 리딩slow reading을 한다.

어떤 책은 읽다가 졸음이 쏟아진다. 그런 책은 억지로 읽지 않고 책장에 꽂아뒀다. 책에도 타이밍이 있다. 내게 영감을 주고 밑줄을 긋게 하는 책을 우선해 읽었다. 책을 읽다 보면 신기하게도 내 안의 뭔가를 똑똑 두드리는 느낌이 들었다. 소설가 프란츠 카프카Franz Kafka가 "한 권의 책은 우리 안의 얼어붙은 바다를 깨는 도끼여야 해"라고 말한 이유를 알 수 있었다. 모든 책이 도끼는 아니었지만, 목적을 가지고 읽다 보면 도끼 같은 책이 반드시 있었다. 나는 내가 말하고 싶게끔 만드는

독서로 찾는 콘텐츠

책이 좋았다. 내게 질문을 던지는 책은 내 입을 열게 한다. 그럴 때는 블로그에 독후감을 썼다. 독후감은 줄거리 요약이 아니다. 책에 비춰본 내 생각과 감정을 정리하는 시간이다.

독후감이 쌓여갈수록 나를 점점 알아가는 기분이 들었다. 어쩌면 자기발견의 시작은 좋은 감상자의 태도를 지니는 것인지도 모른다. 책을 읽음으로써 나는 우울증 환자가 아니라, 내 인생의 중요한 질문을 받은 시기임을 알 수 있었다. 인간은 누구나 삶에서 중요한 질문을 받을 때가 있다. 나는 더 이상 사는 대로 생각하지 않기로 했다. 생각하는 대로 살고 싶었다. 그러려면 어떻게 해야 할까?

내 삶을 주체적으로 살고 싶은 어느 초보 엄마의 성장기. 내 콘텐츠는 한마디로 이렇게 설명할 수 있다. '살아내고 공부하고 연구하기 – 책으로 정리하기' 사이클을 유지하면서 지금까지 총 7권의 책을 썼다. 처음에는 내 일상 가장 가까이에서 가장 시급한 '육아'가 주요 콘텐츠였다. 현재는 인생, 글쓰기, 콘텐츠 만드는 법, 퍼스널 브랜딩하는 법 등으로 확장했다. 점에서 원으로 조금씩 커진 것이다. 눈덩이가 굴러가듯이 콘텐츠 프로세스를 바퀴처럼 굴리면 점차 영역을 넓혀갈 수 있다. 넓혀가다가 내 그릇에서 넘치는 듯하면 조절한다. 넘치는지 아닌지는 자기 감각으로 알 수 있다. 거품이 생긴 듯하면 더 부풀리지 않고 기다린다. 내가 원하는 것은 가늘고 길게 오래 하는 것이다. 홍진경도 말했다. 30년간 꾸준히 사랑받은 비결은 가늘고 길게 하는 것이라고. 나는 그렇게 내가 열중할 수 있는 뭔가를 꾸려가며 살고 있다.

나만의 콘텐츠는 글쓰기에서 출발한다

유튜버 단희쌤의 인터뷰 기사를 읽은 적이 있다. "1인지식기업의 2가지 무기는 말과 글"이라며 "크리에이터는 실력 키우는 데만 에너지 쓰지 말고 30% 정도는 말과 글로 표현하는 능력을 키우라"[4]는 말에 크게 공감했다. 단희쌤은 2013년부터 블로그에 글을 썼다. 이를 바탕으로 2016년부터 유튜브를 시작해 현재는 77만 명가량의 구독자와 함께하고 있다. 『마흔의 돈 공부』라는 책도 출간했다.

콘텐츠 만들기가 막막한 사람일수록 글쓰기부터 시작했으면 한다. 글쓰기는 그동안 미처 알지 못했던 자신의 잠재력을 발견하도록 도와준다. 그 잠재력에 관심을 기울인다면 둥글리고 다듬어서 보석이 될 수도 있다. 나에게 글쓰기 훈련은 블로그였다. 블로그에 내 관심사와 공감대를 표현하면서 성장을 하고 새로운 기회도 얻을 수 있었다. 나는 글이 콘텐츠이고, 콘텐츠가 커리어이고, 커리어가 다시 콘텐츠가 되는 삶을 살고 있다.

삶이 콘텐츠이고, 콘텐츠가 삶이다. 삶이란 무엇인가. 사람이 살아내는 것, 그것이 삶이다. 삶이라는 글자를 잘 보면 '사람'이라는 글자도 보인다. 사람의 준말이 삶이라는 말도 있지 않은가. 그래서 나는 말한다. 당신이 콘텐츠라고.

인풋과 아웃풋이
더 나은 나를 만드는 원리

많이 읽다 보니 생긴 작가의 꿈,
롯데출판문화대상을 수상하다

백순심 사회복지사는 1년에 책 1권도 읽지 않던, 독서와는 거리가 먼 사람이었다. 변화가 시작된 것은 책을 읽기 시작하면서부터다. 꾸준히 읽다 보니 재미가 붙었고 어느새 연간 100권이 넘는 책을 읽게 되었다. 독서를 하다 보니 자기 안에 있는 응어리를 풀고 싶다는 생각이 들었다. 그러다가 내가 운영하는 카페에서 '카페 칼럼 연재 작가' 모집 공고를 봤다. 가슴이 뛰었다. 연재를 하며 자신의 이야기를 허심탄회하게 적었다. 쓰기 전에는 몰랐는데 글이 쌓여가자 책을 쓰고 싶다는 꿈이 생겼다. 독서와 글쓰기를 반복할수록 꿈은 더욱 명료해졌다. 연재 글을 다듬어 출판사에 투고했다. 몇 번을 투고했지만 긍정적인 답장을 받지 못했다. 그러던 어느 날, 한 출판사에서 연락이 왔고 『불편하지만 사는 데 지장 없습니다』를 출간했다. 이 책은 2022년 제5회 롯데출판문화대상 본상을 수상했다. 총상금으로 2,000만 원이 주어졌고 백 작가는 1,000만 원을 받았다.

그녀는 콘텐츠가 '관심'에서 출발한다고 말한다. '뭐 눈에는 뭐만 보인다'는 말이 있듯이 자신이 관심을 가진 분야와 관련된 책을 읽고 글을 썼더니 콘텐츠로 발전했다는 것이다. 콘셉트의 다른 말은 관심이라면서 콘텐츠를 만들고 싶다면 관심사를 정하고 그것을 충분히 설명하는 연습을 해보라고 권한다. 그리고 평상시에 자신이 약점이라고 생각한 부분이 콘텐츠로 변화될 수도 있다고 덧붙였다.

내가 나를 설명할 수 있다는 것

"인문학을 배우기 전에는 욕이나 주먹이 먼저 나갔어요. 그런데 이젠 그렇지 않아요. 나를 설명할 수 있게 되었거든요."[5]

나를 설명할 수 있을 때 감정 경영을 할 수 있고 잠재력이 깨어난다. 1995년, 미국 뉴욕에서 시작된 '클레멘트 코스Clemente Course'는 소외 계층을 대상으로 한 무료 인문학 교육과정이다. 이 프로그램을 주도한 사람은 언론인이자 소설가인 얼 쇼리스Earl Shorris. 그는 노숙자와 빈민 계층, 마약 중독자와 전과자 등을 대상으로 인문학 교육 프로그램을 만들어 철학, 글쓰기, 역사, 문학, 예술사를 가르쳤다. 그가 수많은 사회적 약자를 만나면서 알게 된 사실은 그들에게는 '정신적인 삶'이 필요하다는 것이었다. 그들은 자존감이 낮고 자기 정체성에 혼란을 겪고 있었다. 얼 쇼리스는 좁은 사고관과 코앞만 바라보며 사는 삶은 가난을 되풀이할 뿐이라고 판단하고, 마음의 풍요와 생각하는 힘을 기르는 교육을 추진했다. 결과는 놀라웠다. 수료생들은 오랜 시간 갇혀 있던 자신의 굴레에서 벗어나 적극적으로 자신이 원하는 삶을 개척해나가려는 모습을 보였다.

실화를 바탕으로 한 작품 〈프리 라이터스 다이어리Freedom Writers〉도 비슷한 사례다. 윌슨고등학교 203호는 소위 '문제아'라 불리는 아이들만 모여 있는 반이었다. 마약, 범죄에 연루되고, 형편이 어려운 가정에서 사는 학생들이 대부분이었다. 새로 부임한 에린 선생은 이들이 지극히 좁은 사고관을 가지고 매일 똑같이 살고 있다는 것을 깨닫는다. 그녀는 사비를 털어 인문학 교육과 박물관 관람을 진행했고, 영감을 줄 수 있는 인물의 초청 강연 등을 열었다. 책을 읽고, 글을 쓰고, 실천하는 과정에서 아이들은 전혀 다른 사람이 된다. 이미 자기 속에 존재하는 보석을 발견한 것이다. 모두가 포기했던 학생들은 놀랍게도 전원 졸업했으며, 대학 진학을 했다. 졸업이나 하면 다행이라며 혀를 끌끌 차던 주변 사람들의 뒤통수를 통쾌하게 쳐버렸다.

아이들은 스스로를 '자유의 작가들'이라고 부른다. 아이들은 자유를 찾았다. 무엇을 통해서? 선입견 가득한 자기인식을 깨부수는 배움을 통해서다. 이런 활동은 어떻게 아이들에게 자유를 줬을까? 바로 자신을 설명할 수 있는 힘을 줬기 때문이다. 그동안 아이들이 가지고 있던 언어는 극히 제한적이어서 자신을 설명할 수가 없었다. 새로운 언어는 사고방식을 확장해주고 자신을 제대로 설명할 수 있도록 도왔다. 이것이 언어의 힘이다.

나를 설명하기 어렵다면 당신의 관점부터 살펴보라

콘텐츠는 내가 나를 설명하는 것이다. 설명할 때 가장 중요한 것은 관점과 경험이다. 특히 관점은 아주 중요하다. 관점은 나를 유능하게도 무능하게도 만들 수 있기 때문이다. 이를 증명한 실험이 있다. 리더십 분야의 석학이라는 장 프랑수아 만초니Jean-Francois Manzoni와 장 루이 바르수Jean-Louis Barsoux 교수는 상사와 부하직원 간의 관계를 연구하던 중 엉뚱한 발상을 한다. '어떻게 하면 직원을 무능하게 할 수 있을까?' 결과는 충격적이었다. 직원이 무능해지는 순간은 상사가 직원을 무능하다고 믿을 때부터 시작되었다. 즉, 상사의 관점이 실제로 직원을 무능하게 만든다는 것이다.[6]

직원을 무능하게 만드는 5단계

1. 우연히 직원의 작은 실수를 포착한 상사가 직원의 능력을 의심한다.

2. 직원은 자존심과 업무 의욕을 점점 잃어버린다.

3. 상사는 관리 감독을 더욱 강화하고 세부적인 보고를 요청한다.

4. 직원은 점점 의욕을 잃어버리고, 업무 성과가 나지 않으며, 상사에게 반항한다.

5. 직원은 예의 없고 무능한 직원이 된다.

그렇다면 반대로 직원을 유능하게 만들 수도 있을까? 사회학자 로버트 머튼Robert Merton이 그 방법을 제시했다.

직원을 유능하게 만드는 5단계

1. 상사가 직원의 능력과 성장 가능성을 믿어준다.

2. 직원의 자존심과 업무 의욕이 점점 상승한다.

3. 상사는 직원을 더 인정해주고 코칭한다.

4. 직원은 점점 의욕이 상승하고, 업무 성과가 나오고, 상사에게 존경과 신뢰를 보낸다.

5. 그 직원은 유능한 직원으로 바뀐다.

사람은 저마다 자기 마음속에 렌즈를 가지고 있다. 렌즈는 곧 관점이다. 당신의 렌즈는 어떤 모양인가?

- **현미경**: 현미경처럼 아주 자세히 보는가?

- **돋보기**: 돋보기처럼 확대해서 보는가?

- **망원경**: 망원경처럼 아주 멀리 보는가?

- **만화경**: 만화경처럼 왜곡해서 보는가?

- **선글라스**: 선글라스처럼 어둡게 보는가?

- **안경**: 안경처럼 선명하게 보는가?

- **안대**: 안대를 쓴 듯이 아예 보지 못하는가?

사람의 마음속에는 렌즈가 하나일 수도 있고 여러 개일 수도 있다. 앞서 인문학을 통해 자신을 설명할 수 있었던 사례처럼, 렌즈가 많고 입체적일수록 세상을 너그럽고 풍부하게 인식할 수 있다. 같은 세상도 다채롭게 표현할 수 있기 때문이다. 그래서 인생에서는 렌즈가 중요하다.

콘텐츠도 마찬가지다. 렌즈는 콘텐츠에 관점을 부여한다. 우리는 흔히 시각이 좁은 사람을 '우물 안 개구리'라고 표현한다. 혹시 실제로 우물을 본 적이 있는가? 상수도 시설이 발달한 요즘에는 실제로 우물을 보기가 매우 힘들다. 내가 어렸을 때는 외갓집에 우물이 있었다. 직접 물을 길어본 적도 있다. 우물은 좁고 깊다. 수맥을 찾아 땅을 파서 지하수를 지상에 노출한 시설이기 때문에 깊이 파야 물이 계속 나온다. 동물이나 오물이 물에 빠지면 마실 수가 없으니 구멍 주변에 높은 담을 쌓아둬서 더욱 깊다. 그 깊은 우물 속에 들어가 있다고 상상해보자. 그러면 세상이 어떻게 보일까?

우물 안에서의 시선

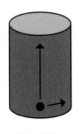

**좁고 깊은
우물**

사방이 암흑임

**우물 안에서
주위를 보는 시선**

**우물 바닥에서
위를 올려다보는 시선**

이래서 시각이 좁은 사람을 '우물 안 개구리'라고 한다. 세상에 대해 전혀 모르는 사람인 것이다. 요즘처럼 지식이 넘쳐나는 시대에는 우물 안 개구리가 없을까? 나는 오히려 '디지털 우물 안 개구리'가 심화될 수 있다고도 생각한다. 왜일까? 한 사람의 사고思考가 알고리즘 추천 속에 갇힐 가능성이 높기 때문이다. 알고리즘 추천 시스템은 한 번 누른 콘텐츠의 요소를 분석해서 비슷한 콘텐츠만 추천한다.

여기에 익숙해지면 어떤 현상이 벌어질까? '똑똑한 알고리즘이 내 취향을 잘 알겠지' 하면서 지식과 정보를 무비판적으로 받아들일 수 있다. 이는 최근 사회적 이슈이기도 하다. 입맛에 맞는 정보만 접하다가 '정보 편식'이나 '확증편향(자신의 생각에 부합하는 정보만 취하려는 경향)'에 빠지거나 교묘하게 조작된 가짜 뉴스에 속을 수도 있기 때문이다. 관점 중에서도 가장 중요한 관점이 자신을 보는 관점이다. 당신은 당신을 어떻게 바라보는가? 좀 괜찮은가? 좀 부족한가? 당신은 어떤가?

잠재력을 발견할 수 있는 현실적인 방법

목표가 있는 인풋과 아웃풋을 습관으로 삼다

자신에게 콘텐츠로 만들 만한 자원이 뭐가 있는지 발견하는 쉬운 방법이 독서와 글쓰기다. 너무 흔해서 지루한가? 솔깃한 정보가 아니라 미안하다. 포장을 세련되게 하고 싶었지만 수수하게 표현할 수밖에 없음을 양해해주길 바란다. 나도 예전에는 믿지 않았다. 책과는 담을 쌓고 살았다. 하지만 직접 경험해보니 그 어떤 자기계발보다 효과적이었다.

독서와 글쓰기는 인풋과 아웃풋의 화학작용이다. 인풋은 뇌 안에 정보를 입력하는 것이고, 아웃풋은 뇌 안에서 정보를 출력하는 것이다. 흔히들 책을 많이 읽으면 성장할 것이라고 생각한다. 물론 아예 안 읽는 것보다는 낫다. 하지만 책을 많이 읽어도 삶의 변화가 없다는 사람이 적지 않다. 왜일까? 『아웃풋 트레이닝』의 저자인 일본의 정신과 의사 가바사와 시온樺澤 紫苑에 의하면, 자기성장은 인풋이 아니라 아웃풋의 양으로 결정된다고 한다. 인풋과 아웃풋에는 다음 활동이 포함된다.

- **인풋**: 읽기+듣기
- **아웃풋**: 말하기+쓰기+행동하기

인풋의 양과 자기성장의 양은 전혀 비례하지 않는다며 아웃풋을 어떻게 할지 고민하라고 한다. 왜일까? 아무리 인풋을 해도 아웃풋을 하지 않으면 기억으로 정착되지 않기 때문이다. 그는 아웃풋의 이점이 크게 6가지라고 말한다.

1. 기억에 남는다.
2. 행동이 바뀐다.
3. 현실이 바뀐다.
4. 성장한다.
5. 즐겁다.
6. 압도적인 결과를 낸다.

나도 똑같은 이점을 경험했다. 마지막 '압도적인 결과'에 대해서는 남들 눈에는 '압도적'까지는 아닐지 몰라도 내 입장에서는 압도적·기적적·혁명적인 결과였다. 나는 가장 개인적인 혁명을 경험했다.

지적 허영심을 채우다가 놓치는 것

만일 자신이 다독가인데도 삶은 똑같다고 느껴진다면 어떻게 책을 읽는지 진지하게 관찰해봤으면 한다. 누군가에게 보여주기 위해서 베스트셀러나 어렵고 두꺼운 책을 선택하는 건 아닌지, 딱히 관심은 없었지만 유명인이 읽어보라고 추천하기에 덥석 구입한 건 아닌지, 읽긴 했는데 안구로 시청만 하고 가슴으로는 안 느낀 건 아닌지, 제대로 읽기도 했고 감동도 받았지만 기록을 안 한 건 아닌지. 독서라는 물리적 행위에는 예술적인 메커니즘이 숨어 있다. 보통 인풋과 아웃풋의 작용에 대해 사람들은 다음 그림과 같은 과정을 떠올린다.

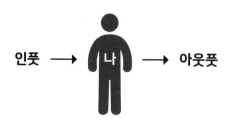

일반적으로 생각하는 인풋과 아웃풋의 작용

인풋 ⟶ 나 ⟶ 아웃풋

인풋과 아웃풋의 실제 작용

내가 경험한 느낌은 이보다 더 섬세했다. '나'를 컴퓨터라고 생각해보자. 나는 체계적으로 설계되어 있다. 부모에게 받은 유전자, 정서적 경험, 그동안 배운 것들 등 내가 지각한 모든 외적·내적인 자원이 모여 지금의 내가 되었다.

인풋을 USB라고 쳐보자. 내 컴퓨터에 USB가 꽂혔다. 나의 욕구와 타이밍에 적절히 맞는 인풋을 만나면, 어떤 화학작용이 일어나면서 아웃풋을 일으켰다. 이를테면 어떤 문장에 깊은 감명을 받았거나 전혀 생각하지 못했던 사실을 깨달았을 때 1초도 망설이지 않고 블로그에 글을 썼다. 어떤 책은 내가 좋은 사람이 되고 싶다고 생각하게 했고, 어떤 책은 부자가 되고 싶어지게 했다. 그때마다 나는 말하기, 쓰기, 행동하기 중 하나 이상을 실천했다. 비록 아주 작은 것이라도.

어쩌면 당신은 아직 운명적인 책을 만나지 못한 게 아닐까? 아니면 책은 책일 뿐이라고 생각하는 건 아닐까? 책은 누군가의 경험과 지성이 압축된 총체다. 좋은 책을 읽다 보면 그 책을 쓴 저자와 대화하는 느낌이 든다. 책을 통해 그 사람과 만나서 지혜를 얻은 기분이 든다면 운명

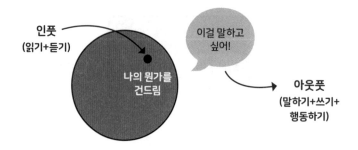

인풋과 아웃풋의 구체적 작용

인풋
(읽기+듣기)

나의 뭔가를
건드림

이걸 말하고
싶어!

아웃풋
(말하기+쓰기+
행동하기)

적인 책일 확률이 높다. 그럴 때는 그 저자의 다른 책을 읽어보면 더 풍부한 세계를 만날 기회를 얻을 수도 있다.

우리가 보고 듣는 인풋은 무엇인가? 타인이 생성한 지성이다. 인풋은 과거형일 수밖에 없다. 과거에 누군가가 만든 작품이나 이론을 접하는 것이 인풋이다. 인풋은 타인의 자원을 접하면서 자신과 견주어보는 것이다. '이건 나랑 같네. 이건 나랑 비슷하네. 이건 나랑 다르네. 이건 나랑 반대네.' 인간은 무엇을 읽든 그것을 이해하기 위해서 자기 안에 저장된 자원을 총동원한다. 책을 교과서라고 생각하면 이런 화학작용이 쉬이 일어나지 않는다. 우리가 그동안 배웠던 주입식 교육 방식은 창의성과는 거리가 멀다. 책은 노크다. 자기 안의 자원을 똑똑 두드리면서 무의식에서 뭔가를 찾도록 도와준다. "똑똑, 저기요. 그동안 자고 있었나 보네요. 지금 일어나서 이 문장 좀 볼래요? 이거 뭔가 당신에게 와닿지 않나요?"

아웃풋 신호 캐치하기

노크하는 신호 캐치하기
(감정, 인식, 지식, 관점 어딘가를 두드림)

인풋
(타인의 자원) → | ●노크 지식 | 경험 | ●노크 정서 | 철학 | → **아웃풋**
(나의 새로운 자원)
●노크 | | ●노크

신호-캐치-글쓰기(메모)-개발

책을 읽으면 동기부여, 감정, 심상, 생각, 깨달음, 반대, 거부 등이 느껴질 수 있다. 뭔가 느낌이 왔을 때는 캐치해서 반나절이 지나기 전에 기록한다. 그 이상이 지나면 기억이 나지 않는다. 낚시와 비슷하다. 입질이 왔을 때 낚아채지 않으면 도망간다. 내가 특별히 기억력이 나빠서 그런 걸까? 에빙하우스Hermann Ebbinghaus의 망각 곡선에 의하면, 읽은 직후부터 망각은 시작된다. 20분 내에 41.8% 망각, 1일 후에는 66.3%를 망각하게 된다.[7] 책을 읽고 하룻밤만 자고 나면 거의 다 잊히는 것이다. 『아웃풋 트레이닝』의 저자는 말한다. 아웃풋을 하기 가장 알맞은 순간은 '인풋 직후'라고. 독서 직후, 영화 감상 직후, 강의 직후가 아웃풋의 최적기다.

나는 실제로 어떻게 살아왔고, 매일 어떻게 사는가

당신의 인생은 당신만 안다

온라인상에서 사람들과 호흡하고 소통하면서 느낀 점은, 내가 했던 어떤 일이 예상치 못한 순간에 기회로 연결되었다는 것이다. 예를 들어서 나를 관찰해보면, 다음과 같은 활동을 하며 살았다.

1 라디오가 좋아서 라디오 공개방송을 다녔다. 라디오 공개방송에서 '방송작가'라는 직업이 있다는 것을 알고 방송작가가 되기로 했다. 7년 후 나는 방송작가가 되었다.
2 결혼하고 아이를 낳았다. 폭풍 같은 변화 속에서 중심을 잡고 싶었다.

책으로 육아 공부, 자기이해 공부를 치열하게 했다.

3 내 경험과 공부가 정리가 안 되고 혼란스러울 때가 많았다. 그걸 쓰기 시작한 게 블로그였다. 글이 쌓일수록 내 이야기를 어여삐 봐준 독자들이 하나둘 블로그에 모였다.

4 내 블로그에 자주 오는 분들과 소통하다 보니 알게 된 새로운 사실. 대부분의 사람이 육아를 너무 힘들어하고, 자기 자신을 대면하기 어려워하는 부모라는 것. 이들이 소통하는 양방향 소통 창구가 있으면 좋겠다고 생각해 네이버 카페를 만들었다.

5 내 글과 활동을 보고 출간 제안이 왔다. 언론사 인터뷰 제안도 왔다. 신문과 잡지에 내 이야기가 소개되었다. 책을 써서 저자라는 이름도 생겼다.

6 2022년, 여섯 번째 책 『나는 매일 블로그로 출근한다』를 출간했다. 2년간 꾸준한 사랑을 받았다. 출판사에서 이 책과 이어지는 다음 책을 써보자고 제안했다. 그래서 현재 집필 중이다. 당신이 보고 있는 이 책이다.

7 『나는 매일 블로그로 출근한다』를 보고 한 언론사에서 강의 제안을 했다. 해당 언론사 최초의 블로그 글쓰기 강의라고 했다. 책을 쓴 덕분에 강의로 이어졌다.

내가 지나온 시간을 보면, 내 활동이 꼬리에 꼬리를 문다는 걸 알 수 있다. 딱히 활동이라고 묘사하기 어려운, 미약한 몸짓이나 발자국 정도가 뭔가를 일으킨 적도 있다. '나비효과'라는 말은 이래서 있는 거구나 실감했다. 이 비유가 적절할지는 모르겠으나, 집에 맛있는 김치가 있다고 쳐보자. 맛있는 김치가 있는 덕분에 김치찌개도 끓이고, 김치부침개도 부칠 수 있는 것이다. 김치가 찌개와 부침개로 이어졌다. 김치가 없었다면 즉시 이어지기는 힘들었을 것이다. 이 비유는 내가 오늘 맛있는 김치로 김치찌개를 끓여 먹었더니 떠오른 비유다.

내 삶은 어찌 되었건 '내가 한 무엇'과 무관할 수 없다는 뜻이다. 이처럼 당신의 생각과 가치관, 세계관은 내 생활에서 비롯된다. 하찮아 보이는 일상이 펑퐁처럼 '나'와 영향을 주고받기 때문이다. 내가 커리어를 만들어나간 여정을 통해서 패턴을 발견했다. 내가 작정하고 그렇게 한건 아니지만 비슷한 패턴으로 뭔가가 이뤄졌음을 알 수 있었다.

내가 이미 가지고 있는 것과 아직 부족하지만 흥미 있는 것

먼저 나는 다음 2가지를 항상 고려한 것 같다. 내가 이미 가지고 있는 것과 아직 부족하지만 흥미 있는 것이다. 블로그를 시작할 때는 이랬다.

- **내가 이미 가지고 있는 것:** 글쓰기를 좋아함. 글을 쓰면 마음이 해소됨.
- **아직 부족하지만 흥미 있는 것:** 나를 모르겠고 육아는 더 모르겠음. 하지만 알아가고 싶음.

나는 내가 이미 가지고 있는 것을 활용해서, 내가 알아가고 싶은 것을 공부하면서 성장해나간 것 같다. 내 콘텐츠는 전부 이 과정을 거쳐서 탄생했다고 해도 과언이 아니다. 이 글을 보면서 어떤 사람은 "오, 감이 온다!" 하는 사람도 있겠지만, 어떤 사람은 "도무지 감이 안 와" 하는 사람도 있을 것이다. 충분히 그럴 수 있다. 왜냐하면 우리는 거의 평생 동안 비슷한 교육을 받고 비슷한 인생 목표를 설정하도록 강요받으며 자랐기 때문이다.

자신이 뭘 하고 싶은지, 자신에게 뭐가 있는지보다, 앞으로 해야 할 것과 살아야 할 방향부터 제시받았다. 그림을 그리고 싶고 그림에 소질이 있어도, 일단 입시라는 관문부터 무사 통과해야 하니 인생의 초기를 전략적으로 보낼 확률이 매우 높다. 나는 우리가 학교에서 다양한 과목을 배우는 이유는, 여러 지식의 향연을 통해 자기실험을 해보라는 뜻이라고 생각한다. 만일 아주 어릴 때부터 과학만, 음악만, 영어만, 국어만 편식한다면 반찬을 편식하는 아이처럼 골고루 성장하기는 어려울 것이다. 교과서로 만들어진 현존하는 지식은 누군가의 실험과 탐구로 정량화된 것들이다. 그것을 골고루 경험해보면서 '나는 과학이 더 좋아' '나는 음악이 더 좋아' '나는 다 좋아' 하며 자신을 입체적으로 보는 시간이 어린 시절 전 과목을 공부하는 이유 아닐까?

하지만 우리는 높은 수능 점수를 받아 명문대에 가기 위해서 전 과목을 공부한다. 실험할 시간이 어딨는가. 정답을 향해서 달릴 시간도 부족한데. 세상을 살면서 모두가 같은 방향으로 뛸 때 혼자 다른 방향을 뛰려면 굉장한 용기가 필요하다. 그런 측면에서 나는 콘텐츠가 좋다. 시간 투자도 내 마음대로, 주제도 형태도 내 마음대로 할 수 있기 때문이다. 마치 클레이 같다. 무엇을 어떻게 빚을지는 나의 자유다.

나를 취재하는
몇 가지 방법

지금 그 자리에서 가지고 있는 것

자기만의 커리어를 찾고 싶다면, 이미 자기가 가지고 있는 것에서부터 출발해야 한다. 자기에게 없는 것에서부터 시작하려면 맨땅에서 삽질을 오래 해야 한다는 의미이기 때문이다. 그 시간을 견뎌내는 것은 평범한 사람에게는 매우 어려운 고난도의 과정이다. 우리가 이미 가지고 있는 것을 못 찾는 이유 중 하나가 그에 대해 진득하게 생각해보지 않았기 때문일지도 모른다. 충분히 이해한다. 우리는 너무 바쁘다. 대한민국 사람은 다 바쁘다. 왜 바쁜가? 세상이 바빠야 한다고 외치고 있기 때문이다. 전부 다 뛰는데 나 혼자 안 뛸 재간이 있을까?

그래도 시간을 내서 작정하고 종이에 써보길 추천한다. 남는 시간에 쓰는 게 아니라 시간을 내서 쓰는 것이다. 워런 버핏Warren Buffett이 "먼 저 쓰고 남는 돈을 저축하는 게 아니라, 저축 먼저 하고 남는 돈을 쓰 라"고 한 것처럼. '남의 말을 잘 들어준다' '아이들과 잘 놀아준다' '분 리수거를 잘한다' '종이접기를 할 줄 안다' 등등 사소한 것부터 아르바 이트 경험까지 모두 적어보길 바란다. 그래도 모르겠다면 다음 질문에 답해보자.

나를 취재하는 방법 1
– 내가 이미 가진 것을 탐색하는 질문

기본 질문

1. 어떤 직업과 일을 경험해봤는가?

2. 전공은 무엇이었는가?

3. 초·중·고 학창 시절 관심사는 무엇이었는가?

4. 특기가 있는가?

5. 취미가 있는가?

6. 내가 좋아하는 것은 무엇인가?

7. 좋아하는 것까지는 아니지만 흥미 있는 분야는 무엇인가?

8. 앞으로 한번 해보고 싶은 것은 무엇인가?

탐구해볼 질문

1. 나는 쉬운데 다른 사람이 나보고 잘한다고 하는 것은 무엇인가?

2. 하고 있으면 시간 가는 줄 모르는 일은 무엇인가?

3. 내가 주말에 주로 하는 일은 무엇인가?

4. 내가 그동안 돈을 많이 쓴 분야는 무엇인가? (쇼핑, 미용, 여행 등 아무거나 상관 없음)

5. 내가 그동안 배우려고 돈을 많이 쓴 분야는 무엇인가? (배움에 대한 것에 한정)

강점을 알아보는 질문

1. 반복해서 해도 늘 만족감을 주는 것은 무엇인가?

2. 누구보다 빨리 배우고 빨리 해내는 것은 무엇인가?

3. 어린 시절부터 그리워하고 열망하는 것은 무엇인가?

위 세 가지를 모두 충족할 때 강점이라고 할 수 있다.

답변을 적다 보면 자신이 반복적으로 하는 말이 있을 것이다. 그게 당신이 가야 할 길의 바탕이 될 것이다. 어떤 방식으로, 어떤 형태로 나아갈지는 모르겠으나 어쨌든 거기에서 완전히 벗어날 수는 없다. 나는 블로그와 글쓰기 그리고 웹페이지 만드는 능력으로 지금 모든 커리어를 운영하고 있다고 해도 과언이 아니다. 이 3가지가 나를 먹여 살리고 기쁘게 해주는 것이다. 누군가의 컨펌이나 명령 필요 없이 내가 주체적으로 움직이면서 커리어를 운영하고 있다.

사족이지만, 이 책에 들어간 이미지도 상당 부분 내가 포토샵으로 직접 만들어서 출판사로 보냈다. 책이 나올 때는 아마도 디자이너의 손을 거치겠지만 이미지가 있을 때와 글만으로 창작해야 할 때는 저자의 의견이 구체화되는 정도가 다를 수밖에 없다. 내 머릿속과 디자이너의 머릿속은 다르기 때문이다.

　나는 내 머릿속을 이미지화해서 구현할 수 있어야 육화된 지식을 책에 담을 수 있다고 생각한다. 이야기를 글과 이미지와 영상으로 표현할 수 있는 작가, 여러 가지 재능을 섞어서 사용할 수 있는 사람을 요즘 말로 '융합형 인재'라고 한다. 콘텐츠 생활을 하면 자연스럽게 융합형 인재가 될 수 있다. 얼마나 좋은가.

당신은 당신이 어떤 하루를
보내는지 모른다

나를 취재하는 방법 2
– 나의 일주일 일과표를 1시간 단위로 촘촘하게 적어보기

당신은 당신의 일상을 얼마나 아는가? 만일 일상을 '기상 – 출근 – 퇴근 – 취침' 이렇게밖에 표현할 수 없다면 콘텐츠가 나오기는 어렵다. 왜일까? 일상을 덩어리로 보기 때문이다. 일상에 숨어 있는 미세한 풍경과 습관과 철학을 발견할 때 표현할 뭔가를 찾을 수 있다.

처음 글쓰기 코칭 참가자를 선발할 때는 자기소개서만 받았다. 그런데 여러 사람을 선발하다 보니 공통점을 발견했다. 자기가 설명하는 모습과 실제 생활에는 차이가 있었다.

나의 하루 쪼개 보기

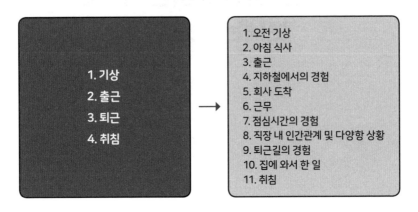

10년 넘게 디자이너로 일하던 사람이 있었다. 이 사람은 자신의 일과를 '기상 - 육아 - 잠'으로 표현했다. 그리고 자신은 재주도 없고 무엇을 해야 할지 모르겠다고 말했다. 하지만 콘텐츠를 만들고 싶어 했다. 이 사람은 유독 자신의 디자인 경력을 언급하지 않으려고 했다. 현재 자신의 삶인 '부모로서의 이야기'만 콘텐츠라고 생각했다. 나는 인내심을 가지고 그녀를 취재하기로 했다. 꽤 오랜 시간이 흐른 후 알고 보니 전직前職의 언급을 피하는 이유가 있었다. 그녀는 디자이너로서의 삶이 너무 힘들었다고 한다. 매일같이 밤을 새우고, 과정보다는 결과가 중요하고, 만일 결과가 회사의 기대에 미치지 못하면 인격적인 모독도 감당해야 했다. 치가 떨릴 정도로 힘들었지만 견디고 또 견뎠다. 10년이 지난 시점에 결심했다. 이만하면 할 만큼 했다. 굿바이!

그녀의 마음은 충분히 이해한다. 나도 혹독한 방송계에서 일하면서

극한의 경험을 숱하게 했으니까. 그런데 그녀는 말과 다르게 일상 곳곳에서 디자인을 실행하고 있었다. 아이를 위한 이름표, 굿노트 다이어리 만들기, 몽당연필 뚜껑 만들기 등 일주일에 2~3번은 생활 속의 디자인을 실천하고 있었다. 직장 생활이 힘들었던 것이지 디자인을 끔찍이 싫어하는 건 아니었던 것이다. 그녀의 커리어와 재능, 관심사가 맞물리는 지점은 바로 그거였다. 이걸 발견할 수 있었던 것은 자신을 관찰하면서 아주 구체적으로 기록한 일과표 덕분이었다.

하루아침에 발견하기는 어려울 수도 있다. 어떤 규격에 맞춰서 자기를 가둔 사람일수록 일과표와 실제 생활이 일치하기까지는 시간이 걸린다. 그래도 관심을 가지고 관찰하다 보면 기록할 수 있다. 일과표에는 스마트폰 보는 시간도 반드시 포함하자.

평가나 판단부터 하지 말고, 있는 그대로의 내 삶을 관찰하기

현재 자기가 가지고 있는 것을 적극적으로 찾아보길 바란다. 평가부터 하지 말고 있는 그대로. '디자인은 진저리 나. 이건 패스!' 하면서 자기가 실제로 하는 일을 기록하지 않으면 그 누구도 당신을 발견할 수 없다. 어떤 사람은 회사 다닐 때 보고서 쓰기가 너무 지겨웠다고 한다. 20년 동안 연구보고서만 썼다. 석박사 학위를 받으면서 지겹도록 논문도 썼다. 이제 글쓰기는 질렸다면서 쳐다도 보기 싫다고 한다. 하지만 진저리 나는 시간을 견뎠기 때문에 얻은 것도 있지 않은가? 학위 논문 쓰는 법, 보고서 쓰는 법은 당신이 최고일지도 모른다. 어쩌면 여행 계획도, 일기도 보고서 작성하듯이 일목요연하게 쓰고 있을지도 모를 일이다. 그걸 외면하는 사람은 누구인가? 그걸 외면하면 어디서 어떤 재능을 발견해서 콘텐츠로 만들겠는가? 누군가 그랬다. 고통을 만나면 경쟁자가 줄어드는 것이고, 불평·불만을 만나면 수익의 기회라고. 괴로워도 10년, 20년을 했다. 그 경이로운 시간을 가꿔야 하지 않을까?

학생이든 직장인이든 사업가든 전업주부든 은퇴자든 이미 가진 것이 자신의 밑천이다. 비록 허접한 밑천이더라도 예뻐해주면 보물이 된다. 할 수 있다면 그것을 기반으로 온라인 비즈니스도 구상해보면 좋겠다. 왜 비즈니스라고 말하냐면, 콘텐츠를 사업으로 표현하는 사람도 있기 때문이다. 콘텐츠가 먼저냐, 사업이 먼저냐 순서만 다를 뿐 콘텐츠의 주변에는 사업의 가능성이 자리하고 있다. 앞으로 온라인 비즈니스는 누구도 거스를 수 없는 시대 흐름이다. 10년 전에 스마트폰을 안 쓰겠다고 선언한 사람도 지금은 당연하게 사용하는 것처럼.

소소하게 시작해도 된다. 대학 시절, 새내기에게 완벽한 대학생의 모습을 기대하던 선배가 있었는가? 새내기는 풋풋함이 매력이다. 풋풋하게 시작하자. 어떤 상황과 기회가 내 앞에 나타날지는 아무도 모른다. 하지만 분명한 건 아무것도 안 하는 사람에게 기회가 오지는 않는다는 것이다. 나를 보더라도 사소한 일상이 꼬리에 꼬리를 물고 새로운 성장을 가져왔다.

자기발견이 어려운 8가지 유형

1. 공부를 잘한 유형

이런 유형은 '내가 가만히 있어도 언젠가 나를 알아주겠지' 하면서 재능이나 콘텐츠 발견에 동기를 찾지 않는다. 콘텐츠를 하더라도 몇 편 해보다가 반응이 없으면 아무 일도 없었던 것처럼 흔적도 없이 삭제해 버리기도 한다. 흑역사를 남기고 싶지 않은 심리가 있다.

2. 준거집단이 비슷한 유형

주변에 자신과 비슷한 조건이나 비슷한 성향인 사람들만 있는 유형이다. 주변에 모든 친구가 영어를 잘한다면 자신이 영어를 잘하는 게 재능처럼 안 보인다. 키가 2m인 사람이 주변 친구가 모두 2m 이상이라면 자신이 키가 큰 줄 모르는 것과 비슷하다. 재능에 대한 질문을 받을 기회, 외부자극을 받을 기회도 적은 유형이다.

3. 시키는 대로 정확히 할수록 가치를 인정받은 유형

이런 유형은 재능을 찾기보다 전문가가 정해주기를 원한다. 주제도 방식도 시켜만 주면 잘해보겠다는 마인드다. 이미 정답은 존재하며 자신은 따르기만 하면 된다고 생각하기 때문에 자기발견의 필요성을 못 느끼는 유형이다.

4. '바쁘다'를 입에 달고 사는 유형

'나는 원래 바쁘다'고 생각하기 때문에 자기발견에 시간 내기를 아까워하는 유형이다.

5. 비교 심리가 강한 유형

자기보다 더 잘하는 사람들을 보며 스스로 주눅 드는 유형이다. 비교 심리가 강할수록 사람들이 재능이라고 추켜세워도 믿지 않는다.

6. 재능을 발휘했다가 안 좋은 기억이 있는 유형

재능과 관련된 과거 경험이 발목을 잡는 유형이다. 아주 개인적인 경험이기 때문에 스스로 이겨내는 것이 관건이다.

7. 생활력이 재능인 유형

이 유형은 기상, 양치질, 밥 먹기, 설거지처럼 일상적인 행동에 재능이 깃들어 있다. 자신의 재능이 아예 재능으로 보이지 않거나 재능이라고 말하기 주저하는 유형이다.

8. 초심자 유형

이 유형은 뭔가를 시작한 지 얼마 안 되었기 때문에 시간이 짧게 경과했다는 이유로 재능으로 보지 않는 경우다. 끝까지 마스터해야 재능이 완성된다고 생각한다.

주어진 재능에 어떻게
반응하는가가 곧 인생이다

자신의 재능을 어떻게 대하는가가 콘텐츠를 결정한다

"주어진 재능에 이렇게 반응하는가가 곧 인생이다." 아흔의 노장 피아니스트 시모어 번스타인Seymour Bernstein의 말이다. 그의 인생관을 더자세히 알고 싶다면 『시모어 번스타인의 말Play Life More Beautifully』을 추천한다. 이 책을 읽고 있노라면 모든 구절에 밑줄을 긋고 싶어진다. 시모어 번스타인에 의하면, 모든 사람은 재능을 타고나거나 특정한 뭔가를 탐구하려는 내밀한 욕망이 있다고 한다. 재능이 무엇인지는 중요하지 않다. 삶을 자신의 양손으로 쥐고, 자신을 제대로 봐줄 수 있는 사람을 만나고 싶다는 갈망을 충족시키라고 한다. 시모어 번스타인은 우리의 재능이 우리 존재의 핵심이라면서, 다른 사람이 아닌 '자신'으로 살아가라고 강조한다. 문득 나는 나의 재능에 어떻게 반응했는지 돌아봤다.

내가 좋아하면서도 재능이라고 생각하는 활동은 글쓰기, 그림 그리기, 춤추고 노래하기 3가지다. 나는 나의 재능을 이렇게 대했다.

1. 글쓰기

- 매일 일기를 썼다.
- 친구들에게 편지를 자주 썼다.
- 방송작가로 취업했다.
- 블로그에 글을 썼다.
- 글쓰기를 공부하는 모임을 운영했다.
- 책을 썼다.

2. 그림 그리기

- 낙서를 많이 했다.
- 미술 시간에 숙제를 열심히 해 갔다. (덕분에 미술 선생님께 미대 진학을 권유받았다. 부모님 반대로 미대 진학은 포기했지만.)
- 이후에 특별히 한 것은 없다.

3. 춤추고 노래하기

- 노래방을 자주 갔다.

• 이후에 특별히 한 것은 없다.

돌아보니 나는 나의 재능을 주로 일회성이나 수동적으로 대한 것 같다. 단 하나의 재능을 제외하고. 그 재능은 바로 '글쓰기'다. 글쓰기라는 재능만큼은 꾸준히 했고 진지하게 대했으며 생산적으로 사용하려고 노력한 것 같다. 단지 좋아한다는 감정 하나로 나는 지금까지 글쓰기를 유지했다. 블로그도 마찬가지다. 글쓰기를 좋아해서 글 쓰는 플랫폼인 블로그를 했다. 단지 그뿐이었다. 수익을 노린 적도 없고, 커리어를 원한 적도 없다. 하지만 나는 블로그에서 글쓰기를 진지하게 그리고 꾸준하게 했다. 무려 10년 동안. 그 결과 7권의 책을 냈고, 블로그 글쓰기 강사로 활동 중이며, 제3의 기회가 계속 생기고 있다. 기록은 나의 가능성을 다듬어 수련하도록 도와줬다.

당신은 주어진 재능에 어떻게 반응하고 있는가

쇼펜하우어Schopenhauer는 말했다. 인간은 다른 사람처럼 되고자 하기 때문에 잠재력의 4분의 3을 상실한다고. 당신에게는 재능이 있다. 아직 발견하지 못한 잠재력도 있다. 하지만 사람들은 이렇게 말한다. "나는 재능이 없어요.""나에게 잠재력이 있을까요?""내가 뭘 좋아하는지 모르겠어요.""나는 딱히 할 줄 아는 게 없어요." 그러면서 더 배워야 한다며 학원을 다니고 자격증을 따러 간다.

오늘부터 탐구해봤으면 한다. '나'라는 사람에 대한 정보를. 그 정보를 바탕으로 자신에게 어떤 재능이 있는지 적어봤으면 한다. 남들이 뭐라든 간에 그게 무엇이든 간에 누구에게나 재능이 있다. 그리고 그 재능을 그동안 어떻게 대해왔으며, 앞으로 어떻게 대할지도 적어봤으면 한다. 내가 글쓰기를 진지하고 꾸준하고 생산적으로 대했더니 결국 나의 재능이 된 것처럼, 당신의 재능도 반드시 그렇게 되리라 믿는다.

PRACTICE

1. 내가 생각하는 나의 재능은 무엇인가?

2. 나는 주어진 재능에 어떻게 반응했는가?

3. 나는 주어진 재능에 앞으로 어떻게 반응하고 싶은가?

나를 발견하는
'책쓰천' 생활 가이드

'책쓰천'은 인생이 달라지는 가장 쉽고 효과적인 방법이다. 책을 읽고, 쓰고, 실천하는 세 가지 실천 세트를 '책쓰천'이라고 이름 붙였다. 책쓰천은 책 읽기와 글쓰기를 바탕으로 한 근거 있는 실천을 말한다. 지식을 깨닫고, 내 삶에 적용하고, 변화의 맛을 한 번만 보면 그 후로 실천은 그리 어려운 일이 아니다. 믿음은 생각을 낳고, 생각은 느낌을 낳고, 느낌은 행동을 낳는다. 읽기와 쓰기의 효과를 진심으로 믿는다면 행동으로 이어지기가 더욱 쉽다. 책쓰천의 기적을 믿고, 읽고 쓰고 실천해보자.

책 읽는 법(영화, 드라마도 가능)

1. 내 삶에 의문을 가진다.
2. 그 의문의 답을 스스로 생각해본다.

3. 답을 얻을 수 있을 만한 저자의 책을 읽는다.

4. 책에는 타이밍이 있다. 막상 읽어보니 술술 읽히지 않는다면 억지로 읽지 않는다.

5. 책은 손 닿는 곳에 비치해둔다. 현재 나의 관심사가 집안 곳곳에 놓여 있으면, 틈새 시간을 이용해 독서할 수 있다.

6. 책에는 꼭 메모나 표시를 해둔다. 앉은 자리에서 단숨에 전부 정독할 것이 아니라면 꼭 필요하다.

글 쓰는 법

1. 책이나 영화, 드라마, 여행, 특정한 상황 등에서 나의 감정과 생각 위주로 글을 쓴다.

2. 줄거리나 중요한 내용을 요약 정리하는 것보다 내 생각·마음·감정이 어떻게 흘러갔는가를 캐치해 기록하는 것이 중요하다.

3. 분량은 중요하지 않지만, 감동을 느꼈다면 분명히 쓸거리가 많다. 펜을 들었는데 쓸 말이 없다면 내가 무엇을 느꼈는지 다시금 생각해볼 필요가 있다.

4. 책상에 앉아서 글을 쓰지 않더라도 영감이 떠오를 때마다 메모를 한다. 한 단어, 한 문장이어도 괜찮다. 메모 습관은 좋다. 스마트폰이나 손바닥만 한 수첩을 휴대하고 수시로 메모하자.

실천하는 법(아주 사소한 것도 가능)

1. 실천은 '타이밍'이 중요하다. 최소 5분 내로 시작하고 최대 3일(72시간) 내에 실천을 '시작'해야 한다.

2. 실천은 '감동'이 중요하다. 감동받고 인상 깊었던 것을 최우선적으로 실천한다. 여기서 실천이란 대단한 것이 아니다. 예를 들어 내가 읽은 책에서 '하루 10분 산책하면 좋다'고 했다면 책을 읽은 날 바로 10분 동안 산책을 하는 식이면 된다.

3. 실천은 타이밍이 매우 중요하다. 72시간이 지나면 행동하기 어렵다. 이것은 과학이다. 즉시 행동하자.

혹시 요즘 곳곳에서 자기 콘텐츠를 만든다고 하니까 나도 뭔가 해야 할 것 같아서 이 책을 펼쳤는가? 콘텐츠 활동이 흐지부지되는 이유는 당신의 인내심이 부족해서가 아니라 원하는 것을 정하지 않아서일지도 모른다. 콘텐츠를 통해 무엇을 얻고 싶은가? 콘텐츠를 통해 원하는 것을 얻으면 이후의 삶은 어떻게 달라질까? 3장에서는 원하는 것을 떠올리고 정해보겠다.

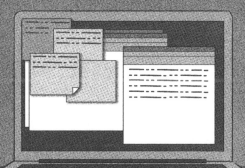

3장

콘텐츠 만들기 2단계:
내가 원하는 것을 정하기

경험한 일을 정리해놓았다가
필요할 때 꺼낼 수 있게 해놓는다면,
당신이 경험한 모든 일은
인생에 도움이 된다.[1]

- 진 니데치Jean Nidetch

당신의 경험은 누구도
훔쳐 가지 못하는 자산이다

평범한 주부는 어떻게 미국 다이어트 산업에 한 획을 그었을까

진 니데치의 사례는 마케팅 책에 자주 언급되는 유명한 이야기다. 그녀는 평범한 주부였다. 두 아이의 엄마로서 결혼 생활 14년 차에 접어든 어느 날, 그녀는 자신의 상태를 자각한다. 슈퍼마켓에서 아는 사람을 만났는데 이런 말을 듣게 된 것이다. "어머, 임신하셨군요. 해산일이 언제죠?" 그녀는 충격을 받았다. '왜 임산부로 보였을까?' 그녀는 키 171cm에 체중이 96kg이었다. 진 니데치는 자서전에서 그 일을 이렇게 기록했다. "그 말에 정말 상처받았습니다. 그때는 그 사람이 싫었지만 그 이후 그 사람에게 감사한 마음이 들었습니다."

그날의 충격으로 그녀는 다이어트를 하기로 결심했다. 그러나 전문의를 만나고 다이어트 프로그램에 참가해도 제대로 하지 못하는 자신을 발견하게 되었다. 먹고 싶은 욕망을 뿌리칠 수가 없어서 밤에 문을 걸어 잠그고 과자를 먹기도 했다. 자신이 너무 비참하게 느껴졌다. 계속 이렇게 살아야 할까? 자기 안에서 꿈틀대는 뭔가가 느껴졌다. 이런 심정을 말해야 한다고. 누구한테라도.

약점을 솔직하게 공유했더니 벌어진 놀라운 일

그녀는 모임을 만들었다. '다이어트를 못 하는 것에 대한 솔직한 마음을 토로하는 모임'이었다. 살을 빼고 싶지만 과자를 먹게 되는 심정, 살을 빼고 싶지만 마음대로 되지 않는 답답한 심정을 허심탄회하게 공유하는 모임이었다. 비만으로 힘들어하는 친구 6명을 모았다. 누구한테도 털어놓지 못했던 속내를 까놓고 말했다. 속이 후련했다. 자신만 그런 것이 아니었다. 처음으로 비만인들의 공감대를 형성했다.

그렇게 모임을 이어가다 보니 어느새 멤버가 20명으로 늘어나 있었다. 놀라운 점은 다이어트 프로그램에 아무리 참여해도 빠지지 않던 살이 비만의 심정을 토로하는 모임을 통해 서서히 빠지기 시작했다는 것이다. 96kg이었던 몸무게는 64kg까지 줄어들었다. 무려 32kg을 감량한 것이다.

원하는 것을 정하고 실행했더니 콘텐츠가 되었다

"내가 비만한 여자로 살아왔던 경험이 다른 여자들에게 도움이 되는 거죠. 나는 비만한 사람이 무엇을 느끼는지 압니다. 나는 커튼으로 옷을 해 입은 이야기를 수많은 청중 앞에서 하게 될 줄은 상상도 못 했습니다. 그런 부끄러운 경험이 오늘날 다른 사람들에게 용기를 주는 좋은 일이 될 줄은 상상하지 못했죠."[2]

진 니데치는 체중 감량을 원했다. 하지만 기존 방법은 맞지 않았다. '어떻게 해야 원하는 곳에 도달할 수 있을까?' 그녀는 자신을 방해하는 것이 혼자서 끙끙 앓으며 자괴감에 빠지는 순간임을 알아챘다. 이 지점을 극복하면 자신이 원하는 곳으로 갈 수 있을 것 같았다. 그래서 찾은 방법이 자신과 입장이 비슷한 사람들과 솔직한 심정을 나누는 것이었다. 어찌 보면 수치스럽고 약점이 될 수도 있지만 원하는 것에 집중했다. 이 과정이 쌓여 그녀는 40세에 웨이트워처스Weight Watchers(체중파수꾼)라는 체중 감량 회사를 설립했다. 1960년대에 본격화된 '지방과의 전쟁' 흐름을 타고 웨이트워처스는 천문학적인 돈을 벌어들였다. 이후 3억 6,000만 달러라는 거금을 받고 케첩으로 유명한 글로벌 기업 하인즈Heinz에 매각되었다.

만일 진 니데치가 21세기에 살았다면 그녀의 모든 과정은 디지털 콘텐츠감이다. 다이어트를 하기로 마음먹은 계기, 다이어트의 어려움,

고도비만인 사람만 아는 걸림돌을 담아 영상을 제작할 수도 있고, 다이어트하는 사람들의 온라인 커뮤니티를 만들고, 멤버십 서비스를 운영할 수도 있다. 인터넷이 없었던 60년 전 누군가의 삶이 콘텐츠 메커니즘에 대입해서 딱 떨어지는 것만 봐도, 콘텐츠의 탄생은 컴퓨터 앞에 앉아서만 일어나는 것이 아니라 삶의 현장에 있음을 증명할 수 있다.

누구나 자신만이 가진
패가 있다

손으로 직접 써야 나오는 내 안의 것들이 있다

직장인들은 일하기 싫은 게 아니라 자기가 원하는 방식대로 일하고 싶어 한다는 말을 들은 적이 있다. 윤태호 작가가 〈미생〉을 만들기 위해 수많은 직장인을 만나면서 찾은 공통점이라며 어느 방송에 나와 말한 대목이다.

우리는 자기가 원하는 대로 살기를 바란다. 그렇다면 내가 무엇을 원하는지 어떻게 알까? 나는 일단 적는 것을 추천한다. 책을 읽다가 적고, 독후감을 적고, 자기 체크 질문지에 답을 적고, 문득 떠오르는 아이디어를 적어보자. 손으로 직접 써야 나오는 내 안의 것들이 있다. 공개된 곳에 적는 것도 도움이 된다. 즉각적인 피드백을 얻을 수 있기 때문이다.

곁에서 지켜본 생생한 인물이 있어서 소개한다. 자신을 '전 사회복지사, 현 무직자'라고 설명하는 사람이 있었다. 다시 일하기 위해 면접을 봤지만 낙방한 직후여서 자존감이 많이 낮아진 상태였다. 그러다 우연히 온라인 글쓰기 모임에 참여했다. 당시 글쓰기 공통 주제 중에 '칭찬일기'라는 것이 있었다. 그날 처음으로 자신의 일상을 공개적으로 이야기했다.

- **최근 내가 가장 잘하고 있는 점:** 제로 웨이스트 실천하기
- **내가 받고 싶은 칭찬:** 기후위기를 머리로는 알아도 직접 생활에서 실천하기는 쉽지 않은데, 그걸 하나하나 꾸준히 해내다니 정말 대단해! 얼마 전부턴 재활용 쓰레기도 절반으로 줄였다면서? 와우, 굿잡! 처음엔 어색하고 불편해서 다시 플라스틱 제품으로 돌아가는 사람도 많다던데 흔들리지 않고 지구를 살리는 일에 동참해줘서 고마워. 자연을 향한 너의 따뜻한 시선과 마음이 느껴져. 절대 유난 떠는 거 아니니까 계속 그 길을 걸어가줘, 제발.

주어진 글감에 따라서 자기 이야기를 썼을 뿐인데 예상 외로 반응이 뜨거웠다.

"우와, 실례가 안 된다면 플라스틱 반으로 줄이는 노하우를 여쭙고 싶네요."

"저도 샴푸 안 쓰기를 몇 개월 해본 적이 있는데 꾸준히 하기가 힘들었어요. 실천법을 공유해주시면 좋겠어요."

"저도 재활용 쓰레기 반으로 줄인 노하우를 알고 싶어요."

"너무 멋지세요. 노하우 공유 부탁드립니다. 저도 제가 할 수 있는 선에서 플라스틱과 부직포 사용을 줄여나가려고 하는데 너무 미약해서 배우고 싶어요."

놀라웠다. 자신은 '완벽한 제로 웨이스터'가 아니었기 때문이다. 이 사람 주변에는 혀를 내두를 정도의 엄청난 환경운동가도 있어서 명함을 내밀 수가 없었다. 자기 기준에서 노력은 하지만 여전히 어설픈 제로 웨이스터였다. 이야기할 만한 게 안 된다고 생각했다. '나'를 쓰면 '나'를 읽을 수 있다. 쓰기 전에는 몰랐던 자신의 자원과 욕망을, 쓰고 나면 알 수 있다. 그동안 뿌리내렸던 자기인식에 미세한 균열이 생겼다. 댓글 반응을 접한 후, 이상하게도 자신의 경험을 이야기하고 싶다는 욕구가 샘솟았다.

그로부터 한 달 후 '노력형 제로 웨이스터'인 자신의 이야기를 담은 연재를 시작했다. 완벽한 제로 웨이스트는 아니지만 잘해보려고 부단히 애쓰는 과정을 담은 콘텐츠였다. 글을 쓰다 보니 모자이크 그림을 완성하듯 목표가 조각처럼 하나씩 채워졌다. 돈도 벌고 싶고 사업도 하고 싶어졌다.

우연히 쓴 글 덕분에 제로 웨이스트 강사가 되다

연재 글은 소소한 일상 이야기였다. 샴푸에서 샴푸바로 바꾼 이야기, 설거지바를 사용하는 방법과 괜찮은 설거지바 브랜드 추천, 천연수세미 사용 후기, 플라스틱 쓰레기 줄이는 법, 제로 웨이스트를 실천하면서 두피 건강이 좋아진 경험담 등 13편의 연재 글을 완성했다. 연재 글을 쓰다 보니 블로그에 글을 쓰고 싶어졌다. 환경에 관한 콘텐츠를 꾸준히 올렸다.

그런데 놀라운 일이 벌어졌다. 제로 웨이스트 강의 제안을 받은 것이다. '할 수 있는 것부터 하는 제로 웨이스트'라는 이름으로 자신이 아는 것과 경험담을 모아 2시간 동안 강의를 했다. 그리고 강연 준비 후기와 강연 소감을 블로그에 썼다. 신기하게도 이 경험이 또 다른 강의로 이어졌다. 서울의 한 사회복지관에서 청중 60명을 대상으로 6회 분량 제로 웨이스트 실천법 강의를 해달라고 한 것이다. 자신은 전문가도 아니고, 환경 관련 전공자도 아닌데 과연 해도 될지 고민이 들었다. 그때 강연 섭외 담당자가 이런 말을 했다고 한다. "당신의 블로그 글을 전부 읽어봤어요. 고민할 필요도 없이 당신에게 강의를 맡겨야겠다고 생각했어요."

사실 그녀의 꿈이 환경 보호를 장려하는 강사였다. 관련 책도 쓰고 싶었다. 하지만 어디서부터 시작해야 할지 막막했다. 전문가도 아닌데 누가 뽑아줄지 자신도 없었다. 그런데 자신의 경험담을 담은 콘텐츠는 분신이 되어 대신 면접을 봐주고 합격까지 시켜줬다. '자격 취득이 중요한 게 아니라 실제 삶이 내가 추구하는 것과 얼마나 일치하는가가 중요하구나. 내가 직접 하는 것을 구체적으로 공유하자.' 글을 쓰고 강의를 하면서 그녀의 꿈은 점점 더 구체화되고 있다. 뭔가를 한 것이 또 다른 기회로 계속 이어지는 것이다. 이제 그녀는 자신을 이렇게 부른다. '지구복지사.' 언제 달라질지 모르지만 지금은 이 이름이 무척 마음에 든다고 한다.

경험을 콘텐츠로 정리하면 커리어가 된다

경험을 콘텐츠로 정리하면 커리어가 된다. 환경 전문가 자격증을 딴다고 해서 전문가가 되는가? 자격증은 인증된 자격을 주지만, 시장에서 통하는 진짜 실력을 주지는 않는다. 환경지킴이 자격증은 있지만 실생활에서 환경을 아끼는 행동은 전혀 하지 않는다면 이 사람은 이론가다. 배울 것이 있긴 하지만 설득력은 약하다. 대체되기도 쉽다. 자격증 과정에서 배운 것은 누구라도 똑같이 말할 수 있기 때문이다.

자격증은 비즈니스와 수입을 보장해주지도 않는다. 요즘은 시험 쳐서 얻은 스펙보다 '실제로 할 수 있는 진짜 실력'이 인정받는 시대다. 진짜 실력은 어떻게 증명하는가? 구체적인 현장 경험을 통해 내놓은 매뉴얼이 있으면 된다. 종이가 아닌 살아 있는 경험으로 특정 사람들에게 필요한 존재가 되면 그 사람이 전문가다.

완벽한 준비보다, 한 문단이라도 자신을 표현해보자. 자신이 원하는 것이 있다면 그 방향으로 가기 위해서 어떻게 하면 좋을지 설계해보는 것도 방법이다. 출간을 원한다면 출간 계약까지 기다리지 말고 목차를 짜고 한 꼭지씩 써보자. 막상 쓰다 보면 책 한 권이 나오기 부족하다 싶은 지점이 발견될 수도 있다. 그럴 때는 더 공부하고 경험해서 채워가면 된다. 그러다 보면 책 한 권을 낼 만한 사람이 된다.

지금 당장 원하는 것을 시작하기에 좋은 시대다. 원하는 것부터 정해보자. 당신은 무엇을 원하는가? 100억 부자, 우주여행 같은 너무 거리가 먼 상상보다는 딱 1년 투자하면 할 수 있을 것 같은 목표부터 설정해보자. 현실 가능해야 계획을 세울 수 있다.

원하는 것을 정할 때 생각해볼 것들

1. 현실 가능한가?

2. 구체적인가?

3. 행동 가능한가?

4. 마감 기한이 있는가?

5. 5년 뒤의 나에게 도움이 될 만한가?

내가 원하는 것을 통해
콘텐츠를 설계하는 법

'남의 말'보다는 '당신이 원하는 것'

언젠가 여행지에서 있었던 일이다. 낚시를 하고 싶었다. 낚시 상점에 들러서 오늘 낚시하기 좋은 시간대가 언제냐고 물었다. 낚시 전문가는 오늘 만조가 밤 11시이니 그때 낚시를 해야 물고기를 잡을 수 있다고 했다. 그 말을 듣고 우리의 낚시 계획은 취소했다. 아이들을 데리고 낚시하기에 밤 11시는 너무 늦은 시간이기 때문이다. "아, 그래도 뭔가 아쉬운데. 혹시 모르니까 구경 삼아 방파제로 가볼까?" 그런데 웬걸. 방파제에는 가족 단위의 낚시꾼이 두 팀 있었다. 저녁 8시인데도 물고기 잡는 사람이 여럿이었다. 얼마나 잡았나 보니 어망이 가득한 게 아니겠는가?

아쉬웠다. 시도나 해볼걸.

 그래도 다행이었던 건 숙소가 아니라 방파제에 가서 내 눈으로 직접 확인해봤다는 것이다. 이 경험은 나중에 다른 경험을 할 때 어떻게든 도움이 될 것이다. 경험담을 책에 쓰고 있는 것만으로도 이미 내게 도움이 되었다. 낚시 전문가의 말만 듣고 숙소로 바로 갔다면 나는 이 경험담을 사례로 꺼내지도 못했을 것이다. 전문가의 말과 내가 직접 경험했던 상황이 달랐기 때문에 꺼낼 수 있는 이야기다. 어찌 되었든 사람은 자신이 원하는 것을 향해 가면서 겪은 이야기를 필연적으로 하게 되어 있다. 원하는 것은 어딘가로 향하는 여정을 만들기 때문이다.

원하는 곳으로 가는 여정에는 필연적으로 이야기가 있다

성시경은 맛있는 순댓국집을 원한다. 홍진경은 공부를 잘하기를 원한다. 원하는 곳으로 가는 여정에는 가시밭길이든 영광이든 이야기가 있다. 우리나라 월드컵 대표팀이 4강에 진출했을 때 우리는 왜 함께 기뻐하고 울었는가? 원하는 것이 있었고 전 국민이 함께 원했기 때문이다. 20년이 지났어도 많은 사람이 그때 이야기를 한다. 원하는 곳으로 향하는 여정에는 수많은 이야기가 있기 마련이다.

 원하는 곳으로 가는 여정에서는 결과보다 과정이 중요하다. 망친 요리든 성공한 요리든 만들고 싶었던 요리로 가는 여정을 손수 만들어갔다면 할 이야기가 있다. 반대로 남이 요리하는 것만 보거나 아예 본 적도 없다면 할 이야기가 없다. 이래서 경험이 무척 중요하다. 당신에게는 당신만의 경험담이 있다. 그 치열한 삶을 살아오면서 분명히 '자신만이 가진 패'가 생겼다. 어떤 사람이라도 있다. 단지 그걸 너무 당연하게 생각하거나 하찮게 여기거나 무관심하기 때문에 모르는 것이다.

내가 원하는 것을 통해 콘텐츠를 설계하는 법

내가 육아 콘텐츠를 만들었던 과정을 간략히 공유하겠다. 아주 섬세하고 입체적인 과정과 중간중간 고비도 있지만 분량상의 이유로 생략되었다는 점을 감안해주길 바란다.

나는 나를 취재하고 발견하는 과정에서 육아, 커리어와 관련해 다음과 같은 소망이 생겼다.

• 다정하고 좋은 부모가 되고 싶다.
• 아이를 충분히 사랑할 시간을 확보하고 싶다.
• 나의 역량을 발휘할 수 있는 일을 찾고 싶다.

이 소망을 어떻게 하면 현실로 만들 수 있을까?

육아 콘텐츠 생성 과정

① 내 상황 요약	② 생산적인 질문 찾기	③ 원하는 것 정하기	④ 실천하기로 한 방법
- 나는 육아 방법을 모른다. - 내 아이는 자다가 자주 깬다. - 아이도 피곤하고 나도 수면이 부족하다. - 감정 조절이 힘들다. - 끼니를 걸러서 배도 계속 고프다. - 체력이 달린다.	- 어떤 방식을 꾸준히 해야 조금이라도 나아질 수 있을까? - 어떻게 해야 육아 방법을 배울 수 있을까? - 어떻게 해야 아이가 푹 잘 수 있을까? - 어떻게 해야 감정 조절이 가능할까? - 어떻게 해야 식사를 제때 챙겨 먹을 수 있을까? - 어떻게 해야 체력을 키울 수 있을까?	- 아이에게 애정표현을 충분히 하는 엄마 - 안 되는 것과 되는 것을 구분할 수 있는 현명한 훈육하기 - 푹 자는 아이와 나	- 육아서 공부하기 - 살림 단순화하기 - 아이가 잘 때는 무조건 같이 자기 - 낮에 햇빛을 쐬면서 충분히 놀기 - 만남과 소비 줄이기 - 깨달음이나 요령을 발견하면 블로그에 글쓰기

위 표에서 정한 것을 하나씩 실천하면서 기록한 것이 콘텐츠가 되었다. 사실 이 프로세스를 먼저 정립한 후에 실천한 것이 아니다. 내가 하다 보니 이 과정을 계속 반복했음을 감지하고 나름대로 정리한 것이다.

나의 경험을 스캔 프로세스에 맞춰 정리하면 다음 표와 같다. 표만 보면 1번부터 4번까지 순서대로 쌓여간 것 같지만 모든 과정은 순환 관계에 있다. 사람에 따라 순서도 다를 수 있다. 그러므로 응용해야 한다. 사고 과정은 유기체와 같아서 정량적으로 진행되지 않기 때문이다.

만일 당신이 이미 '스페셜테이너specialist+entertainer'가 될 수 있을 정도로 경험과 노하우, 공인된 자격까지 충분히 갖춘 사람이라고 치자. 오은영 박사나 백종원 대표처럼 누구에게나 전문적인 솔루션을 제공할

내가 실천한 스캔 프로세스

① 나를 취재하고 Seek	② 원하는 걸 정하고 Crave	③ 실천하면 Action	④ 콘텐츠가 된다 Network
- 독서, 영화, 강의, 다큐멘터리 등을 보며 느끼고 생각하기 - 글쓰기, 말하기, 행동하기를 통해 내 생각 정리하기	- 다정하고 좋은 엄마가 되고 싶음 - 아이를 충분히 사랑할 시간 확보하기 - 나의 역량을 발휘할 수 있는 일 찾기	- 육아 방법을 공부하고 연구해서 연재물로 글쓰기 - 육아 정보가 필요한 사람들을 위해 정보 공유하기 - 좋은 부모가 되고 싶은 나의 꿈과 목표를 표현하기	- 극한육아, 극한육아 상담소 연재물 탄생 - 극한육아 시리즈 네이버 포스트 공모전 2등 수상 - 『극한육아 상담소』책 출간 - 『무조건 엄마 편』『위대한 유산』등 나의 육아 과정과 고생담, 시행착오, 지혜를 담은 육아서 출간 - 나의 활동에 공감하는 사람들이 모인 네이버 카페 운영

수 있는 인물이라고 가정해보자. 그렇다면 자신이 원하는 것은 일종의 소명이나 책임감이 될 수 있다. '대한민국 국민이 편안하게 아이를 키울 수 있도록 도움을 주고 싶다.' '식당 사장님들을 도와서 요식업계와 대한민국 경제에 이바지하고 싶다.'

만약 당신이 사업을 홍보하고 싶어서 콘텐츠를 한다면 사업가로서 원하는 것을 정해보면 어떨까? 매출액, 수출 규모일 수도 있고, 직원을 더 고용한다거나, 사세를 확장하는 것도 목표가 될 수 있다. 콘텐츠를 하려는 사람에게는 목표가 있다. 그저 취미 생활이거나 자기만족이라면 사실 이 책을 볼 이유도 없을 것이다. 목표가 있고 제대로 해보고 싶

스캔 프로세스 순환 과정

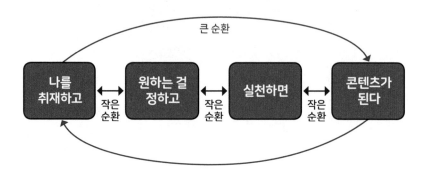

기 때문에 귀한 시간을 내서 공부하는 것 아니겠는가? 일러스트레이터라면 '포켓몬스터'나 '아기상어' 같은 히트작을 만들고 싶을 수도 있고, 잘 팔리는 이모티콘을 만들어서 연간 1억 원의 수익을 올리고 싶을 수도 있다. 현실과 목표의 틈새는 콘텐츠를 통해 메꿔가면 된다. 지금 당장 달나라에 이사 가고 싶다는 공상과학 영화 같은 목표가 아니라면 반드시 이룰 수 있다. 깨알같이 적어보자.

만일 내가 원하는 것이
콘텐츠를 통한 수익이라면

콘텐츠로 돈을 벌고 싶다면 수익 구조부터 알고 가자

"저는 콘텐츠를 통해 경제적 자유를 누리고 싶어요. 내가 좋아하는 걸 쓸지, 수익을 위해 써야 할지 모르겠어요."

요즘 이런 고민을 많이 듣는다. 결론은 좋아하는 것으로 수익이 되게 콘텐츠 생활을 하면 된다. 콘텐츠가 수익이 되려면 어떻게 해야 할까? 먼저 콘텐츠로 수익을 얻는 구조부터 알아보자. 수익을 고려하고 콘텐츠를 시작하는 사람들 중에 의외로 구체적인 수익 구조를 모르고 막연하게 접근하는 경우가 많다. 어림짐작으로 판단하고 대충 시작하면 쉽게 포기할 수 있다.

콘텐츠 수익의 원리는 대체로 비슷하다. 블로그를 예시로 들어보겠다. 다음은 내가 알고 있는 블로그 수익 창출의 4가지 방법이다. 이 외에도 여러 가지가 있지만 대표적인 4가지를 정리해봤다.

대표적인 콘텐츠 수익 구조

	광고, 협찬, 원고료		사업, 가게, 제품 홍보
기본 요건	- 일방문자 최소 1,000명 이상 - 이웃수 최소 1,000명 이상 - 다양한 광고 포트폴리오 필요	기본 요건	- 일방문자, 이웃수 중요하지 않음 - 사업, 제품의 신뢰성 확보 - 구매전환이 일어나는 주제 선정
포인트	- 블로그 광고 원칙을 준수해 글 쓰기(일반 블로거가 쓰면 안 되는 분야도 있음) - 업체가 원하는 바를 글에 반영하기 - 원고 마감일 지키기	포인트	- 구독자, 조회수 늘리기에 집중할 필요 없음 - 판매하는 제품이나 서비스에 관심 있는 타깃층을 분석하고, 조회수가 적더라도 구매전환이 일어나는 키워드 공략
	출간, 강의		광고배너(애드센스, 애드포스트)
기본 요건	- 이웃수가 많을수록 유리 - 댓글 반응이 좋을수록 유리(그만큼 영향력이 있다는 방증이기 때문에) - 연재 형태의 내실 있는 콘텐츠 - 문제해결을 위한 솔루션이 있는 글	기본 요건	- 이웃수는 중요하지 않고, 조회수가 중요 - 트렌드를 파악할 수 있어야 함 - 사람들이 가장 관심 있어 하는 소재를 발빠르게 포스팅하기
포인트	- 나만의 차별성 있는 스토리텔링 - 누군가에게 도움 되는 이야기 - 시대 흐름에 맞고, 인간을 더 나은 삶으로 안내할 수 있는 서사가 담긴 글	포인트	- 그 어느 수익 구조보다 화제성, 시의성, 속도전이 중요 - 저작권과 초상권에 주의 - 자극적인 소재만 쫓다 보면 블로그의 균형이 흐트러질 수 있으니 신선하면서도 도움이 되는 소재 선정

1. 광고, 협찬, 원고료 수익

협찬이나 광고를 받고 싶다면 기본적으로 이웃수와 조회수가 일정 수준에 도달해야 한다. 나는 1,000명으로 잡았는데 최소 기준이다. 광고주 입장에서 생각해보면 쉽다. 후기나 광고 글 포트폴리오도 없고, 이웃수나 방문자수도 1,000 이하인 블로거라면 광고 효과를 크게 보기는 어려울 것이다. 그래서 기본 요건을 원하는 경우가 많다.

광고·협찬을 받는 방법은 크게 '중개 사이트를 이용하는 법'과 '내게 제안하는 업체를 수락하는 법'이 있다. 숙달된다면 직접 원하는 업체에 먼저 제안서를 보낼 수도 있다. 이웃수가 1,000명 이하더라도 너무 실망할 필요는 없다.

나는 2022년에 익명으로 조용히 다이어트와 운동 관련해 별도의 블로그를 운영한 적이 있다. 다이어트에 집중하려고 운영 사실을 아무에게도 알리지 않았다. 당시 블로그 이웃수는 8명이었고, 글은 총 10편밖에 되지 않았다. 그러던 어느 날, 내가 먹어본 유기농 병아리콩이 괜찮아서 진심을 담아 리뷰를 남겼다. 그로부터 열흘 후에 내게 체험단 이메일이 왔다. 이웃수가 8명인데 말이다. 검색창에 '유기농 병아리콩'이라고 치면 내 글이 검색 첫 페이지에 나왔다. 체험단 업체에서도 그걸 보고 연락을 준 것이었다.

이런 사례도 존재하기 때문에 낙담하지 말고, 자신이 협찬받고 싶은 제품군의 후기를 꾸준히 작성하길 권한다. 직접 구매해서 쓴 정성스러운 리뷰는 포트폴리오 역할을 할 것이나.

2. 내 사업이나 제품을 홍보해서 얻는 수익(제휴 마케팅)

다음으로는 사업적으로 접근하는 경우다. 콘텐츠는 돈이 안 드는 최고의 마케팅 도구다. 콘텐츠를 제대로 만들어둔다면 그냥 보고 지나가는 게 아니라 구매로 이어질 확률이 높다. 내 사업 혹은 제품을 홍보해서 판매할 목적으로 콘텐츠를 만든다면, 사실 이웃수나 조회수는 크게 중요하지 않다. 사업의 네임밸류를 높일 목적이라면 중요할 수도 있지만, 판매 자체가 목적이라면 궁극적으로 판매가 일어나면 된다.

예를 들어 대전에서 미용실을 운영 중이라면, 대전에 위치한 미용실에 올 사람이 중요하다. 서울 사람이 대전까지 가서 머리를 할 확률은 지극히 낮으니까. 미용실 콘셉트도 중요하다. 남성 헤어 전문인지, 여성 헤어 전문인지, 파마에 주력하는지, 커트에 주력하는지, 염색에 주력하는지에 따라서 달라질 것이다. 만일 염색에 주력하겠다면 키워드는 '대전+염색 잘하는+미용실'에서 출발해 파생시켜야 한다. 조회수는 상대적으로 낮게 느껴질 수도 있다. 하지만 대전에서 염색 잘하는 미용실을 찾는 사람에게는 잘 발견되는 콘텐츠가 될 수 있다.

만일 내 제품이나 사업이 없다면? 제휴 마케팅도 여기에 포함될 수 있다. 제휴 마케팅이란 남의 물건을 팔아주는 것이다. 사업 블로그와 원리는 비슷한데, 남의 물건을 판매하고 파는 만큼 돈을 받는 구조다.

3. 콘텐츠를 출간하거나 강의로 얻는 수익

브랜딩을 통한 출간이나 강의 수익이다. 작가나 강사로 직업 전환이 가능하다. 가장 중요한 건 콘텐츠다. 콘텐츠 자체가 좋으면 많은 사람이 구독하고 조회수도 높아지는 것이 인지상정이다. 따라서 이웃수가 많을수록, 댓글 반응이 좋을수록 출간이나 강연에 이르기 유리하다. 요즘 유명 유튜버가 출간하는 사례가 빈번한 것도 같은 맥락이다. 구독자가 많고 조회수가 높다는 것은 그만큼 영향력이 있다는 증거다. 이미 팬층도 확보되어 있기 때문에 출판사에서는 당연히 이런 사람들에게 먼저 출간 제안을 할 것이다.

출간에 이르고 싶다면 내실 있는 콘텐츠는 기본이다. 연재 형태로 글 쓰는 것을 추천한다. 브런치도 괜찮은 플랫폼이다. 나는 네이버에서 운영하는 '포스트' 플랫폼에서 연재를 하다가 첫 출간에 이른 경우다. 연재 형태가 아니더라도 누군가의 문제를 해결해주는 솔루션형 글이 출간을 앞당겨줄 수 있다. 댓글을 보면 그 글이 도움이 되는지 안 되는지 판단할 수 있다. 만일 지금 당장 전문적인 글을 쓸 수 없다면 콘텐츠에 성장기를 담으면 좋다. 나도 그렇게 발전했다. 삶을 챌린지화하는 것이다.

예를 들어 가구 만들기를 마스터하고 싶다고 치자. 처음에는 못 박는 것도 서툴 것이다. 그런 시도와 좌충우돌을 구체적으로 기록한다. 이런 날이 하루, 이틀, 한 달, 1년, 3년, 5년이 되어서 진짜 가구를 만들 수 있게 되었다고 하자. 이 과정 자체가 콘텐츠가 된다. 그런데 심지어 그냥 만들 줄만 아는 게 아니라, 잘 만드는 실력까지 있다면 금상첨화지 않겠는가? 잘만 만드는 게 아니라 특색 있는 가구라면 더욱 좋다. 예를 들어 아기들을 위한 발도르프 가구라든가, 어르신을 위한 엔티크 가구라든가, 이렇게 특정 취향을 반영하는 가구라면 차별화되면서 소문이 날 것이다. 가구도 팔고, 내가 성장한 기록으로 콘텐츠도 만들 수 있다.

책이 되는 글을 배울 수 있는 가장 쉬운 방법은 책을 읽는 것이다. 책을 많이, 깊이 읽자. 분야를 가리지 말고 다양한 책을 읽자. 그러다 보면 '왜 이런 책은 없지? 내가 써볼까?' 하는 순간이 온다. 내가 그랬다. 내가 읽고 싶은 책이 있는데 그런 책을 아무리 찾아봐도 없어서 직접 썼다. 독서는 출간의 지름길이다.

4. 구글 애드센스, 네이버 애드포스트 등 광고배너 수익

마지막으로, 대다수의 블로거가 도전하는 클릭 광고 수익이다. 대표적으로 구글 애드센스와 네이버 애드포스트가 있다. 이 수익은 내 콘텐츠에서 누군가가 디지털 광고를 클릭하면 발생하는 수익이다. 그러므로 콘텐츠 조회수가 높아야 한다. 이웃수는 크게 상관없다. 영향력이 없어도 된다. 단, 콘텐츠는 볼 만해야 한다. 왜냐하면 콘텐츠를 보다가 광고를 클릭하는 원리이기 때문이다. 콘텐츠 자체가 볼 만하지 않다면 독자는 3초도 읽지 않고 나가버릴 것이다. 클릭 광고 수익을 높이고 싶다면 트렌드에 민감해야 한다. 유행을 따르는 소재를 빨리 쓰는 것이 핵심이다. 늦게 쓰면 뜻하지 않게 뒷북을 치게 된다. 최신 경향도 모르고 그게 왜 인기 있는지도 모른다면, 그리고 세상의 트렌드에 별로 관심이 없다면, 클릭 광고 수익은 쉽지 않다. 수익을 얻더라도 미미한 수익에 그칠 확률이 높다.

수익 창출의 핵심은 콘텐츠 실력

지금까지 4가지 수익 구조에 대해서 살펴봤다. 유튜브는 여기에 후원 프로그램이 추가되어 있다. 앞선 4가지의 공통점을 파악했는가? 그렇다. 콘텐츠로 돈을 벌고 싶다면 기본적으로 글을 쓰고 콘텐츠를 만들어야 한다. 콘텐츠를 만들지 않고서는 돈을 벌 수 없다. 콘텐츠가 볼 만할수록 수익 구조는 무한 확장 가능하다. 반대로 볼 만하지 않은 콘텐츠는 그 무엇도 쉽게 얻기가 힘들다. 콘텐츠라는 도구로 수익을 얻는 시스템이기 때문이다.

콘텐츠의 질에 집중하면
모든 것이 따라온다

내가 원하는 것은 무엇인가? 솔직하게 탐구하기

내실 있는 콘텐츠로 이룰 수 있는 바는 무궁무진하다. 문제는 '내가 무엇을 원하는가'다. 원하는 것이 있다면 일단 거기에 집중하자. 아직 무엇을 원하는지 모르겠다면 솔직하게 탐구해보자. 콘텐츠에 몰입하지 못하는 사람들을 보면, 원하는 것이 없거나 원하는 것이 있더라도 이뤄질 것이라고 믿지 않는다. 클릭 광고 수익에 주력하고 싶은지, 책이나 강의가 목표인지, 물건을 팔고 싶은 건지, 사업을 하고 싶은 건지 최소 2개 정도는 정해보자. 책을 쓰고 싶다면서 클릭 광고에 집착하고, 사업 홍보를 원한다면서 왜 이웃수 늘리기만 집중하는가. 작은 가게여도 단골이 많으면 장사는 잘된다. 재구매가 장사의 포인트이기 때문이다. 이렇듯 자기가 원하는 것을 구체적으로 생각할 필요가 있다.

맨땅에서 시작하는 콘텐터가 당장 할 수 있는 것

막연한 현실만 있고 원하는 것도 손에 잡히는 것도 없는 사람은 독서와 글쓰기를 꾸준히 하면서 자신을 구체화하는 것이 가장 좋다. 2장을 반복해 읽으면서 '나'를 알아가보자. 나도 처음 블로그를 하던 1년여간은 그저 기록할 뿐이었다. 단지 특징이 있다면 솔직했다. 어떻게 이런 것까지 이야기할까 싶을 정도로 날것 그대로였다. 이건 나만의 방식일 뿐, 자신이 쉬운 방식으로 해보자. 사진을 찍어서 남겨도 되고, 한두 문장이어도 된다.

단, 이때는 조회수나 이웃수에 연연하지 말자. 알고 보면 모든 것을 망치는 지름길은 조바심이다. 서두르지만 않아도 우리는 충분히 원하는 것을 발견하고 얻을 수 있다. 서두르다 넘어지고 예기치 못한 사고도 발생하는 것이다. 나를 조바심 나게 하는 SNS가 있다면 과감하게 끊어라.

주변에 에너지를 빨아먹는 사람, '꿈 도둑'이 있는지도 체크하라. 입만 열면 상대를 주눅 들게 하거나 부정적 사고를 유발하는 사람이 있다. 자신의 입버릇 중에 "나는 원래 그래"라고 하는 게 있다면 꼭 되물어보라. 세상에 '원래' 그런 건 없다. 사실은 그렇게 될 수밖에 없는 습관을 반복했을 뿐이다. '나는 원래 진지해서 재미없어.' '나는 원래 무기력해.' '나는 원래 할 줄 아는 게 없어.' 이렇게 스스로 '원래'라고 이름 붙인 것에 왜냐고 물어보고 의심해보자. 그 사유의 과정과 결론을 글로 써보자. 차곡차곡 쌓아가다 보면 언젠가 "이건 어떨까?" 하는 전구가 머릿속에서 탁 켜질 것이다.

알아가는 재미에 빠진다는 것

10년간 블로그 글쓰기를 해보니, 콘텐츠에 집중하면 모든 것이 따라왔다. 처음에는 육아일기로 시작했다. 문득 그런 생각이 들었다. '내 글을 보는 사람만큼은 나처럼 고생하지 않았으면 좋겠다.' 내 글을 읽어주는 사람들이 고마웠다. 그들이 덜 고생하고, 더 만족스러운 육아를 했으면 했다. 그래서 잡은 콘셉트가 '반 발짝 앞에 가서 먼저 체험해보고 생생하게 기록하는 육아 블로그'였다.

좋은 글을 쓰려니 육아를 공부해야 했다. 공부하고 실천한 후에 필터링해서 타인에게도 도움 될 만한 정보를 공유했다. 그럴 때마다 내가 항상 덧붙이는 말이 있었다. 이 글은 순전히 주관적이라고, 도움이 안 될 수도 있다고, 단 한 사람에게라도 도움이 되면 좋겠다고. 왜냐하면 나는 육아 초보였기 때문이다. 내가 가장 자신 있는 건 '날것 그대로의 기록'이었다. 원시인이 동굴에 사냥하는 모습을 벽화로 그리듯이 나는 내 삶을 기록했다. 그렇게 쓰다 보니 시리즈 형태가 되었고, 이웃수도 계속 늘어났다.

그냥 평범한 육아일기라면 출간은 못 했을지도 모른다. 출간을 앞당긴 것은 '극한육아 상담소'라는 연재물을 쓰면서부터였다. 내 위주의 육아일기가 아니라, 누군가의 사연을 받아서 상담해주는 형태였다. 당시 출판 관계자들이 하나같이 해준 말이 있었다. "이런 육아 상담은 처음 봅니다. 부모인 제가 읽어도 정말 도움이 되는 글입니다."

나는 출간 후에도 블로그 글쓰기를 계속했다. 블로그에 글을 쓰는 순간만큼은 온전히 '나'로 살 수 있었고, 나에게 없어서는 안 될 힐링 타임이었다. 신기한 점은 육아 블로그로 꾸준히 글을 쓰니 또 다른 확장이 가능했다는 것이다. 바로 육아, 블로그, 글쓰기 3가지 분야다. 이는 콘텐츠를 제작하는 크리에이터 활동을 꾸준히 하다 보면 일어나는 순기능이다. 블로그뿐만 아니라 유튜브도 마찬가지다. 예를 들어 내가 여행 유튜버라고 가정해보겠다.

나는 여행을 주력 분야로 콘텐츠를 만들었다. 그랬더니 여행과 유튜브 운영이라는 2가지 분야의 전문가로 성장했다. 내가 한 활동은 여행 영상 만들기였지만, 그 하나의 활동에 복합적인 기술과 지식이 필요하다. 그걸 습득하기 위해서 오랜 시간 투자하고 개발하다 보면, 어느 순간 준전문가 혹은 전문가로 성장할 수 있다. 이 말은 무슨 말이냐면, 내 콘텐츠가 인기가 있든 없든 간에 '그것을 운용하는 능력'은 꾸준히 향

여행 유튜버의 콘텐츠 확장 예시

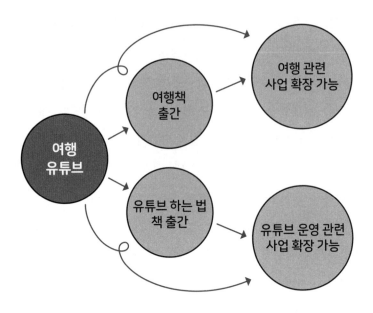

상한다는 것이다.

구 신사임당 주언규 PD를 보라. 유튜브를 운용하고 연구한 실력으로 유튜브학원을 운영하지 않는가. 10년 전만 해도 웹툰학원이 생길 거라고 누가 상상이나 했는가. 이제는 웹툰학원을 어렵지 않게 볼 수 있다. 가령 내가 블로그 활동을 꾸준히 해서 블로그 하는 방법을 터득했다면 최소 블로그 강사는 할 수 있다. 너무 자신이 없다면 블로그를 전혀 할 줄 모르는 사람을 수강 대상으로 정하면 된다. 블로그 도구 사용법과 요령을 알려주고 잘된 사례를 연구해서 커리큘럼으로 만들면 구색을 갖춘 강의가 된다.

꾸준함의 원동력: 재미, 연구, 공부

콘텐츠를 확장할 정도로 꾸준히 하려면 갖춰야 할 기본 요건이 있다. 재미, 연구, 공부다. 재밌어야 계속한다. 일례로, 내가 건너건너 아는 사람은 취미가 요리라고 한다. 참고로 남자다. 주말에도 요리를 하는지 물었다. 의외의 답이 돌아왔다. "저는 주말에 집에서 칼을 가는 것이 취미입니다." 요리를 하다 보니 잘 드는 칼이 필요했다고 한다. 그런데 칼 가는 곳에 맡기려고 하니까 돈도 들고, 업체를 찾기도 쉽지 않았다고 한다. 그래서 직접 숫돌을 사서 갈았다. 이제는 어느 숫돌이 칼 갈기에 좋은지, 어떻게 갈아야 잘 갈리는지 안다. 주말에 2시간 내내 칼만 간다니 정말 대단하다.

이 사람은 누가 시켜서 억지로 한 것인가? 아니다. 재밌어서 시간 가는 줄 모르고 스스로 한 것이다. 그는 요리든 칼 갈기든 뭐라도 콘텐츠나 사업으로 만들 수 있다. 실제로 나도 이 사람의 일화를 듣고 우리 집 식칼이 뭉뚝해질 때마다 한번 맡겨보고 싶은 마음이 든다. 재밌어서 하고, 하다 보니 궁금해서 공부하고 연구하게 된다. 그러다 보면 왕초보에서 초보로, 초보에서 준전문가로, 준전문가에서 전문가로 성장한다. 투여하는 시간과 공부의 질에 따라서 소요되는 기간은 사람마다 다를 수 있다. 나는 연재물을 쓰고 첫 책을 출간하기까지 1년이 걸렸다. 딱 1년만 투자해보면 어떨까?

개인이 실력을 갈고닦기 좋은 시간, 콘텐츠

나는 콘텐츠 활동이 개인이 자기 실력을 갈고닦기 좋은 시간이라고 생각한다. 특히 글쓰기는 자신의 견해를 다듬고 표현하는 도구다. 글쓰기는 마음의 설계도를 짜는 작업이자, 동시에 자기 마음을 알아주고 토닥여주는 활동이기도 하다. 글쓰기를 생활화하면 글쓰기 실력이 나아져서 요즘처럼 글쓰기 능력이 요구되는 시대에 효율적이기도 하다.

글은 쓸수록 는다. 글쓰기 책을 백날 읽어봐야 안 쓰면 안 는다. 깨달은 바, 배운 바, 나아가고 싶은 바 등을 글로 표현하다 보면 자기객관화가 가능해진다. 이를 통해 자신을 계속 성장시킬 수 있다. 호랑이 같은 조교가 채찍 들고 '먹살캐리'를 할 필요 없이 '셀프 성장 시스템'을 구축할 수 있는 것이다. 이는 인공지능 시대에 모든 인간에게 필요한 시스템이다. 앞으로 개인이 가질 유일한 무기는 결국 실력이기 때문이다.

결론은 이렇다. 콘텐츠로 수익 창출은 가능하다. 어느 수익에 주력할 것인지에 따라 중점적으로 신경 써야 할 부분이 다를 수 있다. 콘텐츠의 퀄리티에 신경 쓰고, 재미와 공부와 연구를 동반해서 활동한다면, 수익뿐 아니라 무한 확장 가능한 시스템을 얻을 수 있다. 콘텐츠는 수익만 보고 매달리면 금방 지친다. 초반 수익은 0원이거나 극히 소액이기 때문이다. 이 '초반의 길이'가 사람마다 다르다는 것도 관건이다. 어떤 이는 몇 개월이지만 어떤 이는 몇 년일 수도 있다. 그래서 자신의 실력을 갈고닦는 것에 흥미를 가져보기를 바란다. 한 발짝씩 뛸 때마다

100원을 주는 마라톤이 있다고 치자. 100원, 200원, 300원씩 세면서 달리는 마라토너가 유리하겠는가, 마라톤 자체를 즐기면서 달리는 마라토너가 유리하겠는가? 당연히 후자일 것이다. 혜택만 바라보는 도전은 한계가 명확하다. 즐기면서 하는 도전은 한계가 없다. 가능성이 무한대로 향상되는 것이다.

웹 3.0 시대에는 거의 모든 개인이 독립된 활동을 한다고 한다. 예측일 뿐이니 이뤄질지는 모르지만 시도해보는 것은 좋다고 생각한다. 네이버, 유튜브 같은 플랫폼만 고집하지 말고 워드프레스wordpress, 스퀘어스페이스squarespace, 윅스wix 등으로 개인 플랫폼을 만드는 것도 방법이다. 코딩을 할 줄 몰라도 웹사이트 개설이 가능하다. 콘텐츠를 통해서 자기표현과 자아실현을 해보자. 당신을 이끄는 목소리가 있는가? 당신은 무엇을 원하는가? 아무도 말리지 않는다면 무엇을 해보고 싶은가?

나는 알고 남은 모르는 것에 돈이 있다

콘텐츠를 통해 부를 얻고 싶다면

나는 쉬운데 남은 어려워하는 곳에 기회가 있다. 다음 그림은 한근태 작가의 강연[3]을 보고 내가 표로 정리한 것이다. 강연 제목은 '공부를 하려면 꼭 알고 있어야 할 학습 원리'인데, 신기하게도 내용을 들여다보면 콘텐츠의 기본 원리가 담겨 있다. 한근태 작가는 나는 알고 고객은 모르는 곳에서 부를 창출할 수 있다고 했다. 나도 동의한다.

한근태 작가에 의하면, 공부는 모호한 것에서 명료함으로 가는 것이다. 공부는 '되고 싶은 나'와 '현재의 나'의 차이를 줄이는 행위다. 공부하는 이유는 무엇일까? 생각을 잘 하기 위해서다. 공부를 통해서 자기

지식 범위에 따른 기회

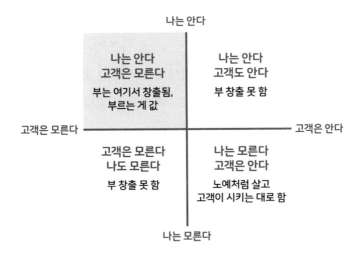

만의 해석, 자기만의 재정의를 할 수 있어야 한다고 한다. 재정의를 잘 하려면 언어를 알아야 한다. 우리가 어렴풋이 아는데도 제대로 안다고 착각하는 것이 많다. '나는 알고 고객은 모르는 곳'에서 부를 창출하려면 남다른 지식이 필요하다. 남다른 생각을 할 수 있어야 특별한 제안을 할 수 있다. '생각'은 재정의가 중요하다. 본 것, 들은 것, 경험한 것이 어느 날 문득 새로운 정의로 떠오르는 것이 '생각'이다. 좋은 생각을 하려면 인풋이 많아야 한다. 좋은 인풋이 많으면 좋은 아웃풋이 나온다. 아웃풋은 어떻게 확인할까? 아는 걸 말과 글로 표현하면 된다. 말과 글로 표현할 수 없다면 아는 게 아니다.

콘텐츠의 본질도 이와 같다. 콘텐츠의 본질은 자신의 메시지를 말과 글로 표현하면서 자신의 세계를 구축하고 사람을 모으고 제안하는 것이다. 말과 글로 표현하는 것, 이게 바로 콘텐츠다. 블로그는 메시지를 글로 표현하는 것, 인스타그램은 메시지를 사진으로 표현하는 것, 유튜브는 메시지를 말과 영상으로 표현하는 것이다. 이 원리로 하면 된다. 그런데 글이 안 써진다는 사람이 있다. 왜 그럴까? 본인의 의견을 잘 몰라서 그렇다. 그러니 할 말이 없고, 자기가 말을 해도 되는지 주저주저하게 된다. 만약 잘 모른다면 인풋을 넣고 아웃풋을 뽑는 연습을 무한 반복하라.

나는 쉬운데 남은 어려워하는 것이 있다면, 고민 없이 그걸로 하라

혹시 면밀한 자기탐구를 할 필요도 없이 이미 '나는 쉬운데 남은 어려워하는 뭔가'가 있는가? 주저 없이 그 분야로 콘텐츠를 시작하자. 시작하고 나서 그대로 유지될지, 발전할지, 하기 싫을지는 모르나, 시작은 꼭 해봤으면 한다. 그래야 해볼 만한지 아닌지, 반응이 오는지 아닌지 실험하고 연구할 수 있기 때문이다. 자신이 추구하는 가치에 반응이 있는지 없는지는 오직 실제로 해봐야 알 수 있다. 정말 그 일을 하기 싫어 미칠 것 같은 게 아닌 이상은, 그걸 가공해서 전자책으로, 온라인 강의로, 책으로 만들어보자. 든든한 부업이 되어줄 뿐 아니라, 당신의 잠재력과 가능성을 세상에 선보이는 장이 될 수 있다.

전자책부터 시작하기 부담스러운 사람은 블로그를 해보길 바란다. 블로그는 가장 부담이 적으면서도 가진 것을 정리하기 좋은 공간이다. 무료이며 누구나 사용할 수 있다. 24시간 온라인상에서 나를 알려줄 것이다. 당신은 인생 어느 순간에 '열심'을 발휘하면서 살았을 것이다. 자신의 '열심'을 알아주자. 알아주는 가장 좋은 방법은 아는 것을 글로 적는 것이다. 나도 지금 이 순간 글로 적으면서 메시지가 분명해졌고 이런 메시지를 더 많은 사람에게 알리고 싶다. 쓰다 보면 계속 발전하게 된다.

'남다른 지식'에 대한 오해

여기서 착각하지 말아야 할 것은 '남다른 지식'이라는 게 하버드 박사급 지식이 아니라는 것이다. 마요네즈 뚜껑 따는 법도 나는 알고 상대는 모른다면 남다른 지식이다. 오늘은 심지어 어느 온라인 카페에서 인기 글을 봤는데 어떤 콘텐츠였을 줄 아는가?

- **제목:** 비누를 무르지 않게 사용하는 법
- **내용:** 박카스 뚜껑을 비누 가운데에 붙이면 비누가 바닥에 안 닿아서 무르지 않게 오래 쓸 수 있다.

하버드 박사급 지식인가? 현실의 지식이자 구체적인 지식이다. 삶의 지식을 쓰면 된다. 분야마다 삶의 지식이 있을 것이다. 사소함에 일상이 있고, 우리가 콘텐츠를 소비하는 이유는 일상을 편리하게 영위하고 싶어서다. 나를 보자. 나는 유아교육 전공자도 아니고 육아를 못하는 편에 속하는 사람이었다. 세상에 뛰어난 육아 전문가가 많지만 그 사이 어딘가에 내가 엉덩이 비빌 틈이 있었다는 것을 글을 쓰면서 알았다. 내가 쓴 글의 반응을 보면 알 수 있다. 나는 반 발짝 먼저 가서 내 삶에서 경험하고 연구하며 나름의 개똥철학을 블로그에 정리해 '극한육아 예방 캠페인'이라는 이름표를 달고 콘텐츠 생활을 했다. 아무도 알아주지 않는 나만의 오솔길을 하루 이틀 걷다가 말았다면 알려지기는 불가능했을 것이다.

영화 〈포레스트 검프〉에서 주인공이 자기만의 이유로 달리기를 했을 때 처음에는 고독한 레이스였다. 6개월이 지나고 1년이 지나고 2년이 지나도 계속 달렸더니 주변에서 묻기 시작했다. "왜 달리세요?" 그는 달리기만 했을 뿐인데 유명인사가 되었고, 그를 추종하는 사람들까지 생겨났다. 무려 3년 2개월 14일 16시간을 멈추지 않고 달렸다. 포레스트 검프에게 달리기는 자기가 가진 유일한 무기이자 리추얼ritual(규칙적인 의식)이었다. 하루 이틀 달렸다면 알려지지 않았을 것이다. 3년 내내 올곧게 자신만의 길을 갔다. 무엇으로? 자신이 가진 패로.

자신에게 익숙한 것에 보물이 있다. 익숙하다는 것은 일상적이며 쉽다는 의미이기 때문이다.

출간을 제안하고 싶어지는 콘텐츠의 3가지 조건

나는 이 책을 쓰기 위해 여러 사람에게 자문했다. 3장에서 소개하고 싶은 사람은 내게 출간 제안을 했던 에디터 중 한 명인 서주희 에디터다. 그녀는 당시 국내 중견 출판사의 팀장으로 재직 중이었다. 현재는 작가이자 에디터로서 활동하고 있다. 내가 운영하는 카페에서 '소설 쓰기 코치'로도 활동하고 있다. 그녀의 코칭 덕분에 소설가로 데뷔한 사람이 여러 명이다.

내가 경험해보건대 에디터로서 실력이 출중하더라도 자신의 글쓰기는 어려워하는 사람이 적지 않다. 서 에디터는 작가를 발굴하면서 자신도 작가인 몇 안 되는 인재라고 생각한다. 요리 사랑을 담은『뚝배기, 이 좋은 걸 이제 알았다니』를 출간했으며, 조만간 그림책과 에세이도 출간될 예정이다. 콘텐터이자 콘텐츠를 발굴하는 그녀에게서 직접 들어봤다. 다음은 서주희 에디터가 직접 작성한 글이다.

저자를 발굴할 때 가장 중요하게 보는 3가지

첫째, 자기만의 이야기가 있어야 한다

가장 중요한 건 '콘텐츠'다. 다양한 형태의 콘텐츠가 쏟아져 나오는 시대인 만큼 다른 사람과 차별화되는 '나'의 이야기가 있어야 눈에 띄니까. 그렇다고 해서 꼭 특별한 경험이 있거나 특이한 생활을 해야 한다는 건 아니다. 원석을 잘 가공해야 보석이 되듯이 색다르지 않은 경험이나 삶의 방식을 어떤 콘텐츠로 만들어내느냐가 중요하다고 본다.

예를 들어 어린이집 교사들은 서로 비슷한 경험을 할 수 있지만, 그들이 모두 같은 콘텐츠를 만들 수는 없다. 자기가 잘할 수 있는 이야기를 해야 한다. 어떤 사람은 아이를 처음 기관에 보내는 부모들에게 도움이 되는 글을 쓸 수 있을 것이고, 어떤 사람은 아이라는 존재에 대해 느끼는 점을 글로 쓸 수 있을 것이다.

'진솔함'은 필수다. 누구나 하는 식상한 이야기는 피하는 게 좋다. 비슷한 경험과 비슷한 감상은 매력이 없다고 생각하기 때문이다. 적어도 그중 하나는 남들과 다른 면이 있어야 편집자도, 독자도 관심이 갈 것이다.

둘째, 독자가 찾을 만한 내용이어야 한다

자기만의 콘텐츠가 있다고 해도 독자가 찾아 읽을 만한 글이 아니라면 출판사 입장에서 굳이 책으로 낼 필요가 없다. 출판도 사업이고, 각 출판사의 성격에 따라 다르기는 하겠지만 어느 정도 팔리는 책이어야 출간할 마음을 먹게 된다. 어떤 콘텐츠든 읽는 사람에게 도움이 되어야 한다.

여기에서 '도움'이란 방법적인 도움만을 뜻하는 것이 아니다. 글을 읽으며 마음의 평안을 얻는다거나 재미를 느끼는 것도 일종의 '도움'이기 때문이다. 더욱이 최근에는 아주 소소한 소재나 일상적인 주제의 에세이가 많이 출간되고 있다. 꼭 대단한 콘텐츠가 아니어도 좋다. 예를 들어 아르바이트를 하고 다양한 고객을 만나면서 겪은 이야기도 좋다. 그 애환에 공감하며 함께 울고 웃을 독자가 있으니까. 독자와 취향을 공유할 수 있는 글도 좋다.

다만 주의해야 할 점은 '누구나 할 수 있는 이야기'일수록 독자들이 찾을 만한 '뭔가'가 있어야 한다는 것이다. 읽다 보면 웃음이 절로 터져 나오는 글발이라든지, 거침없는 솔직함이라든지, 일상의 경험에서도 따스한 감정을 이끌어낼 수 있는 관찰력이나 표현력 등 독자를 사로잡을 무기가 있어야 한다.

셋째, 어느 정도 정돈된 글이어야 한다

유명 작가들과 같은 문장을 써내야 하는 것은 전혀 아니다. 콘텐츠가 정말 좋다면 글솜씨가 조금 부족하더라도 편집자나 전문 외주자가 글을 다듬어 책을 출간하는 경우도 있다. 하지만 그 작업에 많은 공을 들어야 한다면 편집자 입장에서는 한 번 더 고민하게 될 것이다. 시간과 비용이 들어가는 일이니 말이다. 냉정하게 말해서 유명 연예인이거나 많은 수의 이웃 혹은 구독자가 있어서 '반드시 팔린다'는 확신이 있는 정도가 아니라면 출간 제안을 하지 않을 것 같다.

자기 이야기로 콘텐츠를 만들고 싶은 당신에게

우선은 쓰자. 많이 쓰고, 꾸준히 쓰자. 지금 쓰고 있는 글이 바로 책 1권이 될 만큼 일목요연할 필요는 없다. 그 안에서 어떤 것이 묶여 책이 될지 모른다. 따라서 자기가 쓰고 싶은 이야기, 혹은 쓰면 좋을 것 같다 싶은 이야기가 있다면 우선은 계속 써서 쌓아두는 것이 좋다. 나중에 언젠가 책을 내거나, 책이 아니더라도 '나만의 콘텐츠'를 만들고 싶다면 그렇게 쌓아둔 이야기들이 분명 귀중한 재산이 될 것이다.

많은 사람이 처음부터 완벽하게 계획을 세우고 시작하려는 것 같다. 아직 초보인데 최고의 장비를 갖추려 하는 느낌이랄까. 그러다 보면 더 어렵게 느껴질 수 있다. 우선은 하고 싶은 이야기를 쏟아내보길 바란다. 그러다 보면 자신이 잘할 수 있는 이야기, 남들이 좋아하는 이야기 등이 차츰 보이기 시작할 것이다.

정리하자면, 출간 제안을 부르는 콘텐츠의 3가지 조건은 ① 자기만의 이야기, ② 독자가 찾을 만한 도움 되는 내용, ③ 어느 정도 정돈된 글이다. 에디터와 출판사마다 선호하는 콘텐츠의 기준이 다르긴 하나, 내가 7권의 책을 쓰면서 느낀 점도 비슷하다. 팔릴 만한 콘텐츠는 자기다움을 담아서 독자에게 도움을 주는 것이다. 자기만의 이야기는 자신을 관찰하고 발견해야 나오고, 독자에게 도움 되는 내용은 독자를 관찰하고 발견해야 나온다. 어느 정도 정돈된 글은 글쓰기 연습을 통해서 개발할 수 있다. 결국 자신과 세상을 탐색하고 조율하면서, 텍스트·이미지·음성·영상 등으로 표현하며, 타인에게 도움을 줘야 알려지는 콘텐츠가 된다.

실천하기는 '아웃풋'의 단계다. 인풋을 당신의 삶으로 만드는 과정이다. 대표적인 아웃풋은 3가지다. 말하기, 쓰기, 행동하기. 아웃풋을 통해서 자신의 메시지를 발견하고 다듬어보자. 메시지란 자신이 하고 싶은 말이다. 구체적으로 어떻게 하면 되는지 내가 시도했던 다이어트 콘텐츠를 사례로 설명하겠다. 다이어트가 뭔지도 몰랐던 내가 인풋과 아웃풋을 통해 다이어트를 실생활에 적용했고 그 과정을 기록했더니 콘텐츠가 되었다. 공부와 경험이 어떻게 콘텐츠가 되는지 자세히 살펴보자.

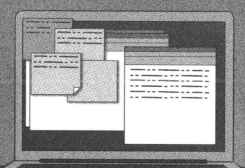

4장

콘텐츠 만들기 3단계:
실천하기

인생의 참맛은

무덤까지 안전하고 단정하게

당도하는 데 있지 않다.

완전히 기진맥진해서 잔뜩 흐트러진 몰골로

"꺅! 끝내줬어!"라는 비명과 함께

먼지구름 속으로 슬라이딩해

들어와야 제맛이다.[1]

- 앨런 피즈 Allan Pease, 바바라 피즈 Barbara Pease

내가 원하는 것을 어떻게 콘텐츠로 구현하는가

45년 인생 최초로 다이어트에 성공하며 만든 콘텐츠

여기까지 읽었다면 원하는 것을 어떻게 콘텐츠로 표현하는지, 스캔 프로세스는 어떻게 적용해야 하는지 궁금할 것이다. 구체적으로 어떻게 해야 할지 자세히 알아보기 위해 내가 만들었던 '다이어트 콘텐츠'의 예를 들어보겠다. 예시대로 오차 없이 똑같이 하라는 게 아니니 '응용'에 초점을 두고 읽어보길 바란다.

전작에서 나는 코로나 팬데믹 때문에 살이 많이 쪘다는 이야기를 한 바 있다. 내가 그 이야기를 굳이 책에서 왜 꺼냈을까? 실제로 체중 감량을 실현하고 싶었기 때문이다. 나에게는 일종의 공표였다.

나는 집콕 생활로 살이 많이 쪘다. 나는 내 몸을 '기회의 몸'이라고 한다. 살을 빼고 건강을 되찾을 기회, 살 빼는 과정을 기록해 콘텐츠를 만들 기회, 살을 뺐다는 성취감을 획득할 기회가 잠재된 몸이다. '힘들다'는 상황을 '힘들지 않으려면 어떻게 해야 할까?'라는 질문으로 바꾸면, 그것이 곧 글이 되고 콘텐츠가 된다. 이 원리 덕분에 블로그를 하면, 상황에 매몰되던 사고방식이 질문해서 해결하는 사고방식으로 조금씩 이동하게 된다.

-『나는 매일 블로그로 출근한다』"나를 힘들게 하는 것이 기회가 될 수 있다"에서

2022년 5월부터 12월까지 다이어트에 집중했다. 결과적으로 살찌기 전에 비해 15kg가량을 감량하게 되었다. 이 과정을 기록해 다음과 같은 콘텐츠를 만들었다.

- 애둘맘의 다이어트, 나는 언제부터 쪘는가
- 이러니 안 빠지지, 6년 전 황당무계 나의 다이어트
- 건강한 것이 재테크다
- 눈바디 제대로 찍는 법
- 40대 애둘맘, 다이어트하며 저질렀던 큰 실수 3가지
- 40대 애둘맘 다이어트 아침 식단
- 두 아이 엄마의 현실적인 다이어트 식단
- 다이어트할 때 술 마시면 안 되는 5가지 이유
- 엄마의 다이어트, 14kg 감량하는 동안 내가 한 것

내가 다이어트 과정 동안 만든 콘텐츠를 살펴보며 어떻게 실천 과정을 콘텐츠로 구현하는지 구체적으로 설명하겠다.

1단계: 나를 취재하기

1. 책 읽기+글쓰기

'다이어트는 평생의 숙제'라는 말이 있듯이, 나도 언젠가부터 "다이어트해야 되는데"라는 말을 입버릇처럼 말하고 다녔다. '해야 되는데'의 또 다른 말은 '아직 안 했다'다. 안 하면서 계속 해야 된다고 생각만 하며 살았던 것이다. '해야 되는 것'과 '하고 있는 것'은 다르다. 나는 이걸 몰랐다.

그래도 관심은 계속 있어서 다이어트 책을 두루두루 읽었다. 하지만 방법론만 나와 있는 책에 썩 마음이 동하지는 않았다. 그동안 내가 골랐던 책의 제목만 봐도 쉽고 간편한 요령만 찾고 다녔다는 걸 알 수 있다. '이것은 살기 위한 최소한의 운동'이라거나 '스트레칭만 해도 몸매가 예뻐진다'거나 '3주만 하면 S라인이 가능하다'는 책을 주로 골랐다. 최소한의 노력, 아니면 노력은 하되 단기간만 하고 싶었던 것이다. 책을 고르고 읽을 때는 몰랐다. 내 몸에 대한 철학적 고찰을 한 번도 해본 적이 없다는 사실을. 그러다가 마음에 불을 지른 책이 있었다. 한근태 작가의 『몸이 먼저다』였다. 이 책을 읽고 블로그에 서평을 썼다.

- **제목:**『몸이 먼저다』운동하라고 참신하게 설득하는 책
- **내용:** 설득당했다. 이 책은 시종일관 1가지 메시지를 전한다. 바로 이 문장이다. "제발 몸에 관심을 가져라." 운동을 해야 한다는 사실을 모르는 사람은 없다. 운동을 하지 않는 사람이 쉽게 대는 이유는 '운동할 시간이 없다'다. 저자는 말한다. 운동할 시간이 없는 사람은 나중에 병원에 입원할 시간은 있다는 사실을 깨닫게 된다고. 정말 그렇다. 몇 해 전에는 40대 초반인 작가 선배가 암으로 세상을 떠났다. 지난해에는 40대 후반인 또 다른 작가 선배가 자궁암으로 수술을 받았다. 건강에 대한 경각심은 계속 느끼고 있다. 그런데도 나는 움직이지 않는다. 40대인 나에게, 운동을 모르는 나에게 적합한 운동이 필요하다. 올해의 목표는 너로 정했다. 내 몸! 너를 돌봐주겠다.

2. 자기인식과 관점 발견하기

『몸이 먼저다』는 기존에 가지고 있던 나에 대한 인식과 다이어트·운동에 대한 인식을 달리하는 계기가 되었다. 여기서 '계기'가 중요하다. 책은 교과서라기보다는 나의 어떤 행동을 촉발할 가능성을 주는 계기다. 독서를 마치 신봉해야 하는 무엇으로 여기는 경우가 종종 있다. 독서는 맹신하고 무조건 똑같이 따라 하려고 하는 것이 아니다. 독서에 자신을 비춰보고 자기 자신과 세상을 탐색하며 자신의 뭔가와 결부해 응용하는 것이다.

이 책에서 내게 다가온 문장은 "지식노동자일수록 운동이 필요하

다." "몸은 겉으로 보이는 마음, 마음은 보이지 않는 몸"이었다. 내가 지식노동자였기 때문에 더욱 와닿았다. 자신이 지식노동자가 아니라면 다른 문장이 와닿을 것이다. 또한 나는 마음 건강이 좋지 않은 상황이었다. 코로나 팬데믹으로 마음이 침체되고 불안한 적이 많았다. 그래서 '몸은 마음, 마음은 몸'이라는 표현이 절절하게 와닿았다. 아마 내 상황이 달랐다면 저 문장이 크게 닿지는 않았을지도 모른다. 이렇듯 같은 책이라도 상황과 여건, 성격과 직업 등에 따라 느껴지는 것도 다르다. 그래서 나는 감명받은 책은 고이 모셔두고 생각날 때마다 재독하는 편이다. 읽을 때마다 새롭기 때문이다.

책을 읽고(인풋) 글을 쓰면서(아웃풋) 나는 내 안의 욕망을 발견했다. 날씬해지기 위해서도 아니고 예뻐지기 위해서도 아닌, 내 몸에 관심을 갖는 형태의 체중 감량이 필요하다는 자기인식이었다. 이 '결'이 굉장히 중요하다. 나에게 딱 들어맞는 잃어버린 퍼즐 같은 어떤 표현법을 찾았을 때의 희열과 일렁임이 있다.

인간은 어떻게 자기인식을 형성할까? 어린 시절 어떤 양육환경에서 어떤 가치관을 바탕으로 자랐는가, 그리고 세상에 나와 보고 들은 다양한 사회적 경험을 통해 형성된다. 자기인식은 노력하면 바뀔 수는 있지만, 나이가 들어 굳어진 자기인식은 적은 노력으로 쉽게 변하기 어렵다. 부단히 노력해야 한다.

자기인식이 변하려면 우선 현재 자신의 모습을 객관적으로 파악할 수 있어야 하고, 변하고 싶은 부분을 설정해 매일 일정하게 노력해야 한다. 이 2가지를 실천하기에 알맞은 방법이 책 읽기와 글쓰기다. 책은 거울이고, 글쓰기는 거울에 비춰본 자신에 대한 사유를 기록하는 행위라고 볼 수 있다.

3. 나를 돌아보기(회상하기)

책을 읽으며 나를 돌아봤다. 그러다가 6년 전의 다이어트 기록이 떠올랐다. 당시 나는 '시간이 없다'고 인식하면서, '카더라통신'만 듣고 간편해 보이는 방법으로 몇 가지 시도를 하고는 38일 만에 다이어트를 그만뒀다. 당시에는 기록이랍시고 썼는데 이제 와서 보니 '핑계일기'였다. 당시 내가 다이어트에 실패한 원인을 나름대로 정리해봤다.

6년 전 다이어트에 실패할 수밖에 없었던 이유

1   의학적·과학적 근거가 전혀 없는 '뇌피셜' 다이어트를 했다.
2   풋사과 식초, 카카오닙스 등 다이어트에 도움 된다는 식품을 먹으면서 위안을 삼았다.
3   기분에 따라 먹고 싶은 것을 마음대로 먹었다. 그러면서 정신 건강이 더 중요하다는 자기위안과 핑계를 대기 바빴다.
4   운동은 힘들면 그냥 안 했다.
5   효과적인 운동법도 모르면서, 어느 날은 등산, 어느 날은 줄넘기, 왔다 갔다 했다.
6   그러면서 운동했다고 위안했다.

7   한 끼를 굶거나 탄수화물을 먹지 않으면서 '오늘은 좀 빠졌겠지'라고 위안했다.

8   내가 먹을 수밖에 없는 이유, 내가 힘들 수밖에 없는 이유를 계속 대면서 결국에는 식이조절도 안 하고 운동도 안 했다.

2단계: 생산적인 질문을 찾고, 원하는 것 정하기

나를 돌아본 후에 내가 떠올린 질문이 있다. '그렇다면 어떤 방식을 꾸준히 해야 조금이라도 살이 빠질까?'였다. 이때 도움 되었던 책이 이서연 작가의 『요즘, 엄마들의 다이어트』였다. 그녀는 '클쌤홈트'라는 이름으로 유튜브와 블로그를 운영 중이며 내가 운영하는 카페의 운동 코치이기도 했다. 이전에도 올바르면서 효과적인 식이요법과 운동법에 대해서 내게 알려주기는 했지만, 책으로 읽으니 그녀의 역사와 가치관을 맥락적으로 이해할 수 있었다. 그녀도 간편하고 쉬운 방법을 찾아 헤매던 사람이었고 수많은 실패 끝에 다이어트에 성공했다. 그녀가 일러준 방법은 다음과 같다.

효과적인 다이어트 10계명

1   탄수화물, 단백질, 무기질이 반드시 포함되도록 식단을 짜고 골고루 먹어라.

2 좋은 지방을 먹어라. (예: 올리브유, 아보카도, 견과류)

3 매일 같은 시간에 먹어라.

4 4시간 간격으로 일정하게 먹어라. 점심과 저녁 사이에 간단한 간식을 먹어도 좋다. (아몬드 같은 견과류, 훈제달걀, 방울토마토, 두유 등의 간식을 추천한다.)

5 부족하게 먹지 말고 충분히 먹어라.

6 운동을 해라. '전신운동 - 부분운동 - 스트레칭' 순서대로 하면 좋다.

7 일상생활에서 바른 자세와 바른 걸음걸이를 실천하라.

8 이 루틴을 '당연한 생활'로 만들어라.

9 다이어트 일기를 써라. 매일 무엇을 먹었는지, 매일 어떤 운동을 했는지 기록하라.

10 체중을 재지 말고 눈바디를 찍어라. 일주일에 1회, 공복에 같은 옷에 같은 장소에서 전신이 나오도록 찍어라.

탄수화물을 끊으라거나 1일 1식만 하라는 방법이 아니었다. 하루 네 끼를 먹으라고 한다. 운동도 자신에게 맞는 방법을 일주일에 세 번만 하면 된다고 한다. 꼼수가 없는 방법이었다. 하지만 여러 가지 방법을 전전해본 나에게는 안성맞춤이었다. 원하는 것을 정했다. 클로이쌤의 다이어트법을 적용하면서 1년 동안 10kg 감량하기!

• **생산적인 질문 찾기:** 어떤 방식을 꾸준히 해야 조금이라도 살이 빠질까?

- **원하는 것 정하기:** 1년 동안 10kg 감량
- **실천하기로 한 방법:** 클로이쌤의 건강한 다이어트 실천법

다음에는 어떤 과정이 기다리고 있을까? 맞다. 실천이다.

3단계: 실천하기

2023년 5월 말경부터 나는 내가 인식한 철학과 가치관을 바탕으로, 내가 배운 지식을 직접 익혀보기로 했다. 물론 처음에는 잘되지 않았다. 솔직히 힘들었다. 수많은 '뻘짓'을 했고 그만두고 싶은 유혹이 나를 흔들었다. 이 과정에서 수많은 과거와 현재가 주마등처럼 스쳐갔고, 내 생각과 경험치, 나름의 깨달음, 개똥철학을 담아 글을 썼다.

내가 언제부터 살이 쪘는지, 언제부터 건강이 나빠졌는지를 담아 '애둘맘의 다이어트, 나는 언제부터 쪘는가' 한 편이 완성되었다. 6년 전 다이어트를 한다고 했지만 실패했던 과거사를 복기하며 '이러니 안 빠지지, 6년 전 황당무계 나의 다이어트' 한 편이 완성되었다. 비만으로 병원 가는 데 돈 쓰고 시간 쓰는 것이 너무 아깝게 느껴질 때는 '건강한 것이 재테크다'라는 글을 썼다. 체중보다 눈바디가 중요하다는 걸 직접 느꼈을 때는 '눈바디 제대로 찍는 법'을 썼다. 다이어트가 잘 안되거나 실수한 지점이 생길 때는 포기 대신 '40대 애둘맘, 다이어트하며 저질

다이어트 과정에서 작성한 콘텐츠 목록

제목	내용
애둘맘의 다이어트, 나는 언제부터 쪘는가	내가 언제부터 살이 쪘는지, 언제부터 건강이 나빠졌는지를 담은 콘텐츠
이러니 안 빠지지, 6년 전 황당무계 나의 다이어트	6년 전 다이어트는 왜 실패했는지 자기진단을 해본 콘텐츠
건강한 것이 재테크다	비만으로 병원 가는 데 돈 쓰고 시간 쓰는 것이 너무 아깝게 느껴질 때 나만의 사유를 기록한 콘텐츠
눈바디 제대로 찍는 법	다이어트를 할 때는 체중을 재는 것보다 눈바디가 효과적! 눈바디 찍는 법을 모르는 사람에게 정보를 제공한 콘텐츠
40대 애둘맘, 다이어트하며 저질렀던 큰 실수 3가지	다이어트가 잘 안되거나 실수한 지점이 생길 때, 다른 사람은 실수를 줄였으면 하는 마음에서 공유한 콘텐츠
두 아이 엄마의 현실적인 다이어트 식단	먹는 걸 좋아하는 나에게 가장 어려웠던 식단, 나름의 방법을 터득하고 나서 습관화된 경험을 정리한 콘텐츠
엄마의 다이어트, 14kg 감량하는 동안 내가 한 것	14kg을 감량한 후에 나의 다이어트 일대기를 한 번에 정리한 콘텐츠

렀던 큰 실수 3가지'라는 글을 썼다.

이 내용들을 사진과 간략한 글로 표현하면 인스타그램용, 운동과 식이요법하는 장면에 더빙을 해서 영상으로 만들면 유튜브용 콘텐츠로 변환할 수 있다.

실천하기 단계에서 중요한 점은, '있어 보이려고' 너무 노력하지 말라는 것이다. 성공적인 경험이나 멋진 현장만 이야기하고 싶어 할수록 콘텐츠로 삼을 만한 글감을 찾기가 힘들다. 초라해서, 실수해서, 잘못해서, 별것 아니라서 흘려보내는 수많은 찰나가 글감이다.

4단계: 콘텐츠가 되다

이 모든 과정은 2022년 5월 말부터 2022년 12월까지 진행된 이야기다. 7~8개월간 스캔 프로세스를 통해 내가 이루고자 하는 뭔가에 집중했더니 콘텐츠가 생겼다. 나는 나를 관찰하고 기록하며 만들어갔을 뿐이다. 경험치를 잘게 쪼갰고, 실패한 경험도 가치 있다고 여기고 기록했다. 나는 그저 기록하고 공유했을 뿐인데 '40대 애둘맘 다이어트 아침 식단'이 3만 조회수를 기록했을 때는 뜻밖의 관심이 놀라웠다. 그동안 육아 콘텐츠를 주로 썼기에 내 구독자가 다이어트에 이렇게 관심이 있을 줄은 몰랐다. 특히 식단에 관심이 높았다. 이 말은 곧 내가 '엄마의 다이어트 식단'에 관한 도움 되는 콘텐츠를 지속적으로 발행하면 다이어트 콘텐츠 부문에서 주목받을 수 있다는 말이다.

내가 계속하느냐 마느냐는 순전히 나에게 달렸다. 이 일을 계기로 다이어트 콘텐터로 전환할 수도 있고, 내가 도움받은 다이어트 식품을 판매하는 사업을 모색해볼 수도 있다. 내 삶을 돌아보고 원하는 것을 찾고 숙고하며 기록하면 콘텐츠가 된다. 콘텐츠만 될 뿐인가? 궁극적으로 내 삶이 나아진다. 그래서 나는 콘텐츠 생활을 권한다. 인기를 얻든 얻지 않든, 인생을 스스로 주도해갈 수 있는 능동적 단련을 할 수 있다. '콘텐츠를 통한 인생 트레이닝'이라고 불러도 좋을 만큼 나는 콘텐츠 덕을 톡톡히 본 사람이다.

방구석 블록버스터 공상가보다 소소한 행동파 콘텐츠가 잘 팔린다

원시인이 21세기에 사냥을 한다면

선사시대의 원시인이 21세기의 도시에 나타났다. 원시인은 배가 고파서 뭔가 먹을 것을 찾기 시작했다. 그때 한 젊은이가 원시인을 발견했고, 그는 원시인을 자신의 집에 데려가 머물게 했다. 원시인은 배가 고파서 사냥을 하고 싶다고 했다. 원시인을 도와주고 싶었지만 그에게는 생업이 있었다. 그래서 원시인에게 인터넷 사용법을 알려주고 출근했다. 원시인은 자신이 좋아하는 싱싱한 고기와 과일이 먹고 싶었다. 인터넷에서 '사냥감 있는 곳' '돌도끼 쉽게 만드는 법' '과일 구하는 법'을 찾아봤다. 사람마다 경험이 달랐다. 어떤 사람은 남쪽으로 가라고 하고 어떤 사람은 북쪽으로 가라고 했다. 도움 되는 정보인 줄 알고 클릭했는데 광고이거나 황당한 내용일 때도 있었다. 원시인은 하루 종일 인터넷 서핑을 했다. 그사이 젊은이가 퇴근했다. 원시인은 말했다. "배고파. 먹을 것 좀 줘." 원시인은 그렇게 야성을 잃어갔다.

좋은 콘텐츠는 삶의 현장에서 나온다

"세상에는 '동사'를 하기도 전에 '명사'가 되길 원하는 사람들이 참 많다. 스스로 해낸 일도 없이 타이틀부터 원하는 것이다."[2]

잘 팔리는 콘텐츠는 '동사'다. 우리는 야성 넘치는 원시인이라도 방구석에 들어앉기 딱 좋은 시대에 살고 있다. 콘텐츠를 만들 때 흔한 착각 중 하나가 인터넷에 접속하고 컴퓨터 앞에 앉아서 뭔가 해야 콘텐츠가 나온다고 생각한다는 것이다.

그렇다고 말하는 사람도 있겠지만, 나는 생각이 다르다. 오프라인의 삶, 즉 내가 살아내는 삶의 현장에서 콘텐츠가 나온다. 원시인이 방에 앉아서 '선사시대 매머드한테 밟혔다가 살아난 썰' '폭탄선언! 사실은 지구상에 공룡은 없었다 증언' '감탄사만 할 줄 알던 원시인이 100일 만에 원어민 영어 구사하는 10가지 비법' 방송을 한다면 물론 재미나기는 할 것이다. 그러나 나는 지금 '잘 팔리는 콘텐츠'에 관해 이야기하고 있다. 우리가 타임머신을 타고 온 원시인은 아니지 않는가? 인물 자체가 흡인력 있는 사람과 평범한 일상에서 콘텐츠를 만들어보려는 당신은 엄연히 다른 사람이다.

프랑스 철학자 자크 엘륄Jacques Ellul이 "세계적으로 생각하고 지역적으로 행동하라"고 한 것처럼, 생각은 세계적으로 하되 행동은 소소하게 하길 바란다. BTS처럼 세계적인 아티스트가 되고 싶어도 지금 우리가 당장 할 수 있는 일은 그래미 어워드 무대에 서는 게 아니라, 내가 어떤 음악을 하고 싶은지 구상하고 연습하는 것이다. 그러므로 실천해야 할 것은 2가지다. 원하는 것을 향해서 오프라인의 삶을 충실하게 사는 것, 그 충실한 삶을 바탕 삼아 디지털 언어로 온라인에서 표현하는 것이다.

만화나 소설로
표현하고 싶다면

나를 표현하는 직간접적인 콘텐츠 방식

지금까지는 다큐멘터리, 즉 실제 겪은 일에 기반한 표현방식을 주로 다뤘다. 하지만 콘텐츠에는 무조건 사실적인 방식만 있는 것은 아니다. 당신이 이미 알고 있다시피 웹툰이나 소설 같은 허구적 방식이나 그림, 사진 등의 예술적 표현법도 있다. 당신은 어떤 방식으로 표현하고 싶은가? 당신의 선택을 돕고자 콘텐츠 분류표를 공유한다. 자세하지는 않지만 참고사항이 될 수 있을 듯하다. 다음은 한국콘텐츠진흥원이 2023년 3월에 발표한 〈2023 해외 콘텐츠시장 분석〉 보고서에서 제시한 콘텐츠 분야다.[3]

콘텐츠 분야

분야	시장분류	
출판	도서	
	신문	
	잡지	
만화	인쇄만화	
	디지털만화	
음악	공연음악	
	레코드음악	디지털
		실물음반
		공연권
		싱크로나이제이션
게임	비디오게임	소셜/캐주얼 게임
		콘솔게임
		PC게임
		게임 광고
	e스포츠	
	가상현실 게이밍	
영화	박스오피스	
	극장 광고	
애니메이션	박스오피스	
	극장 광고	
캐릭터/라이선스	캐릭터/라이선스	

분야	시장분류	
방송	TV 수신료	공영방송
		유료방송
	TV 광고	
	홈비디오	
	OTT 비디오	
	가상현실 비디오	
	라디오	위성라디오 구독
		광고
	팟캐스트 광고	
광고	TV 광고	
	라디오 광고	
	극장 광고	
	게임 광고	
	소비자잡지 광고	
	산업잡지 광고	
	옥외 광고	
	인터넷 광고	
지식정보	비즈니스정보	
	전문서적	
	산업잡지	
	전시회	
	인터넷접근	
	가상현실	

콘텐츠라고 하면 나에게 익숙한 것만 떠올릴 수 있다. 콘텐츠의 대분류는 출판, 만화, 음악, 게임, 영화, 애니메이션, 방송, 광고, 지식정보, 캐릭터/라이선스다. 관심 있는 분야나 실력을 쌓아보고 싶은 분야는 어디인지 자유롭게 떠올려보자.

허구의 표현방식이 더 편한 사람도 있다

자신을 어떤 방식으로 표현해야 할까? 표현에는 직접 표현과 간접 표현 방식이 있다. 이모티콘은 자신을 표현하되 간접적으로 드러낸다. 캐릭터에 자신의 요소를 일부 또는 전체적으로 투영하는 것이다. 작가가 직접 말하기 전까지 대중은 그 캐릭터에 작가의 모습이 담겼는지 안 담겼는지 모른다. 요즘에는 유명인의 얼굴을 실사 그대로 구현해 만든 이모티콘도 있다. 방송이나 매체에서 보이는 캐릭터를 담기에 직접적 표현에 해당할 수 있다.

나를 예로 들자면, 나는 거의 모든 글이 직접적인 표현이다. 내가 오늘 뭘 먹었는지, 어디를 갔는지, 무슨 생각을 했는지를 현실적으로 쓴다. '우리 86일 만에 결혼했어요'라는 연재물은 실제 나의 연애 이야기였고, '극한육아 상담소'는 실제 나의 육아 경험을 통해서 육아 상담을 해주는 연재물이었다. 내 글을 보는 사람들은 글과 사진, 동영상을 통해서 나의 현실적인 이야기를 간접 경험하게 된다.

나의 이야기를 간접적으로 표현하는 방식이 있을까? 있다. 대표적으로 소설이다. 내 모습을 반영한 인물을 등장시키고 허구의 이야기를 전개할 수도 있을 것이다. 『서울 자가에 대기업 다니는 김 부장 이야기』(이하 '김 부장 이야기')가 대표적인 예다. 송희구 작가는 2021년 3월 자신의 블로그에 '서울 자가에 대기업 다니는 김부장 1편'이라는 글로 연재를 시작했다. 한 달 만에 200만 회, 한 부동산 커뮤니티에서만 1,000만 회 넘는 조회수를 각각 기록했다. 작가는 실제 대기업 과장으로 근무 중인 12년 차 직장인으로서 실존 인물과 상황을 바탕으로 글을 썼다고 한다.[4]

『82년생 김지영』『며느라기』 등도 작가의 직간접적 경험에 허구를 가미한 창작물이다. 흔히들 '나를 표현하라'고 하면 유튜브에 브이로그를 찍거나 인스타그램에서 일상을 생중계해서 올려야 하는 것으로 오인할 때가 있다. 자신을 담는 콘텐츠는 다양한 방식으로 표현될 수 있다. 일상생활이나 얼굴을 직접적으로 드러내기가 부담스러운 사람일수록 간접적인 표현방식을 선택하는 것이 좋다.

나도 나를 간접적으로 표현해본 적이 있는데, 대표적으로 2019년 3월 출시한 네이버 스티커 '꿈꾸는 엄마 미세스걸'이다. '미세스걸' 캐릭터는 엄마이면서도 꿈을 간직한 내 모습을 표현했다. 신기하게도 내가 필요해서 만들었는데 엄마들 사이에서 꾸준한 관심을 받고 있다. 특히 내가 운영하는 맘카페에서는 일종의 굿즈 역할을 한다. 미세스걸 이모티콘을 사용하면서 비슷한 상황이나 감정을 표현할 수 있어 온라인 커뮤니티 생활의 질을 높여주는 효과도 있다.

이렇듯 내가 하고 싶은 이야기를 다양한 형태로 표현할 수 있다. 그러니 한정적인 방법에 얽매이지 말고 다양하게 시도해보자.

어떤 표현방식으로 할지는
어떻게 정하는가

표현방식을 정할 때 자신에게 해보면 좋은 질문

소설, 에세이, 웹툰, 이모티콘 중 무엇으로 할지 정하는 방법에는 사실 왕도가 없다. 내가 해볼 만한 것을 선택하는 게 좋다. 그건 이미 자신이 알고 있다. 필명 '한산이가'로 활동 중인 의사 출신의 이낙준 작가는 평소 웹소설을 좋아해서 자주 봤다고 한다. 자주 보다 보니 어느 순간에 '내가 직접 써볼까?' 하는 것이 계기가 되었다.

소설 『꼰대책방』의 오승현 작가는 개인적으로 친분이 있다. 카피라이터 출신인 그녀는 처음부터 소설을 염두에 두지는 않았다고 한다. 막연하게 글을 쓰고 싶다고 생각했다. 그러면서도 경제적인 부분을 놓칠 수는 없어서 돈을 벌면서 글도 쓸 수 있는 방법은 없을까 고민했다고 한다. 처음에는 심리상담사가 되어서 글을 쓸까 싶어 심리학과 진학까지 알아봤는데 갈 길이 너무 멀고 할 수 없을 것 같았다. 그때 남편이 방황을 끝낼 만한 결정적인 말을 했다. "네가 정말 하고 싶은 게 그거야?" 외부적인 조건을 갖춰야 시작할 수 있을 것 같아 돌고 돌았다는 것을 깨달았다. 글감은 자신에게 있으니 자신의 이야기를 써보자고 결심했다. 문득 친구들과 만났을 때 대화 장면이 떠올랐다. 친구들은 자신의 부부 이야기를 할 때 박장대소하거나 폭발적인 반응을 보였다. 이 소재를 글로 써보자 싶어서 연재를 했다.

『꼰대책방』은 '이런 이야기를 쓰고 싶다'는 순간이 있었다. 지하철을 기다리고 있는데 느닷없이 어떤 노인과 어린아이가 문을 사이에 두고 마주 서 있었다. 메모해두지 않아도 계속 떠오를 만큼 강렬한 장면이었다. '노인은 어떤 사람일까, 이 아이는 어떤 아이일까, 두 사람은 어떤 관계일까, 둘은 왜 그런 표정을 짓고 있었을까.' 여기에 살을 붙여간 것이 첫 소설이 되었다. 당시 관심 있게 보던 책이 뇌과학 책이었고, 뉴스에서 보던 요양원의 노인들 이야기가 자극이 되었다고 한다. 절친한 친구 중에 요양원에서 일하는 친구가 있어서 영향을 받기도 했다.

이렇듯 콘텐츠는 자신의 생활 반경을 크게 벗어날 수가 없다. 이낙준 작가는 취미 생활이 창작으로 연결되었고, 오승현 작가는 평소 몰두하던 관심 분야가 불꽃같은 영감을 일으켰다. 자신이 읽고 경험하고 생각한 것의 산물이 콘텐츠고, 콘텐츠 표현방식도 그렇게 정해진다. 표현방식을 정할 때 다음 질문에 답을 해보면 어떨까? 자신에게 익숙한 것, 자신이 끌리는 것을 해보자.

표현방식을 정할 때 생각해볼 질문

1. '내가 자주 보는 콘텐츠'는 어떤 콘텐츠인가?

2. 이 정도면 나도 할 만하다 싶은 '다소 만만해 보이는 콘텐츠'는 무엇인가?

3. 하면 어려울 것 같긴 하지만 해보고 싶은 '선망의 콘텐츠'는 무엇인가?

4. 최종적으로 이루고 싶은 콘텐츠는 무엇인가?

5. '롤모델 콘텐터'는 누구인가?

잘 팔리는 콘텐츠에는
'과정'이 있다

과정이 이야기가 되고 콘텐츠가 된다

유튜브에서 잘 팔리는 킬러 콘텐츠 중 하나가 '○○하는 과정의 영상 기록'이다. 복싱 초보 300일 매일 기록, 100kg에서 50kg으로 3년간 다이어트 기록, 일반인 폴댄스 100일의 기록, 몸치 댄스 도전 1년의 기록…. 시작과 끝의 변화가 클수록, 과정이 촘촘할수록, 기간이 길수록 호응도도 높아진다. 오랜 시간 동안 꾸준한 노력 끝에 전후 변화가 크다면 단기간에 그치지 않고 두고두고 효자 콘텐츠가 된다.

나도 종종 이렇게 장인정신을 발휘해서 세월을 녹인 콘텐츠를 발행하곤 하는데, 1일 1포스팅보다 파급력이 크다. '과정'의 투명성은 비즈니스의 거의 모든 영역에서 필요해졌다. 과정의 중요성을 강조한 책이 있다. 퍼스널 브랜딩, 마케팅 좀 한다는 사람들 사이에서 필독서로 입소문 난 책 『프로세스 이코노미』다. 저자 오바라 가즈히로尾原 和啓는 품질이 상향 평준화된 시대에 좋은 물건만으로는 차별화할 수 없다며 '과정'을 공유해야 생존할 수 있다고 말한다. 과정을 공유하면 이야기가 되고, 그렇게 모인 이야기는 시그니처 스토리가 되어 고객의 마음을 사로잡을 수 있다는 것이다.

제품뿐 아니라 정보나 지식도 마찬가지라고 한다. 새로운 정보를 자기만 알고 있겠다는 생각은 이미 틀렸다며 더 이상 정보 자체에는 큰 가치가 없다는 것이 그의 주장이다. 오히려 자기가 가진 정보를 공유해 동료를 만들고 프로세스를 아낌없이 공개하는 편이 결과적으로는 더 많은 핵심 정보를 모으는 데 유리하다는 것이다. 관심 있는 사람은 한 번 읽어보길 바란다.

'과정'을 드러내기가 부담스러운 사람들

그런데 과정을 표현하기를 두려워하는 사람도 있다. 완벽한 결과로 평가받던 사람들이 특히 그렇다. 지인 중에 디자이너가 있다. 나는 디자이너의 세계를 잘 모른다. 회사마다 분야마다 차이는 있으나, 디자이너는 결과물로 승부를 봐야 하는 직업이라 결과물에 대한 반응에 극도로 예민하다고 한다. 과정을 공개하는 것은 절대 있을 수 없는 일이란다. 과정은 미완성이다. 멋짐과 완벽함이 결여된 모습을 드러내면 결점을 드러내는 것과 같은 꼴이 되어버릴 수도 있다. 그래서 과정은 철저히 비밀에 부치고 오직 박수를 받을 만한 결과를 향해 밤샘도 마다하지 않고 일했다고 한다. 현재는 프리랜서로 일하며 자기만의 콘텐츠를 만들어보고 싶은 마음에 기록 습관을 기르고 있다. 처음에는 결과만 드러냈다고 한다. 하지만 말하는 자신도 재미가 없고, 독자의 반응도 없었다. 콘텐터 자신이 재미가 없으면 상대도 느낀다. 제작자가 시큰둥한 것을 시청자는 재밌어하는 경우는 흔치 않다.

그러다가 우연히 다른 디자이너의 콘텐츠를 보게 되었다. 디자인하는 과정을 여과 없이 공유했는데, 이게 가히 문화충격이었다고 한다. '저래도 되나? 완성되지 않은 걸 보여주면 사람들이 나를 실력 없다고 손가락질하지는 않을까?' 시대가 바뀌었다. 옛날에는 과정을 공유하고 싶어도 딱히 방법이 없었다. 유명한 사람이라면 방송국에서 찾아와서 일하는 현장을 촬영해 브라운관에 소개할 수도 있었겠지만, 보통 사람에게는 그런 기회가 없었다.

유튜버 이연은 드로잉하는 과정에 대화하는 듯한 말투로 내레이션을 입혔다. 마치 친구의 화실에 놀러 가서 그림 그리는 과정을 함께 보며 대화하는 기분이 든다. 완성작을 보면 그 과정에 참여해서인지 그림이 애틋하게 느껴진다.

한 유튜버는 혼자서 작업하기가 적적해서 자신이 일하는 과정을 라이브로 보여주는 영상을 우연히 시도했다고 한다. 반응은 별로 없었지만 하는 본인이 재밌어서 계속했는데 콘텐츠가 5편 쌓이는 순간부터 구독자가 늘어났다고 한다. 이렇듯 어떤 콘텐츠는 우연히 시도한 행동에서 비롯되기도 한다. 너무 진지하지 말고 무심하게 시도하는 것도 괜찮은 실천법일 수 있다.

내가 말하려는 핵심은 무엇인가? 메시지 정하기

나의 시그니처 스토리 찾기

지금부터 콘텐츠를 하나씩 설계해보자. 프롤로그에서, 잘 팔리는 콘텐츠에는 3가지 요소가 있다고 했다. '나' '너' '우리'다. 우리는 지금까지 '나'를 취재하고 내가 원하는 방향을 정했다. 지금부터는 무슨 말을 할지 정할 것이다. 즉, 자신의 메시지를 정하는 것이다. 메시지를 정하고 콘텐츠로 표현하면 거기에 공감하거나 반응하는 사람들이 모인다. 메시지는 분명할수록 좋다. 멋지지 않아도 된다. 단, 자신이 하고 싶은 말이 담겨 있어야 한다.

시그니처signature란, 한 사람만이 가진 고유의 특징을 말한다. 자신

메시지 정하기

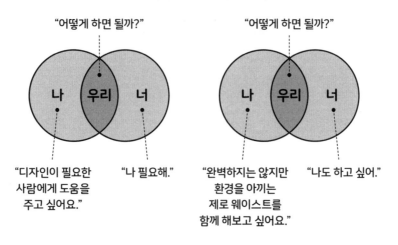

"어떻게 하면 될까?"

나 **우리** **너**

"디자인이 필요한
사람에게 도움을
주고 싶어요."

"나 필요해."

"어떻게 하면 될까?"

나 **우리** **너**

"완벽하지는 않지만
환경을 아끼는
제로 웨이스트를
함께 해보고 싶어요."

"나도 하고 싶어."

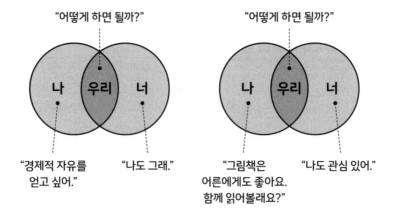

"어떻게 하면 될까?"

나 **우리** **너**

"경제적 자유를
얻고 싶어."

"나도 그래."

"어떻게 하면 될까?"

나 **우리** **너**

"그림책은
어른에게도 좋아요.
함께 읽어볼래요?"

"나도 관심 있어."

이 가진 모든 것을 백화점식으로 늘어놓아서는 안 된다. 모든 게 다 섞
인 잡채처럼 보여서 뭘 다루는 콘텐츠인지 표현하기 어렵다. 그렇다면
자기만의 시그니처 스토리를 어떻게 찾으면 좋을까?

시그니처 스토리 찾는 법 1
- 고생담

중고시장에서 수십만 원에 거래될 정도로 입소문으로 퍼져나간 책 『백만장자 메신저The Millionaire Messenger』를 보면, 시그니처 스토리signature story를 정하는 방법을 포착할 수 있다. '나는 이렇게 엄청나게 고생한 적이 있고 이렇게 끔찍한 일을 겪은 적이 있다. 이런 일을 통해 내가 배운 것이 너무 소중하기 때문에 이런 교훈을 다른 사람들과 나누는 것이 나의 의무라고 생각한다.' 여기에 대입할 수 있는 이야기를 찾아보라는 것이다. 브렌든 버처드Brendon Burchard의 조언에 나를 대입해보겠다.

내가 엄청나게 고생한 것

- 어린 시절 무서운 가정에서 외롭게 상처받으며 자란 것
- 초보 육아 시절(경력 단절, 고립, 외로움, 사회정서적 압박, 신新육아방식과 구舊육아방식의 충돌 등)

이런 일을 통해 내가 배운 것

- 부모가 되면 키워야 하는 아이는 2명이라는 것(1명은 내가 낳은 아이, 1명은 내 안의 아이). 두 아이를 함께 돌보면 육아는 극한이 되지 않는다는 것.
- 육아와 일에 모두 애착이 있는 사람이 부모가 되었다면, 시간을 자기주도적으로 조절할 수 있는 커리어를 모색해보면 도움이 된다는 것. 그래

야 아이에게 내가 필요할 때 시간을 통제할 수 있다는 것. 이런 커리어는 부모인 자신의 이름을 지키면서도 아이를 사랑하기에 충분한 여건을 마련해준다는 것.

그의 말에 나를 대입해보니, 내가 고생한 것과 이를 통해 배운 것이 메시지가 되었다. 이 메시지를 담아 표현했더니 콘텐츠가 되었다. 다른 사람들이 나처럼 고생하지 않았으면 하는 마음에서 출발한 것이었다. 세상 모든 부모가 나처럼 고생한다면 너무 슬플 것 같았다. 고생담은 가장 인간적이기 때문에 공감대를 형성할 수 있고, 콘텐터에게는 소명의식을 줄 수 있다. 나는 주로 고생담을 이야기하는 콘텐츠를 만들었기에 이 방법에 공감한다.

PRACTICE

다른 사람들과 공유할 고생담이 있는지 다음 내용을 떠올려보자.

1. 나는 이렇게 엄청나게 고생한 적이 있다.
2. 나는 이렇게 끔찍한 일을 겪은 적이 있다.
3. 이런 일을 통해 내가 배운 것들(내가 배운 교훈)

→ 이 경험이 너무 소중하기 때문에 나는 다른 사람들에게 이야기를 공유하는 것이 나의 의무라고 생각한다.

시그니처 스토리 찾는 법 2
- 성취

작은 성취여도 괜찮다. 당신이 이룬 크고 작은 성취를 모아보자. 그리고 성취를 '○○하는 법'으로 표현해보자. 하고 싶고 해볼 만하다면 시그니처 스토리가 될 수 있다. 겸손하지 말자. 천하제일 자랑대회라고 생각하고 뽐내보자. 외국 나가지 않고도 원어민처럼 영어로 말하는 법, 사교육비 안 쓰고 영어 가르치는 법, 자기소개서 잘 쓰는 법, 노래 잘하는 법, 반려동물 아플 때 증상별 조치하는 법, 아픈 가족 돌보는 법, 10년 차 부부가 사이좋게 지내는 법, 중고자동차 바가지 안 쓰고 사는 법, 수입은 똑같아도 저축 늘리는 법, 홈케어로 피부 관리하는 법, 머릿결 관리하는 법 등 자신이 신경 써서 얻은 성취나 우연히 얻은 성취여도 된다.

예전에 한 일본 야구선수가 "나는 천재가 아니다. 안타 치는 법을 설명할 수 있기 때문이다"라고 말한 장면이 기억난다. 천재라면 자신이 왜 잘하는지, 어떤 계기로 실력이 향상되었는지 알기 어려울 것이다. 천재가 아닌 이상 사람은 누구나 크든 작든 자신이 이룬 성과를 설명하고, 방법을 알려줄 수 있다. 요즘은 온라인 쇼핑몰로 월 100만 원 버는 법, 블로그 글 쓰는 법 같은 온라인 성과를 전자책이나 강의로 만들어서 판매하기도 한다. 자신의 성과를 찾아보자.

시그니처 스토리 찾는 법 3
- 실천을 동반한 애호

대한민국 사람에게 뭘 좋아하냐고 물으면 비슷하게 말하는 것들이 있다. 맛있는 음식, 영화, 여행이 대표적이다. 나도 셋 다 좋아한다. 하지만 시그니처 스토리로 삼지는 않았다. 왜일까? 애호 때문에 특별히 움직이지는 않기 때문이다. 맛있는 음식을 먹으면 좋긴 하지만 이것 때문에 의도적으로 딱히 움직이지는 않는다. 단순히 관심 있고 호감 있는 것만으로는 시그니처로 삼기 어렵다. 당신에게만 있는 고유한 특징이 아니기 때문이다.

다만 주말마다 여행을 간다면 이야기가 다르다. 특정 지역, 특정 메뉴, 특정 스타일의 맛집을 꿰고 있다면 이야기가 다르다. 최신 영화는 개봉한 지 일주일 내로 무조건 본다거나 특정 배우, 특정 장르를 줄줄 꿰고 있다면 이야기가 다르다. 마니아적인 애호가는 실천을 동반한다. 머리로만 좋아하는 게 아니라 그걸 위해서 뭔가를 적극적으로 한다.

내가 아는 사람 중에 '육아' 분야 콘텐츠를 하겠다는 사람이 있었다. 그런데 육아에 대해 물으면 딱히 신나거나 자신 있거나 애착 있는 부분이 별로 없었다. 취재를 해보니 매주 캠핑이나 여행을 간다고 했다. 세 달에 한 번씩은 해외여행도 갔다. 좋은 캠핑 장소를 줄줄 꿰고 있고 캠핑카에 대해서도 제법 알고 있었다. 아이를 사랑하고 착실하게 보살피고는 있지만 실천을 동반한 애호는 여행에 있었던 것이다.

시그니처 스토리 찾는 법 4
- 나를 필요로 하는 곳

시그니처를 찾기 어렵다면, 반대로 누가 자신을 필요로 할지 떠올려보자. 내가 읽은 개인 브랜딩이나 1인기업에 관한 책에서 공통적으로 말하는 내용이 바로 '네가 원하는 곳보다 너를 필요로 하는 곳으로 가라'는 지침이다.

내가 생각하는, 나를 필요로 하는 곳

① 나의 가족

② 극한육아로 힘들어하는 부모

③ 육아하며 독립적인 커리어를 찾고 싶은 부모

④ 글쓰기에 재미를 붙이고 제대로 해보고 싶은 콘텐츠 크리에이터

이 밖에 더 있을지도 모르지만 우선 생각나는 곳은 크게 4곳이다. 나는 지금 4번을 위한 시그니처 스토리를 쓰는 중이다.

당신을 자주 찾는 부서는 어딘가? 누군가 당신에게 요청하는 도움은 대체로 어떤 종류인가? 어떤 사람이 당신에게 질문을 하는가? 이런 것들을 떠올려보면 자신이 필요한 곳이 어딘지 알 수 있을 것이다.

시그니처 스토리를 메시지로 표현하기

브렌든 버처드는 "사람들이 실패하는 이유는 산만하게 대충 생각한 뒤 일을 시작하고는 너무 빨리 포기하고 다시 새로운 일과 기회로 옮겨가기 때문"이라고 말한다. 한마디로, 얕게 생각하고 짧게 시도한다는 것이다. 반면 성공하는 사람은 자신의 주제를 깊이 탐구하고 숙달한다고 한다. 한 번에 1가지에 집중하면서 깊이 파고 들어가 끝장을 본다는 것이다. 당신의 메시지를 딱 하나 정하고 밀고 나가보자.

　다음은 시그니처에 따라서 메시지를 만드는 예시다. 공식은 아니지만 대입해서 이야기를 구상하기 편리하도록 만들었다. 도움이 되길 바란다.

메시지로 표현한 예시

- **고생담:** 나는 이렇게 고생했어요. 덕분에 이 교훈을 얻었고 당신에게 도움이 되길 바랍니다.
- **성취:** 나는 이런 성취를 얻었어요. 덕분에 이 방법을 알았고 당신에게 도움이 되길 바랍니다.
- **실천을 동반한 애호:** 나는 이걸 좋아해요. 덕분에 이런 정보를 알고 있고 당신에게 도움이 되길 바랍니다.
- **나를 필요로 하는 곳:** 나는 이런 도움 요청을 자주 받습니다. 당신에게도 필요하다면 기꺼이 공유하고 싶습니다.

메시지는 어떻게
콘텐츠가 되는가

내가 하고 싶은 말을 표현하면 콘텐츠가 된다

당신은 매일 수많은 사람과 교류하며 살고 있을 것이다. 직접 만나 얼굴을 보고 이야기를 나누기도 하고, 스마트폰 메신저를 통해 글자로 대화하기도 할 것이다. 영상통화를 걸기도 하고, 때로는 '나 지금 여기서 밥 먹고 있어' 하면서 먹고 있는 음식 사진을 찍어서 보내기도 할 것이다. 당신이 누군가와 대화하는 방식을 보면 콘텐츠의 해답이 있다. 메시지를 어떻게 표현하는가가 콘텐츠이기 때문이다. 가령 내가 야구를 좋아하는 사람이라고 쳐보자. 메시지는 하나지만 표현법과 수익은 다양하게 연결될 수 있다.

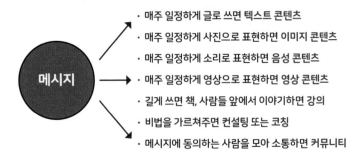

메시지 표현법에 따른 콘텐츠 형태

메시지

- 매주 일정하게 글로 쓰면 텍스트 콘텐츠
- 매주 일정하게 사진으로 표현하면 이미지 콘텐츠
- 매주 일정하게 소리로 표현하면 음성 콘텐츠
- 매주 일정하게 영상으로 표현하면 영상 콘텐츠
- 길게 쓰면 책, 사람들 앞에서 이야기하면 강의
- 비법을 가르쳐주면 컨설팅 또는 코칭
- 메시지에 동의하는 사람을 모아 소통하면 커뮤니티

메시지

나는 야구를 좋아합니다. 함께할래요?

표현법

- **텍스트:** 나는 야구 마니아입니다.
- **이미지:** 야구 경기 관람하는 사진
- **음성:** 야구 경기 응원하는 소리
- **영상:** 야구 경기 응원 모습을 담은 영상
- **책:** 야구 마니아로서의 삶을 담은 에세이
- **강의:** 야구에 대해 전혀 모르는 사람에게 알려주는 야구 용어
- **컨설팅·코칭:** '덕후' 기질로 콘텐츠 창작자 되는 법
- **커뮤니티:** 야구를 좋아하는 사람들의 모임
- **사업:** 야구용품 판매, 야구 잡지 발간

시작하는 콘텐터라면, 초반 10개 글감을 미리 정하자

처음에는 미리 소재를 준비해두는 것이 좋다. 글감을 정하는 데 시간을 들이다 보면 업로드가 계속 밀릴 수 있다. 소재를 찾을 때는 책과 기존 콘텐터가 발행해둔 소재를 참고해서 정해보자. 서점에 가서 관심 있는 책의 목차만 봐도 무엇을 다루면 좋을지 그림이 그려진다. 글감을 찾으라고 하면 직접 경험하는 것만 떠올리는 사람이 많다. 소재에는 크게 직접적인 소재와 간접적인 소재가 있다.

야구 콘텐츠 소재 예시

직접적인 소재 (내가 직접 경험해야 말할 수 있는 소재)	야구 경기 예매하는 법, 야구 경기장에 직접 다녀온 경험담, 야구 굿즈 쇼핑 리뷰
간접적인 소재 (내가 직접 경험하지 않아도 자료 정리나 간접 경험으로 표현할 수 있는 소재)	TV로 야구 경기 시청, 유튜브 야구 콘텐츠 시청 소감, 야구 도서 리뷰, 좋아하는 야구 선수에 대한 이야기, 야구의 역사, 매년 야구 경기 일정, 야구 경기 순위 정리, 야구에 관련된 문화를 다루는 소재

예를 들어 내가 독서 리뷰를 전문으로 하는 콘텐터라고 치자. 독서 리뷰를 하려면 독서하는 시간이 필요하다. 하루 만에 1권을 다 읽을 수 있을 정도로 속독하는 사람도 있겠지만 이는 드문 경우다. 직장인이라면 1권 읽는 데 최소 일주일에서 한 달은 걸릴 것이다. 그러면 읽는 동안에는 콘텐츠로 만들 게 없다. 그래서 소재를 정할 때는 직접 한 것만 쓰지 말고, 간접적인 소재도 포함해야 매주 할 수 있다.

소재 고민을 하는 사람들에게 내가 가장 추천하는 방식이 '문화'를 다루라는 것이다. 서평 전문 콘텐터는 독서 문화를 다루면 소재가 마르지 않는다. 독서를 둘러싼 문화에는 무엇이 있을까? '독서'라고 할 때 책만 떠올리는 사람이라면 실제로 독서를 해본 사람이 아니거나 시야가 좁은 사람일 확률이 높다. 책을 좋아하는 사람들의 문화가 있다. 나는 책을 읽을 때 꼭 커피가 있어야 하고, 책을 수납하기 좋은 책장이나 공간 인테리어에도 관심이 있는 편이다. 책에 밑줄 긋기 좋은 펜에도 관심이 있고, 포스트잇이나 색인 스티커도 자주 구입한다. 인상 깊었던 장에 표시를 해두는 습관이 있기 때문이다. 좋아하는 북카페와 서점도 있다. 기회가 되면 북스테이를 해보고 싶고, 북카페를 직접 차리고 싶은 욕망도 있다. 책 수납이 잘되는 가방은 내가 가방을 선택할 때 우선시하는 기준이다. 책을 좋아하는 사람들은 서평과 독후감의 차이도 안다. 이것도 콘텐츠가 된다.

책을 둘러싼 문화를 알아보고 연구하다 보면 어느새 책에 관해서 박식한 사람이 되어 있는 자신을 발견할 것이다. 당신이 하려는 그 소재 주변에는 어떤 문화가 있는가? 우리나라의 문화와 외국의 문화가 비슷한가, 다른가? 옛날과 오늘날의 문화는 비슷한가, 다른가? 이렇게 우리나라와 다른 나라, 과거와 현재의 문화를 비교해서 탐구해보는 것도 소재가 마르지 않는 비법이다.

내 삶이
콘텐츠가
되는 순간

1~4장에서 잘 팔리는 콘텐츠가 갖춘 요소와 시작하는 콘텐터를 위한 마인드셋을 다뤘다. '나'를 취재하고, 원하는 것을 정하고, 실천하고 기록하며 콘텐츠가 쌓이는 과정도 공유했다. 5장에서는 지금까지 배운 개념을 토대로 구색을 갖춘 콘텐츠를 만들어보겠다. 자로 잰 듯이 받아들이지 말고 플랫폼에 따라 유연하게 응용해야 한다는 점을 강조하고 싶다. 정답이 아닌 영감을 얻자. 자기 안의 소리를 찾아보자.

5장

방송작가처럼
콘텐츠 구성하는 법

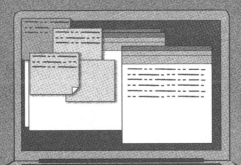

소위 말하는 성공이란,
화려하게 주목받는 며칠이 아니다.
남이 알아주지 않아도 끈기 있게
'기본'을 묵묵히 반복해온 순간들이
모여서 이룬 결과다.[1]

-박정부

설득력 있는 콘텐츠의 비밀, 센스 있게 기획하는 법

기획이란 무엇인가, 초등학생도 이해하게 설명해드립니다

"한 작가, 3부작 다큐멘터리 기획해봐."

왜 해야 되는지, 무엇을 할 건지, 어떻게 할 건지, 누가 할 건지 아무것도 없는 상황에서 오직 채택을 위해 기획안을 써본 적이 적지 않다. 방송작가라고 해서 모두 기획을 할 줄 아는 건 아니다. 기획을 할 수 있는 작가와 할 수 없는 작가가 있다. 나는 막내작가 때부터 기획팀 서포트를 하며 어깨너머로 기획을 배웠고, 크고 작은 기획안을 직접 써본 경험이 있다. 그래서 기획을 할 줄 안다고 말은 하지만, 기획은 언제나 어려운 일이다. 특히 타인의 돈과 타인의 욕망을 위해서 해야 하는 기획은 아주아주 어렵다. 나는 오히려 내 콘텐츠 기획이 상대적으로 쉬웠다. 나를 알고 내 질문을 알기 때문이다. 그래서 이 책에서 감히 기획하는 법을 논할 수 있다.

만일 초등학생인 내 아이가 기획이 뭐냐고 물으면 나는 이렇게 답할 것이다. "네가 하고 싶은 걸 상대방한테도 '이거 좋아. 같이 해보자' 하면서 설득하는 거야." 거리에 서서 내 콘텐츠를 보러 오라고 호객행위를 하고 있다고 상상해보자. 행인이 묻는다. "내가 이걸 왜 봐야 되죠?" 질문에 뭐라고 답하겠는가? 그 질문에 대한 당신의 답변이 기획이다. 말문이 막힌다면 기획을 고민해야 한다.

콘텐츠는 기획안에서 출발한다

이 콘텐츠를 왜 봐야 하는지, 보면 뭐가 좋은지, 왜 다른 콘텐츠가 아니라 굳이 이걸 선택해야 하는지 설득하는 건 결국 기획이다. 기획planning은 한자로 '도모하다'라는 뜻의 '企(기)'와 '계획하다'라는 뜻의 '劃(획)'을 쓴다. 기획은 계획을 도모하는 것이다. 기획안을 쓰라고 하면 계획표를 쓰는 사람이 있다. 기획은 계획을 도모하는 것이지 계획표가 아니다. 기획은 영어로 planning이다. Plan(계획)에 'ing'가 붙었다. 즉, 기획은 '동사'다. 계획을 계속하는 것이 기획이다.

기획의 '기'는 기업企業의 '기'와 똑같은 한자를 쓴다. 기업은 기획을 통해 일하는 곳이다. 내가 방송국이나 프로덕션에서 일할 때 기획은 회사를 먹여 살리는 창조적인 행위였다. 그래서 부담이 크고 두렵기도 했다. 역으로, 잘한다면 내 실력을 증명할 수 있을 뿐 아니라 회사 입장에서 고마운 인재가 될 수 있는 기회였다. 힘들어도 기획을 붙잡고 늘어진 이유다.

기획안은 어떻게 생겼을까? 내가 작성해본 방송 기획안과 출간 기획안 양식은 다음과 같다. 회사마다 원하는 문항은 차이가 있을 수 있으나 기본 골격은 비슷하다.

방송 기획안 예시

프로그램 제목	
방송시간	
제작방식	
방송 예정 일시	
기획의도	
제작 방향	
차별화 콘셉트	
구성 내용	
아이템의 예	
예상 제작비	

출간 기획안 예시

작품명			
작가명			
작가 이력			
분야		세부 분야	
기획의도			
작품 소개			
총 분량		완결 여부	
예상 독자			
세부 목차			

기획안의 출발은 기획의도

혼자서 소소하게 시작해보려는 콘텐터라면 굳이 기획안을 써보라는 이야기까지는 하지 않는다. 괜히 부담만 줄 수 있기 때문이다. 하지만 기획안을 촘촘히 쓰지 않더라도 다음 문항에 적절히 답하면서 콘텐츠를 만들자. 이 문항 속에 기획의 기본이 숨어 있다.

- 당신은 왜 이 콘텐츠를 만드는가?
- 이 콘텐츠는 무엇을 하는 것인가?
- 이 콘텐츠는 어떻게 하는 것인가?

- 상대는 당신 콘텐츠를 왜 봐야 하는가?
- 당신 콘텐츠를 보면 뭐가 좋은가? 어떤 이득이 있는가?

왜 하는지, 왜 봐야 하는지가 핵심이다. '왜'라는 질문에 자기 나름대로 충실한 답변을 할 수 있다면 사실 기획의 절반은 끝난 셈이다. '왜'는 기획의도에 해당한다. 기획안에서 가장 중요한 부분이 기획의도다. 기획의도는 말 그대로 '기획한 의도를 설명하는 것'이다. 한마디로, 왜 기획한 건지 답하는 것이다.

기획의 핵심 요소 2가지, '문제'와 '해결'

좋은 기획은 '문제'를 '해결'한다. 의미 있는 문제를 가치 있게 해결한다면 세상에 기여하는 기획이 될 수 있다. 기획의 과정을 역순으로 보면 기획을 하기 전에 무엇이 필요한지 좀 더 선명하게 알 수 있다.

기획이 어렵다면 자신과 주변을 관심 있게 바라보자. 관찰하고 포착해서 질문해보자. 내가 불편한 것, 나를 힘들게 하는 것이 있다면 붙들고 늘어지자. 당연하게 여기던 것에 '왜'를 붙이자. 월트 디즈니Walt Disney는 아이가 탄 그네를 밀어주다가 '왜 아이에게만 놀이터가 필요할까? 어른에게도 이렇게 즐거운 놀이터가 있으면 좋겠다' 하는 영감을 얻었다고 한다. 우리는 그 영감이 어떻게 발전했는지 잘 알고 있다.

문제의 해결 과정

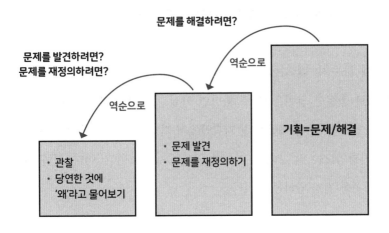

넷플릭스 사상 최초로 83개국에서 모두 1위 신기록을 달성한 흥행 작 〈오징어 게임〉은 왜 기획했을까? 황동혁 감독은 만화 가게에서 서바이벌 콘텐츠를 많이 보다가 한국식 서바이벌 게임 콘텐츠를 만들고 싶어서 2009년에 대본을 썼다고 한다.[2] 그로부터 10년 후 코인 열풍을 보면서 일확천금을 노리는 이야기가 현실의 삶과 닿아 있다고 느꼈다. 지금이 적기라는 생각에 적극적으로 제작에 나섰고, 타이밍과 스토리가 절묘한 조화를 이뤄 전 세계적인 〈오징어 게임〉 열풍을 불러일으켰다. 이처럼 '왜'는 자기만의 이유일 수도 있고, 트렌드일 수도 있다. 기획의도에 가치를 담아보자.

내가 가까이에서 성장 과정을 지켜본 콘텐터들이 자기만의 '왜'를 찾아 콘텐츠를 만든 결과를 다음 표에 정리했다.

자기만의 '왜'를 찾은 콘텐츠의 예시

필명/이름	콘텐츠 스토리	저서 및 사업
둥글 (김미영)	16년간 글로벌 외식업체에서 일하다가 퇴사 후 그림책방 오픈, 현재 책방 운영과 그림책 소통가로 활동 중	- 한옥 그림책방 '마쉬' 대표 - 그림책 『나는 축구공이 좋다』 『시간이 보이나요』
이서영	태권도 사범에서 아동운동 전문가로 ㈜틴트레이닝 창업	- ㈜틴트레이닝 대표 - 『공부 잘하는 아이는 체력이 다르다』
황지언	11년 차 교사이자 엄마로서 자신의 경험을 살려 '수학'을 주제로 출간	- 『우리 아이 수학 1등급은 부모가 만든다』
클로이 (이서연)	자칭 '모태뚱뚱'으로 20년 넘게 안 해본 다이어트가 없는 경험을 살려 다이어트에 지친 엄마들에게 필요한 효과적이면서도 건강한 다이어트 방법을 공유하기 위해 콘텐터로 활동 중, 유튜브 '클쌤홈트' 운영	- 캐나다에서 필라테스센터 운영 중 - 『요즘, 엄마들의 다이어트』

그렇다면 과연 이들의 '왜'는 무엇이었을까?

콘텐츠의 기획의도

필명/이름	기획의도(왜?)
둥글 (김미영)	- 그림책이 좋으니까 - 그림책은 남녀노소 누구에게나 마음 돌봄에 도움이 되니까
이서영	- 현시대 아이들에게 운동이 부족하니까
황지언	- 4차 산업혁명 시대에 수학 교육이 중요하니까 - 어린 시절 '수포자'였다가 수학 공부에 재미를 느껴 성적이 향상된 경험이 있으니까 - 잘 가르치면 누구나 수학을 잘할 수 있다는 점을 알리고 싶으니까
클로이 (이서연)	- 운동이 부족한 현대인에게 다이어트는 평생 숙제니까 - 편법에 의존하지 않는 건강한 다이어트 방법을 몸소 경험했으니까

당신이 답할 수 있는 '왜'는 크게 다음 유형이 있을 수 있다. 참고해 발전시켜보길 바란다.

'왜'라는 질문에서 나올 수 있는 7가지 답변 유형

1. 현시점에 세상에 필요하니까

2. 의미 있으니까

3. 내가 궁금하니까

4. 내가 경험적으로 깨달았으니까

5. 당신의 시간을 아껴주니까

6. 재밌으니까

7. 대세니까

잘 팔리는 콘텐츠의 비밀, 콘셉트

콘셉트는 기획의 핵심을 한마디로 말하는 것

방송 기획을 할 때 무조건 훈련해야 하는 것이 있다. "이 기획은 한마디로 뭐야?" 이 방송이 한마디로 뭔지 설명할 수 있어야 한다. 한마디로 설명할 수 없다면 더 고민해야 한다. 한마디로 설명할 수 있어야 대중에게 퍼져나갈 수 있다. "그 방송 봤어? ○○○하는 방송인데 재밌어." 한마디로 간단하게 설명할 수 없는 방송은 소문나기 힘들다. 설명하는 데만 한참이 걸리기 때문이다.

"왜?"를 한 문장으로 정리하면 콘셉트가 된다. 콘셉트는 콘텐츠의 본질, 핵심을 말한다. "구슬이 서 말이라도 꿰어야 보배"라는 말처럼,

흩어져 있는 구슬을 하나로 꿰는 것이 콘셉트다. 콘셉트는 차별화 전략이기도 해서 남과 다른 점, 자기만의 특장점을 담으면 좋다.

내가 나의 기획사라면 나를 어떤 콘셉트로 잡겠는가

언젠가 어떤 글을 봤는데 베스트 드레서와 워스트 드레서는 한 끗 차이라고 한다. 같은 콘셉트로 옷을 입어도 그 옷이 착용자의 장점을 드러내면 베스트, 단점을 드러내면 워스트가 된다는 것이다. 콘셉트가 좋다고 해서 아무거나 툭툭 걸치지 말아야 하는 이유이기도 하다. 인생은 수능과 다르다. 모든 걸 잘할 수 없고 모든 걸 잘해야 풀리는 것도 아니다. 인생은 강점 찾기 게임이다. 자신에게 잘 어울리고, 자신을 잘 표현할 수 있고, 남과 다른 자신만의 강점이나 세일즈 포인트sales point를 담는다면 좋은 콘셉트다.

　잘 팔리는 콘텐츠에는 콘셉트가 있다. 잘 팔리는 물건이나 잘되는 사업에도 콘셉트가 있다. 이제는 물건이 아니라 콘셉트를 사는 시대라고 한다. 콘셉트는 인식을 결정한다. 대표적인 사례로 스웨덴 에그팩이 있다. 에그팩의 본래 콘셉트는 비누였다. '비누'를 '팩'으로 불렀더니 인식이 바뀌면서 히트 상품이 되었다. 실제로는 비누인데 팩인 척했다면 흥행하지는 못했을 것이다. 달걀흰자로 만들어 팩 효과가 있다는 본질을 콘셉트에 담았다.

자기다운 콘셉트 찾기

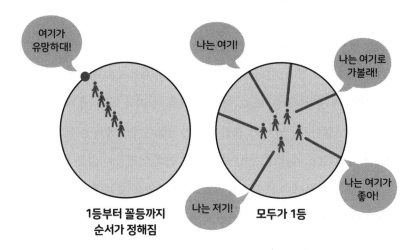

우리가 잠옷 차림으로 거리를 나서지 않듯이 콘텐츠도 무엇을 중점적으로 드러낼지 정해야 한다. 콘셉트는 자신의 강점, 자신의 색깔을 연출하는 것이다. '연출'이라는 말이 인위적으로 느껴질 수도 있다. 연출은 무얼 빼고, 무얼 넣고, 무얼 강조할지 결정하는 기술이라고 생각하면 좋겠다.

자기다운 콘셉트는 모두가 1등을 할 수 있는 전략이다. 이어령 선생이 생전에 "왜 모두 한곳으로 뛰는가. 360도 방향으로 각자 뛰면 모두 1등이다"라고 말한 것과 같은 이치다. 자신의 색깔을 구체적으로 표현하면 그 분야에서는 최고가 될 수 있다. 만일 당신이 기획사 대표라면 당신을 어떤 콘셉트로 데뷔시키면 좋을까?

콘셉트는 좁힐 수 있는 만큼 좁혀라

미국에서 실제 있었던 일이다. 개당 4달러인 돌멩이가 6개월 만에 150만 개가량 팔렸다. 한화로 약 72억 원어치(환율 1,200원으로 계산)다. 이 돌멩이는 펫락pet rock으로, 이름 그대로 '반려돌'이다. 펫락은 농담에서 시작되었다. 한 남성이 술집에서 친구들과 반려동물을 돌보는 어려움을 토로했다. 이야기 도중, 키우는 데 전혀 어려움이 없는 반려동물을 가지고 있다면서 "나는 돌을 키워"라며 농담을 했는데 이것이 반려돌의 탄생 배경이 되었다. 1975년 탄생한 반려돌은 1990년대 일본에서 유행했고 2023년 대한민국에서 팔리고 있다. 인터넷 쇼핑몰에 '반려돌' 혹은 '펫스톤'을 검색해보면 귀여운 돌멩이가 나온다. 후기를 보면 만족도도 높다. 돌멩이에 '반려'를 붙이니 실제로 정이 가고 키우는 재미가 있다는 반응이다.

펫락을 최초 개발한 게리 로스 달Gary Ross Dahl은 자신의 성공에 대해 다음과 같이 말했다. "나는 매우 지루한 대중을 위해 유머 감각을 포장했다."[3] 콘셉트의 또 다른 이름은 용기일지도 모른다. 농담을 진담으로, 아이디어를 실물로 만드는 용기 말이다. 어쩌면 '진지하지 않을 용기'일 수도 있다. 미래에는 기계가 진지함을 담당하고 인간은 농담을 담당하지 않을까.

그런 면에서 나도 꽤 용기 있었던 사람인 것 같다. 전문 상담사도 아니면서 육아 상담을 하겠다고 나섰으니 말이다. 생초짜 엄마가 온라인

육아 상담소를 통해 글을 쓴다고 했을 때 응원도 받았지만, 한편으로는 우려의 시선도 있었다. 나는 육아 전문가가 아니니까. 하지만 나는 '극한육아'에서만큼은 할 말이 많았다. 극한육아 경험자로서는 육아 전문가도 나를 이기지 못한다는 일종의 '깡'이었다. 육아를 극한육아로, 모든 사람을 위한 상담이 아닌 단 한 사람을 위한 상담으로 좁혔다. 그 범위에서는 내가 충분히 이야기할 만하다고 생각했다.

블로그에서 질문을 받고 글을 썼다. 글이 완성되면 질문자에게 메일을 보내며 덧붙였다. "나름대로 최선을 다했지만 만족스럽지 않으실 수도 있습니다. 불편한 점이나 더 궁금한 점이 있다면 편히 말씀해주세요." 의견을 받으면 반영해 수정했다. 그렇게 다듬으며 1편씩 완성했다. 신기하게도 단 한 사람의 특정한 상황을 위해 쓴 글이 여러 사람의 공감을 얻었다. 『극한육아 상담소』의 프롤로그 첫 문장이 "누군가의 사연이 누구나의 공감으로"가 된 이유다. 수십 권의 마케팅 책과 광고 카피 책에서 공통적으로 하는 말이 '특정한 한 사람을 제대로 만족시키라'는 것이다. 나는 이걸 모르고 했지만 신기하게도 딱 들어맞았다.

콘셉트를 좁히면 농사지을 만한 한 평 땅이 나온다

내가 추천하는 방식은 파이가 큰 시장에서 콘셉트를 최대한 좁히는 전략이다. 사람들이 많이 찾는 분야에서 차별화 전략을 세웠으면 한다. 콘셉트는 좁힐 수 있는 만큼, 자신 있게 이야기할 수 있는 지점이 생길 때까지 최대한 좁히자. 마케팅에서는 이를 '니치 마켓niche market', 즉 틈새시장이라고 한다. 돋보기를 사용해서 종이에 불을 붙여본 적이 있는가? 요즘은 안전상의 이유로 못 하게 하는 분위기인 것 같다. 내가 어릴 때만 해도 동네 골목에서 돋보기로 빛을 모아 불을 붙이려고 시도하는 아이들을 제법 볼 수 있었다. 돋보기로 종이에 불을 붙이려면 빛을 잘 모아야 한다. 빛을 모아 초점을 맞추고 인내심을 가지고 기다리면 종이가 까맣게 타기 시작한다. 빛을 모으는 것이 콘셉트를 좁히는 것과 비슷하다.

예를 들어 내가 요리 콘텐츠를 한다고 치자. 나는 요리를 못 한다. 그러면 요리 콘텐츠는 하면 안 되는 것인가? 지금은 못 하지만 앞으로는 잘하고 싶은 '연습하는 요리 콘텐츠'를 해도 된다. 레시피를 안 보고는 못 하지만 요리 책을 보면서 따라 할 줄은 안다면 '독학 요리 콘텐츠'를 할 수도 있다. 내가 생각하는 현실적인 요리 콘텐츠 전략과 콘셉트 정하는 방법은 크게 2가지다. 첫 번째 방법은 현재 자신의 상태와 원하는 것을 점검하고 콘셉트로 연결하는 것이다. 두 번째 방법은 연령대, 성별, 직업, 성격, 취향, 습관, 취미 활동, 가족 구성, 거주 상황 등을 하나씩 대입하면서 좁혀보는 것이다. 2가지 방법 모두 자신에게서 출발하는 콘셉트라는 점을 강조하고 싶다. 만일 이미 사업을 하고 있거나 전문 영역이 있다면, '내 콘텐츠를 볼 사람은 어떤 사람일까'를 구체적으로 그리면서 좁히는 것도 방법이다.

콘셉트를 정할 때 놓쳐서는 안 되는 것은 자신이 정한 콘셉트를 실제로 할 수 있느냐다. 아무리 그럴싸한 콘셉트라도 현실적으로 지속할 수 없다면 무슨 소용인가? 사소해도 좋으니 지속 가능한 콘셉트를 추구하자.

요리 콘텐츠를 하고 싶을 때 콘셉트 정하는 방법 1

첫 번째 방법은 현재 자신의 상태와 원하는 것을 점검하고 콘셉트로 연결하는 것이다.

나의 상태를 콘셉트로 연결하는 법

현재 나의 상태			해볼 만한 콘셉트	콘셉트를 반영한 채널명 또는 별명
불가능	가능	원하는 것		
요리 못함	유튜브 영상 보면서 따라는 할 수 있음	영상 안 보고도 요리를 잘 하고 싶음	하루 한 끼만 기존 레시피를 따라 하면서 연습하고 그 과정과 결과를 기록하는 콘셉트	- 하루 한 끼 요리 연습 - 미쉐린 요리 연습생
요리 못함(영상이나 책을 보고도 못함)	요리는 아예 못하지만 밀키트나 인스턴트 레시피대로 따라는 할 수 있음	요리 실력 높일 마음이 없음, 밀키트만 먹어도 만족함	밀키트, 레토르트처럼 아주 간단한 조리만으로 먹을 수 있는 요리만 다루는 콘셉트	- 세상의 모든 밀키트 - 밀키트 요리사 - 밀키트 분석 연구소
요리를 하면 맛이 없음	요리를 할 수 있음	요리를 해서 맛이 있으면 좋겠음	어떻게 하면 맛이 있을지 유명 레시피를 따라 해보면서 맛있는 조합을 연구하는 콘셉트	- 왜 백종원 레시피는 맛있을까? - 발로 해도 맛있는 극강의 레시피를 찾아서 - 맛있는 레시피 수집가

요리 콘텐츠를 하고 싶을 때 콘셉트 정하는 방법 2

두 번째 방법은 연령대, 성별, 직업, 성격, 취향, 습관, 취미 활동, 가족 구성, 거주 상황 등을 하나씩 대입하면서 좁혀보는 것이다. 캠핑이 취미라면 '캠핑 요리', 다이어트 중이라면 '다이어트 요리'로 조합해볼 수 있다. 트렌드와 자신의 요소를 연결하면서 좁혀가도 된다. 예를 들면 불황에는 한 푼이라도 아끼고 싶어 한다. '1만 원으로 만드는 요리' '돈 버는 요리' '집밥은 재테크다'를 떠올려볼 수 있다. 요즘은 숏폼이 유행이니 '30초 요리' '20초 레시피' '1분 한 끼'는 어떨까? 복고풍이 유행할 때는 'TV 속 추억 음식' '역사책에 나오는 요리' '7080 만화 속 요리'도 꽤 괜찮지 않은가?

콘셉트 요소 좁히는 법

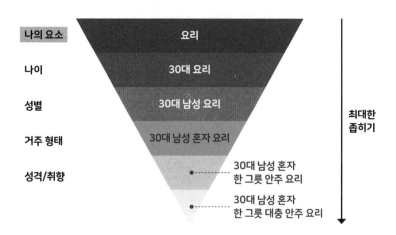

보통 사람의
콘셉트 잡는 법

보이고 싶은 내 모습 생각해보기

조하리의 창Johari's window은 조셉 루프트Joseph Luft와 해리 잉햄Harry Ingham이라는 두 심리학자가 1955년에 한 논문에 실은 방법이다. '나'와 타인과의 관계 속에서 내가 어떤 상태에 처해 있는지를 보여주고, 어떤 면을 개선하면 좋을지를 보여주는 분석틀인데, 콘셉트를 잡을 때도 유용하다.

조하리의 창을 활용한 다음 3단계 질문을 통해 '보이고 싶은 나'를 정해서 콘셉트에 반영해보자.

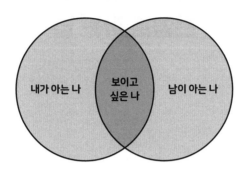

보이고 싶은 내 모습

(내가 아는 나 / 보이고 싶은 나 / 남이 아는 나)

1. 내가 아는 나는 어떤 모습인가?

내가 아는 내 모습을 명사나 형용사로 자유롭게 써본다. 많이 쓸수록 좋다.

2. 남이 아는 나는 어떤 모습인가?

나를 잘 알 만한 주변인에게 "나는 어떤 사람 같아? 나는 어떤 성격 같아?" 질문을 해서 피드백을 받는다. 이때 솔직한 답변을 받을 수 있도록 분위기를 조성하는 것이 중요하다. 기분 나쁘게 받아들이면 상대가 말하기 어려울 것이다. 적합한 단어를 골라서 보내달라고 요청할 수도 있다.

3. 보이고 싶은 나는 어떤 모습인가?

1번과 2번 답변 중에서 공통적인 항목을 찾는다. 추려낸 공통점 중에서 내가 원하는 모습을 골라본다.

나의 약점이나 단점을 재정의해보기

당신에게는 장점 같기도 하고 약점 같기도 한 속성이 있다. 콘셉트는 없는 것을 지어내거나 연극하는 것이 아니라, 본질을 적절히 드러내는 과정이다. 한 강연 프로그램에서 방송인 노홍철에게 청중이 질문을 했다. "나는 진지하다는 말을 많이 듣는다. 어떻게 하면 밝아질 수 있을까?" 노홍철은 반문한다. "왜 밝아야 하는가?" 노홍철의 질문에는 이유가 있었다. 그는 학창 시절 떠든다는 이유로 자주 꾸지람을 듣던 학생이었다. 자신을 바꿔보려 숱하게 노력했지만 잘되지 않았다. 그런데 어른이 되어 방송국에 갔더니 떠드는 모습을 칭찬하고 돈까지 주는 것이 아닌가? 그때 깨달았다고 한다. 나는 똑같지만 내가 어디에 놓여 있느냐에 따라서 인식이 달라질 수 있다는 것을.

내가 다니는 미용실에 귀엽고 쾌활한 직원이 있다. 머리를 감겨줄 때 "고객님 시원하세요? 아잉~ 시원하시구나." 말투 하나하나에 애교와 사랑스러움이 묻어 있는 사람이었다. 나는 듣는 내내 기분이 좋아서 이렇게 말했다. "손님들이 좋아하시죠? 사람을 기분 좋게 하는 말투를 가지셨어요." 그런데 그녀가 대뜸 자기 경험을 이야기했다. 미용 일을 하기 전, 다른 직장을 다녔는데 당시 상사에게 종종 지적받았다고 한다. "일하는 게 장난 같아요? 왜 그렇게 진지함이 없어요?" 자기가 뭔가 잘못되었다는 생각에 고쳐보려고 했지만 쉽지 않았다고 한다. 그러다가 미용 일을 하게 되었는데 천직을 만난 기분이 들었다. 상사도 칭찬하고 손님도 칭찬했다. 자신은 똑같은데 환경이 바뀐 것이다.

콘셉트도 이와 비슷하다. 대추를 팔던 한 20대 청년이 있었다. 사업 홍보 콘텐츠를 만들기 위해 음성 녹음 장비를 구매했다. 장비 성능을 테스트해보기 위해 옛날 애니메이션 화면에 더빙을 입혀 한 유머 커뮤니티에 올렸다. 재미 삼아 한 일이 국내 여러 커뮤니티 사이트에 일파만파 퍼져나갔다.⁴ 그렇게 '장삐쭈'라는 전설의 콘텐터가 탄생했다. 359만 유튜버 장삐쭈는 중·고교 시절에 다른 사람을 곧잘 흉내 내곤 했다고 한다. 그 재주가 '병맛더빙'이라는 콘텐츠로 탄생했다.

패션계의 거장 칼 라거펠트Karl Lagerfeld가 남긴 유명한 말이 있다. "비교를 멈출 때 개성이 시작된다Personality begins where comparison ends." 비교를 멈추고, 약점을 재정의하자. 자신의 속성을 찾아서 이걸 어떻게 개발하고 적용할지 생각해보자.

개인의 속성에 따라 만들 수 있는 콘셉트를 가상으로 구상해봤다.

개인의 속성과 콘셉트를 연결한 예시

나의 속성	내가 하고 싶은 주제	만들어볼 수 있는 콘셉트
진지함	요리, 맛집	- 혼자 사는 남자의 진지한 혼밥 - 진지한 미식가의 맛집 탐방
애교, 쾌활함	운동	- 식스팩을 꿈꾸는 귀여운 3분 운동 - 기분이 좋아지는 명랑 운동
엉뚱함	여행	- 어디로 튈지 모르는 엉뚱 대한민국 여행 - 엉뚱해서 흥미진진한 무계획 여행

당신의 생각은 어떤가? 세상은 넓고 콘셉트 정하는 법도 다양하다. 당신이 선호하는 콘셉트를 구체적으로 찾아보자. '나'를 근사하게 표현해주는 옷, 걸치면 편안해서 무엇이든 할 수 있을 것 같은 옷은 분명히 있다. 자신을 관찰하지 않고 제대로 몰라서 그렇지, 사실 자신의 속성에 관심만 가져도 콘텐츠 구성은 어렵지 않다.

지금까지 제시한 콘셉트 잡는 법은 유용한 틀을 제시하기 위함이지, 이대로 따라 해야 콘텐츠를 만들 수 있는 것은 아니다. 좋은 콘셉트는 자신의 차별성과 구독자의 니즈가 접점을 찾았을 때 나온다. 그러니 너무 심각하게 생각하지 말고, 일단 떠오르는 대로 후루룩 콘셉트를 정한 후에 할 수 있는 콘텐츠부터 직접 제작해보자. 만들다 보면 고객의 소리를 듣게 되고, 고객의 소리에 따라 다듬고 발전시키다 보면 어느새 꽤 괜찮은 콘셉트에 도달해 있을 것이다.

도무지 콘셉트가 안 나올 때 추천하는 방법

보통 사람이 적용하기 쉽고 성공률도 높은 콘셉트

앞서 설명한 방법을 시도해도 도저히 콘셉트를 못 찾겠다는 사람도 있을 수 있다. 만일 아무리 생각해도 도저히 콘셉트를 못 찾겠다면, 내가 딱 1가지 방법을 추천해보겠다. 바로 '동사형 콘셉트'다. 자신이 원하는 삶을 동사로 표현하고 실행하면 콘텐츠가 된다. 동사형 콘셉트는 킬러 콘텐츠killer contents가 될 가능성이 높다.

우리가 익히 알고 있는 유명 프로그램을 떠올려보자. 〈1박 2일〉은 6명의 남자가 매주 1박 2일간 여행을 다니는 콘텐츠다. 〈인간극장〉은 인간이 살아내는 드라마 같은 삶의 현장을 담은 콘텐츠다. 〈세상에 이런 일이〉는 놀라운 일이 벌어지는 상황을 담은 콘텐츠다. '공부왕쩐천재 홍진경'을 보자. '공부에 목마른 40대 엄마의 공부 과정'이 콘텐츠다. 동사형 사건이 핵심 내용이다.

동사형 콘셉트의 특장점은 다음 편이 기다려진다는 것이다. 다음 편에 어떤 일이 벌어질지는 예측 불가능하다. 왜? 움직이는 동사이기 때문이다. 콘셉트를 잡기 힘들 때는 동사형 콘셉트를 설정하는 다음 공식을 기억하자.

나를 동사형 콘셉트로 설정하는 간단한 방법

"○○하는 ○○"

내가 하고 있는 것 + 내가 표현하고 싶은 정체성(혹은 내가 표현하고 싶은 분야)

(앞뒤 순서는 바뀌어도 됨)

정답은 아니지만 나는 이 공식이 유용하다고 생각한다. 여러분이 잘 아는 예시를 들어보자면, 물리학자 김상욱 교수는 자신을 '다정한 물리학자', 빅데이터 전문가 송길영 박사는 자신을 '마인드 마이너(마음을 캐는 광부)'라고 표현한다.

이름은 중요하다. 이름은 인식을 형성하기 때문이다. 돌멩이에 '반려'를 붙였더니 인식이 달라진 것과 같다. 콘셉트로 정한 언어는 콘텐츠의 방향성과 일관성을 설정하는 역할을 하기도 한다.

동사형 콘셉트는 그 자체가 기획이다

온라인에 처음 글을 쓸 때 나는 내 콘텐츠를 이렇게 표현했다. '유쾌발랄 여유만만 엄마가 되고 싶어서 몸부림치고 있으나 실상은 그렇지 못한 내 일상과 생각을 만날 수 있는 블로그.' 내가 정한 콘텐츠 정체성이었다. 내 콘텐츠를 한 문장으로 표현하면 '유쾌발랄 여유만만 엄마가 되고 싶은 생초짜 엄마의 성장기'였다. 표현이 동사형이다. 다음 편에서 어떻게 될까 궁금해지는 드라마처럼 나는 살아내는 이야기를 담기로 했다. 그리고 할 수 있다면, '되고 싶은'이 아닌 '이미 된 사람'이고 싶었다. 목표가 생긴 것이다. '결국 나는 유쾌발랄 여유만만 엄마가 될 것이다.' '결국 나는 아이를 다정하게 잘 기를 것이다.' '결국 나는 명랑하게 살 것이다.'

삶과 콘텐츠를 톱니바퀴처럼 맞물려 돌아가게 만들어놓고 살아냈다. 실망하고 낙담하고 포기하고 싶은 순간도 많았다. '유쾌발랄은 개뿔, 여유만만 좋아하네.' 한숨이 푹푹 나오던 날도 허다하다. 그래도 내가 정한 콘셉트를 나만의 북극성으로 삼고 포기하지 않았다. 끊임없이 몸부림쳤다.

내 삶은 콘텐츠 이전과 이후로 나눌 수 있을 정도로 많이 달라졌다. 현재 나의 수식어는 '육아하는 작가'다. 나를 표현하는 수많은 언어를 적어봤다. 그중에서 빼도 지장이 없는 것들을 하나씩 지워갔다. 마지막에 남은 것이 '육아'와 '작가'였다. 이 둘을 붙여서 '육아하는 작가'로 정

콘텐츠를 만들다 보면 콘셉트도 진화한다

유쾌발랄 여유만만 엄마가 되고 싶으나 실상은 그렇지 못한 초보 엄마의 성장기 → 육아의 새로운 시선을 찾는 엄마 에디터 → 육아하는 작가

초기　　　　　2년 후　　　　　10년 후

했다. 현재 나를 표현하는 최적의 언어가 아닐까 한다. 나는 육아와 작가에 모두 애착이 있고 앞으로도 그렇게 살고 싶기 때문이다.

　좋은 콘셉트는 더 이상 뺄 게 없는 콘셉트다. 처음부터 광고 카피처럼 완벽하려고 애쓰지 말자. 콘텐츠를 만들고 피드백을 받으며 조금씩 다듬다 보면 어느새 진화한다. 나는 이제 막 콘텐츠를 시작하는 사람에게 이 방법을 권하는 편이다. 앞 장에서 소개한 제로 웨이스터처럼 완벽해야 한다는 부담을 내려주기 때문에 더욱 좋다. '노력하는 제로 웨이스터' '현실적인 제로 웨이스터' '안 되도 해보려는 제로 웨이스터' 이렇게 실제 모습과 가깝게 표현하면 양심에 걸린다거나 자격이 없다는 소리가 쏙 들어간다.

부동산 읽어주는 + 남자

낚시하는 + 여자

재테크하는 + 할머니

꿈꾸는 + 할멈

짠내 나는 + 캠핑

폭풍 육아 중인 + 심리학자

육아하는 + 작가

도배하는 + 청년

춤추는 + 약사

요리하는 + 다이어터

소설 쓰는 + 변호사

노래하는 + 바리스타

'○○하는 ○○'이 서로 반대 이미지거나 대중의 선입견을 깨는 것이면 뇌리에 남는다. 예를 들어 〈꽃보다 할배〉를 보자. 나영석 PD는 이 방송을 처음 기획할 때 배낭여행 이미지에 맞는 20대 연예인을 먼저 떠올렸다고 한다. 그런데 뭔가 새로운 느낌이 들지 않았다. 배낭여행에 청년은 흔히 연상할 수 있는 그림이기 때문이다. 30대, 40대, 50대… 그러다가 80대를 매칭해봤는데 뇌리에서 잊히지를 않더란다. 결국 '80대 할아버지가 떠나는 배낭여행'이 콘텐츠가 되었다.

당신이 하고 싶은 분야에 사람들이 흔히 가지는 고정관념이 있다면 정반대 이미지를 붙여보면 어떨까? '힙합하는 할머니' '운전하는 고양이' '발레 하는 아저씨' '면도하는 아가씨'는 어떤가? 한 번 들으면 도저히 잊을 수 없는 이름 아닌가? 재미 삼아 떠올려본 아이디어일 뿐이니 너무 진지하게 보지는 말아주시길. 이름을 가지고 놀아보자. 지인들과 재미 삼아 말장난을 해봐도 좋다. 막 던지다 보면 뭔가 하나 걸릴 것이다.

개인적인 콘셉트는 단골과 팬을 만든다

이제 우리는 같은 과자여도 만든 의도가 의미 있고, 제작 과정이 투명한 제품을 선호한다. 일례로 내가 자주 사 먹는 비건빵이 있다. 수많은 비건빵 브랜드 중에 이곳을 선택한 이유가 있다. 식이성 알레르기로 힘들어하는 딸이 있는 언니와 환경운동가로 활동하고 있는 동생이 운영하는 자매빵집이기 때문이다. 이 빵집의 소개는 처음에는 평범했다. "지구와 함께 공존하는 방법을 고민하는 빵집입니다." 표현이 추상적이다. 보통 빵집과 큰 차이를 못 느꼈다.

그런데 몇 달 뒤 홈페이지를 보니 표현이 싹 바뀐 것이 아닌가? 만드는 인물을 소개했다. 빵집의 정체성과 인물이 매치가 되었다. 소개에 스토리텔링이 있다. '자녀가 식이성 알레르기가 있으면 얼마나 심사숙고해서 빵을 만들까. 동생이 환경운동가면 얼마나 환경을 생각하며 빵을 만들까. 그런데 이 둘이 자매네. 게다가 빵도 맛있어. 여기서 사야겠다.' 나는 그렇게 단골이 되었다. 요즘 말로 이걸 '브랜딩'이라고 한다.

『스토리셀링Start with Story』의 저자 린 그래프트Lyn Graft는 창업가에게 이야기 마케팅은 필수라며 기업의 이야기라 하더라도 개인의 이야기로 말하라고 한다. 스타벅스 창업자 하워드 슐츠Howard Schultz는 스타벅스의 기업 이야기를 자신의 경험담으로 풀어낸다. 다이소 창업자 박정부 회장도 마찬가지다. 그는 다이소가 일본 기업이라는 오해가 있다면서 자신의 역사를 통해 다이소는 한국 기업이라고 말한다. 『천 원을 경영하라』는 박정부 회장의 삶을 담고 있지만 독자는 그를 통해 다이소를 본다. 마케팅에는 상품만 있지만, 이야기에는 사람이 있다. 사업을 알리는 효과적인 방식은 경영자의 성격, 가치관, 하는 일, 방식 등을 콘셉트로 표현하는 것이다. 소비자는 상품이 아니라 콘셉트를 사기 때문이다.

핑크퐁 성공 스토리에 담긴
콘텐츠의 정석 3가지

콘텐터라면 핑크퐁처럼 제작하라

명실상부 전 세계적으로 사랑받는 글로벌 IP '아기상어'. 핑크퐁 상어가
족송을 만든 더핑크퐁컴퍼니(구 스마트스터디) 인터뷰를 보다가 제작 방
식에 감탄한 적이 있다. 콘텐츠의 정석이라는 생각이 들어서다. 핑크퐁
하면 떠오르는 핑크색 사막여우 발상은 어떻게 한 걸까? 회의를 하다
가 동화 『어린 왕자』 속의 왕자와 사막여우를 하나로 섞어보자는 의견
이 나왔다고 한다. 2010년 핑크퐁 초기의 캐릭터가 탄생했고, 이후 꾸
준히 수정을 거듭해 오늘날 핑크퐁 캐릭터의 모습이 완성되었다.

전 세계 남녀노소 누구나 흥얼거리는 상어가족송은 어떻게 만들어

진 것일까? 사실 상어가족송은 '우연한 성공'이라고 한다. 더핑크퐁컴 퍼니의 콘텐츠 전략 중 하나는 '다작'이라고 한다. 특정 콘텐츠를 띄우 겠다고 의도하지 않고 꾸준히 아이들이 좋아할 만한 동요를 제작한다. 다작의 장점은 히트하지 못한 콘텐츠가 발생하더라도 '실패'로 보지 않 는다는 점이다.

또 하나의 전략은 '빠른 반응'이다. 사용자 반응이 좋은 콘텐츠가 있 다면 후속작으로 다양한 버전을 빨리 만든다고 한다. 동물 동요가 인 기 있다면 10곡에서 12곡의 시리즈로 만드는 식이다. 상어가족송도 동 물 동요 중 하나였는데 반응이 너무 좋아 다양한 버전을 만들었다고 한 다.[5] 이는 잘 팔리는 콘텐츠의 전략이기도 하다.

콘텐츠의 정석 3가지

1. 다작하라

콘텐츠 만들기를 주저하는 사람들을 보면 완벽한 작품을 만들어야 한 다는 부담을 가지고 계속 글쓰기를 미룬다. 안타를 잘 치는 야구 선수 는 공 치는 연습을 자주 한다. 골 득점이 높은 축구 선수는 공 차는 연 습을 자주 한다. 좋은 패스는 달리는 사람에게 온다고 한다. 터지는 콘 텐츠는 만드는 사람에게 온다. 어쩌다 대작 말고, 자주 소작하자. 소작 이 있어야 대작도 있다.

2. 빠르게 반응하라

이건 정말 중요하다. 자기 콘텐츠 중에 하나가 터졌는데 일주일이 지나도 모르는 사람이 있다. 조회수가 많이 나와도 둔감하면 내 가게 앞에 있는 수백 명의 고객을 놓치는 것과 같다. 그냥 놔둬도 알아서 구독하고 알아서 봐주는 사람은 없다. 5평짜리 주말농장에서 농사를 지어본 적이 있는데 일주일만 무관심해도 잡초가 무성하다. 주의 깊게 살펴보고 반응이 오면 빠르게 반응해야 한다. 반응 좋은 콘텐츠가 있다면 같은 주제나 같은 결의 후속작을 신속하게 만들자. 새로운 걸 만들기 어렵다면 '이번 콘텐츠 반응이 좋다. 감사하다'라는 말이라도 남기자.

3. 하늘 아래 새로운 것은 없다! 발견하고 연결하고 다듬어라

상어가족송은 미국 구전동요를 다듬어 개발했고, 핑크퐁은 어린 왕자와 사막여우를 하나로 섞은 것이다. 과거에서 찾고, 다른 지역에서 찾고, 다른 장르에서 찾자. 뭔가 발견했다면 연결해보자. 일본 소프트뱅크 그룹 손정의 회장은 아이디어를 얻기 위해 300장의 단어 카드를 상자에 넣고 무작위로 2~3장을 뽑아서 강제로 연결하는 것으로 유명하다. 손 회장은 자신만의 발명법을 '강제 결합법'이라고 부른다. 미니시리즈와 휴먼 다큐를 연결했더니 〈인간극장〉이 되었고, 서바이벌 게임과 한국 전통놀이를 연결했더니 〈오징어 게임〉이 되었다. 라면 스프와 티백을 연결해 '라면 티백'을 파는 걸 보고 이 사람은 천재인가 싶은 적이 있다. 당신도 천재가 될 수 있다. 전혀 다른 걸 연결하는 것이 창작이다.

콘텐츠 구성은
어떻게 하는가

콘텐츠에서 가장 중요한 기획과 구성

"지금 이 시점에서 왜 하는가?"가 기획이라면 "무엇을 어떻게 할 것인가?"가 구성이다. 구성은 흩어진 재료를 꿰어서 보배로 만든다. 취재한 내용을 잘 꿰어서 이야기를 만드는 문서를 촬영 구성안, 촬영한 내용을 잘 꿰어서 이야기를 만드는 문서를 편집 구성안이라 한다. 편집이 완료되면 비로소 영상을 바탕으로 대본script(원고)을 쓴다. 방송작가 시절 내 컴퓨터의 메인 폴더는 다음 7가지였다. 이 폴더 속에 방송 제작의 전 과정이 들어 있다.

방송작가 시절 폴더 목록

📁 아이템자료

📁 원고

📁 일정표

📁 자막

📁 촬영구성안

📁 편집구성안

📁 프리뷰

혼자 일하는 콘텐터라면 대본만 잘 써도 충분하다. 블로그에서는 대본 자체가 콘텐츠고, 유튜브에서는 대본을 영상으로 구현하면 콘텐츠가 된다. 잘 팔리는 콘텐츠 창작자 치고 대본 없는 사람은 거의 못 본 것 같다. 타고난 끼나 외모로 어필하는 사람을 제외한다면 80% 이상은 대본에 기반해서 제작한다고 보면 된다. 대본에서 가장 중요한 것은 무엇일까? 수려한 문체는 전혀 신경 쓸 필요가 없다. 구성이 가장 중요하다. 두 번 세 번 강조해도 지나치지 않다.

만약 영화 〈어벤저스〉에서 아이언맨, 캡틴 아메리카, 토르, 헐크, 블랙 위도, 호크 아이, 앤트맨, 캡틴 마블, 스파이더맨, 닥터 스트레인지 등의 인물이 모두 흩어져 있다고 쳐보자. 각 인물의 특성이 어떤지, 누가 누구에게 어떻게 했는지, 지금 상황은 어떤지, 문제는 무엇인지, 어떻게 해결해야 하는지, 문제 해결에서 각자의 역할은 무엇인지 등이 구성되어 있지 않다면 영화는 그저 인물 나열에 불과하다. 이들이 어떤 역할을 어떤 개연성으로 하는가가 곧 구성이다. 스토리텔링에서 구성은 매우 중요하다. 오죽하면 내 직업명이 '구성작가'였겠는가.

당장 써먹을 수 있는 콘텐츠 구성법 3가지

학창 시절 국어 시간에 배운 구성법이 기억나는가? 드디어 써먹을 절호의 기회가 왔다.

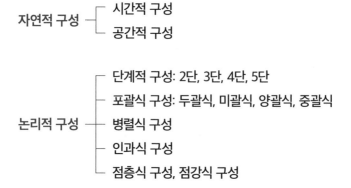

나는 콘텐츠 구성에서 위 구성법을 대부분 사용한다. 이 중 누구나 쉽게 적용해볼 수 있는 구성법은 자연적 구성, 병렬식 구성, 두괄식 3단 구성이다. 이 3가지 구성을 살펴보자.

1. 초심자가 가장 하기 쉬운 자연적 구성

자연적 구성은 요리, 여행, 인테리어, 공간 리뷰, 상품 리뷰에 적합하다. 예를 들어 내가 요리를 한다면 순서가 어떻게 되는가? '장보기→재료 다듬기→레시피 순서대로 조리하기→플레이팅→먹기' 순서가 보편적일 것이다. 요리 콘텐츠는 시간 순서대로만 구성해도 무난한 콘텐츠를 만들 수 있다. 나라면 완성된 요리를 전진 배치해서 결과를 먼저 보여주고 요리를 시간 순서대로 설명할 것이다. 완성된 요리가 먹음직스럽거나 새로울수록 관심을 끌 확률이 높다.

인테리어나 카페 소개, 호텔 소개 같은 공간을 주제로 한 콘텐츠는 공간별로 소개하면 무난한 구성이다. 밖에서 안으로, 큰 공간에서 작은 공간으로, 오른쪽에서 왼쪽으로. 집 인테리어를 소개한다면 거실, 방, 주방, 화장실 등 크기순으로, 카페를 소개한다면 외관, 입구, 카운터, 내부, 조명, 분위기, 좌석 등 들어가는 순서대로 담는다. 기본적이면서도 전달력이 좋은 구성법이다.

2. 통일성을 갖출 수 있는 병렬식 구성

KBS 〈무한지대 큐〉처럼 정보 제공을 목적으로 한 방송을 했을 때 보편적으로 사용한 구성 방식이다. 병렬식 구성이 그저 자신이 아는 것을 늘어놓은 것으로 보이지 않으려면 기획의도에 맞는 소재를 모아서 구성하면 좋다.

내가 실제로 방송했던 아이템 2개를 예시로 들겠다. 기획의도에 맞

는 현장을 포착해서 3~4개 정도로 구성했다. 기획의도는 '이색 마사지'
인데 전혀 이색적이지 않은, 누가 봐도 평범한 마사지를 소개했다면 기
획의도를 반영할 수 있을까? 개성 있는 피서법을 소개한다면서 대한민
국 국민이라면 누구나 아는 전혀 새롭지 않은 피서법을 방송한다면 이
역시 기획의도를 반영했다고 볼 수 없다. 기획은 끈이고, 팩트는 구슬이
다. 기획에 충실하게 팩트를 선정해 잘 꿰어 구성해야 근사한 목걸이가
될 수 있다.

병렬식 구성을 콘텐츠에 적용하면 어떻게 될까? 병렬식 구성의 대

병렬식 구성의 예시

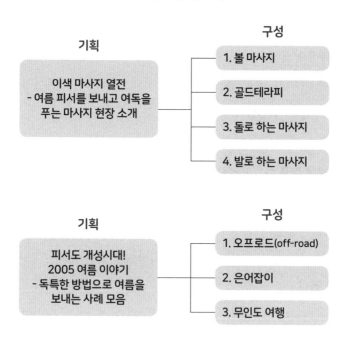

표적인 예가 '○○ ××가지'를 제목으로 한 콘텐츠다. 내가 쓴 글 중에 "첫째 임신 vs. 둘째 임신, 다른 점 5가지"의 구성을 보자. 누적 조회수 7만 회를 기록한 글이다.

병렬식 구성의 콘텐츠 예시

기획	구성
첫째 임신과 둘째 임신이 너무 다르다. 다른 점 5가지를 뽑아본다.	1. **배 크기**: 첫째 임신과는 다르게 배 둘레가 팍팍 늘어난다는 이야기 2. **음식에 대한 자세 ①**: 첫째 임신과는 다르게 가리는 음식 없이 폭넓게 먹는다는 이야기 3. **음식에 대한 자세 ②**: 그러나 모순적인 사실이 존재. 첫째 임신 때와는 다르게 살찔까 봐 염려하며 먹는 이야기 4. **태교**: 첫째 임신 때와는 다르게 따로 태교할 여유가 없고, 첫째와 잘 지내는 것이 태교법이라는 이야기 5. **생활**: 첫째 임신 때와는 다르게 눈썰매장도 가고, 놀이터에서 놀기도 하면서 비교적 활동적으로 보낸다는 이야기

첫째 임신 경험과 둘째 임신 경험을 토대로 다른 점만 병렬식으로 5가지를 뽑아서 이야기했다. 같은 점이나 모호한 점은 일언반구 쓰지 않았다. 기획의도에 맞지 않기 때문이다.

- 신체 에너지를 높이는 음식 5가지
- 부업으로 돈 벌고 싶다면 이것 3가지는 꼭 하세요.
- 뱃살 빼는 데 좋은 운동 3가지
- 한국인이 가장 좋아하는 해외여행지 10곳

- 뇌가 좋아지는 간단한 아침 루틴 3가지
- 넣어두기만 해도 이자가 붙은 고금리 통장 3가지

이런 식으로 가짓수를 열거하는 방식으로 다양한 콘텐츠를 기획할 수 있다. 제목에 'X가지'라고 숫자를 명시하면 클릭을 유도하는 데도 효과가 있으니 안 할 이유가 없는 구성법이다.

3. 오래 보도록 유도하는 두괄식 3단 구성법

3단 구성과 두괄식 구성을 혼용한 구성법으로, 블로그나 유튜브에서 흔히 쓰이는 방식이다. 3단 구성은 '서론-본론-결론'의 구성을 말한다. 두괄식은 말하고자 하는 핵심을 초반에 배치하는 구성법이다. 3단으로 쓰되 핵심을 도입부에 말하면 된다. 핵심 내용이란 무엇일까? 핵심 내용은 크게 3가지다. 솔루션, 새로운 정보, 새로운 통찰이다.

콘텐츠 소비자는 대부분 모바일 기기를 이용해 콘텐츠를 본다. 블로그는 스크롤 형식으로 내리면서 보고, 유튜브는 영상을 클릭해서 초반

두괄식 3단 구성법 구조

서론	중요한 핵심 내용을 전반부에 배치 핵심: ① 솔루션, ② 새로운 정보, ③ 새로운 통찰
본론	전반부에 언급한 내용을 구체적으로 풀어주기
결론	핵심 내용을 간략히 정리하면서 마무리

부터 본다. 처음 3초 안에 가치를 느껴야 오래 볼 만한 동기가 생긴다. 즉, 초반에 구독자를 사로잡아야 시청 지속 시간을 확보할 수 있다는 뜻이다.

시청 지속 시간(게시글 평균 사용시간)은 웹 플랫폼에서 좋은 콘텐츠를 판단하는 중요한 데이터 중 하나다. 알찬 콘텐츠일수록 초반에 콘텐츠 핵심 내용을 어필해서 본론까지 이어서 볼 수 있도록 유도하자. 디지털 콘텐츠 어디에나 활용할 수 있는 가성비 좋은 구성법이다.

샘이 마르지 않는 소재
찾는 비결 10가지

소재는 관심에서 나온다

"콘텐츠를 만들다 보니 세상을 보는 관점이 달라진 것 같아요. 쇼핑을 가도 소재 관점에서 보게 돼요." 블로그를 통해 세상이 다르게 보인다는 한 수강생의 소감이다. 신기하게도 블로그를 시작하고 소비도 줄었다고 한다. 의식적으로 소비를 하다 보니 벌어진 현상이다. 글감의 샘이 마르지 않으려면 관심이 많아야 한다. '나'에 대한 관심, 세상에 대한 관심이다. '나'에 대한 관심은 내가 뭘 하는지, 뭘 하고 싶은지를 관찰하는 것이다. 세상에 대한 관심은 요즘 사람들이 어디에 관심을 갖는지 관찰하는 것이다.

소재의 원천은 크게 3가지로 나눌 수 있다. ① 나의 경험과 생각, ② 내가 본 것과 들은 것(미디어, 책 등), ③ 대화(음성 대화, 텍스트 대화)다. 내가 다룬 소재에 세상도 관심이 많다면 그야말로 조회수가 터지게 된다.

소재를 못 찾는 사람들의 특징 3가지

1. 하루를 '덩어리'로 생각한다

하루를 덩어리로 생각해서 글을 쓸 때도 '오늘의 식사' '오늘의 운동' '오늘의 독서' 이런 식으로 쓴다. 하루라는 귀중한 시간을 세분화하지 않는 것이다. 하루를 덩어리로 만들지 말자. 소재를 작게 만들어야 쓸거리가 생긴다.

가령 오늘 뭔가를 먹었는데, 그것이 배달 음식이었다면, 그 배달 음식을 배달의 민족에서 주문해 먹었다면 '① 배달의 민족에서 음식 주문하는 법, ② ○○지역 맛집 □□□ 배민에서 주문해 먹은 후기, ③ 배달 음식 먹은 후 플라스틱 용기 재활용 분리배출하는 법' 이런 식으로 소재를 쪼개서 구체적으로 쓴다. 그러면 배달 음식 한 번 주문해 먹었을 뿐인데 벌써 소재가 3가지 나왔다. '배민 주문 못 하는 사람이 어딨어요?'라는 생각이 들 수 있다. 그런데 디지털 기기와 앱 사용을 지극히 어려워하는 어르신이 많다. 그런 분들이 어디에 물어보겠는가?

만약 오늘 운동을 했다고 쳐보자. 그렇다면 '① 내가 운동을 시작한 이유, ② 운동을 하기 전 나의 몸 상태, ③ 운동 한 달째 나의 몸 상태(두 달째, 석 달째… 이런 식으로 날짜를 세는 글), ④ 스쿼트 자세 제대로 하는 법, ⑤ 층간소음 없는 운동 매트 구입 후기, ⑥ 돈 한 푼 안 들이고 집에서 헬스장처럼 운동하는 법' 이런 식으로 소재를 잘게 쪼갤 수 있다. '오늘의 운동'이라고 제목을 써놓고 3~4줄 정도의 글만 적어놓으면 아무도 보지 않는다. 왜냐? 매일 글 제목이 똑같고, 그 글로 인해서 사용자가 도움받을 내용이 단 하나도 없기 때문이다. 오늘도 '오늘의 운동', 내일도 '오늘의 운동'이라고 쓸 것 아닌가? 그렇게 글을 써놓고 왜 방문자가 안 오느냐고 불평불만을 할 것인가? 역지사지로 생각해보자. 사용자 관점에서.

2. 자신을 공개하지 않는다

소재는 자신을 얼마나 공개하는가에 달려 있다. 자신을 드러내지 않으면 쓸거리가 없고, 차별화된 글을 쓰기 어렵다. 예를 들어서 '주식 계좌 만드는 법'이라는 글을 쓴다고 쳐보자. 네이버에는 수백, 수천 개의 주식 계좌 만드는 법에 대한 글이 있다. 여기에서 차별성을 주려면 포인트는 '내 경험담'이어야 한다. 그동안 왜 주식 계좌를 안 만들었는지, 지금 왜 만들려는 건지, 만들려고 보니 뭐가 제일 어려웠는지, 어느 증권사를 비교해봤는지, 주식 계좌 만드는 시간은 몇 분이나 걸렸는지 등 내 생각과 내 경험이 녹아야 '나만의 주식 계좌 만드는 법' 글이 탄생한다. 이제 사람들은 정답을 원하지 않는다. 경험담을 원한다. 주식 초보이면서 그럴싸하게 포장하는 글일수록 사람들은 지루해할 것이다. 초보인 자신의 경험에 감정을 실어서 구체적으로 표현하면 생생한 현장감과 공감을 얻을 수 있다.

3. 자기 자신에게 별로 관심이 없다

자신이 뭘 좋아하는지, 무슨 생각을 하고 사는지, 어떻게 살고 싶은지, 어떤 하루를 보내는지, 내일은 뭘 할 건지, 다음 주에는 뭘 할 건지 별로 관심이 없다. 그냥 살아지는 대로 산다. 그러니 일상에 무감각하고, 글을 쓸 소재는 하와이 여행 정도는 가줘야 나올 거라고 생각한다. 그런데 하와이 여행은 매일 갈 수 있는 게 아니다. 그러다 보니 쓸거리는 계속 없고, 결국 콘텐츠를 포기한다. 내가 내 삶을 촘촘하게 들여다보지 않았다면, 나는 블로그에 쓸 것이 아무것도 없었을 것이다. 지극히 평범하고도 평범한 일상이 비범해지는 순간은, 내 일상을 구체적으로 관찰하고 기록하는 순간 찾아온다.

정리해보자면, 소재를 잘 찾으려면 하루를 덩어리로 보지 말고, 잘게 쪼개라. 구체적으로 소재를 잡아라. 내가 한 것, 본 것, 간 곳 등을 공개해라. 그래야 쓸 게 있다. 개인 신상을 공개하라는 게 아니다. 주식 계좌를 만들었다면 '주식 계좌 만드는 법'을 쓰고 된장찌개를 끓였다면 '된장찌개 끓이는 법'을 써보라는 말이다. 이런 일상을 비밀로 하고 싶을수록 쓸거리는 없다. 자신에게 관심을 가지자. 소재는 내 몸과 내 주변에 있다. 그걸 사소하게 보는 사람은 오직 나 자신뿐이다. 그럼 이제 반대로 콘텐츠 소재를 잘 찾는 법을 알아보겠다.

샘이 마르지 않는 콘텐츠 소재 찾는 법 10가지

1. 최근 내가 본 콘텐츠와 검색어 관찰하기

자신이 무심코 찾아본 검색어, 무의식적으로 시청한 영상, 그 속에 자신의 관심사가 있다. 자신이 본 콘텐츠에 대한 리뷰를 쓸 수도 있고, 해당 키워드를 가지고 생산자로서 직접 써볼 수도 있을 것이다. 그동안 콘텐츠를 소비하기만 했다면 이제 생산자 입장에서 관심 키워드를 채집할 차례다.

2. 오늘 있었던 일을 키워드형으로 쭉 적고 그중 하나만 선택해 쓰기

오늘(어제 혹은 일주일 동안) 있었던 일을 써본다. 일과를 키워드로 적은 후 딱 하나만 선택해 글을 쓴다. 키워드를 잘게 설정하면 더욱 좋다. 가령 '설거지'는 수세미, 접시, 그릇, 식기세척기, 식기세척기 세제, 앞치마, 그릇 정리 등으로, '등원'은 등원 준비, 등원룩, 어린이 아침 식사, 등원 보내고 나서 나의 일정, 하원 후 일과, 유치원 준비물 등으로 나누는 것이다. 잘게 쪼개서 세분화할수록 소재는 많아진다.

3. 내가 궁금한 것을 직접 자료를 찾아서 쓰기

언젠가 여름에 남편이 "베란다에 수영장을 설치하면 베란다가 무너진 대"라고 말한 적이 있다. 집에서 무더위를 보내야 하는 나로서는 두렵기도 하면서, 반대로 수영장을 설치할 방법은 없는 건지 궁금했다. 그래서 인터넷을 검색해봤더니 '발코니 하중 계산법'이라는 것이 있었다. 자료를 정리할 겸 이에 대해 포스팅했고, 당시 비슷한 궁금증을 가진 사람이 많았는지 조회수 7만 회 이상을 기록했다.

이런 글을 한번 정성스럽게 발행해두면, 매년 여름마다 비슷한 고민을 하는 사람들이 또다시 내 블로그를 검색해서 들어온다. 매년 방문객을 모으는 효자 글이 되는 것이다. 자신의 궁금증과 호기심에 귀를 기울여보자. 그것이 곧 글감이다.

4. 실수담 쓰기

일명 '저처럼 하지 마세요' 시리즈. 사람들은 성공한 것만 이야기가 된다고 생각하지만 오히려 반대로 생각해보자. 인간의 심리는 기본적으로 실패를 피하고 싶어 한다. '나처럼 하지 말라'고 하면 다른 사람의 실패를 줄여줄 수 있다. 당신의 실패를 부끄러워하지 말고 콘텐츠로 표현해보자. 내가 어려워하는 건 남들도 어려워한다.

수강생 중에 카카오 오픈채팅방에서 일대일 채팅을 시도하는 법을 몰라서 고생한 사람이 있다. 나는 즉시 이 경험을 글로 쓰라고 했다. 해당 콘텐츠는 그 수강생의 블로그에서 가장 인기 있는 글 중 하나다. 내가 어려워하는 걸 해결하고 그걸 글로 쓴다는 게 내 콘텐츠의 핵심 원리다. 예컨대 내가 프레온가스가 들어간 스프레이를 분리 배출할 때 망치와 드라이버를 사용했다가 큰 낭패를 본 적이 있다. 부모님이 가르쳐 준 대로 했을 뿐인데 그런 사달(?)이 날 줄은 꿈에도 몰랐다. 나는 그 현장을 생생하게 사진으로 찍어놨고, 나처럼 하지 말라고 글을 썼다. 이 글도 역시 주기적으로 방문객을 끌어모으는 효자 글이다.

그때 당시에는 생소했던 '탕후루'라는 요리를 시도해보고 완전 실패하고 나서도 비슷한 글을 쓴 적이 있다. 이 글은 독자에게 빅재미를 선사한 글이기도 하다. 실수담을 쓰다 보면 유머 감각을 발휘할 수도 있어서 내가 애용하는 소재다. 다만 유념할 사항이 있다. 실패담을 쓸 때는 '내가 실패했다'만 쓰지 말고, 실패를 피하기 위한 대안도 함께 포스팅하면 좋다. 실수담과 함께 대안도 제시하라는 점을 기억하자. 독자는 당신의 살신성인 콘텐츠에 감동하고 고마워할 것이다.

5. 정부부처의 보도자료를 재가공해 기자처럼 쓰기

기자들은 실제로 취재를 하기도 하지만, 정부부처에서 공식적으로 발행한 보도자료를 보고 재가공해 기사화하기도 한다. 정부부처 보도자료는 로그인하지 않아도 누구나 열람할 수 있다. 보도자료를 클릭해보면 문서파일이 첨부되어 있는데, 제일 아래에 '저작권 규정'이 명시되어 있다. 명시된 저작권 규정에 맞게 글을 쓰면 된다. 통상적으로 정부부처 보도자료는 '출처를 밝히면 사용 가능'으로 명시되어 있다. 사람들의 관심이 많은 소재나 블로그에 도움 될 만한 보도자료가 있다면 자료를 사용해서 글을 써보자. 보도자료는 마르지 않는 샘이다.

6. 스마트폰 사진에서 소재 찾기

내 삶을 촘촘히 보고 싶을 때, 도저히 소재가 안 떠오를 때, 내가 사용하는 또 하나의 팁이 있다. 내가 찍어놓은 사진을 마냥 넘겨 보는 것이다. 저장된 모든 사진을 본다. 3년 전, 10년 전 사진까지도 본다. 그러다 보면 소재가 나온다. 나에게 영감을 준 그 사진을 활용해서 콘텐츠를 만든다. 소재를 못 찾겠다면 당신의 앨범을 보라. 앨범은 당신의 관심 저장소다.

7. 후속작 만들기

상대적으로 조회수가 높거나 반응이 좋은 콘텐츠가 있다면 후속작을 만든다. 후속작을 만들었는데도 계속 반응이 좋다면 고정 코너나 연재물이 될 수 있다. 일례로, 유튜버 '승우아빠'는 시중에 파는 음식을 집에서 직접 만들어보는 영상 콘텐츠를 소개했다. 반응이 좋아서 꾸준히 후속작을 만들었다. '○○은 사드세요, 제발' 시리즈는 꾸준히 인기를 끌었다. 메뉴만 바꾸면 오래오래 할 수 있는 효자 포맷이 만들어졌다.

• 피자는 사드세요…… 제발
• 과자는 사드세요…… 제발

- 냉면은 사드세요…… 제발

- 치킨은 사드세요…… 제발

- 갈비만두는 사드세요…… 제발

- 아이스크림은 사드세요…… 제발

- 콜라는 사드세요…… 제발

- 캔참치는 사드세요…… 제발

8. 1가지 표현법을 다양한 방식으로 변형해보기

콘텐츠를 만들 때 가장 흔하게 사용하는 콘셉트 중 하나가 '○○하는 법'이다. '○○하는 법'을 다양한 방식으로 변주하면 새로운 관점이 생길 수 있다.

- 잘하는 법 / 못하는 법

- 현실적으로 하는 법 / 비현실적으로 하는 법

- 빠르게 하는 법 / 느리게 하는 법

- 제대로 하는 법 / 어설프게 하는 법

- 싸게 하는 법 / 비싸게 하는 법

- 쉽게 하는 법 / 어렵게 하는 법

- 예쁘게 하는 법 / 이상하게 하는 법

- 깨끗하게 하는 법 / 더럽게 하는 법

- 덜 하는 법 / 더 하는 법

- 현명하게 하는 법 / 바보처럼 하는 법

- ~하게 하는 법 / ~ 안 하게 하는 법

- 맛있게 하는 법 / 맛없게 하는 법

- 간단하게 하는 법 / 복잡하게 하는 법

- 구별하는 법 / 구별 못 하는 법

- 피하는 법 / 못 피하는 법

- 혼자서 하는 법 / 여럿이 하는 법

- 적게 하는 법 / 많이 하는 법

- 미친 듯이 하는 법 / 게으르게 하는 법

- 진짜 방법 / 가짜 방법

- 해결하는 법 / 해결 못 하는 법

- 없애는 법 / 유지하는 법 / 생기게 하는 법

- 좋아지는 법 / 나빠지는 법

어설프게 하는 법, 나빠지는 법, 해결 못 하는 법 등은 부정적 측면이라 어떻게 풀어야 할지 난감할 수 있다. 사람들에게 경고나 주의를 주는 형식으로 풀어보면 어떨까? 예를 들어 "머리 땋을 때 이렇게 하면 어설퍼집니다.""빠른 시간 내에 건강이 나빠지는 법, 제발 이렇게 하지 마세요!""현관문 번호키 고장 났을 때 절대 해결하기 어려운 상태, 어설프게 만지지 말고 전문가를 부르세요." 이런 식으로 풀어낼 수 있다.

사람은 본능적으로 손해를 피하고 싶어 한다. '○○하세요'보다 '○○

하지 마세요'에 더 관심을 가지는 경우가 많다. 게으르게 하는 법, 바보처럼 하는 법, 맛없게 하는 법, 더럽게 하는 법 등은 의외의 호기심을 불러일으킬 수도 있다. 엉뚱한 발상으로 재밌게 풀어나가는 콘셉트가 될 수도 있다. 'OO하는 법'과 'OO하지 않는 법'은 동전의 양면처럼 자유자재로 적용할 수 있는 글감 방식이니 활용해보길 바란다. 'OO하는 법'에 부사와 형용사를 활용해서 여러 가지로 변신시켜보자. 브레인스토밍을 해보자.

9. 언론사, 검색포털 등에서 인기 콘텐츠 찾아보기

사람들의 관심사에서 글감을 찾아보는 방법이다. 인기 콘텐츠를 자기만의 방식으로 풀어내면 훌륭한 글감이 된다. 내가 인기 콘텐츠를 찾을 때 사용하는 사이트를 5가지 공유한다.

1. 네이버 지식백과(terms.naver.com): 조회수 많은 표제어, 신규 표제어

2. 네이버 카페: 인기 글

3. 네이버 포스트: TOP100, 루키100

4. 네이버 주제 홈에서 인기 콘텐츠 확인

  - 네이버 연예 홈(entertain.naver.com/home)

  - 네이버 스포츠 홈(sports.news.naver.com)

5. 시그널 실시간 검색어(signal.bz): 실시간 인기 검색어를 확인할 수 있는 서비스

6. 유튜브: 로그아웃한 상태나 시크릿 모드에서 홈 화면 인기 콘텐츠 확인(로그인

하면 나의 취향이 반영되므로, 취향이 반영되지 않은 환경에서 콘텐츠를 확인하기 위함)

10. 연관어를 검색해 글감 발굴하기

연관어를 검색해보면 다양한 아이디어를 얻을 수 있다. 인공지능 챗봇과 바이브컴퍼니에서 운영하는 썸트렌드(some.co.kr)를 활용해보자. 썸트렌드는 키워드를 입력하면 사람들이 많이 검색한 순서로 연관어를 제시해준다. 여러모로 유용한 도구이니 활용해보길 추천한다.

썸트렌드의 키워드 연관어

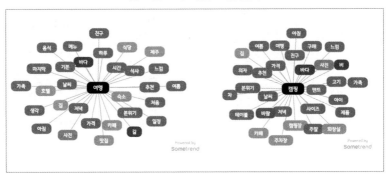

다음은 구글 인공지능 챗봇 '바드(bard.google.com)'에 "'여행'에 관련된 연관어 100가지를 추천해줘"라는 주문으로 얻은 결과다. 구글, 마이크로소프트, 네이버 등에 챗봇이 있으니 글감 아이디어를 생성하는 데 도움을 얻어보자. 단, 챗봇은 100가지 키워드를 요구해도 원하는 가짓수를 항상 충족하는 것은 아니니 이 부분은 감안하길 바란다.

구글 챗봇 바드의 여행 연관어

여행	자연	열기구	역사 유적
관광	문화	헬기	자연유산
휴가	역사	기차	문화유산
힐링	음식	버스	세계문화유산
재충전	쇼핑	렌터카	세계자연유산
모험	숙박	택시	생태 보호 지역
발견	교통	배	보호 지역
새로운 경험	액티비티	비행기	야생동물 보호 구역
배움	여행사	관광지	국립공원
교류	항공사	박물관	국립 해양 공원
추억	호텔	미술관	국립 산림 공원
즐거움	리조트	성지	국립 사막 공원
행복	캠핑	사찰	국립 습지 공원
자유	백패킹	교회	국립 숲 공원
여유	트레킹	사원	국립 산맥 공원
편안함	등산	첨탑	국립 강 공원
설렘	낚시	성벽	국립 호수 공원
기대	스키	궁전	국립 해안 공원
만족	스노보드	성	국립 빙하 공원
감동	수영	요새	국립 폭포 공원
경이	서핑	성곽	국립 온천 공원
신비	요트	고성	국립 광산 공원
아름다움	카약	유적지	국립 동물원
평화	패러글라이딩	유적	국립 식물원
	짚라인	유물	
		고대 유물	

미국의 소아과 의사이자 시인인 윌리엄 윌리엄스William Williams는 "눈 가득 담고, 귀 가득 담고, 담은 건 놓치지 말라"고 했다. 가장 확실한 글감 레이더는 당신의 오감五感이다. 자신의 오감을 그릇이라 여기고 하나씩 절묘하게 담아보자. 그러다 보면 오감부터 모든 감각이 되살아나 결국 콘텐츠 감각까지도 남다르게 성장할 것이다.

플랫폼의 톤앤매너를 알면
콘텐츠 만들기가 쉬워진다

유튜브 vs. 블로그 vs. 인스타그램, 이렇게 다르다

유튜브, 블로그, 인스타그램은 모두 소셜 미디어지만, 각각의 특징과 장단점이 다르다.

어떤 플랫폼을 선택할지는 자신의 목표와 타깃 오디언스audience에 따라 다르다. 예를 들어 많은 사람에게 도달하고 싶고 시각적인 콘텐츠를 선호한다면 유튜브가 좋은 선택이다. 글을 읽고 싶어 하는 사람들에게 도달하고 싶고 콘텐츠 생성이 쉬운 플랫폼을 원한다면 블로그가 좋은 선택이다. 시각적인 콘텐츠를 선호하는 사람들에게 도달하고 싶고 콘텐츠 생성이 쉬운 플랫폼을 원한다면 인스타그램이 좋은 선택이다.

유튜브, 블로그, 인스타그램의 특징

특징	유튜브	블로그	인스타그램
콘텐츠 유형	동영상	텍스트, 이미지, 동영상	이미지, 동영상
타깃 오디언스	시각적인 콘텐츠를 선호하는 사람	글을 읽고 싶어 하는 사람	시각적인 콘텐츠를 선호하는 사람
콘텐츠 생성 난이도	높은 편	낮은 편	낮은 편
노출 범위	넓은 편	좁은 편	좁은 편
수익 창출	가능	가능	일부 가능
클릭을 유발하는 중요 요소	섬네일, 호기심 유발	검색어	사진, 해시태그

시각 콘텐츠를 선호하는 사람은 눈요깃거리나 여가 시간을 재밌게 보내고 싶은 니즈가 더 크다. 반면 텍스트를 선호하는 사람은 명확한 정보를 빠르게 확인하고 싶거나 깊은 맥락적 이해를 풍부하게 하고 싶은 니즈가 더 크다.

소위 '떡상'하는 콘텐츠의 메커니즘도 다르다. 블로그는 검색창에 검색어를 입력해서 찾는 원리이기 때문에 인기 있는 검색어를 잘 사용해서 유익한 정보를 구색에 맞게 전달하는 게 중요하다. 반면 유튜브는 검색 기반보다는 탐색 기능과 추천 동영상을 통해 인기를 끄는 경우가 대부분이다. 즉, 유튜브 알고리즘이 특정 동영상을 좋은 동영상으로 인식하고 추천해주는 원리인 것이다. 유튜브 알고리즘은 단 한 번도 공개된 적이 없지만 인기 유튜버가 공통적으로 말하는 '좋은 동영상으로 추천되기 위한 중요 지표 3가지'는 시청 지속 시간, 공유와 저장률, 노출 클릭률이다. 316만 유튜버 지무비에 의하면, 이를 위해서는 기획과 대본은 필수라고 한다.[6] 기획과 대본 없이 좋은 콘텐츠를 만들기는 매우 어렵다는 그의 말에 나도 동의한다.

유튜브 제목 vs. 블로그 제목, 이렇게 다르다

인스타그램은 제목이 없으니 제외하고, 유튜브와 블로그 제목 짓는 법을 알아보겠다. 유튜브는 시각 매체이므로 제목 워딩보다는 섬네일이 클릭을 부르는 결정타다. 즉, 유튜브는 섬네일만 잘 만들어도 클릭을 부를 수 있다는 말이다. 물론 섬네일만 기가 막히고 내용은 별로면 안 된다는 점은 상식적으로 알고 있으리라 믿는다. 섬네일을 충분히 커버하

유튜브 제목과 블로그 제목의 특징

특징	유튜브	블로그
제목과 섬네일의 중요도	둘 다 중요하지만 섬네일이 결정적	제목은 검색을 위해서 중요, 섬네일은 클릭을 위해서 중요
타깃 오디언스	범위를 넓게 설정	범위를 좁게 설정
제목 느낌	설명하지 말고 궁금하게 만들기	키워드를 중심으로 구체적으로 표현하기

는 내용은 필수다. 블로그는 섬네일과 제목이 모두 중요하다. 제목은 검색을 위해서, 섬네일은 클릭을 위해서다. 둘 중 무엇이 결정적이냐고 하면 블로그는 검색 기반이기에 제목이 좀 더 중요하다고 하겠다.

잘 팔리고 싶다면 제목 이렇게 지어라

유튜브 제목과 블로그 제목, 그 차이를 눈치챘는가? 유튜브 제목은 어휘가 다양하지 않아도 괜찮다. '와 미친' '이것' '충격적인' '경악'과 같

유튜브와 블로그의 제목 예시

유튜브식 제목	블로그식 제목
이 영상을 보고 나면, 당신의 삶은 180도 바뀔 것입니다	30대 직장인, 인생에 교훈을 주는 9가지 명언
역대급 간장게장, 먹다가 울었다	간장게장 담그는 황금레시피 꽃게 간장게장 냉동꽃게요리
와… 이거 아는 사람만 챙겨갔네요. 없어지기 전에 현금 받아 가세요.	한전 에너지 캐시백 신청 전기요금 할인받는 방법
이거 한 번이라도 먹었다면 꼭 보세요. 완전 속고 있었네요.	편의점 쌍화탕과 약국 쌍화탕의 차이점, 알고 계셨나요?
53세 아저씨는 먹다 몸져 누웠습니다	박명수&쯔양 유튜브 합동방송, 박명수 먹다가 몸져 누운 이유는?
여기가 한국 맞나요? 숨겨진 인생샷 명소 공개	충남 공주 가볼 만한 곳, 수국축제

은 강렬한 호기심을 자극하는 표현과 함께 섬네일을 버무리면 클릭을 부를 가능성이 높다. 반면 블로그는 어휘가 다양해야 유리하다. 특정 검색 결과를 찾고 있는 사람들에게 발견되기 위한 제목을 쓰는 게 좋다. 이 차이를 알고 있으면 도움이 될 것이다.

그렇다고 해서 유튜브와 블로그의 제목이 완전히 다른 패턴인 것은 아니다. 어디에 써도 효과적인 제목 패턴도 있다. 대표적으로 다음과 같다.

유튜브와 블로그에 둘 다 통하는, 클릭을 부르는 제목 패턴 7가지

1. 강렬한 호기심을 자극하는 제목

- 조기 축구에 국가대표가 분장을 나온다면?
- 지금 냉장고에 애호박이 있다면 무조건 이렇게 드세요, 제발
- ○○○, 당신이 몰랐던 10가지 사실
- 전 세계에 있는 수상한 표지판들의 진짜 정체
- "전문가들도 깜짝 놀랐다" ○○○의 진실
- 와 미쳤다! 넷플릭스에서 내려가기 전에 꼭 봐야 할 꿀잼 드라마 1위

2. 숫자를 사용한 제목

- 성공하는 사람들은 3가지를 모릅니다
- 한국 부모 99%가 잘못 쓰는 위험한 영어 교육법

- 지하실 단칸방에서 연봉 10억 사업가를 있게 한 인생책 3권

- 월 1,000만 원 버는 사업 아이디어 3가지

- 1년 동안 사용한 극강의 가성비 9만 원짜리 공기청정기

- 20대 짠순이의 저축률 높이는 3가지 방법

- 수국 20배 많이 보는 가지치기 5단계

3. '이유'가 들어간 제목

- 우리가 다이어트에 항상 실패하는 이유

- 외국인들이 한국에 살고 싶어 하는 이유는?

- 내 인생이 내 마음대로 되지 않는 이유

- 진짜 이런 이유로 자퇴를 한다고?! 요즘 학생들이 말하는 자퇴 이유

- 몇 년째 같은 토너 쓰는 이유

- 유산균을 먹어야 하는 진짜 이유

4. 위기감을 조성하는 제목

- 장마철 비의 무서움을 직접 확인하세요

- 집 안에서 키우면 절대 안 되는 식물들

- 청약통장 지금 깨면 큰일 납니다

- "함부로 했다간 큰일 납니다" 알고 나면 소름 돋는 사실

- '이 유형' 사람들의 99%는 인간관계가 쉽지 않습니다

- '이 3가지'만 조심하면 말년에 재물복 터질 확률 99%

5. 시급함을 강조한 제목

• 가전 80% 싸게 살 수 있는 꿀정보! 서두르세요, 3시간 남았어요

• 다이소 신상 입고 즉시 품절 서두르세요! 다이소 추천템 3가지

• 예쁘다고 소문나 품절대란 조짐 보이는 원피스

• 사람들이 편의점 품절 전에 사려고 달려간 맛있는 신상

• SNS 보고 열등감 느껴질 때 지금 당장 해야 할 일

• 정신과 의사가 말하는, 지금 당장 방 청소해야 하는 이유

6. 집단 심리를 자극하는 제목

• 아들 엄마 10명 중 9명이 이것 때문에 고민합니다

• 서울대 100명 중 99명이 노력보다 강조한 이것

• 부산시민 10명 중 8명은 강력 추천한다는 레전드 맛집

• 요즘 40대라면 모르는 사람 없다는 최고의 재테크 방법

• 이미 2,476명이 주문해주셨습니다

7. 말끝을 흐리는 제목

• 마흔에 둘째를 낳아 3년을 키워보니…

• 인공지능 챗봇에 충격적인 소설을 써달라고 했더니…

• 100년을 살아보니…

• 90대 어르신에게 살면서 가장 후회되는 점을 물어보니…

• 매달 여윳돈 10만 원 여기에 넣었더니, 결과가…

제목 패턴은 꾸준히 진화하니 자신이 하려는 플랫폼에서 정기적으로 검색을 하며 마음에 드는 제목을 수집해보자. 이 7가지 패턴은 익히 알려진 패턴이기도 해서 오히려 패턴을 벗어난 제목이 색다르게 느껴져 인기를 끌 수 있다는 점도 명심하자.

경험치에 따라
콘텐츠 제작하는 법

이제 콘텐츠를 제작해보자. 편의상 초심자, 중급자, 숙련자로 나누겠다. 실제로 가르쳐보니 경험치에 따라서 필요한 것이 달라서 나눈 것이지, 우열을 가리기 위한 의도는 전혀 없다. 태도와 실력을 갈고닦지 않으면 숙련자도 언제든지 다시 초심자가 될 수 있는 곳이 콘텐츠 세계다.

또한 콘텐츠 만드는 법을 '글쓰기'로 표현했음을 양지하길 바란다. 왜냐하면 모든 콘텐츠는 글쓰기를 통해 기획하고 정리해서 제작하기 때문이다. 화면만 켜놓고 아무 준비 없이 수다만 떠는 것 같은 콘텐터도 사실은 준비가 되어 있다는 점을 명심하자. 보이는 게 다가 아니다. 쉽게 말해 글쓰기를 못 하면 콘텐츠도 못 한다. 콘텐츠는 글쓰기의 변주다. 제작 전반에 글쓰기 기술이 필요하다. 글을 쓸 수 있다면 텍스트부터 이미지, 음성, 영상 등 거의 모든 콘텐츠 유형을 제작할 수 있다. 그럼 시작하겠다.

단 한 번도 글을 써본 적이 없는
초심자를 위한 콘텐츠 작성법 7가지

여기서 소개하는 7가지 사이클을 매주 반복하자. 이것만 반복해도 크게 성장한 자신을 발견할 수 있을 것이다.

1. 내가 사용하려는 플랫폼의 도구 익히기

블로그라면 블로그 글쓰기 툴을 익히고, 유튜브라면 유튜브 스튜디오에서 어디에 제목을 쓰고, 내용을 쓰고, 업로드를 하는지 연습해보자.

2. 내가 무엇을 쓰든 사람들은 관심 없다는 점을 인지하기

생각보다 타인은 당신에게 관심이 없다. 뭘 올리면 누가 볼까 봐 두려워서 못 하는 사람이 많은데 과도한 걱정이다. 역으로 아무도 보지 않아서 낙담하는 사람도 많다. 지금은 연습하는 시간이다. 손흥민처럼 되고 싶어서 축구를 시작한 10살 소년이 있다고 치자. 누가 보든 말든 달리고 발로 차야 몸에 익는다. 지금 당신에게 지나가는 사람의 시선이 중요한가, 실력 키우기가 중요한가? 우물쭈물하지 말고 연습에 집중하자.

3. 일주일 단위로 소재 계획 세우기

책상 앞에 앉아서 소재를 고민하다 보면 어느새 1~2시간이 획 지나가 버린다. 일주일 단위 혹은 한 달 단위로 쓸 만한 글감을 최소 5가지 적어보자. 5가지 중에 끌리는 것부터 우선적으로 쓰자.

4. 메모 습관 들이기

계획은 책상 앞에 앉아서 세울 필요가 없다. 스마트폰이나 메모지면 충분하다. 아이디어는 불쑥 찾아온다. 거리를 걷다가, 차를 타고 이동하다가, 밥을 먹다가, 용변을 보다가 떠오르는 영감을 1분 내로 기록하자. 나는 카카오톡 '나와의 채팅' 기능을 요긴하게 사용한다.

5. 매일 일정하게 글 쓰는 습관 들이기

내가 추천하는 방법은 매일 하는 습관에 글쓰기를 붙이는 방법이다. 나는 매일 커피 마시는 시간이 있다. 커피에 글쓰기를 붙였다. 그래서 커피를 마실 때면 자동으로 글을 쓴다. 과학적으로도 검증된 방법이니 습관을 들여보자. 습관이 된 노력을 실력이라고 부른다.

6. 내가 하는 일에 '○○하는 법' 붙여서 쓰기

'저녁에 산책 다녀왔어요'를 '직장인이 저녁에 산책하는 법'으로 고치면 글쓰기 톤이 달라진다. 뇌의 입력값이 달라지기 때문이다. 전자는 뇌회로에서 오늘 있었던 일을 떠올리게 하지만, 후자는 남들에게 도움을 줄 방법을 떠올리게 한다. '일기'에서 '정보'로 바뀌는 것이다. 배달 음식 시켜 먹었다고 하지 말고, 배달 음식 시켜 먹는 법을 써보자. 모자 샀다고 쓰지 말고, 모자 고르는 법을 써보자. 그걸 누가 궁금해하겠냐고 생각하겠지만 일기보다는 확실히 도움이 될 것이다. 'OO하는 법'은 경험을 정보로 바꾸는 아주 간단한 글쓰기 방식이다.

7. 리뷰 자주 쓰기

리뷰는 단순히 상품 후기가 아니다. 그 상품을 선택한 이유, 경험담, 사용 중 있었던 에피소드, 사용 후 만족도 등 나중에 원고료를 받고 제품 소개를 한다는 생각으로 글을 써보자. 사진, 동영상 등 시청각 자료도 곁들이자. 여행 리뷰, 맛집 리뷰, 관람 리뷰, 강의 리뷰, 방송 리뷰 등 다양한 리뷰를 쓰다 보면 미처 몰랐던 취향을 발견하기도 한다. 초심자에게 리뷰는 가장 좋은 글쓰기 연습이다.

물리적 도구 사용이 익숙하고 50편 이상 제작 경험이 있는 중급자를 위한 콘텐츠 작성법 7가지

1. 어떤 숙련이 필요한지 적으면서 판단하기

어떤 사람이 중급자라고 딱 집어 규정할 수는 없다. 내가 보기엔 중급자인데도 자신을 초심자라고 하는 사람도 있고, 내가 볼 땐 숙련자인데도 중급자라고 생각하는 이도 있기 때문이다. 여기서는 도구 사용 방법 및 콘텐츠 발행 과정을 익힌 상태에서 50편 이상 제작해본 사람을 중급자로 지칭하겠다.

내가 본 중급자는 크게 3가지 유형이 있다. 첫째, 콘텐츠 제작에 재미를 붙이고 꾸준히 실행하는 유형, 둘째, 계속할까 주제를 바꿔볼까 하며 고민하는 유형, 셋째, 휴식하거나 중단하거나 그만두는 유형. 만일 두 번째나 세 번째 유형에 해당한다면 자신이 어려워하는 지점이 뭔지, 원하는 건 뭔지, 어려워하는 지점을 해결하려면 어떻게 하면 좋을지, 원하는 것을 이루려면 어떻게 해야 할지 등을 적어보자. 직접 적는 것과 머리로만 막연하게 떠올리는 것은 하늘과 땅 차이다. 반드시 적으며 생각하자.

2. 연재물 만들기

3편 이상 이어지는 글을 써본다. 연재물은 자신의 가능성을 실험할 수 있는 기회이자, 독자들에게 다음 편을 궁금하게 하는 기대감을 준다.

3. 전문적인 자료조사 연습하기

자신의 경험이나 지식으로만 쓰려면 분명히 한계가 온다. 신문 기사, 전문칼럼, 타인이 써둔 글이나 콘텐츠, 정부 부처 사이트, 전문 홈페이지 등을 찾아서 자신이 쓰려는 글에 살을 붙이고 전문성을 살릴 수 있는 자료를 풍성하게 넣어보자.

4. 자료를 연결해서 쓰기

자료에 자기 생각을 연결하거나, 인용을 할 수 있다면 입체적인 글을 쓸 수 있다. 인용은 자신이 쓴 글을 뒷받침해주는 증거자료나 공신력 있는 사람의 말을 써보자. 혼자 주장하는 것과 공신력 있는 사람이 주장하는 것은 신뢰도가 다르다.

자료는 최소한으로 사용하고 반드시 출처를 밝혀야 한다. 출처를 밝히더라도 사용 불가한 자료도 있으니 찾아둔 자료의 저작권 표기가 어떻게 되어 있는지 확인하자. 다른 사람이 자료를 연결해 쓴 글을 많이 읽어보면 도움이 된다.

5. 공들인 '효자 글' 쓰기

'효자 글'은 유행을 타지 않고 자신이 추구하는 콘셉트가 담겨 있는 인기 콘텐츠를 말한다. 분량이 긴 글이 반드시 좋은 글은 아니지만, 분량이 짧은 글은 시를 제외하고는 읽을 만한 게 별로 없는 것이 사실이다. 2,000자 이상 자신의 경험이나 지식을 공들여 정리한 글쓰기를 적어도 일주일에 1회는 해보면 좋다. 긴 글을 줄이기는 쉬워도 짧은 글을 늘리는 것은 난이도가 높다. 어떤 사람은 1가지 주제에 대해서 밤새도록 떠들 수 있다며 자신하기도 한다. 그런데 막상 써보면 A4용지 1장 채우기도 어려워한다. 왜 그럴까? 비슷한 말을 반복하면서 자신이 새로운 이야기를 하고 있다고 착각하기 때문이다. 했던 말을 또 하는 방식으로는 누구나 1가지 주제에 대해 길게 떠들 수 있다. 중언부언하지 않고 오래 떠들 수 있느냐가 관건이다. 긴 글쓰기는 책이나 강의로 연결될 수 있는 좋은 연습이다.

6. 글의 구성을 염두에 두고 쓰기

'도입부 – 본문 – 마무리' 구성을 떠올리며 글을 쓰자. 글은 두괄식으로, 가장 중요한 내용이나 결론부터 쓰는 것이 좋다. 사람들은 바쁘다. 초반 2~3초 동안 자기가 필요하다는 생각이 들지 않으면 나가버린다. 시작하는 부분에 흥미로운 사실, 핵심 내용을 압축한 문장, 공감대가 들어가면 후반부까지 읽을 확률이 높다.

유튜브도 똑같다. 초반이 중요하다. 초반은 예고편, 중후반은 예고편을 풀어내는 부분이다. 예고편과 본편이 어우러진 영화가 흥행하듯이, 맛보기와 콘텐츠의 조화를 신경 쓰자.

7. 화제성 글 주 1회 이상 쓰기

지금 가장 핫한 주제는 무엇일까? 화제와 내 분야를 결합해서 글을 쓰자. 예를 들면 지금 스타벅스 신상 메뉴가 인기 있다고 치자. 요리 주제에 스타벅스 신상 메뉴를 붙이면 어떻게 될까? '스타벅스 신상 메뉴 먹어봤어요' '집에서 스타벅스 신상 메뉴 따라 하기' 등이 가능할 것이다. 운동, 여행, 재테크 분야라면 어떻게 결합할 수 있을까?

• **운동:** '스타벅스 신상 메뉴 무려 1,300칼로리? 칼로리 태우는 운동'

- **여행**: '여행지에서 마셔본 스타벅스 신상 메뉴' '하와이 여행 가고 싶은 맛, 스타벅스 신상 메뉴 리뷰'
- **재테크**: '요즘 핫한 스타벅스 신상 메뉴, 먹지만 말고 스타벅스 주식 배당 알아보자'

이런 식으로 자신이 속한 분야에 화제를 붙일 방법을 연구하자. 이게 바로 숙련자로 가는 지름길이다.

100편 이상 제작 경험이 있으며 작정하면 할 수 있는 숙련자를 위한 콘텐츠 작성법 7가지

1. 원하는 것을 실제로 이뤄보기

숙련자부터는 원하는 것을 현실로 이룰 수 있는 단계다. 앞서 수익화의 다양한 방법을 알아봤다. 팔로워가 많지 않아도 수익화는 가능하다. 어디에 집중할지 2가지 정도 정해보자. 출간을 원한다면 원하는 책을 구상하고 목차를 써보자. 글을 N분의 1로 나눠 연재해보자. 눈에 띈다면 출간 제안을 받을 수도 있고, 눈에 띄지 않는다고 해도 그 글을 모아 투고를 할 수 있다. 전자책 쓰기, 강의 구상, 사업 구상 등도 이 단계에서 적극적으로 해보자.

2. 설득력 있는 글쓰기 연습하기

1번을 이루려면 설득력 있는 글쓰기는 필수다. 설득력은 가치 제공, 진정성, 근거를 통한 논리적 전개, 한 번에 1가지만 말하는 원 포인트, 감수성을 통해 갖출 수 있다. 『어떻게 원하는 것을 얻는가Getting More』에 따르면, 협상을 할 때 내용이나 절차보다는 호감이나 신뢰처럼 인간적인 요소가 합의를 이끌어낸 경우가 50% 이상이었다고 한다. 지금까지 자신이 쌓아온 콘텐츠와 신뢰를 바탕으로 진솔하게 다가가는 것도 방법이다.

3. 다양한 채널에 원소스 멀티유즈로 콘텐츠 발행하기

1가지 소스로 여러 채널에 콘텐츠를 발행하는 것을 '원소스 멀티유즈one source multi-use'라고 한다. 꽤 오래된 방법이다. 블로그 글을 카드뉴스로 만들어 인스타그램에, 영상으로 제작해 유튜브에 올리는 식이다.

전 세계적으로 명성이 자자한 마케터 게리 바이너척Gary Vaynerchuk은 2019년 11월 14일 자신의 홈페이지(garyvaynerchuk.com)에 '하루에 64개 콘텐츠를 만드는 방법How To Make 64 Pieces Of Content In A Day'이라는 글을 썼다. 인스타그램, 트위터, 링크드인, 틱톡, 페이스북, 유튜브 등에 쉽게 콘텐츠를 올리는 방법이라고 한다. 가령 트위터에 1~2문장 정도 글을 쓰고, 그 글을 캡처해 인스타그램에 올리는 것이다. 이때 주의사항은 플랫폼마다 톤앤매너가 다르므로 플랫폼 느낌에 맞게 조정해야 한다고 한다. 방법이 64개나 되다 보니, 보다 보면 응용해볼 만한 내용이 보인다. 단, 그는 사업가이고 유명인이라는 점은 감안해야 한다. 홍보할 것이 없고 유명하지 않은 사람이 적용해도 성공하리라는 보장은 없다. 다만 가벼운 마음으로 다작을 할 수 있다는 점에서 참고할 만한 모델이라고 생각한다.

4. 협업하기

소상공인, 기업, 콘텐터들과 협업 기회를 만들어보자. 서로의 콘텐츠에 출연하며 기여하는 것도 방법이고, 공동구매나 제휴 마케팅을 해볼 수도 있을 것이다. 이런 경험을 통해서 자신이 선호하는 것을 구체화할 수 있다. 뜻밖의 기회도 생긴다. PPT나 PDF 형식으로 구색을 갖춘 자기소개서와 제안서를 항상 갖춰두는 것도 방법이다.

5. 독자와의 약속 지키기

자신을 찾아오는 사람이 늘어나는 시기다. 숙련자부터는 규칙적으로 콘텐츠를 업로드하는 것이 기존 구독자를 지키고 신규 구독자를 늘리는 방법이다.

6. 고품질 콘텐츠 업로드 횟수 늘리기

숙련자가 될수록 쌓아둔 콘텐츠가 많다는 이유로 느슨해질 수 있다. 숙련자일수록 업로드 횟수를 늘리는 연습을 해야 한다. 이렇게 할 수 있느냐 없느냐에 따라서 급성장하느냐 마느냐가 갈릴 수 있다. 나는 구독자가 1만 명이 넘었을 때 매주 1회 정기 연재를 했고 4만 명까지 빠르게 성장했다. 이전까지는 내가 쓰고 싶을 때 썼다. 매주 1회 연재 약속을 1년간 지켰더니 급성장할 수 있었다. 나뿐만 아니라 많은 콘텐터가 공통적으로 하는 말이니 기억하자.

7. 끝까지 가보기

포기하지만 않아도 상위 10%다. 대부분의 사람이 중간에 그만두기 때문이다. 숙련자의 길에 들어섰다면 끝까지 가보자는 마음으로 임하자. 그 끝이 어딘지는 오직 당신만 안다. 남이 끝이라고 해도 내 성에 안 찬다면 끝이 아닐 수도 있다. 끝까지 가보는 경험은 당신의 인생에 잊을 수 없는 감명을 줄 것이다.

콘텐츠를 만들 때
자주 묻는 질문들

Q. 내 일상을 어디까지 드러내야 할지 모르겠어요

어느 선까지 다룰지는 매우 개인적인 영역이라 자신의 선택에 달렸다. 자신이 감당할 수 있는 만큼만 드러내라는 것이 내 생각이다. 나는 콘텐츠를 만들 때 '일상 생중계형'으로 하지 말라고 권하는 편이다. 자기 일상의 아무 순간이나 툭툭 찍어서 즉석사진처럼 공유하면 무조건 반응이 좋을 거라고 여기는 사람이 있다. 아무 의미 없는 일상을 공유하는 건 본인이나 타인에게 도움이 안 된다. 특히 '내가 이 정도로 잘산다'식의 과시형 일상 공유는 부작용의 소지도 있다. 콘텐츠와 공유 사이에는 공간이 있다. 잠시 그 공간에 멈춰서 발행해도 될지 3분만이라도 숙고해보자.

또 하나, 가족이나 직장동료 등 지인을 소재로 다룰 때는 이 글을 통해 인간관계에 갈등이 일어나지는 않을지를 염두에 두자. SNS가 개인 일기장이라면서 공개적으로 불편한 이야기를 남기는 사람이 있다. 만천하에 공개하는 일기장이 있을까? 누구나 마음만 먹으면 볼 수 있도록 설정해뒀다면 공적인 성격을 부여했다고 봐야 옳다. 한 번 본 글은 당사자에게 쉬이 잊히지 않는다. 미담이어도 공개를 원치 않는 사람도 있다. 하물며 뒷담화나 혐오, 분란 조장은 특별히 주의해야 한다.

Q. 아무 소재나 다 다뤄도 되는 건가요?

폭넓은 소재를 고민하는 것도 좋지만, 플랫폼마다 하지 말라고 공식적으로 언급한 원칙이 있다. 해당 플랫폼 고객센터에서 찾아보면 된다. 네이버는 블로그에서 공식적으로 언급한 금지 업종과 키워드가 있다. 먼저 네이버 검색광고에서 병원, 의원, 금융, 보험 등이 금지 키워드로 공지되어 있다. 「의료법」 제56조 제1항에 의하면, 의료 광고는 의료기관의 장이나 의료인만 할 수 있다.[7] 아무런 대가 없이 실제로 효과를 보고 정말 좋아서 병원 후기를 썼다고 하더라도 해석의 여지가 발생할 수 있는 소재다.

절대 쓰면 안 되는 표현도 있다. '최고' '최상' '100%' 같은 과대·과장성 단어, '마약' '도박' 같은 유해 단어 등이다. 하지 말라는 건 안 하는 게 좋다. 콘텐츠를 운영하다 보면 유혹의 손길이 있을 수 있다. 법률이나 플랫폼 정책상으로 문제의 소지가 될 수 있는 주제와 소재는 조심하길 바란다. 조심도 아니고, 그냥 하지 않길 권한다.

글감을 표현할 때 문제의 소지가 없는지도 확인해보면 좋다. 예를 들어서 제주 여행 콘텐츠를 만들었는데 "제주바다 해변 돌이 예뻐서 집에 가져왔어요"라고 말했다고 치자. 제주도 자연물을 반출하는 건 불법이다. 해당 콘텐츠의 완성도가 아무리 높더라도 저 대목 때문에 콘텐츠를 신뢰하기 어렵다. 콘텐츠를 만들다 보면 자연스럽게 공부를 하게 되고 세상사에 빠삭해진다. 겁부터 내지 말고 확인하는 습관을 기르며 업그레이드 인간이 되자.

Q. 계절에 맞는 소재를 찾는 팁이 있을까요?

콘텐터는 1년의 사이클과 패턴을 아는 게 중요하다. 그것이 곧 트렌드이자 소재 발굴이기 때문이다. 입춘이 되면 사람들은 봄 이야기를 시작한다. 실제 입춘 당일은 추울 때가 많다. 아직 겨울이기 때문이다. 하지만 대중은 심리적으로 겨울이 끝났다고 느낀다. 그런데 입춘에도 겨울 소재를 신나게 이야기한다면 어떻게 될까? 입춘에는 패딩 세탁하기, 겨울옷 정리하기 등 겨울을 정리하고, 꽃샘추위에 대비하는 내용이 들어가면 적절하다.

절기를 알면 좋다. 내가 방송 소재를 찾을 때도 도움이 되었던 방법이다. 인터넷에 찾아보면 절기를 정리해둔 표가 있다. 특히 요리 블로거는 계절과 절기를 신경 쓰면 소재 걱정을 덜 수 있다. 대보름에는 보름나물을 해 먹고 땅콩, 호두 등 부럼을 먹는다. 이게 다 소재다.

2~4월은 봄 이야기, 5~8월은 여름 이야기, 9~10월은 가을 이야기, 11~1월은 겨울 이야기. 이런 패턴으로 1년이 돌아간다고 보면 된다. 지구온난화 때문에 예전과 조금 달라졌다. 예전에는 봄 하면 5월까지였

는데 이제 5월 초만 되어도 반팔을 입는다. 계절 감각은 자연과 사람들 옷차림으로 느껴보라. 내가 추우면 다른 사람도 춥고, 내가 벚꽃을 기다리면 다른 사람도 벚꽃을 기다린다는 걸 기억하라. 세상 돌아가는 사이클 속에서 소재를 적재적소에 녹인다고 생각하자.

Q. 잘 썼는지를 어떻게 판단해야 할까요?

좋은 콘텐츠는 자신이 전달하려는 메시지가 보는 이에게도 비교적 곡해 없이 전달되는 것이다. 양떼목장 리뷰를 왜 쓰는가? "여기 가봐요. 내가 갔다 왔는데 좋더라고요"를 전달하려고 쓴다. 책 리뷰는 왜 쓰는가? "이거 읽어보세요. 제가 읽어봤는데 명저예요." 내가 뭘 전달하려는 것인지가 가장 중요하다. 채널이 뭘 전달하려는 채널인지, 채널 속의 콘텐츠 하나하나가 뭘 전달하려는 건지 명료하면 좋다. 잘 쓴 글은 수려한 문장이 아니다. 잘 쓴 글은 구체적이다. 뭘 말하려는 건지 확실하다. 서툰 문장이더라도 말하려는 걸 명확히 하는 연습을 해보자. 쓰다가 길을 잃었을 때는 다시 처음으로 돌아가 자신에게 묻자. "내가 뭘 말하려고 했지?"

Q. 개인적으로 글을 시작할 때와 끝낼 때 어색한 느낌 없이 하고 싶은데, 이건 글쓰기 연습으로 커버가 될지 요령이 필요한 건지 모르겠어요

자, 이건 간단하다. 글쓰기를 꾸준히 해본 적이 없는 사람일 확률이 높다. 우리의 일상을 보자. 하다가 안 하든, 안 하다가 하든, 둘 다 어색하다. 5일 회사에 가다가 주말 2일 쉬고 나면 월요일이 어색하다. 그것과 똑같다. 그런데 글쓰기만은 어색하다는 이유로 피한다. 이건 그냥 삶의 지극히 평범한 원리인데 말이다. 어색함을 벗는 아주 간단한 방법은 글쓰기를 계속하는 것이다. 월요일이 어색하다고 출근을 안 하면 어떻게 될까? 영원히 어색하지 않을까? 어색하기만 하면 다행이다. 뒷 감당은 어떻게 할 건가? 그냥 하면 된다. 막상 출근하면 다시 익숙해지는 것처럼.

내가 추천하는 방법은 자신이 매일 하는 일에 글쓰기를 붙이는 방법이다. 이건 심리학적으로 증명된 습관법이다. 나는 커피 마시기에 글쓰기를 붙였다. 모든 일이 안 하다가 하면 어색한데도 유독 글쓰기는 어색하다는 이유로 그만둔다. 그래서 글 쓰는 사람은 소수이고 그들의 기회는 많아진다.

Q. 콘텐츠를 만들 시간이 없는데, 어떻게 해야 할 수 있을까요?

항상 확인할 것은 마음만 바쁜 건지, 실제로 바쁜지 구분하는 것이다. 콘텐츠를 소비하는 데 시간을 쓰는지, 생산하는 데 시간을 쓰는지 확인해보자. 유튜브나 예능을 보는 데 시간을 너무 많이 썼다면, 그걸 '방송 리뷰'처럼 콘텐츠로 승화할 방법은 없는지 객관적으로 관찰해보는 것을 추천한다. 시간 관리법 책 중에서 『메이크 타임Make Time』을 읽어보길 바란다. 이메일 확인하는 시간마저도 아낄 수 있는 실질적인 정보가 담겨 있어서 개인적으로 도움을 받았다.

Q. 1년 쉬다가 다시 하려는데 너무 힘들어요

못 하든 안 하든, 콘텐츠를 만들지 않는 시간이 하루하루 더해갈수록 새로 하기는 계속 힘들어진다. 1년이나 쉬었다면 그만큼 감각이 무뎌지고 어색할 수밖에 없다. 노련해지기까지 어느 정도의 시간 투자는 필수다. 나도 그랬다. 내가 다이어트를 위해 7개월간 쉬다가 다시 시동 걸 때도 쉽지 않았다. 그런데 시동이 걸리니까 루틴이 되고, 안 쓰면 어색해졌다. 누군가 그랬다. 안 하는 게 힘들면 습관이라고 한다. 술을 안 마시면 힘든가? 습관이다. 야식을 안 먹으면 힘든가? 습관이다. 습관인지 아닌지 확인하는 쉬운 법은 안 해보는 것이다. 꾸준히 해야 습관이 될 수 있다.

우리가 각자 비행기라고 생각해보겠다. 비행기는 이륙하기 전에 활주로를 달린다. 콘텐츠를 만들기 위해서 발동 거는 시간이 활주로에서 달리는 시간이다. 그런데 활주로에서 달리다가 멈추고, 활주로에서 달리다가 멈추면, 예열이 안 되어서 계속 처음부터 다시 달려야 한다. 활주로를 쭉 달려서 예열이 되면 비행기가 이륙하면서 '콘텐츠의 날개'가 달린다. 그때부터는 발동이 이미 걸렸기 때문에 프랑스로 갈까, 미국으로 갈까, 오사카를 갈까, 이렇게 된다. 소재 선택도 비교적 쉬워지고, 만드는 시간도 점점 줄어든다. 콘텐츠 제작뿐 아니라 모든 일의 원리가 비슷하다. 당신은 지금 활주로를 달리는 연습 중이다. 이제 막 만든 새로운 비행기다. '활주로가 이렇구나, 느낌 알겠어' 하면서 연습하는 시간이다. 당연한 과정이다. 활주로를 떠나지만 말자. 임시저장을 계속하면서 예열하자.

콘텐터의 삶은 종합적인 자기 경영이 필요하다. 민첩하고 재치 있으면서도 때로는 신중하고 진지한 태도도 필요하다. 온라인 삶과 오프라인 삶의 적절한 균형을 유지하는 자기감각과 지혜도 필요하다. 콘텐츠는 오래 하는 것이 가장 중요하다. 어떻게 해야 괜찮은 자기경영을 하면서 오래 할 수 있을까? 10년간 콘텐터로 살면서 느낀 경험담을 나누고자 한다. 이를 통해 당신의 시행착오를 줄일 수 있길 바란다.

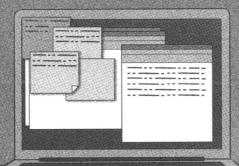

6장

콘텐터로
살아가는 법

아무리 일을 좋아하고 사랑한다고 해도,
마치 수도승이 고행을 하듯 힘든 일만 계속해서는
결코 그 일을 오래 할 수 없다.
일을 하는 과정에서 기쁨을 발견할 수 있어야
일도 오래 할 수 있는 법이다.[1]

- 이나모리 가즈오

인기 있는 콘텐터가 되는
단 하나의 확실한 비법

내가 온라인으로 블로그 글쓰기 강의를 운영할 때 이런 의견을 받은 적이 있다. "이분은 방송작가 출신이니까 일반인보다 쉬웠을 거라는 생각이 든다." 이 사람의 고유한 생각을 존중한다. 하나, 이 생각 때문에 콘텐츠를 포기하거나 행여 '나는 방송 경력이 없어서 못해'라는 생각은 하지 않길 바란다. 혹시 이 글을 읽는 독자 중에도 그런 생각을 하는 사람이 있다면 내가 답변하겠다. 방송작가라서 쉬운 것이 아니다. 근거가 뭐냐고? 크게 3가지로 말할 수 있다.

첫째, 나에게는 방송작가인 선후배, 동료가 많다. 그런데 그들이 나에게 묻는다. "어떻게 해야 블로그를 잘할 수 있어?" 내가 방송작가라서 잘하는 거라면 모든 방송작가가 블로그를 잘해야 하는 것 아닐까?

블로그는 '블로그가 재밌다' '블로그는 나에게 중요해'라고 여기는 사람이 잘한다.

둘째, 팔로워가 많은 블로거 중에 방송작가, 즉 글쓰기가 직업인 사람은 별로 없다. 지금 당장 당신이 좋아하는 블로거나 콘텐터의 경력을 찾아보길 바란다. 그들이 작가 출신인가? 기자 출신인가? 블로거를 하기 전에 글 쓰는 직업이었나? 아닐 확률이 훨씬 높다. 내 주변에 인기 블로거 중에도 글 쓰는 직업 출신은 나 한 사람뿐이다.

셋째, 방송작가의 삶이 글쓰기에 도움이 되는 것은 사실이다. 도움이 안 될 수는 없을 것이다. 하지만 블로그는 성격이 다소 다르다. 온라인상에서 '나'를 주어로 이야기하는 플랫폼이기 때문이다. 방송작가로 일할 때는 나 자신을 주어로 글을 쓴 적이 없다. 블로그에서는 내 이야기를 하면서 타인에게 도움도 되면 블로거로서 점차 높은 관심을 받을 수 있다. 모든 콘텐츠의 생리는 똑같다. 이는 방송작가 출신이라는 것이 콘텐츠를 잘 만드는 능력에 지배적이지 않다는 의미다.

예나 지금이나 불변의 콘텐츠 비법

인기 있는 콘텐터가 되는 단 하나의 비법을 알려주겠다. 소위 '블로그 황금기'였던 시절에 한 언론사에서 파워블로거를 대상으로 조사해 좋은 블로거가 되는 비법을 기사화한 적이 있다. 기사에서 말하는 블로그 비법은 다음과 같다.

1. 꾸준히 써라.
2. 메인 주제를 확실하게 하고 자기만의 개성과 특징을 살려라.
3. 다른 블로거와 소통을 많이 하고, 여러 블로그를 둘러봐라.

블로그를 '콘텐터'로 대체해서 읽어보면 모든 콘텐츠에 통하는 비법이다. 이 중에 가장 중요한 단 하나의 비법은 뭘까? 바로 꾸준함이다.

꾸준함의 원리를 알려드립니다

왜 꾸준함이 중요할까? 꾸준함이 구독을 이끌기 때문이다. 구독의 원리는 간단하다. 기대감이다. 꾸준하게 글을 쓰면 이다음에 또 좋은 글을

독자가 구독하는 원리

독자 입장	좋네	좋네	좋아	어라, 계속 좋네? 구독해야지!	
블로거 입장	쓰고	쓰고	쓰고	쓰고	쓰고

일정하게 쓰지 않을 경우

독자 입장	좋네	없네?	있네?	글이 언제 올라올지 예측이 불가능해…
블로거 입장	쓰고	안 쓰고	어쩌다 쓰고	또 안 쓰고 쓰고

쓸 것이라는 기대감이 생기면서 구독을 하게 되는 것이다. 구독은 '미래지향적인 행동'이다.

그런데 만약 꾸준히 안 쓴다면 어떻게 될까? 처음 글이 좋아서 구독을 했더라도 쓰다 말다 한다면, 독자 입장에서는 예측이 불가능하고 결국 구독을 유지하거나 새 구독을 이끌어내기에는 한계가 생긴다.

매일 발행하지 않아도 된다. 하지만 일정함은 유지하는 것이 좋다. 아무리 느슨하더라도 한 달에 한 번, 세 달에 한 번은 일정함과는 거리가 멀다. 적어도 일주일에 1회는 꼭 콘텐츠를 발행하는 것이 좋다. 스스로 지킬 수 있는 마감일을 만들자. 콘텐터에게 마감이란, 없던 집중력도 끌어모으는 '에네르기파' 같은 것이다. 마감일이 다가오면 집 나갔던 총기聰氣가 돌아온다. 백지 위에 커서가 깜빡거릴 때 '아, 왜 안 써지지' 하다가도 마감일이 다가오면 그런 생각할 겨를도 없이 그저 골인 지점을 향해 달려갈 뿐이다. 마감일을 정하고 일주일에 1회, 요일을 정해서 그날은 반드시 1편을 발행하자. 한 달이면 4편, 3개월이면 12편의 글이 생긴다. 일정함 속에서 꾸준함을 유지하면 콘텐츠 실력도 향상된다.

내가 방송 실력이 가장 많이 늘었을 때도 매주 생방송을 할 때였다. 실력이 안 늘려야 안 늘 수가 없었다. 꾸준히 훈련하기 때문이다. 일석이조다. 그래서 어떤 콘텐터든지 꾸준함은 기본적으로 유지해야 인기 있는 콘텐터가 될 수 있다. 아무리 방송작가 출신이고 아무리 글솜씨가 빼어나도 꾸준히 글을 안 쓰는데 콘텐츠가 쉬울 수는 없다. 구독자가 많아질 수 없는 것도 인지상정이다. 콘텐츠는 천부적 재능이 아닌 훈련이 만들어낸다.

망한 콘텐츠여도 함부로
삭제하지 말아야 하는 이유

프로는 망한 콘텐츠를 콘텐츠로 활용한다

소설 『보건교사 안은영』으로 알려진 정세랑 작가는 등단하기 전 공모
전에서 수차례 낙방했다.[2] 하지만 정 작가는 많이 떨어진 경험이 오히
려 좋았다고 한다. 공모전에서 떨어졌다는 것은 아직 빛을 보지 못한 내
작품이 계속 쌓여가고 있다는 의미이기도 하다. 덕분에 데뷔 후 원고 청
탁이 올 때 훨씬 편했다며 한 방송에서 자신의 경험담을 소개했다.

유튜버 주언규 PD는 자신의 경험을 모아 유튜브 교육 프로그램을
만들었다. 자신의 방식대로 한다면 유튜브에 성공할 것이라면서 그는
자신의 '망한' 역사를 솔직하게 공개했다. 친구들과 시도했던 게임 채

널, 영상미부터 하나하나 공들여 제작했던 인테리어 채널 등을 보여주며 그는 말한다. 처음부터 성공한 것이 아니라고. 수많은 시도와 좌절 끝에 하나가 터진 거라고. 그러니 당신도 포기하지 말고 시도해보라고. 시도하던 그 당시에는 힘들었겠지만, 과거를 지우지 않고 보존했더니 자신을 증명하는 자료가 되었다.

프로는 말만 하지 않는다. 보여준다. 프로는 망한 콘텐츠를 쓰레기 취급하지 않는다. 재활용·재사용해서 가치를 만들어낸다. 망한 콘텐츠는 자신이 애쓴 기록이다. 말로만 '나도 해본 적 있다'고 하는 것과 실제 해본 것을 보여주는 것의 설득력은 완전히 다르다. 백 마디 말보다 실제로 보여주는 것이 강력한 설득력을 발휘한다.

망한 것도 없는 사람은 콘텐츠 곳간이 텅 비어 있다

나는 이런 경험이 셀 수 없이 많다. 내 모든 콘텐츠는 망한 콘텐츠를 다듬고 가꿔서 만들었다. 투박하게 남겨둔 기록을 다듬어 칼럼 기고를 한 적도 있고, 초기 콘텐츠 예시를 들면서 '나도 이렇게 어설펐으니 괜찮다'고 용기를 주기도 한다.

방송 생활을 할 때 어떤 PD가 내 원고에 빨간펜으로 표시를 한 적이 있다. 문득 겸연쩍었는지 이런 말을 했다. "내가 이렇게 글을 고쳤지만 사실 백지에서 나보고 원고를 쓰라고 하면 나는 못 써요. 원고가 있어서 보면서 의견을 낼 수 있는 거예요. 함께 만드는 방송이니 내 의견을 표시할게요." 초고도 마찬가지다. 망한 초고여도 초고가 있으므로 창작을 발전시킬 수 있다. 초고마저도 없으면 나는 계속 맨땅에서 헤딩해야 한다. 창작은 다듬는 미학이다. 망했든 아니든 콘텐츠 곳간에 뭐라도 있는 사람은 언제든 출발할 준비가 되어 있다. *끄적여둔 것이라도 있어야 뭐라도 할 것 아닌가.*

나는 '망했다'라는 표현 자체를 쓰지 않는다. 이런 메커니즘을 이해하기 때문이다. '망한 콘텐츠'는 '오늘의 시도'다. 조회수가 0이고 댓글이 없어도 나는 시도했다는 증거다. 나는 나에게서 뭔가를 꺼냈다. 망한 콘텐츠를 그물망으로 모아 레이더망을 활용해 연결해보라. 망亡한 콘텐츠는 망網이 필요한 상태다. 창피한 것부터 떠올리지 말고, 거기서 어떻게 출발할지 고민해보자.

망했다 싶은 순간에 인생의 기회가 있다

당신이 선호하는 콘텐츠를 보라. 그 사람의 콘텐츠에 나는 왜 빨려드는가? 못생기고 '찌질한' 과거에서 멋지고 성공한 사업가가 된 사람, 가난한 일용직 노동자에서 글로벌 기업 CEO가 된 사람, 백수에서 100만 콘텐터가 된 사람…. 우리가 이들에게 열광하는 이유는 무엇일까? 살다 보면 소위 망했다 싶은 순간이 있다. 그 순간에만 머물면 콘텐츠가 되기 어렵다. 하지만 그 순간을 디딤돌 삼아 나아가면 콘텐츠가 된다. 프로는 망한 순간을 기회로 삼는다. 내가 망했다고 이름 붙인 그 순간보다 1%만 나아져보자. 그런 날이 반복되면 무한 성장이 가능하다. 이게 바로 프로인 자와 아닌 자의 가장 큰 차이다.

자신이 시도한 합을 '흑역사'라 부르는 당신에게

블로그를 10년째 하다 보니 예기치 않은 일이 종종 벌어진다. 얼마 전에는 10여 년 전 온라인에서 교류했던 한 블로그 이웃과 '랜선 재회'를 했다. 다시 블로그를 시작해보려고 도서관에 갔는데 초록색 책이 눈에 띄더란다. 한참을 읽고 있는데 내용이 낯익었다고 한다. 알고 보니 자신과 10여 년 전에 인터넷에서 교류하던 이웃이었던 것이다. 그 길로 내 블로그에 찾아와 댓글을 남겼다. "세상에나, 아직도 블로그 하고 계세요?" 내가 요즘 자주 받는 인사다. 이럴 때마다 욕심이 생긴다. 최장수 콘텐터가 되어보거나 최다작 콘텐터가 되고 싶다는 의지가 불끈 솟아오른다.

100만 콘텐터는 자기 힘으로만 이룰 수 없다. 그러나 오래 하거나 많이 쓰는 건 자기 힘으로 할 수 있다. 나는 내가 할 수 있는 것에 집중하며 꾸준히 콘텐츠 농사를 지어왔다. 내가 지나온 10년에 흑역사라는 이름표를 붙여버리면 내 역사의 기분이 어떨까?

흑역사黑歷史라는 말의 역사를 찾아봤더니, 일본 애니메이션 〈건담〉에서 처음 쓰였다고 한다. 스토리 중 '과거에 일어난 우주전쟁의 역사'를 칭할 때 '흑역사'라는 표현을 썼단다. 현재 흑역사는 없었던 일로 치거나 잊고 싶을 만큼 부끄러운 과거를 뜻한다. 원작을 봐도 흑역사는 그런 뜻이 아닌데 우리는 왜 굳이 역사에 '흑'을 붙여서 나만의 귀중한 이야기를 괴롭힐까?

잘 팔리는 콘텐츠는 '엉성'을 모아 '완성'한다

작은 이야기를 자주 꺼내야 크게 된다. 쓸 게 없다는 사람은 사소한 기록부터 없다. 사소함이 없다면 거대함도 없다. 사소한 기록이 모이고 다듬어져서 거대해질 수는 있다. 하지만 보통 사람이 단번에 거대한 콘텐터가 되기는 현실적으로 쉽지 않다. 광고 건너뛰기를 하듯이 스킵skip 버튼만 누르면 과정을 건너뛰기할 수 있는 것이 아니다. 서툰 시작이 있기에 발전할 수 있다. 누구나 처음은 엉성하다. 중요한 건 처음에 엉성했는가가 아니다. 앞으로도 엉성할 것인가다. 엉성에서 시작해 완성으로 나아가자. 당신이 엉성하면 엉성할수록 기뻐하라. 완성된 후에 당신의 엉성을 증거자료로 보여줘라. 당신의 엉성을 보고 또 다른 누군가가 용기와 영감을 얻어 다시 완성으로 나아갈 것이다. 엉성이 없는 사람은 완성도 없다.

그래도 지우고 싶다면 '삭제' 말고 '비공개'

요즘 주변에서 지난날 싹 지워버린 콘텐츠를 복구하고 싶다는 사람을 여럿 봤다. 콘텐츠로 돈 버는 시대다 보니 이런 경향이 더욱 두드러지는 것 같다. 3년 전에 써둔 10편의 영화 리뷰, 5년 전에 써둔 공부일기, 8년 전에 써둔 운동 기록을 지워버리고는 후회한다.

지워버린 기록은 당시의 날짜와 시간을 다시 살려 복구할 수 없다. 정 지우고 싶다면 욱해서 삭제하지 말고, 일단 비공개해둔 후에 천천히 판단해보자. 삭제하면 영영 '바이바이bye bye'다. 비공개로 해두면 자기만 볼 수 있다. 일단 안심한 상태에서 차분하게 판단해보자. 지웠을 때와 아닐 때의 득과 실을 따져보자. 플랫폼 이용료를 지급해야 하는 상황이라면 더 꼼꼼히 판단해야겠지만, 콘텐츠를 올려두기만 했는데 돈을 내라는 플랫폼은 현재 시점에서는 거의 없다. (앞으로 생길지까지는 나도 모르지만.)

때로는 지워야 하는 역사도 있다

어떤 역사는 흑역사여서가 아니라 그다지 도움이 안 되기에 지워야 할 때도 있다. 불법이거나 개인 신상이 유출되는 내용, 타인에게 피해를 주는 내용 등이 그렇다.

이런 콘텐츠는 웹 플랫폼에서 하지 말라고 일러둔 경우가 많으니 해당 플랫폼 규정을 읽어보면 도움이 된다. 하지 말라는 건 하지 말자. 인터넷 공중도덕이다.

이제 선택이 아닌 필수,
팩트 체크하는 법

콘텐츠에서 중요해진 팩트 체크

2022년 5월 3일, 긴급 속보가 떴다. 알리바바 창업주 마윈馬雲이 국가 전복 혐의로 긴급 체포되었다는 소식이었다. 또 다른 언론사는 마윈 억류 루머에 알리바바 주가가 급락하는 해프닝이 있었다고 썼다. 신기한 것은 두 언론사의 기사 발행 시간이다. 두 기사 발행 시간이 똑같다. 5월 3일 12시 9분 정각에 같은 소재를 다르게 풀어낸 것이다. 결과적으로 마윈 소식은 루머였고 해프닝이 맞았다. 가짜 뉴스 하나로 주가가 장중 9%까지 하락했다고 하니 마윈 소식에 동요한 사람이 한둘이 아니었던 모양이다.

이번 일에서 중요한 메시지를 눈치챘는가? 그렇다. 뉴스를 보는 안목을 키워야 하는 시대다. 우리는 수없이 많은 기사와 다양한 정보를 접하는 시대에 살고 있다. 스마트폰 속에서 하루에도 수천, 수만 건의 이야기가 쏟아져 나온다. 문제는 속도다. 삽시간에 필터링 없이 어떤 이야기가 공유되어버리고 만다. 이 중에 무엇이 사실이고, 무엇이 가짜인지, 자기 판단을 할 줄 알아야 한다. 자신이 만든 콘텐츠를 통해 잘못된 뉴스를 마치 사실인 것처럼 공유한다면 구독자 중에 피해를 보는 사람이 발생할 수도 있다. 그래서 콘텐츠를 만들 때 반드시 필요한 자세가 3가지 있다.

1. 모르는 건 모른다고 말하자

모르는데 아는 척하거나 알긴 아는데 어설프게 아는 정보를 굉장히 잘 아는 것처럼 말하면, 언젠가는 진실이 드러날 수 있다. 모르는 걸 모른다고 말할 때의 장점이 있다. 내가 모르는 걸 댓글로 알려주는 구독자가 생긴다. 구독자는 내 콘텐츠에 참여하고 싶어 한다. 내가 완벽한 사람이라서 콘텐츠를 구독하는 것이 아니다. 모른다고 말했을 때 소통의 연결고리가 생긴다.

2. 진위를 파악하자

공신력 있는 전문기관이나 매체를 둘러보거나, 관련 정부기관의 보도자료를 찾아보거나, 뉴스에 언급된 출처에서 직접 확인해보는 등 누군가 가공해놓은 글에 대해 자신이 직접 자료를 찾아서 진위를 파악해보는 것이 중요하다. 그 사실이 자신에게 중요할수록 원문과 출처를 반드시 확인하자.

3. 서두르지 말고 여유를 가지자

어쩌면 이게 가장 중요하다. 어떤 소식을 접하자마자 서두르면서 허둥지둥하면 뉴스에서 한 발 떨어져서 객관적으로 볼 수 있는 기회가 없다. 어떤 사실을 접했을 때 숨을 들이쉬고 내쉬어보자. 그리고 생각해보자. "이 기사가 진짜일까? 상식적으로 말이 안 되지 않나? 왜 이런 기사가 나왔지?" 하면서 질문해보는 것이다. 심호흡을 하면서 여유를 가지면 가짜 뉴스에 선동될 확률이 낮아진다. 그 실체를 직접 본 것도, 경험한 것도 아닌 상태에서, 어딘가에서 날아온 지식이 뭔가 충격적이거나 자신을 불안으로 밀어 넣는다면 반드시 두 번 세 번 합리적인 의심을 하면서 자료조사를 해보길 바란다.

가짜 뉴스를 판별하는 방법

2017년 5월, 국제도서관연맹IFLA은 '가짜 뉴스를 판별하는 방법How To Spot Fake News'을 공개했다.[3] 다음 표는 그 내용을 정리한 것이다.

가짜 뉴스 가려내는 방법

정보원을 살펴보라. 뉴스 사이트의 목적이나 연락처 같은 정보들을 알아본다.	**본문을 읽어보라.** 관심을 끌기 위해 뉴스 제목이 선동적일 수 있다. 뉴스의 전체 내용은 어떤가?
저자를 확인해보라. 저자에 대해 검색해보라. 믿을 만한 사람인가? 실존 인물인가?	**근거 정보가 확실한가?** 연결된 내용도 읽어보자. 관련 정보가 뉴스 내용을 잘 뒷받침하고 있는지 확인하라.
날짜를 확인해보라. 오래된 뉴스를 재탕했다면 최신 사건에 대한 적절한 뉴스가 아니다.	**혹시 농담은 아닌가?** 뉴스가 너무 이상하다면 풍자성 글일 수 있다. 사이트와 저자를 믿을 수 있는지 조사해보라.
당신의 선입견은 아닌지 점검하라. 당신의 믿음이 판단에 영향을 줄 수도 있다는 점을 명심하라.	**전문가에게 물어보라.** 사서에게 문의하거나 사실 확인 사이트에 질문해보라.

방송기자연합회 홈페이지에는 '쉽게 따라 하는 팩트체크 가이드북'
이 있다.[4] 사실, 추측, 주장 여부를 판단해서 잠시 멈춰 의심해보자. 사
진과 동영상까지 교묘하게 편집하고 만들어내는 세상이다. 굳이 잘못
된 정보를 확대 재생산할 필요는 없지 않겠는가?

콘텐츠 생활의
온·오프 믹스 라이프 밸런스

오프라인 삶과 온라인 삶을 톱니바퀴처럼 맞물려 굴리기

영화 〈리틀 포레스트〉를 보면 엄마가 쓴 편지에서 인간은 나선형으로 성장한다는 이야기가 나온다. 매일 다람쥐 쳇바퀴 돌듯 똑같은 원을 돌며 사는 것 같아 괴로웠는데, 돌아보니 같은 자리를 맴돈 것이 아니라 나선이 조금씩 커지게 되었다는 것이다. 열심히 살지만 항상 제자리인 것 같은 사람들에게 더없는 위로를 준 대목이었다.

인터넷 검색창에 '나선형 성장'이라고 치면 수많은 관련 정보가 등장한다. 인생은 2차원에서 그려지는 선형, 비선형 함수가 아니고 나선형the upward spiral이라는 점에 공감한다. 콘텐터는 이 나선형 함수를 확

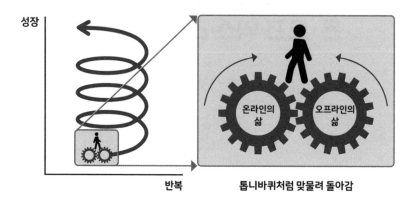

꾸준한 콘텐터의 나선형 성장

성장

반복

톱니바퀴처럼 맞물려 돌아감

온라인의 삶

오프라인의 삶

대해 봤으면 한다. 내가 경험해본 콘텐터의 나선형 성장은 온·오프라인의 삶이 톱니바퀴처럼 맞물리며 굴러갔기 때문이다. 내가 고안한 실천의 그림은 위와 같다.

온라인은 거들 뿐, 오프라인 생의 현장과 사건에 충실할 것

나의 다이어트 콘텐츠 제작 과정을 보자. 컴퓨터 앞에 앉아서 내가 하고 싶은 다이어트법이나 온라인에서 인기 있는 다이어트를 모아서 콘텐츠를 만들었다고 치자. 콘텐츠를 만들 수는 있다. 이게 나쁜 것도 아니고, 괜찮은 방법일 수도 있다. 핵심은 '과연 잘 팔릴 것인가'다. 이 부분에는 물음표다. 과연 나만의 오리지널original이라고 말할 수 있을까?

누가 하더라도 같거나 비슷할 수밖에 없는 내용이라면 창작성도 인정받기 어렵다.

나는 오프라인의 삶에서 직접 실천하는 것에 주안점을 뒀다. 실제로 다이어트에 몰입하는 3개월간은 온라인 활동을 거의 하지 않았다. 그러다 4개월 차에 습관이 붙고 몸매의 변화가 느껴질 시점부터 기록을 시작했다. 즉각적으로 기록하지 않으면 나중에 쓰려고 해도 기억이 나지 않아서 생생함이 떨어지고, 쓰는 나도 읽는 독자도 재미가 없기 때문이다. 신선함은 즉각적인 기록에서 나온다. 나의 다이어트 콘텐츠에는 뜬구름 잡는 이야기가 거의 없다. 팔할이 실전이다. 이론이 있더라도 분량은 적다. 20%의 이론과 80%의 실천을 기록했다.

지식노동자라고 해서 매일 방에 앉아서 머리에 떠오르는 생각만 담는 줄 아는 사람이 많다. 작업은 주로 컴퓨터 앞에 앉아서 하지만 영감과 아이디어, 글감은 살아내는 현장에서 나온다. 콘텐츠가 어려운 사람일수록 삶을 구체적으로 충실하게 살아야 하는 이유다. 바른 생활을 하라는 말이 아니다. 자기주도적으로 살아보자는 말이다. 어쩌면 콘텐츠는 자기가 원하는 판을 짜보는 최초의 기회일지도 모른다. 자기주도적 인생을 살아본 적이 없을수록 콘텐츠는 어렵게 느껴진다. 방송 일을 10년 넘게 한 나조차도 처음에는 어색하고 힘들었다. 누구에게나 소박한 1일이 있다. 기가 막힌 콘텐츠를 만들겠다는 포부보다는 인생을 어떻게 착실하게 살아볼지를 먼저 고민하면 답은 명료해질 수 있다. 살아내는 만큼 기록하고, 기록한 것보다 더 잘 살아내자.

디지털 노마드에 대한
환상만 가지면 큰일 나는 이유

5년 이상 깊게 경험해본 콘텐터만이 알고 있는 것

얼마 전 갑자기 노트북이 안 켜져서 AS센터에 다녀왔다. 결국은 '안녕' 하셨다. 2016년에 샀으니 5년이면 참 잘 사용한 게다(라고 말하면서 울고 있다). 노트북은 작가인 나에게 훌륭한 콘텐츠 파트너다. 묻고 따질 것도 없이 새로 샀다. 없으면 안 되니까. 나는 IT 기기 고르는 데 치밀한 비교와 고민하기를 극도로 싫어한다. '돌아가신' 노트북과 같은 것으로, 사양만 최신형으로 해서 바로 사버렸다. 그리고 내 통장은 '텅장'이 되었다. 허허허. 깔끔하게 0원 찍힌 게 오랜만이었다.

이런 사실을 공개하는 콘텐터를 본 적 있는가? 주식 하는 사람이라면 몇억 계좌 인증은 봤겠지만 이런 무소유의 계좌에 대한 이야기는 아마 처음 들어봤을 것이다. 내가 왜 이렇게까지 공개할까? 이 말을 안 하고 넘어가도 상관없지만 요즘 매체들을 보면 도가 지나치다. 프리랜서, 디지털 노마드digital nomad를 꿈꾸는 사람이라면 필히 생각해봐야 할 지점이 있다.

프리랜서 짬밥 20년 차가 가르쳐주는 현실 지혜

나는 2003년부터 지금까지 프리랜서로 살고 있다. 방송작가라는 직업 자체가 프리랜서다. 일부 방송작가 중에 홈쇼핑, 프로덕션, 기업(사보팀, 보도팀) 등에 정규직으로 소속된 사람도 있지만, 대부분은 프리랜서다. 즉, 비정규직이다. 프리랜서는 명과 암이 비교적 명확한 직업이다. 프리랜서 작가도 그렇다. 노트북 하나만 있으면 어디든 다니면서 디지털 노마드의 삶을 살 수 있다. 책을 내서 인세 받으며 경제적 자유도 누릴 수 있다. 그런데 이는 극히 일부일 뿐이다. 이렇게 되고 싶다면 반드시 알아야 하고 실천해야 할 것이 있다.

바야흐로 '나만의 비법 시대'가 온 것 같다. 유튜브나 인스타그램 등에는 자신의 계좌나 수익을 내세우면서 '나만의 비법을 알려주겠다, 당신도 나처럼 하면 잠자면서도 돈을 벌 수 있다'라는 식의 콘텐츠를 많이 볼 수 있다. 내가 말하고 싶은 건 그 비법 자체가 나쁘다는 것이 아니다. 그 비법을 배워서 디지털 노마드의 삶, 크리에이터의 삶에 접어들 었다고 치자. 그다음이 중요하다는 것이다. 명문대에 들어가면 끝이 아 니라, 명문대에 들어가서 어떻게 공부하고 졸업하고 인생을 설계할 것 인지가 중요한 것처럼.

디지털 노마드가 되면 끝일 것 같지만 그때부터가 시작이다. 디지 털 노마드로 계속 살아가야 한다. 나는 책을 7권씩이나 쓰고 그 책들이 평균 3쇄가량 잘 팔렸지만, 콘텐츠도 꾸준히 잘 유지하며 운영 중이고 강의도 하고 있지만, 예기치 못한 일이 발생하면 이렇게 '텅장'을 맞이 하기도 한다. 수입이 일정하지 않기 때문에 돈 관리를 잘 해야 한다. 흥 할 때 평평 쓰면 흥하지 못할 때 손가락 빨고 살아야 한다. 흥할 때 겸 손해지고 이 돈으로 어떻게 재테크를 할지 고민해야 한다. 월 수익을 5,000만 원 벌었다고 하면 대단해 보인다. 그런데 다른 월은 수입이 그 에 못 미친다면? 어쩌다가 몇천만 원 벌 수 있다. 문제는 지속 가능성이 다. 이게 디지털 노마드의 현실이다. 내가 하는 만큼 벌고, 운도 따라줘 야 하기 때문이다.

알고 있으면 도움 되는 디지털 노마드의 명과 암

내가 생각하는, 디지털 노마드의 명과 암은 다음과 같다. 디지털 노마드 를 꿈꾼다면 미리 봐두면 도움이 될 것이다.

디지털 노마드의 명

- 직장에 얽매일 필요가 없다.

- 일하는 시간도 쉬는 시간도 내 마음대로다.

- 소위 '떡상'이라고 하는 대박이 터질 수도 있다.

- 바닥에는 한계가 있지만 떡상에는 한계가 없으니 더더욱 성공할 수도 있다.

- 가능성은 무한대다.

- 은퇴가 없다. 나이 들어도 얼마든지 할 수 있다.

디지털 노마드의 암

- 내가 한 만큼 번다.

- 내가 놀면 못 번다.

- 수익이 불규칙하다.

- 내가 원치 않는 시간에 일을 해야 할 때도 있다.

- 마음이 편한 사람도 있지만 아닌 사람도 많다.

- 잘해도 내 덕, 못해도 내 탓이다.

- '떡상'이 있으면 반대로 '나락'도 있다.

명과 암 때문에 반드시 해야 할 것

- 돈 공부를 해야 한다.

- 재테크를 해야 한다.

- 매월 따박따박 돈이 들어오는 시스템을 만들면 좋다(월세, 배당수익, 인세 등).

- 흥할 때 차분해지고, 망할 때 낙관하는 삶의 태도는 필수다.
- 꾸준하고 부지런해야 한다.
- 가장 중요한 것은 내가 재밌는 걸 해야 한다는 것이다. 돈은 못 벌어도 재밌어 야 오래 할 수 있다.

지속 가능한 디지털 노마드를 위해

이래서 나는 지금 월급 받는 일을 하는 사람은 그걸 그만두지 말고 남는 시간에 콘텐츠를 운영하라고 한다. 그러면 수익이 없는 시간에 창작에 열중할 수 있다. 당장 '텅장' 때문에 생계가 흔들리면 창작이 무슨 소용인가. 다행히 나는 재테크를 하고 있다. 노트북 때문에 목돈이 안 들어갔다면 이번 돌발 상황은 생기지 않았을 것이다.

디지털 노마드는 자기관리를 하는 직업이라고 생각한다. 단순한 자기관리가 아니라 '종합적인 자기관리'다. 내가 나로 살면서 나를 책임지고 발전시키는 법을 프리랜서로 살면서 때로는 호되게, 때로는 따뜻하게 배워나가고 있다. 이런 내용을 알고, 자기관리를 하면서 천천히 나아간다면 나는 콘텐츠 생활이 인생의 재미로, 노후 준비로 좋은 활동이라고 생각한다. 이제 직장이 없어지는 시대가 온다고 한다. 퇴사 시기도 점점 연령이 낮아지고 있다. 콘텐터의 삶이 나를 찾아온 후로 두 아이를 키우면서 집에서 일도 하고 돈도 벌고 나의 커리어를 차곡차곡 쌓고 있다. 지금 이 순간에도 나는 집에서 글을 쓰고 있다. 이제 프리랜서, 디지털 노마드는 떼려야 뗄 수 없는 내 인생의 친구다. 나는 이 직업을 평생 직업으로 이어가고 싶다.

아무리 좋은 제품이라도 사용법을 모르면 제대로 사용하기 어렵다. 이 글이 당신의 디지털 노마드 생활에 적절히 쓰이길 진심으로 바란다. 디지털 노마드로 한 걸음씩 나아가는 데 현실적인 한계를 느끼는 누군가에게 조금이라도 도움이 되었으면 한다. 당신의 지속 가능한 디지털 노마드를 응원한다.

나는 콘텐츠를 만드는
내가 좋다

연애할 때 이 사람이 진정한 내 인연인지 판단하는 방법이 있다고 한다. 그 사람과 있는 자신의 모습이 마음에 들면 진정한 인연이란다. 이런 측면에서 본다면, 나는 콘텐츠를 만들 때의 내 모습이 마음이 든다. 콘텐츠를 하는 자신의 모습을 가만히 들여다보길 바란다. 입꼬리가 올라가 있고, 마음이 몽글몽글하고, 재미가 묻어난다면 당신은 콘텐츠와 좋은 인연일 가능성이 높다.

나는 대한민국 최고의 콘텐터는 아니다. 하지만 내가 원할 때 돈을 벌고, 내가 원할 때 쉴 수 있다. 시간적·마음적 자유 측면에서 나는 최고 반열이라고 자부한다. 남들이 뭐라건 간에 내가 만족하면 그만 아닌가? 나는 가족들과 충분히 시간을 보내면서 내 이름을 성장시켜나가고 싶다. 내 삶을 주체적으로 살고 싶은 한 여인의 성장기는 여전히 진행 중이다.

콘텐츠 생활을 하면서 별별 일이 다 있었다. 무례한 사람, 기가 막힌 사람, 감동적인 사람, 귀여운 사람, 재밌는 사람… 아마 당신에게도 수 많은 온라인 인연이 스쳐 지나가거나 오랜 인연으로 남을 것이다. 그럴 때마다 흔들리지 않은 나만의 비법이 있다면, 내가 추구하는 삶의 가치 와 나와 결이 맞는 사람에게 집중한 것이다. 활동 공간이 온라인일 뿐 콘텐츠 생활은 우리 삶과 똑같다. 100명 중에 100명 모두가 나를 지지 할 수는 없다. 함께 있으면 윈윈win-win할 수 있는 사람, 소통할수록 에 너지가 채워지는 사람, 집단지성을 나눌 수 있는 사람들에게 집중했을 때 서로에게 좋은 일이 이어졌다.

콘텐츠가 어렵게 느껴질수록 선택과 집중을 해보자. 자신이 길어온 여정, 자신이 의미 있게 여기는 가치를 떠올리며 자신에게 귀 기울여야 한다. 하지만 세상은 내가 나에게 집중하도록 가만두지 않는다. 너보다 더 잘난 사람을 따라 하라고, 그래야 시간도 아끼고 더 잘될 수 있다고 유혹한다. 남들 보는 데 쓰는 시간을 50% 이상 자신에게 써야 한다. 자 신이 얼마나 스스로를 쳐다보고 있는지 체크해보자. 물리적인 시간을 헤아려보는 것이다. 하루 30분도 스스로를 쳐다보지 않는다는 사실을 알게 되는 순간 변화는 시작될 것이다. 내 콘텐츠를 끌어내느냐 마느냐는 상당 부분 자신이 스스로를 바라보는 심리에 달렸기 때문이다.

자신에게 만족하지 못하는 사람일수록 특별해야 한다는 강박관념이 있다. 삶이 특별하고, 외모가 특별하고, 조건이 특별해야 콘텐츠를 할 만한 자격이 주어진다고 여긴다. 콘텐츠는 당신의 일상에 있다. 단지 당신에게는 그것이 너무 당연한 일상이라서 특별하게 안 보일 뿐이다. '특별하지 않다'는 것은 혼자만의 판단이다. 판단과 사실을 구분할 수 있어야 한다. 특별한 곳에서 특별한 방법으로 특별하게 해야 특별한 콘텐츠가 나올 거라고 기대하지 말자. 상술과 사실을 구분하자. 오직 당신에게 콘텐츠가 있을 뿐이다.

1장

1 박웅현, 『여덟 단어』 북하우스, 2013.

2 유튜브 채널 'SBS 뉴스', "나는 미래에 어떤 계급으로 살게 될까? 서울대학교 건설환경공학부 유기윤 교수/SBS D포럼(SDF)", 2023.05.04.

3 『시대예보: 핵개인의 시대』 송길영, 교보문고, 2023.

4 『보여줘라, 아티스트처럼』 오스틴 클레온, 중앙북스, 2014.

5 주간동아, "무전·유병장수 '악' 무업·독거장수 '헉'", 2011.05.23.

6 내손안에서울 뉴스, "인공지능을 이기는 인간의 '글쓰기 필살기'", 강원국, 2016.09.19.

7 OECD, 『Guide to Measuring the Information Society』 OECD Publishing, 2009.

8 경향신문, "'콘텐츠'의 대체어를 찾아보자", 2018.02.11.

9 찰스 슐츠, 『찰리 브라운과 함께한 내 인생』 유유, 2015.

10 블로그 'MJ의 후다닥레시피', blog.naver.com/mj_hudadak.

11 다음 잡스앤, "'2500원짜리 하나에…' 카톡 이모티콘 수익은 이렇습니다", 2020.09.21.

12 임선경, 『읽으면 진짜 이모티콘으로 돈 버는 책』 위즈덤하우스, 2018.

13 tvN <유 퀴즈 온 더 블록> 188화(성시경 편), 2023.04.05.

14 유튜브 채널 '공부왕찐천재 홍진경', "방송에서 처음 밝힌 장영란 속사정(눈물주의) [홍진경 고민상담소]".

15 연합뉴스, "딸 틱톡 홍보 덕에 베스트셀러 작가로 거듭난 美 아버지", 2023.02.14.

16 조선일보, "'구구단 외지 마라!' 옥스퍼드大 교수도 감탄한 파격 수학", 2022.07.23.

2장

1　『1년 안에 부자 되는 법』, 제이 새밋, 유노북스, 2021.

2　크리스토퍼 차브리스, 대니얼 사이먼스, 『보이지 않는 고릴라』, 김영사, 2011.

3　유튜브 채널 '김창옥TV', "자존심은 강한데 자존감은 낮은 사람 - 김창옥 [정기강연 ep51]".

4　동아일보, "제가 해냈으니 당신도 할 수 있어요[서영아의 100세 카페]", 2022.01.09.

5　EBS <지식채널e>, "'위험'한 힘", 2008.12.16.

6　EBS <지식채널e>, 직원을 무능하게 만드는 방법, 2020.08.11.

7　『인지심리학과 그 응용』, 존 로버트 앤더슨, 이화여자대학교출판문화원, 2012.

3장

1　알랜 줄로, 『마흔 이후에 성공한 사람들』, 수린재, 2007.

2　위의 책.

3　"공부를 하려면 꼭 알고 있어야 할 학습 원리", 한근태, 현재 강연 내용은 비공개로 전환된 상태.

4장

1　앨런 피즈, 바바라 피즈, 『결국 해내는 사람들의 원칙』, 반니, 2017.

2　오스틴 클레온, 『킵고잉』, 중앙북스, 2021.

3　<2022 해외콘텐츠시장 분석>, 한국콘텐츠진흥원, 2022.

4　세계일보, "'꼰대'지만 한숨 많은 외로운 존재… 직장인들 열광한 '김 부장 이야기', 2021.09.05.

5장

1 박정부, 『천 원을 경영하라』 쌤앤파커스, 2022.
2 스포츠경향, "'오징어 게임' 황동혁 감독 "13년 전 구상한 작품"", 2021.09.15.
3 abcNEWS, "The Pet Rock Captured a Moment and Made Its Creator a Millionaire", 2015.04.01.
4 이투데이, "[대세예보] 더빙전설 장삐쭈 "청년 여러분, 로또 되세요"", 2019.03.19.
5 이데일리, "[e현장에서] 핑크퐁 '상어가족송'은 왜 떴을까", 2017.11.11.
6 지무비(나현갑), 『지무비의 유튜브 엑시트』 21세기북스, 2023.
7 「의료법」 제56조 ① 의료기관 개설자, 의료기관의 장 또는 의료인(이하 "의료인등"이라 한다)이 아닌 자는 의료에 관한 광고(의료인등이 신문·잡지·음성·음향·영상·인터넷·인쇄물·간판, 그 밖의 방법에 의해 의료행위, 의료기관 및 의료인등에 대한 정보를 소비자에게 나타내거나 알리는 행위를 말한다. 이하 "의료광고"라 한다)를 하지 못한다. <개정 2018.03.27.>

6장

1 이나모리 가즈오, 『왜 일하는가』 다산북스, 2021.
2 tvN <유 퀴즈 온 더 블록> 89화(정세랑 편), 2021.01.13.
3 International Federation of Library Associations and Institutions (IFLA) 포럼문화와도서관, repository.ifla.org/handle/123456789/222.
4 방송기자연합회, 『쉽게 따라 하는 팩트체크 가이드북』 reportplus.kr/factcheck_guidebook/guidebook_2021.

내 삶이 콘텐츠가 되는 순간

초판 1쇄 발행 2024년 1월 10일

지은이 한혜진
브랜드 경이로움
출판 총괄 안대현
책임편집 김효주
편집 정은솔, 이제호
마케팅 김윤성
표지디자인 말리북
본문디자인 윤지은

발행인 김의현
발행처 (주)사이다경제
출판등록 제2021-000224호(2021년 7월 8일)
주소 서울특별시 강남구 테헤란로33길 13-3, 7층(역삼동)
홈페이지 cidermics.com
이메일 gyeongiloumbooks@gmail.com(출간 문의)
전화 02-2088-1804 **팩스** 02-2088-5813
종이 다올페이퍼 **인쇄** 재영피앤비
ISBN 979-11-92445-58-8 (03190)

사랑의
완성

사랑의 완성

초판 1쇄 발행 2015년 3월 30일

지은이 로베르트 무질
옮긴이 최성욱
펴낸이 안병률
펴낸곳 북인더갭
등록 제396-2010-000040호
주소 410-906 경기도 고양시 일산동구 장항동 744
전화 031-901-8268
팩스 031-901-8280
홈페이지 www.bookinthegap.com
이메일 mokdong70@hanmail.net

ISBN 979-11-85359-05-2 03850

이 도서의 국립중앙도서관 출판예정도서목록(CIP)은
서지정보유통지원시스템 홈페이지(http://seoji.nl.go.kr)와
국가자료공동목록시스템(http://www.nl.go.kr/kolisnet)에서 이용하실 수 있습니다.
(CIP제어번호: CIP2015008222)

사랑의
완성

로베르트 무질 소설

최성욱 옮김

지빠귀
DIE AMSEL
세 여인
DREI FRAUEN
생전의 유고
NACHLASS ZU LEBZEITEN

북인더갭
BOOKintheGAP

차례

지빠귀

누가 얘기하고 있는가가 중요한 세 개의 짧은 이야기를 풀어
놓기 위해 내가 언급해야만 하는 이 두 남자는 어릴 적 친구들
이다. 우리는 그들을 아아인스와 아츠바이라고 부르겠다. 어린
시절 나눈 우정이란 본래 나이가 들수록 더 특별해지는 법이다.
세월과 함께 머리끝에서 발끝까지, 살갗에 난 솜털부터 가슴속
까지 변하기 마련이지만 이런 친구관계는 이상하게도 전과 달
라지지 않는다. 그건 세월에 따라 차례대로 다르게 변하지만 늘
'나'라고 부르는 존재와 비슷하다. 여기서 옛 사진 속 큰 머리통
에 갈색머리 꼬마 시절의 감성을 여전히 갖고 있느냐는 중요하
지 않다. 아니, 이 작고 버릇없고 자기밖에 모르는 악동을 좋아

한다고는 결코 말할 수 없다. 우리는 가장 친한 친구들과도 완전히 뜻을 같이하지 않고 불만을 품을 때가 있다. 그렇다, 사실 많은 친구들은 서로 싫어하기도 한다. 더군다나 어떤 의미에서 세상에서 가장 깊고 절친한 우정이란 바로 이런 것이며, 불순물 하나 없이 순수하고 불가해한 요소를 포함하고 있다.

두 친구 아아인스와 아츠바이를 맺어준 어린 시절은 지극히 반종교적인 시절이었다. 그들 둘은 종교적 원칙을 강조하는 학교를 다녔지만, 학생들은 그런 원칙을 지키지 않는 것을 자랑으로 여겼다. 예를 들어 이 학교의 교회는 석탑이 딸린 크고 아름다운 정식 교회 건물로 학교 학생들만 사용했다. 외부인이 들어올 수 없었기 때문에, 앞자리에 앉은 다른 학생들이 교회의 예배 형식에 따라 긴 의자에 꿇어앉았거나 혹은 일어서서 예배를 드리는 동안, 일부 학생들은 뒤쪽 고해석 옆에 숨어 카드놀이를 하거나 오르간 계단에 앉아 담배를 피웠고, 탑 위로 슬그머니 사라지기도 했다. 이 탑에는 뾰쪽한 지붕 아래 촛대받침처럼 생긴 돌 발코니가 있었는데, 현기증이 날 정도로 높은 이 발코니 난간에서 그들은 곡예를 선보이기도 했다. 하지만 이런 행동은 영문도 모른 채 밑에서 예배를 드리는 죄 없는 학생들의 목숨을 앗아갈 정도로 위험한 짓이었다.

신에 도전하는 이런 행위 가운데는 탑 난간에 올라가 시선을 아래쪽으로 둔 채 천천히 팔 근육에 힘을 주면서 물구나무서기를 한 뒤 두 손으로 이리저리 흔들리는 몸 중심을 잡고 버티는 것도 있었다. 평지에서 이 묘기를 해본 사람이라면 탑 꼭대기에서, 그것도 발 폭 정도밖에 되지 않는 좁은 돌난간에서 물구나무서기를 되풀이하려면 얼마나 많은 자신감과 배포, 행운이 필요한지 알 것이다. 제 아무리 무모하고 재주 많은 녀석이라도 평지라면 모르지만 난간 위에서는 감히 그런 묘기를 보일 엄두도 내지 못할 것임을 역시 언급해야겠다. 예를 들어 아아인스도 이런 모험은 하지 않았다. 이에 반해 아츠바이는 당시 이런 담력 훈련의 고안자였다는 사실이 그를 이 이야기의 화자로 소개하는 데 도움이 될지도 모르겠다. 그는 흔히 볼 수 없는 체격의 소유자였다. 그렇다고 그의 몸이 다른 사람들처럼 운동으로 다져진 것도 아니었다. 그는 별로 애쓰지 않고도 태어날 때부터 그렇게 근육으로 다져진 것처럼 보였다. 이 몸통 위에 상당히 작고 갸름한 머리가 자리잡고 있었고, 눈은 벨벳 천을 휘감은 것처럼 번쩍였다. 그리고 그의 이빨은 신비주의자의 온순함보다는 사냥감을 쫓는 맹수의 번뜩이는 이빨을 연상시키기에 충분했다.

후에 두 친구가 대학생이 되었을 때 그들은 신과 영혼의 존재를 부정하며 인간을 오로지 생리학적이고 경제적인 기계로만 간주하는 유물론적 인간관에 심취해 있었다. 어쩌면 인간은 진짜 그런 존재일지도 모르지만 그것은 그들에게 전혀 중요하지 않았다. 유물철학의 매력은 진실성에 있는 게 아니라, 마성적이고 염세적이며 소름끼칠 정도로 지적인 성격에 있기 때문이다. 당시 두 사람의 관계는 어릴 적 친구일 뿐이라고 말해도 될 정도로 소원해진 상태였다. 아츠바이는 산림경영학을 전공했으며, 대학을 졸업하는 대로 임업기사가 되어 러시아나 아시아 지역으로 멀리 떠나겠다고 말했다. 반면에 그의 친구 아아인스는 어린 시절 열광했던 이상 대신 구체적이고 현실적인 일에 뛰어들었다. 그가 투신했던 일은 당시 한창 들끓고 있던 노동운동이었다. 세계대전 바로 직전에 두 사람이 다시 만났을 때, 아츠바이는 러시아에서 하려 했던 계획을 이미 마친 상태였다. 그는 이일에 관해 거의 말하지 않았다. 그때 그는 큰 회사에 다니고 있었다. 그는 부르주아지로 살아가는 데 불편함이 없을 정도로 경제적으로 넉넉해 보였지만 몇차례 사업에 크게 실패한 것 같았다. 반면 아아인스는 계급투쟁의 투사에서 신문 편집인으로 변신해 있었다. 그 신문은 사장이 주식투자가였으며 주로 사회평화를 외치는 글을 실었다. 그 후로 그들은 인연의 끈을 끊을 수는 없었지만 서로 경멸하는 사이로 지내다가 다시 멀어져갔다. 하지만 잠깐 동안이나마 다시 만났을 때, 아츠바이는 친구에게 추억의 보따리를 풀어놓고 빈 몸으로 떠나려는 것처럼 다음의 이야기들을 늘어놓았다. 이런 상황에서 친구가 어떤 대답을 내놓았는지는 전혀 중요하지 않다. 여기서 그들이 나눈 대화는 거의 독백이라고 할 수 있다. 당시 아츠바이가 어떤 모습을 하고 있었는지 정확하게 묘사할 수 있다면, 그것이 더 중요할지도 모른다. 이 직접적인 인상이야말로 그가 한 말의 의미를 파악하는데 없어서는 안될 것이기 때문이다. 하지만 그것을 파악하는 것은 어려운 노릇이다. 가장 그럴싸하게 그 인상을 전한다면, 그는 부드러운 끝이 뒤집힌 채 벽에 비스듬히 놓여진 날카롭고 튼튼하며 길쭉한 말채찍 같았다. 반은 곧은 자세이고, 반은 거의 넘어질듯 엉거주춤한 자세였지만 편안해 보였다.

아츠바이는 말했다. 두 채, 세 채 또는 네 채의 집들이 서로 뒷벽을 마주하며 몰려 있는 베를린의 저택들이야말로 세상에서 가장 이상야릇한 곳이야. 요리하는 여인들이 벽으로 둘러싸인 한가운데, 그러니까 사각형의 구멍 속에 앉아 노래를 부르지. 선반에 올려놓은 붉은 구리그릇을 보면, 이 그릇이 얼마나 시끄럽게 덜거덕거리고 있는지 알게 돼. 하녀를 야단치는 남자의 목소리가 저 밑 깊숙한 곳에서부터 위로 솟아오르거나, 무거운 나무 신발이 벽돌을 깔아 포장한 도로 위를 이리저리 다니는 소리도 들리지. 천천히. 딱딱하게. 쉴 새 없이. 의미없게. 언제나. 그래, 안 그래?

그곳에서는 여러 개의 부엌과 침실이 밖이나 아래를 내다보고 있거나 인간의 한몸에서 사랑과 소화가 일어나듯이 나란히 접해 있지. 부부용 침대가 각 층별로 위아래로 차곡차곡 포개져 있기도 해. 왜냐하면 이 건물에는 모든 침실이 같은 곳에 있으며, 창문 벽, 욕실 벽, 장농 벽 등이 침대가 놓일 자리를 거의 50센티미터의 오차 범위 안에서 정확하게 정해주고 있기 때문이야. 식당도 같은 위치에 탑처럼 층층이 쌓여 있고, 하얀 타일이 깔린 욕실도, 붉은 등잔갓을 단 발코니도 마찬가지야. 이 건물에서는 사랑도, 잠도, 생명의 탄생도, 소화도, 예기치 않은 재회도, 근심으로 가득 찬 밤이나 사교 파티가 열리는 즐거운 밤조차도 자판기 속에 쌓인 빵처럼 위 아래로 차곡차곡 포개져 있지. 이 중산층 주택에서 개인의 운명이란 이사 오면서 이미 정해지게 돼. 너도 인간의 자유란 주로 그가 무엇을 언제 어디서 하는가에 달려 있음을 인정하게 될걸. 인간의 행위는 언제나 거의 동일한 법이거든. 모두 비슷한 일을 하는데 빌어먹을 무슨 의미가 있겠니? 옛날에 나는 장롱 위로 기어올라간 적이 있는데, 수직의 공간체험을 충분히 이용해 이 동일성의 공간을 탈출해보겠다는 생각에서였어. 확실하게 말할 수 있는 건 그때까지 내가 이끌어야 했던 불쾌한 대화가 그때부터 전혀 다르게 보였다는 거야.

추억에 빠진 아츠바이는 미소를 지으며 잔을 채웠다. 아아인스는 둘이 예전에 붉은 등잔갓이 달린 자기 집 발코니에 함께했던 때를 기억해냈지만 입을 다물고 있었다. 그렇게 말하면 아츠바이가 반론을 제기하리란 것을 너무나 잘 알고 있기 때문이었다.

하여간 나는 오늘날에도 여전히 이러한 합법칙성 속에는 뭔가 폭력적인 것이 있음을 인정해. 아츠바이는 스스로 이것을 시인했다. 당시 나는 이 대량성(大量性)과 황량함의 정신에서 사막이나 바다와 같은 것을 느낄 수 있다고 여겼지. 상상만 해도 속이 뒤틀려버릴 것 같지만 시카고의 도살장은 작은 화분과는 전혀 다른 것 아니겠니! 하지만 이상하게도 이 아파트를 사서 지내던 시절, 유별나게 자주 부모님 생각이 났지. 내가 부모와 거의 절연하다시피 했다는 것쯤은 너도 알잖아. 하지만 갑자기 그때 내 머릿속에 "그들이 네게 생명을 선사하셨다"라는 문장이 떠올랐어. 그리고 이 웃기는 문장은 그 후로도 수시로 내 머릿속에 떠올랐어. 쫓아도 다시 날아오는 파리들처럼 말이야. 어린 시절에나 깊은 인상을 남겼을 법한 이 위선적인 상투어에 대해서는 더이상 할 말이 없어. 좌우간 나는 이 아파트를 보며 이런 말도 했어 "이봐, 너는 네 삶을 1년 임대료 몇 마르크에 구입한 거야." 아마 나는 가끔 이런 말도 했던 것 같아. "이제 너 혼자 힘으로 삶을 일궈냈군." 그 당시 내 마음은 상점에서 집을 하나 샀다는 생각, 즉 노후를 대비해 보험을 들어두었다는 생각, 내 힘으로 살 집을 마련했다는 자부심 사이의 어느 중간쯤이었다고 해두지. 그런데 그때 나로서는 정말 이상하게 여기지 않을 수 없는, 그래서 비밀처럼 다가온 생각이 있었는데, 그것은 내가 원하든 원하지 않든 간에 선물을 받았다는 것, 게다가 그것이 그 밖의 나머지 것을 위한 토대가 되었다는 거야. 이 상투적인 문장이 내가 예전에 파묻어놓았던 불규칙성과 예측 불가능성이라는 보물을 감추고 있는 것 같았어. 그리고 때마침 밤꾀꼬리와 관련된 사건이 일어난 거야.

이 이야기는 여느 때와 다름없는 어느날 저녁에 시작되지. 나는 집에 있었고, 아내가 잠자리에 든 후에도 서재에 앉아 있었어. 그날 저녁이 유별나게 달랐다면 그날따라 책이나 다른 어떤 것에도 손을 대지 않았다는 거야. 하지만 그런 일은 전에도 있었지. 새벽 1시가 되자 거리는 더욱 조용해지기 시작했어. 거리를 지나가는 행인들이 나누는 대화 소리도 점점 더 드물어졌어. 귀를 쫑긋이 세우고 밤이 지나가는 소리를 쫓아가는 것은 정말 기분 좋은 일이지. 새벽 2시가 되자 아래쪽에서 떠들고 웃는 소리에도 분명히 취기가 묻어 있었고 밤이 깊었음을 알려주었지. 내가 무언가를 기다리는 것은 분명했어. 하지만 무엇인지는 몰랐지. 마침 5월이라 3시 무렵이 되자 하늘이 점점 밝아오기 시작하더군. 나는 손을 더듬으며 불꺼진 거실을 지나 침실까지 들어왔고, 소리를 내지 않기 위해 조심조심 침대에 누웠지. 잠들기만을 기다렸어. 내일 아침도 또 예전과 같은 하루가 되리라 여기면서 말이야. 얼마 안 있어 잠들었는지 아니면 깨어 있는지 분간할 수 없게 됐지. 커튼과 덧창문 틈 사이로 어두운 녹색 빛이 솟아올랐으며, 하얀 아침 안개가 얇은 띠처럼 틈새를 비집고 스며들었어. 어쩌면 깨어 있는 상태에서 내가 마지막으로 지각한 인상일 수도 있고, 아니면 잠결에 꾼 꿈의 환영일지도 몰라. 그때 나는 뭔가 다가오는 소리에 잠이 깼어. 그 소리는 점점 더 가까이 다가왔지. 잠결에도 한두 번 그것이 내게 다가오고 있다고 확신했어. 이 소리는 이웃집 용마루에 앉아 있다가 돌고래처럼 하늘로 솟구쳐 올랐지. 불꽃놀이를 할 때 터지는 폭죽 같다고나 할까. 폭죽은 위에서 떨어지면서 터져 유리창에 부드럽게 내려앉거나, 커다란 은색별처럼 저 멀리 깊숙이 가라앉곤 하잖아. 그때 나는 마법에 걸린 것만 같았어. 무덤을 덮는 대리석 판에 새긴 조각상처럼 침대에 누운 채 잠들지 못했지만 대낮에 깨어 있는 것과는 전혀 다른 느낌이었어. 이 상태는 매우 설명하기 힘들지만, 지금 생각해보면 양말을 뒤집어 벗어놓은 것처럼 나도 뒤집힌 상태 같았어. 양각된 조각상이 아니라 음각된 조각상 같았단 말이야. 그리고 이 방도 빈 공간이 아니라 대낮에는 찾아볼 수 없는 물질, 즉 어둡지만 투명하고 분명하게 느낄 수 있는 물질로 이루어진 듯했어. 나 자신도 그 물질로 만들어진 듯했으니까. 시간은 열병에 걸렸을 때처럼 미미하지만 빠른 맥박으로 흘러갔지. 이제까지 한번도 일어난 적 없다고 해서 그것이 지금 일어나지 말라는 법이 어디 있겠니? 저기 밖에서 노래 부르는 건 밤꾀꼬리야! 라고 나는 조용히 말했어.

요즘 베를린에는 아마—아츠바이는 계속 말을 이어갔다—내가 생각했던 것보다 밤꾀꼬리들이 더 많을지도 몰라. 당시 나는 이 바위산처럼 높은 콘크리트 빌딩으로 가득 찬 도시에 밤꾀꼬리가 살 리 없으며, 이 새는 멀리서 내게 날아왔을 것이라고 여겼어. 하늘나라의 새가 내게 날아오다니! 그런 느낌을 받고 웃으며 나는 몸을 일으켰지. 이런 일이 정말로 벌어지다니! 이봐 친구, 이런 느낌을 받은 순간이면 누구라도 초자연적인 것을 믿게 되지. 유년 시절을 마술의 세계 속에서 보내기라도 한 듯이 말이야. 주저없이 나는 밤꾀꼬리를 따라가야겠다고 생각했지. 안녕, 내 사랑, 내 집, 내 도시…! 하지만 내가 잠자리에서 채 일어나기도 전에, 밤꾀꼬리를 쫓아 지붕 위로 올라갈 것인지 아니면 저 아래 거리로 찾아 나설지 분명히 결정하기도 전에 새는 노래를 그쳤어. 멀리 날아가버린 게 분명했지.

이제 그 녀석은 다른 집 지붕에 내려앉아 잠자리에 든 다른 사람을 위해 노래를 부르고 있을 거라고 아츠바이는 생각했다. 너는 이 이야기가 이렇게 끝날 것이라고 생각하니? 하지만 지금부터 시작이야. 나도 이야기의 끝이 어떻게 될지 잘 몰라!

그때 난 버려진 아이처럼 우울한 마음으로 그대로 누워 있었어. 아마 너도 그렇게 말하고 싶겠지만 당시 나도 그것은 밤꾀꼬리가 아니라 지빠귀였을 거라고 말하며 위안을 삼았지. 알다시피 지빠귀는 다른 새들의 소리를 잘 흉내내지. 그때야 비로소 나는 잠에서 완전히 깨어났어. 곧 지루한 정적이 밀려들었지. 너무 심심해 나는 촛불을 켜고, 옆에 누워 있는 아내를 바라보았어. 아내의 몸은 창백하게 빛바랜 벽돌 색이었지. 아내의 맨살을 덮은 이불의 가장자리에는 흰 눈이 일렬로 내려앉은 것처럼 하얀 띠가 있었지. 넓은 그림자가 아내의 몸을 타넘으며 구부러졌는데, 그것은 당연히 초와 내 팔의 자세 때문에 생겼을 텐데도 그것이 어떻게 생기게 된 것인지 정확히 알 수 없었지. 그 소리가 지빠귀의 소리였다 해도 무슨 상관이야! 하고 나는 그때 생각했지. 오히려 그 반대야. 나를 그토록 미치도록 만들었던 게 고작 평범한 지빠귀였다는 사실이 훨씬 더 많은 의미를 지니고 있는 거야! 너도 알겠지만, 절망이 가벼울 때는 눈물이 나지만 감당키 어려운 시련이 연이어 닥치면 오히려 그저 웃음만 나지. 그 와중에도 나는 계속 아내를 응시했어. 이 모든 것이 서로 연관된 것처럼 보였지만, 어떻게 된 것인지 알 수 없었어. 수년 동안 이 세상에 둘도 없이 당신을 사랑했소. 그런데 이제 당신은 다 타버린 사랑의 껍데기처럼 거기 누워 있구려. 당신은 내게 아주 낯선 사람이 되어버렸고, 내 마음은 우리 사랑의 반대쪽 끝까지 와버렸소. 권태가 아니냐고? 내 기억으로는 아내와 살면서 단 한 번도 권태를 느껴본 적은 없었어. 그 상태를 설명해보라고 한다면, 마치 산을 뚫듯이 내 감정을 뚫었을 때 그 반대편에는 마을도 같고 집도 같으며 다리까지 같은 또다른 세계가 있었다고 할까. 하지만 그것이 어떤 감정인지 전혀 몰랐고, 지금도 여전히 모르겠어. 이 이야기를 뒤에 소개할 다른 두 이야기와 연관짓는 것은 어쩌면 잘못인지도 모르지. 말할 수 있는 것은 다만 내가 이 일을 당했을 때 어떤 느낌이었느냐는 것뿐이야. 그것은 어딘가에서 나에게 신호가 왔다는 느낌이었어—이것이 바로 그때 내가 받은 인상이었지.

아무것도 모른 채 잠들어 있는 아내의 몸 쪽으로 머리를 눕혔지. 그때 아내의 가슴은 엄청나게 높이 솟았다가 다시 내려앉는 것 같았어. 침실의 벽조차 먼 항해에 지친 배를 덮친 높은 파도처럼 단잠에 빠진 아내의 몸에서 위아래로 출렁거렸지. 그때만 하더라도 아내 곁을 떠날 결심을 하지 않았던 것 같아. 몰래 도망친다면 나는 망망대해에 홀로 떠다니는 외로운 작은 배 신세가 될 것이고, 거대하고 견고한 배가 무심코 나를 들이박을 것 같았기 때문이야. 나는 잠든 아내에게 가볍게 키스했지만 그녀는 이런 마음을 알아채지 못했어. 그녀의 귀에다 속삭이기도 했지만 마찬가지였어. 너무 조심스럽게 속삭였기 때문이었을 거야. 그때 내가 하려는 짓이 웃음거리가 될 것이라는 생각이 들었고 밤꾀꼬리도 나를 비웃었지. 하지만 나는 조심조심 옷을 챙겨 입었어. 흐느껴 울기도 했던 것 같아. 나는 집을 떠났지. 양식있는 사람이 그렇게 해서는 안된다고 스스로 훈계하려고도 했지만, 하늘을 나는 듯 몽롱하고 황홀했어. 돌이켜보면, 그때 내 모습은 마치 취하지 않았다는 것을 증명이라도 하듯 욕지거리를 내뱉으며 걸어가는 주정뱅이 같았지.

물론 되돌아갈 생각도 했어. 이따금 지구 반 바퀴를 돌아서라도 아내에게 가고 싶었어. 하지만 그렇게 하지 않았지. 아내는 이미 나와 상관없는 존재로 변해버렸어. 간단히 말해—내 말을 잘 이해할지 모르겠지만—자기 잘못을 깊이 뉘우치면서도 행동을 고치지 않는 사람도 있다는 것이지. 내 잘못을 용서해달라고 말하려는 것은 아니야. 그래도 네게 이 이야기를 하는 것은 이 이야기가 진실인지 알고 싶기 때문이야. 여러 해 동안 누구하고도 이런 이야기를 나눌 수 없었어. 그렇다고 내 자신에게 이 이야기를 털어놓는 것도 솔직히 좀 섬뜩한 기분이 들 것 같았어.

 그러니까 내 이성이 너의 명료한 이성에 비해 손색이 없다는 사실을 잊지 마.

 2년 후 나는 치마 디 베체나(Cima di Vezzena)의 유혈이 낭자한 참호에서 칼도나초(Caldonazzo) 호수까지 만곡을 그리며 형성된 남티롤 전선의 어느 진지에 투입되었지. 그 진지는 적의 포탄이 미치지 못하는 사각지대에 있었어. 그곳에서 전선은 햇살을 받아 춤추는 파도처럼 깊은 계곡을 빠져나와 예쁜 이름이 붙은 두 개의 언덕을 타넘었으며, 계곡 건너편에서 다시 위로 솟아올라 정적이 짙게 밴 능선을 타고 꼬리를 감췄지. 계절이 10월로 접어들었을 때였어. 우리가 점령한 얼마 되지 않은 참호는 낙엽으로 덮여 있었고, 잔잔한 호수는 소리없이 파랗게 불타오르고 있었으며, 전방의 언덕들은 시들어버린 꽃다발처럼 벌거숭이가 되어 있었지. 이따금 이 광경이 무덤에 갖다놓은 꽃다발 같다는 생각이 들기도 했지만, 그렇다고 두렵지는 않았어. 계곡은 이 언덕을 중심으로 둘로 나뉜 채 조심스럽게 흐르고 있었지. 하지만 우리가 점령한 지협(地峽) 저편으로 넘어가면서 계곡은 나른한 이완 상태를 떨쳐버리고 전쟁영웅의 개선을 환영하는 나팔소리처럼 우렁차게 갈색으로 물든 채 적진 깊숙이 뻗어갔지.

 밤이 되면 우리는 골짜기 한가운데의 전초 진지로 이동했어. 이 진지는 계곡의 탁 트인 개활지에 구축되어 있어서 위쪽에 진을 친 적들이 돌만 던지더라도 우리를 죽일 수 있었지. 하지만 적들은 포탄만 퍼부으며 우리를 지루하게 들볶을 뿐이었어. 그런 밤을 보내고 아침이 되면 우리 모두는 아주 묘한 표정을 지었는데, 이 표정은 몇시간이 지나야 사라졌지. 두 눈은 왕방울처럼 커졌고, 머리는 짓밟힌 잔디처럼 드문드문 어깨 위로 솟아올랐단 말이야. 매일 그런 공포의 밤에도 가끔 참호 밖으로 머리를 쳐들고 사랑에 빠진 놈처럼 뒤돌아보곤 했지. 그러고 있노라면 브렌타 산맥의 영봉(靈峰)들이 유리로 만든 것처럼 뻣뻣하게 포개진 채 밤하늘에 밝고 푸르게 우뚝 서 있는 모습이 보였어. 밤이면 별들은 더욱 커 보이고 금종이처럼 반짝였으며, 반죽하여 구워낸 듯 통통하게 빛났지. 하늘은 밤에도 여전히 푸르렀고, 은빛과 금빛으로 물든, 처녀 허리처럼 가느다란 초승달은 황홀경에 빠져 뒤로 드러누운 자세로 밤하늘을 헤엄치고 있었어. 그 풍경이 얼마나 아름다웠겠는지 한번 상상해봐. 목숨이 위태롭지 않은 상황이었다면 그렇게까지 아름답게 느껴지지는 않았을 거야. 나는 이따금 행복한 마음과 동경에 취해 한밤중에 참호를 빠져나와 포복으로 진지를 산책했지. 나무들이 시커멓게 우거진 곳까지 기어간 적도 있었어. 하지만 달빛을 받은 나무들도 금세 금초록으로 변하더군. 나무들 사이에서 몸을 들었을 때 내 모습은 부리가 뾰족하고 적녹색 깃털을 가진 죽음의 새가 조용히 앉아 있는 것 같았지. 이 새는 화려하고 검은 마법의 새였어. 너는 지금껏 이놈을 한번도 보지 못했을 거야.

낮에는 주진지에서 마음 놓고 말을 타고 산책할 수 있었지. 그렇지만 이곳도 결코 안전한 곳이 아님을 알게 되면 경악과 동시에 깊은 사색의 시간이 찾아왔지. 위험이라는 놈은 매일 그 희생자들을 데리고 왔는데, 그 숫자를 일주일 평균치로 계산하면, 우리가 전사할 확률이 몇 퍼센트인지를 알 수 있었어. 사단 인사참모부 장교들은 보험회사 직원처럼 그렇게 일반화해 계산했지. 그들에게 인간의 개성 따위는 안중에도 없었어. 그렇게 인간의 개성을 무시하는 것으로 따지면 우리도 마찬가지였지만 말이야. 본능적으로 우리는 각자 살아남을 확률을 계산했으며, 비록 좋은 상황은 아니지만 모두 안전하다고 믿고 있었어. 이것은 오랫동안 전쟁터에서 하루하루 생사의 고비를 계속 넘긴 사람만이 느끼는 이상한 안도감일 거야. 이런 이야기를 미리 해주는 이유는 네가 당시 내 상태를 엉뚱하게 상상하지 않도록 하기 위해서야. 반면 불과 며칠 전까지도 보였던 전우의 얼굴이 보고 싶다는 마음이 들기도 하지. 하지만 그를 더이상 볼 수 없을 때도 있어. 그러면 이성을 잃고 충격에 휩싸여 동요를 일으키거나, 바람에 흔들리는 희미한 양초 불빛처럼 오랫동안 불안에 벌벌 떠는 전우도 있었어. 물론 그 전보다 죽음의 공포를 덜 느끼는 것은 사실이지만, 죽음을 떠올리게 할 자극은 곳곳에 널려 있었지. 이때 내 심정을 말해보라고 한다면, 돌덩이처럼 내 마음을 짓누르던 죽음에 대한 공포를 슬쩍 내려놓은 것 같다고 해야겠지. 말하자면 죽음이 항상 가까이 있다는 생각을 하면서도 이상하게 내면의 자유를 느꼈다고나 할까.

그 시절 중간쯤에 적막하기까지 한 우리 진지 위로 적기 한 대가 날아왔지. 여기 진지가 견고하게 구축된 산봉우리 사이에는 갑자기 기류의 폭을 좁게 만드는 큰 산이 버티고 있어 이 산을 넘기 위해서는 비행기들이 높이 날아야 했기에 적기가 오는 경우는 아주 드물었지. 그때 우리는 참호 위에 나가 있었어. 그런데 갑자기 분첩(粉貼)을 재빠르게 흔들 때처럼 하늘이 하얀 포연으로 뒤덮였어. 이 광경은 너무 재미있고 사랑스럽기까지 했어. 게다가 적기가 우리 머리 위를 높이 날아갈 때, 세 가지 색깔이 칠해진 비행기 날개를 관통해 태양이 비치기까지 했어. 그것은 교회의 스테인드글라스나 알록달록한 비단종이를 통해 빛이 들어오듯 화려했지. 이 순간 모차르트의 선율이 있었더라면 참 좋을 것이라는 생각마저 들었다니까. 그 순간 우리가 경마장 관중들처럼 나란히 있었기 때문에 적기의 좋은 표적이 될 것이라는 생각이 퍼뜩 들었어. 그때 누군가 "참호 속으로 몸을 엄폐하라!"라고 소리쳤어. 그렇지만 들쥐처럼 쥐구멍으로 도망가고 싶지 않았어. 이 순간 뭔가에 홀린 듯 멍하니 하늘을 쳐다보는 내 얼굴을 향해 무언가가 나지막한 소리를 내며 다가오는 소리를 들었어. 물론 그 순서는 반대였는지도 모르지. 내가 먼저 소리를 듣고, 그 다음에 위험이 가까이 다가온다는 사실을 깨달았을 수도 있었으니까. 하지만 거의 동시에 나는 그 소리가 적기에서 쏜 화살이 날아오는 소리임을 직감했어. 이 화살은 끝이 뾰족한 쇠

막대기로 목수용 연필만 한 두께였지. 화살이 머리에 명중했다면 바로 발바닥까지 관통할 정도였어. 하지만 당시에는 명중률이 낮아 무기로 잘 사용되지 않았지. 이 때문에 그것은 처음 들어보는 화살소리였어. 폭탄이 터지는 소리와 기관총 소리와는 전혀 달랐지. 나는 이 소리가 무엇을 의미하는지 즉시 알았어. 긴장했지만 다음 순간 확률적으로 전혀 근거없는 묘한 느낌이 들었는데 화살이 나를 맞출 것 같다는 예감이었어.

이 기분이 어떤 것인지 알겠어? 그것은 끔찍한 일을 당할 것 같다는 예감이 아니라 지금껏 한번도 기대해본 적 없는 행복감 같은 것이었지. 처음에는 나 혼자만 그 소리를 들어야 했다는 것이 너무 이상했어. 그 다음엔 이 소리가 곧 사라지리라 생각했지만 사라지지 않았어. 아주 멀리 있긴 했지만 그 소리가 나를 향해 점점 가까이 다가오고 있었고, 원근법 원리에 따라 점점 크게 들렸어. 조심스럽게 다른 사람들의 얼굴을 쳐다보았지만 아무도 그 소리를 듣지 못한 것 같았어. 오직 나만 미세한 소리를 들었다는 것을 깨달은 순간 몸에서 무언가가 빠져나와 그 소리를 향해 솟아올랐지. 그것은 생명의 광선이었어. 위에서 내려오는 죽음의 광선과 똑같은 무한한 빛 말이야. 이것은 내가 지어낸 이야기가 아냐. 나는 그 순간의 내 감정을 가능한 꾸밈없이 이야기하려고 해. 이것을 물리학자처럼 냉정하고 객관적으로 이야기하고 있다고 나는 확신해. 물론 내 이야기가 어느 정도 꿈처럼 허무맹랑하다는 것도 인정하지. 자신은 아주 분명하게 이야기한다고 착각하지만, 막상 밖으로 내뱉은 말은 매우 혼란스런 경우가 있는 것처럼 말이야.

오로지 나만 그 사건이 다가오는 소리를 들었던 시간은 꽤 오래 지속되었어. 이것은 유리잔의 테두리를 톡톡 두드릴 때 나는 소리처럼 미세하고 단조로웠지만 꽤 큰 소리였지. 하지만 거기에는 뭔가 비현실적인 것이 있었어. "아직 한번도 들어본 적 없는 소린데" 하고 나는 중얼거렸지. 이 소리는 나를 향해 날아왔고, 나는 이 소리와 완전히 하나가 된 채 내 인생에서 결정적으로 중요한 일이 곧 벌어질 것임을 추호도 의심치 않았어. 하지만 흔히 삶과 이별하는 순간에 스치는 생각은 전혀 아니었어. 이때 내가 받은 느낌은 모두 미래를 향하고 있었지. 내가 말하고 싶은 것은, 그때 몇분 안에 내 몸 근처에 신(神)이 가까이 있었음을 확신했다는 거야. 아무튼 여덟살 때부터 신을 믿지 않았던 나 같은 인간에게는 예사로운 일이 아니었어.

그 사이 위에서 날아오는 소리는 확실하게 점점 더 커지면서 나를 위협했지. 몇번이고 이 상황의 위험성을 다른 사람들에게 경고해야 하나 자문해보았어. 나 아니면 다른 사람이 화살에 맞을지 모르는데도 그 위험을 알리고 싶지 않았어. 이처럼 전쟁터 위 하늘 높은 곳에서 나를 위해 노래하는 소리가 울려퍼진다는 상상에는 빌어먹을 허영심이 숨어 있었던 것 같아. 어쩌면 신은 평생 먹고살기 위해 허둥대며 생존의 좁은 울타리를 벗어나지 못하는 가난한 거지인 우리들이 하늘나라에 부자 친척이 있다

고 뻐기며 자랑하기 위해 필요한 존재에 불과할지도 몰라. 나는
신이라는 존재에 대해서는 잘 몰라. 하지만 의심할 수 없는 사
실은 그때 다른 사람들도 허공을 통해 전달되는 울림을 듣기 시
작했다는 거야. 나는 그들의 얼굴 위로 불안의 그림자가 스쳐가
는 것을 보았지. 이봐, 그때 그들 중 누구도 말 한마디 하지 못했
어! 다시 한번 그 얼굴들을 바라보았지. 이런 생각을 한번도 해
본 적 없는 신병들은 아무것도 모른 채 복음을 기다리는 예수의
제자들처럼 무리지어 서 있었지. 그런데 갑자기 노랫소리가 세
속적인 음조로 변하더니 우리 머리 위 10피트, 100피트 높이로
멀어지며 자취를 감춰버렸어. 신이라는 존재로 불리는 그 분, 그
소리는 분명히 내려왔어. 우리 가운데 내게 제일 먼저 내려온 이
소리는 점점 사그라들더니 땅속으로 들어가 파묻혀버렸지. 세
상에서 들을 수 없는 비현실적인 소리로 파열돼버린 거야. 내 심
장은 분명히 숨죽인 채 조용히 뛰고 있었어. 1초를 다시 몇개로
쪼갤 정도의 아주 짧은 시간이라도 내가 겁을 먹고 정신을 잃었
을 확률은 없어. 이제까지 살면서 아무리 짧은 시간이라도 의식
을 잃은 적은 없으니까. 하지만 다시 주변을 살펴보았을 때 비로
소 알게 된 것은 모든 사람들이 나를 바라보고 있었다는 거야.
전과 동일한 지점에 있었지만, 나는 옆쪽으로 급히 피하며 몸
을 깊숙이 숙여 반원 형태로 굽히고 있었지. 몽롱한 도취 상태에
서 깨어난 기분이었지만, 내가 얼마나 오랫동안 정신을 잃었는
지 몰랐어. 아무도 내게 말을 걸지 않았지. 결국 누군가가 '저기

적기에서 떨어진 화살이 있다!'라고 말했지. 그러자 모두가 화살을 찾으려 했어. 하지만 화살은 땅 속에 1미터나 박혀 있었지. 순간 뜨거운 감사의 마음이 온몸에 흘러넘쳤어. 몸이 완전히 붉게 물들었던 것 같아. 그때 만약 누군가가 신이 내 몸 안으로 들어왔다고 말했어도, 그를 비웃지 못했을 거야. 물론 그 말을 믿지는 않았을 테지. 단 한조각이라도 내게 신의 흔적이 있다고 생각해본 적은 없었거든. 그런데도 이 일을 떠올릴 때면 늘 이런 일을 다시 한번 더 분명하게 체험하고 싶은 마음이 들어.

말이 나온 김에 하는 것이지만 비슷한 체험을 한 번 더 했지. 물론 이 체험보다 더 분명한 것은 아니었어. 아츠바이는 마지막 이야기를 시작했다. 그에게 이 체험은 전보다 훨씬 불확실해 보였다. 하지만 바로 이 때문에 아츠바이가 이 이야기를 하고 싶어 안달이 났음을 눈치챌 수 있었다.

이 이야기는 그의 어머니에 관한 것인데, 아츠바이는 어머니를 그리 사랑하지 않았던 모양이다. 하지만 그는 실제로는 그렇지 않다고 주장했다. 아츠바이는 이렇게 말했다. 언뜻 보면 어머니와 나는 서로 잘 맞지 않았어. 지방 소도시에서 평생 살아온 늙은 어머니와, 어머니의 말대로라면 대처에 나가 깡통 차고 돌아온 아들이 서로 잘 지내지 못하는 것은 당연한 것 아니겠어. 가만히 들이대면 어느새 내 모습을 옆으로 퍼지게 만드는 거울처럼 어머니는 함께 있으면 늘 나를 불편하게 만드는 분이셨지.

나는 몇년씩 집을 떠나는 것으로 어머니를 괴롭혔어. 하지만 어머니는 세심하게 나를 걱정하는 편지를 매달 보내주셨어. 답장은 거의 하지 않았지만 이 편지에서 나는 아주 묘한 느낌을 받았지. 하여간 끝에 가서 알게 되었지만 어머니와 나는 깊게 연결돼 있었어.

아마 수십 년 전 작은 소년의 모습이 어머니 마음에 각별하게 각인되었던 것 같아. 어머니는 그 어떤 것으로도 지울 수 없는 희망을 신이 이 아이에게 주셨을지 모른다고 생각하셨지. 이미 오래전에 소년의 티를 벗었지만 어머니의 사랑은 날마다 지는 해가 빛과 어둠 사이를 떠돌듯이 내게만 집착했어. 너는 이조차 내게 감춰진 허영심이 아니겠느냐고 말할지 몰라. 하지만 그런 건 아니야. 자기가 남긴 흔적에 오래 머물며 시간을 보내는 것을 나는 좋아하지 않기 때문이야. 옛날 사진을 꺼내 보며 즐거워하거나 옛일을 추억하는 것을 좋아하는 많은 사람들같이 자신을 저금통장처럼 모아두는 자기 저축 시스템은 전혀 이해할 수 없어. 나는 유별나게 변덕스러운 사람도 아니지만, 한순간만을 위해 사는 사람도 아니야. 그렇지만 어떤 일이 스쳐 지나가면서 과거의 일이 되면, 나도 내 기억을 그냥 잊어버리지. 그리고 내가 어떤 거리에서 예전에도 이 길을 종종 걸어간 것을 떠올리거나 옛날에 살던 집을 쳐다보고 있으면 별 생각 없이 그저 내 자신을 혐오하지. 이것은 부끄러운 옛일을 떠올렸을 때 느끼는 고통 같은 거야. 사람이 변하면 예전의 모습도 사라지는 법이거든.

변하기 전의 모습이 나무랄 데 없이 완벽한 것이었다면, 그 어떤 쪽으로 바뀌든 변화를 바라는 사람은 없겠지만, 나는 늘 나 자신이 변하고 있는 것처럼 보여. 내가 버젓이 살아가고 있는데 어떤 사람이 나에 대해 하나의 상(像)만을 고집할 때 기분이 묘해지는 이유는 바로 내가 늘 이런 느낌을 받기 때문이야. 그 상은 실제 내 모습과 결코 일치하지 않지만 아마 나의 창조명령서이자 나임을 확인해주는 출생증명서 같은 것이었다고 할까. 내 어머니는 원래 비유적인 의미에서 사자의 본성을 타고난 분이셨지만 실제로는 많은 제약을 받고 사셨다고 말한다면 내 말을 이해하겠니? 우리의 잣대로 보자면 어머니는 똑똑한 분은 아니었어. 어떤 것도 그냥 넘어가는 법이 없었고, 마음이 넓은 편도 아니었지. 어렸을 때를 기억하면 어머니는 딱히 좋은 분이었다고 말할 수도 없어. 다혈질이고 신경이 날카로우셨지. 시야가 좁은 데다가 성질까지 까다로웠으니 어떤 일이 벌어졌을지 너도 상상이 갈걸. 하지만 이렇게 말하고 싶어. 동화 시대에 신들이 뱀이나 물고기로 쉽게 변신하듯, 어떤 위대한 존재가 일상에서 흔히 만나는 평범한 인간으로 변신해 나타나는 불가사의한 일이 오늘날에도 여전히 일어나고 있다고 말이야.

비행기에서 쏜 화살이 빗나간 사건이 있은 지 얼마 되지 않아 나는 러시아 전선에서 포로 신세가 되었지. 그 후 그곳에서 일어난 큰 혁명에 동참했고 그렇게 급하게 귀국하지는 않았어. 이 새로운 생활이 오랫동안 내 마음에 들었기 때문이야. 지금까지도 그 시절이 정말 좋았던 것 같아. 그렇지만 어느날, 그때까지 필요불가결한 것으로 간주했던 몇몇 사상과 신조들이 하품을 하지 않고서는 말할 수 없다는 것을 알았어. 이 때문에 찾아온 생명의 위협을 피해 독일로 도망쳐 목숨을 구했지. 당시 독일에는 막 개인주의가 꽃피고 있더군. 나는 갖가지 수상쩍은 장사를 했어. 먹고살기 위한 것도 있었지만, 부정한 짓을 하고도 전혀 부끄러워할 필요가 없는 낡은 구체제의 나라로 다시 왔다는 기쁨에서도 그랬지. 그렇지만 사업은 그리 잘되지 않았고 심지어 끔찍하게 곤궁할 때도 있었어. 마침 그땐 부모님도 형편이 좋지 않았어. 그때 어머니는 내게 몇차례 편지를 하셨지. "너를 도울 수 없구나. 하지만 네가 언젠가 유산으로 물려받게 될 얼마 되지 않는 돈이 도움이 된다면, 차라리 내가 죽는 게 나을 것 같다." 수년 동안 어머니를 한 번도 찾아뵙지 않았고, 어떤 친밀한 애정도 표현하지 않았는데도 어머니는 그렇게 쓰셨더군. 솔직히 감상적으로 표현된 그 감정이 어머니의 진심임을 의심하지는 않았지만, 상투적으로 하는 다소 과장된 말이라고 여겼을 뿐 어떤 의미도 부여하지 않았어. 그런데 그때 마침 아주 이상한 일이 벌어졌지. 어머니가 정말 병에 걸려 돌아가시고, 뒤를 이어 아버지도 세상을 떠나신 거야. 어머니를 위해 모든 것을 바치셨던 아버지를 어머니가 함께 저세상으로 데려가신 듯했어.

아츠바이는 생각에 깊이 잠겼다. 결국 어머니는 아무것도 모른 채 자기 몸에서 키워온 병 때문에 돌아가셨던 거야. 이처럼 우연의 일치로 두 사건이 동시에 일어나는 상황을 여러 이유를 대며 자연스러운 것이라고 설명할 수도 있겠지. 내가 그렇게 설명하지 않는다고 기분 나빠 할까 걱정이지만 여러 사소한 일들이 다시 이상하게 여겨졌어. 어머니는 결코 죽기를 바랄 분이 아니셨어. 어머니는 때이른 죽음의 운명을 순순히 받아들이지 않고 몹시 비통해하셨을 거야. 어머니의 살아야겠다는 의지, 결단력, 살고 싶다는 소망 등은 죽음과는 거리가 먼 것이었어. 이를 두고 어머니가 부모 노릇을 하기 위해 어쩔 수 없이 순간적인 의지에 반하는 결단을 내릴 수밖에 없었을 것이라고 말할 수도 없어. 만약 그랬다면 어머니는 진작 자살을 생각했거나 자진해서 자식에게 재산을 물려주고 가난하게 살 작정을 하셨을 거야. 하지만 어머니는 절대로 그럴 분이 아니셨어. 어쨌든 어머니는 자신을 완전히 희생한 셈이 됐어. 하지만 너는 몸이 네 뜻과 다른 의지를 갖고 있다고 느낀 적 없니? 나는 의지, 감정, 느낌, 생각 등 자기 것이라 여기는 모든 것, 즉 겉보기엔 우리를 지배하는 것처럼 보이는 모든 것도 단지 아주 제한된 범위에서만 전권을 행사할 뿐이라고 생각해. 그리고 중병에 걸려 치료할 때나 승패를 알 수 없는 불확실한 싸움을 벌일 때처럼 운명의 모든 전환점에서는 온몸 전체가 관여하는 일종의 근원적인 결정이 내려지는데, 이 결정 속에 궁극적인 힘과 진리가 있다고 믿어. 하지 그건 아무래도 좋아. 한 가지 분명한 것은 어머니의 발병에서 내가 받은 인상은 전적으로 어머니가 스스로 원했던 일이라는 거야. 네가 이 모든 것은 망상일 뿐이라고 말한다면, 어머니가 병에 걸렸다는 소식을 들은 순간 어머니가 나 때문에 죽었다고 걱정할 근거가 전혀 없는데도 내가 완전히 변해버렸다는 것을 어떻게 설명해야 할까? 그땐 나를 둘러싸고 있던 딱딱한 껍질이 순간적으로 녹아 없어지는 느낌이었어. 내가 말할 수 있는 것은 그 순간 내가 처한 상황은 집을 떠나던 날 밤 뜬눈으로 보냈던 때나, 하늘에서 노래하며 날아오는 화살을 기다리던 때와 아주 유사했다는 것뿐이야. 곧장 어머니에게 가려고 했지만, 어머니는 이런저런 핑계를 대며 말리셨지. 처음에 어머니는 당장 보고 싶지만 다음에 건강한 몸으로 아들을 맞을 수 있도록 대수롭지 않은 병이 다 나을 때까지 기다려주면 좋겠다고 말씀하셨어. 그 다음엔 내가 문병 오면 자신이 매우 흥분할 수 있다는 내용의 편지를 보내셨지. 내가 가겠다고 조르자 마지막 편지에서는 병세가 곧 한 고비를 넘길 정도로 호전될 것 같으니 조금만 더 참아달라고 부탁하셨어. 어머니는 내 얼굴을 보면 당신의 결심이 흔들릴까 걱정하셨던 것 같아. 그 후에 모든 것은 너무 빨리 진행되어 장례식에도 간신히 맞춰 갔어.

나는 아버지도 병에 걸렸다는 것을 알았으며, 이미 말했던 것처럼, 할 수 있는 일이라고는 아버지의 임종을 그저 지켜보는 것뿐이었지. 평소에 아버지는 원만한 성격이셨지만 마지막 몇주 동안 이상하게도 고집을 부리셨고, 내게 섭섭한 게 많은 것처럼 그리고 내가 옆에 있는 것만으로도 화가 난다는 듯 심한 변덕을 부리셨어. 아버지의 장례까지 치른 후 집안 살림을 처분해야 했는데 이것도 몇주일이 걸렸지. 급할 것은 없었어. 관례에 따라 이따금 이 도시에 사는 몇몇 친지들이 와서 아버지가 거실의 어디에 앉으셨고, 어머니는 어디에 또 자기들은 어디에 앉았는지를 회고했어. 그들은 집안 살림을 모두 꼼꼼히 살펴보고서는 이것저것을 팔라고 하기도 했어. 이 촌사람들은 그렇게 철저한 사람들이었지. 한번은 어떤 사람이 모든 것을 자세히 살펴본 후에 이렇게 말한 적도 있었으니까. "불과 몇주 만에 한 가정이 완전히 거덜나다니 정말 끔찍한 일이야!" 아무도 나를 이 집 식구라고 여기지 않았던 거야. 혼자 있을 때면 나는 조용히 앉아 어릴 때 본 책들을 읽었지. 다락에서 책이 가득한 큰 궤짝 하나를 찾아냈거든. 먼지로 뒤덮였고 그을음투성이였으며 종이가 바싹 말라 곧 바스라질 것 같은 책도 있었지만 오히려 습기가 밴 책도 있었어. 먼지를 털어내자, 책은 하얀 먼지구름을 일으키며 검은 때를 가볍게 털어버렸지. 하드커버로 된 책은 예쁜 무늬가 새겨진 표지가 떨어져나가 있었고, 삐죽삐죽 튀어나온 섬처럼 군데군데 몇장이 한데 붙어 있기도 했어. 하지만 책장을 열고 안으로 들어가면서 나는 위험한 암초를 헤쳐가는 뱃사람처럼 내용을 하나하나 점령해나갔지. 그러다 아주 이상한 것을 깨달았어. 책장을 넘길 때 손가락이 닿는 윗부분에 검은 얼룩이 묻어 있는 것을 발견한 거야. 그리고 그 페이지의 아래쪽 모서리에도 얼룩이 있었는데 그건 곰팡이 흔적과는 확연히 다른 검은색이었어.

그 다음 페이지 여러 곳에서도 알 수 없는 얼룩들을 발견했고, 마지막에는 책 표지에서 빛바랜 글씨로 거칠게 휘갈겨쓴 연필 자국도 찾아냈지. 열심히 만져서 닳아빠진 흔적과 이 연필 자국 그리고 급하게 남긴 얼룩이 어린 시절 내 손가락 흔적이었음을 깨닫는 순간 벅찬 감동이 솟아오르더군. 30년 혹은 그 이상의 세월 동안 이 흔적들이 궤짝에 담겨 까맣게 잊혀졌다니 얼마나 놀랍니! 과거를 잘 기억하는 사람들에게는 대수롭지 않겠지만, 내게는 위아래가 완전히 뒤집히는 엄청난 일이었지. 30년도 더 된 내 방도 다시 찾았어. 그동안 이 방은 세탁물을 넣어두거나 이와 유사한 목적으로 사용됐지만 옛 모습 그대로 보존돼 있었지. 세 마리의 돌고래 주둥이가 석유램프에 매달린 고리 줄을 물고 있는 것이나 옛날 내가 앉아 놀던 가문비나무 책상 모두 예전 그대로였어. 다시 그곳에 앉아 시간을 보내며, 의자에 앉았을 때 다리가 땅에 닿지 않는 아이처럼 책도 읽었어. 너도 알다시피 우리 머리는 허공에 우뚝 솟아 있어 매우 불안해 보이지만, 이에 익숙하게 길들여지는 이유는 두 발이 확실하게 땅을 밟고 있기 때문이야. 그러나 아직 다 자라지 않은 어린 시절 의자에 앉으면 두 발이 땅에 닿지 않아 불안했지. 물론 어른이 되면 억세고 단단한 집게 같은 손을 갖게 되겠지만 플란넬 천처럼 연약하고 부드러운 손으로 책장을 넘길 때면 작은 종이배를 타고 폭포를 건너 방을 노저어 가는 것만 같았어. 너에게 하는 말이지만, 당시 의자에 앉은 내 다리는 정말 땅에 닿지 않았지.

이 방에 침대를 갖다놓고 잠을 자기도 했어. 그때 지빠귀가 다시 나타난 거야. 자정이 지날 무렵 경이롭고 아름다운 노래가 나를 깨웠지. 나는 곧장 눈을 뜬 것이 아니라, 꽤 오랜 시간 동안 잠에 취한 채 이 소리에 귀를 기울였어. 그것은 밤꾀꼬리의 노래였지. 하지만 새는 숲이 우거진 정원이 아니라 옆집 지붕에 있었어. 나는 눈을 뜬 채 잠을 청하기 시작했지. 이곳에 밤꾀꼬리는 없는데—나는 문득 생각했어—저건 지빠귀야.

하지만 내가 이미 이것을 이야기한 적이 있다고 확신할 필요는 없어. '이곳엔 밤꾀꼬리가 없어. 그건 지빠귀야'라고 생각했을 때 나는 잠에서 깼지. 그때는 새벽 4시로 여명이 찾아들기 시작했어. 파도의 흔적이 바짝 마른 백사장 모래 속으로 빨려 들어가듯 잠은 그렇게 빨리 달아났지. 그런데 그때 부드러운 흰 양털수건 같은 여명을 받으며 검은 빛깔의 새 한 마리가 창틀에 앉아 있지 않겠나? 그놈은 그곳에 앉아 있었고, 틀림없이 나는 침대에 앉아 있었지.

나는 너의 지빠귀야—그놈이 말했어—나를 모르겠니?

그때 그 새를 금방 기억해내지 못했지만, 그 새가 말을 걸었을 땐 정말 행복했어.

전에도 한번 이 창틀에 앉은 적이 있었는데, 기억 못해? 그놈은 계속 말을 이어갔어. 그리고 나는 대답했지. 응, 지금 앉은 그곳에 네가 앉은 적이 있어. 그래서 내가 급히 그 창문을 닫았지.

나는 네 엄마야—지빠귀는 말했어.

그래, 이 말은 내 꿈이었는지도 몰라. 하지만 그 새만큼은 내가 꿈속에서 본 게 아니야. 그놈은 그곳에 앉았다가 내 방으로 날아들었지. 그래서 얼른 창문을 닫았어. 다락방으로 올라가 기억을 더듬으며 큰 나무새장도 찾아왔지. 나는 그 새장을 기억하고 있었는데, 전에 말했던 것처럼 어릴 때 지빠귀를 기른 적 있었기 때문이야. 그때도 그 새는 먼저 창가에 앉아 있다가 내 방으로 날아왔어. 새장을 사용했지만 그놈은 곧 길들여져서 가두지 않아도 됐어. 그놈은 내 방을 자유롭게 드나들며 살았지. 그런데 어느날부턴가 돌아오지 않았어. 그런데 그때 다시 돌아온 거야. 나는 그때 그 지빠귀와 같은 녀석인지 따지느라 신경쓰고 싶지 않았어. 새장을 찾았고 책이 담긴 궤짝까지 발견했는걸. 너에게 말할 수 있는 것은 이뿐이야. 내 일생에서 그 지빠귀새를 기를 때만큼 내가 좋은 인간이었던 때가 없었다는 것 말이야. 하지만 좋은 사람이라는 게 뭐냐고 묻는다면 설명하기 힘들 것 같아.

그놈이 그때도 자주 말을 걸었니? 아아인스가 짓궂게 물었다.

아니—아츠바이가 대답했다—그놈은 말을 하지 않았어. 하지만 나는 그놈에게 먹이를 줘야 했어. 주로 곡식 낟알이나 벌레들을 잡아 주었지. 짐작하겠지만 그놈이 벌레를 먹는다는 게 약간 어려움을 주었지. 그런데도 그놈을 어머니께 하듯 잘 돌봐주어야 했어. 하지만 너에게 솔직히 하는 말이지만 그럭저럭 할 만했어. 그냥 습관이었어. 당시 내가 이보다 더 습관적으로 매일 했던 일은 없었을 거야. 그 후로 그놈을 내게서 떼어놓지 않았어. 내 이야기는 이게 전부야. 그러니까 이것이 세번째 이야기지. 그런데 어떻게 끝내야 할지 모르겠어.

하지만 너는—아아인스는 조심스럽게 친구의 이야기를 확인하려 했다—이 세 이야기에는 모든 것을 하나로 묶을 수 있는 공통된 의미가 있다는 것을 암시하려는 것 아니었어?

무슨 말을 그렇게 해?—아츠바이는 부인했다—세 이야기 모두 때마침 바로 그렇게 일어났을 뿐이야. 만약 내가 그 의미를 알았다면 너에게 이 이야기를 해줄 필요도 없었을 거야. 하지만 이 이야기들은 소근소근 속삭이는 작은 소리나 나뭇잎이 살랑거리는 소리를 들을 때처럼 의미를 분간할 수 없는 것들이야!

세 여인

그리지아

살다보면 계속 이렇게 살 것이냐 아니면 방향을 틀 것이냐를 망설일 때처럼 인생이 눈에 띄게 느리게 흘러갈 때가 있다. 그 어느 때보다도 이때 우리 인간들은 불행에 빠지기 쉬운 듯하다.

호모에게는 몸이 아픈 어린 아들이 하나 있었다. 이 병은 더 나아지지도 않고, 그렇다고 위험해지지도 않은 채 1년을 끌었다. 의사는 장기요양을 권했다. 그런데 호모는 가족과 함께 떠날 수 없었다. 그렇게 하면 자신과 자기가 읽을 책들과 자기가 짜놓은 계획 그리고 자기의 삶으로부터 너무 오래 분리될 것 같았기 때문이다. 호모는 이런 거부감을 자기찾기라고 생각하기도 했지만 어쩌면 자기해체라고 하는 편이 더 나을지도 모른다고 생각했다. 이전에는 단 하루도 아내와 떨어져본 적이 없었으니 말이다. 호모는 아내를 매우 사랑했고, 이 사랑은 늘 한결같았다. 그런데 호모는 아이로 인해 마치 물이 돌멩이 속으로 스며들어 돌멩이의 틈을 점점 더 벌려놓듯이 이 사랑과 이별하게 되었다. 아내를 사랑하면서도 이렇게 떨어져 지낼 수도 있다는 사실을 새삼스럽게 깨닫고 호모는 매우 놀랐지만 이런 사실을 깨달았다고 해서 자기 의지로 부인과의 사랑을 끝낼 일은 없을 것이라고 생각했다. 아주 오랜 시간 여행준비에 매달렸지만, 호모는 다가올 여름을 어떻게 혼자 보내나 하는 생각 따위는 하지 않았다. 다만 온천지나 산악휴양지에는 가고 싶지 않다는 마음만 절실했을 뿐이었다. 그런데 혼자 남게 된 지 이틀 만에 호모는 편지 한 통을 받았다. 이것은 페르제나탈에 있는 오래된 베네치아 금광을 다시 개발하려는 회사에서 그를 초빙하는 편지였다. 이 편지를 보낸 사람은 모차르트 아마데오 호핑고트라는 사람으로, 호모와 그는 몇년 전 여행중에 만나 금세 친구가 되었다.

그렇지만 호모는 이 제안 때문에 심각하고 대단한 일이 벌어질지도 모른다는 의심은 조금도 하지 않았다. 호모는 두 통의 전보를 쳤다. 한 통은 아내에게 보낸 전보로 지금 떠날 것이며 나중에 거처를 알려주겠다는 것이었고, 다른 한 통은 친구에게 보낸 답신으로 지질학자인 자신도 상당한 보수가 보장되는 금광개발사업에 참여하겠다는 것이었다.

호모는 P라는 도시에서 호핑고트와 만났는데, 이곳은 뽕나무와 포도를 재배하는, 폐쇄적이지만 부유한 이탈리아의 소도시였다. 호모와 나이가 같은 호펑고트는 키가 크고 가무잡잡하며 잘생긴 남자로 늘 떠돌아다니는 사람이었다. 호모가 들은 바로는 이 회사가 미국에서 막대한 자본을 끌어와 대형 사업을 벌일 것이라고 했다. 우선 이들 둘과 세 명의 다른 참가자로 구성된 선발대가 준비작업차 먼저 골짜기로 들어가 말을 사들이고 장비가 도착하기를 기다리며 인부들을 모집하는 일을 맡았다.

무슨 연유인지 모르겠지만 호모는 여관에 거처를 정하지 않고 호펑고트가 잘 알고 있는 이탈리아 사람 집에서 묵었다. 이 집에는 호모의 눈길을 끄는 물건 셋이 있었는데, 그것은 매우 좋은 마호가니 나무껍질로 만들어 아주 시원하고 폭신폭신해 보이는 침대와 정신이 사나울 정도로 복잡하게 뒤엉킨 데다 몰취미하며 결코 완성될 것 같지 않은 낯선 문양의 벽지, 그리고 등나무로 만든 흔들의자였다. 이 의자에 앉아 몸을 흔들면서 벽지를 바라보노라면, 완전한 인간도 위아래로 뻗어나간 덩굴처럼 혼란에 빠진다. 덩굴은 순식간에 무의 상태에서 완전히 큰 상태로 자랐다가 다시 원래대로 되돌아갔다.

5월 중순이었는데도 거리의 공기에는 남풍과 눈이 한데 섞여 있었다. 해가 지면 거리는 커다란 아치형 가로등 불빛으로 환했는데, 가로등은 거리를 가로지르며 팽팽하게 당겨진 줄에 높이 매달려 있어 그 아래 거리는 짙푸른 협곡처럼 보였다. 깊고 어두운 아래 바닥에는 사람들이 걸어가지만 그 위 우주에는 환한 태양이 조용히 돌고 있는 협곡 말이다. 온종일 포도를 재배하는 산과 숲이 보였다. 겨울을 잘 이겨낸 숲은 빨강, 노랑, 초록으로 물들어 있었다. 아직 낙엽이 지지 않은 나무들은 시든 잎과 새로 나온 잎이 뒤섞여 마치 공동묘지의 화환 같았다. 숲 곳곳에는 빨강, 파랑, 분홍의 작은 집들이 눈에 띄었는데, 이 집들은 숲 속에 던져놓은 각양각색의 주사위처럼 자신도 모르는 형식법칙을 세상 사람들 앞에 무덤덤하게 내보이고 있는 것 같았다. 저 위쪽 숲은 어두웠고, 숲이 있는 산 이름은 젤보트였다. 이 산은 숲을 지나 알프스의 고원 방목지까지 품고 있었는데, 눈으로 덮인 이 방목지는 넓고 구불구불하게 휘어지며 그 옆의 산을 타넘고 급경사의 계곡까지 이어졌다. 선발대가 들어가려고 했던 곳은 바로 이 계곡이었다. 이 산악지대에 사는 남자들은 우유를 팔러오거나 옥수수 죽을 사러올 때면 이따금 큰 공 모양의 수정 덩어리나 자수정을 가지고 왔는데, 이것들은 초원에 핀 꽃처럼 도처의 틈새에서 넘칠 정도로 많이 나온다고 했다. 끔찍할 정도로 아름다운 동화 같은 이곳은 수많은 밤하늘의 별들처럼 낯설면서도 친숙하게 빛나는 계곡 아래에 뭔가 동경하며 기대할 만한 것이 숨어 있으리라는 인상을 강하게 풍겨주었다. 선발대가 산골짜기로 들어가 여섯시에 장크트 오르솔라를 지나는데, 관목이 무성하게 자라는 산속의 개울을 가로지르는 작은 돌다리 옆에 백 마리까지는 아니더라도 족히 스무 마리는 돼 보이는 밤꾀꼬리들이 지저귀고 있었다. 환한 대낮에 말이다.

이들이 골짜기로 들어가 머문 마을은 이상한 곳이었다. 마을은 언덕배기에 자리하고 있었다. 좁은 산길을 따라 끝까지 가면 넓고 큰 돌다리를 건너뛰게 되어 있고, 다시 비탈길을 내려오면 짧고 가파른 길 몇개가 개울이 굽이쳐 흐르듯이 초원으로 이어져 있었다. 길가에 서서 보면 눈에 들어오는 것이라고는 버려진 초라한 농가뿐이었다. 하지만 아래쪽 초원에서 쳐다보면, 시간을 거슬러 선사시대의 수상가옥촌이 들어선 것 같았다. 계곡 기슭에 위치한 집들은 모두 높이 설치된 축대에 의지해 서 있었고, 집에서 약간 떨어진 화장실도 가느다란 네 개의 나무기둥에 받쳐진 채 마치 가마모양의 곤돌라처럼 산비탈 위에 떠 있었기 때문이다. 마을 주변의 경치도 좀 특이했다. 꼭대기가 암벽으로 이루어진 높은 산이 반원형의 담처럼 마을을 둘러싸고 있었다. 이 산 꼭대기에는 급경사의 분지가 형성되어 있었는데, 분지의 한가운데는 원추형 모양의 작은 숲이 있었다. 그래서 전체적으로 가운데가 텅 빈 카스텔라 지형과 비슷했다. 분지의 작은 일부는 깊은 개울이 가르고 있었다. 개울은 이곳에서 갈라지면서 산비탈을 따라 골짜기 쪽으로 흘러내려 가는데, 이 개울이 흐르는 산비탈에 마을이 있었다. 주변 눈덮인 협곡에는 눈잣나무가 자라고 있었고 노루도 몇마리 뛰놀고 있었다. 분지 한가운데 숲의 정상 부근에는 벌써부터 수탉이 짝을 찾고 있었으며, 초원의 양지바른 곳에서는 은화 한 자루를 뿌려놓은 것처럼 노랑, 파랑, 흰색 별모양의 커다란 꽃들이 활짝 피어 있었다. 하지만 마을 뒤쪽으로 3백보 정도 더 올라가면 그리 넓지 않은 평지가 나오는데, 이곳에는 밭과 초지, 건초 헛간이 있었고 집들도 여기저기 흩어져 있었다. 반면에 쾌청한 날 골짜기 쪽으로 툭 튀어나온 보루에 지은 작은 교회에서 보면 강 하구에서 바다가 보이듯 골짜기 앞으로 멀리 펼쳐진 세상까지도 한눈에 들어왔다. 축복받은 황금빛 평야가 어디까지 이어져 있는지, 하늘의 뿌연 구름이 어디에서 시작되는지 분간할 수 없는 풍경이었다.

처음에 이곳 생활은 아주 좋았다. 온종일 산에 올라 옛날에 파묻힌 갱도 입구에 가보기도 하고, 새로운 광맥을 찾아 시굴해보거나 넓은 길을 낼 만한 곳을 찾기 위해 계곡을 벗어나기도 했다. 눈이 녹을 때가 가까워져 드넓은 대기로 불어오는 산들바람은 벌써 그 기운을 부드럽게 배태하고 있었다. 그들은 산골 사람들에게 돈을 뿌리고 다니며 신처럼 군림했다. 남자와 여자를 가리지 않고 모든 사람들에게 일자리를 주었기 때문이다. 작업조를 편성해 산에 나누어 배치된 남자들은 몇주일을 꼬박 산에서 지내야 했다. 또 여자들에게는 물건 나르는 일을 시켰는데, 이들은 도저히 길이라고 할 수 없는 오르막길을 올라 작업도구나 식량을 운반했다. 돌로 지은 학교 건물은 현장사무소로 바뀌어 이곳에 물건을 저장하거나 쌓아두었다. 그곳에서 어떤 남자가 수다를 떨며 순서를 기다리던 여자들을 날카로운 목소리로 차례차례 불렀다. 그러면 무릎이 꺾이거나 목의 핏줄이 튀어나올 정도로 무거운 짐이 여자들의 등바구니에 가득 실렸다. 젊고 예쁜 여자들에게 짐을 실어줄 때 너무 무거운 나머지 여자의 눈은 밖으로 튀어나왔고, 입술은 벌어져 있었다. 모든 여자들이 짐을 지고 줄을 서면, 이 동물들은 신호에 따라 묵묵히 차례로 한 발씩 천천히 움직이면서 구불구불한 길을 따라 산을 향해 오르기 시작했다. 이들이 나르는 짐들은 빵, 고기, 포도주 등 값비싸고 귀한 것들이었다. 이들은 강철로 된 무거운 장비들을 나르는 것도 마다하지 않았는데, 이 경우 현금으로 받는 보수 외에도 살림에 필요한 용품들이 수중에 떨어졌기 때문이다. 그래서 이 일을 하고 싶어 했으며, 산에 축복을 내려준 남자들을 고맙게 생각했다. 이건 정말 멋진 기분이었다. 이곳에서는 다른 세상과는 달리 상대가 어떤 인간인지―믿을 만한지, 권력은 있는지, 너무 무섭지는 않은지, 사랑스럽고 아름다운지―캐묻는 일도 없었고, 그들이 어떤 인간이었건, 또 어떤 인생관을 가졌건 간에 이 마을에 축복을 내렸기에 누구와도 사랑을 나눌 수 있었다. 이 사랑은 전령처럼 앞장서 달렸고 매일 새로 정리되는 손님용 침대처럼 어디를 가든 준비되어 있었다. 눈길만 주면 환영의 선물을 받았다. 이곳 여인들은 이런 호의를 거리낌 없이 발산했다. 하지만 가끔 초원을 지나갈 때면 나이든 농부가 그곳에 서서 죽음의 화신처럼 낫을 들고 가까이 오라는 손짓을 하는 경우도 있었다.

이 골짜기 끝에는 이상한 사람들이 살고 있었다. 그들의 선조들은 트리엔트 주교가 권력을 휘두르던 시절 독일에서 이주해 온 광부였는데, 비바람에 풍화된 독일 돌멩이처럼 잘게 부서진 채 지금까지도 이탈리아 사람들 사이에 섞여 살고 있었다. 이들은 옛날 생활 방식을 반은 보존하고 반은 잊어버렸으나 그나마 보존하던 전통조차도 제대로 이해하지 못했다. 봄이 되면 산골짜기를 타고 내려오는 급류가 이들이 살던 땅을 침식하는 바람에 전에 언덕 위에 있던 집들이 절벽 끝에 걸리는 일도 벌어졌다. 하지만 이들은 이에 대비해 아무런 대책도 세우지 않았으며, 과거에 만들어진 길을 따라 역으로 새시대의 온갖 잡동사니들이 이들의 집으로 몰려왔다. 그중에는 광택이 나는 싸구려 장롱, 익살맞은 그림이 그려진 엽서, 유화식 석판화도 있었다. 하지만 가끔 마르틴 루터 시대 것으로 추정되는 식기도 있었다. 왜냐하면 이들은 프로테스탄트였기 때문이다. 이들이 이탈리아인화되지 않도록 지켜준 것은 끈질기게 고수해온 바로 이 신앙 덕분인지도 모른다. 그렇다고 해서 이들 모두가 훌륭한 기독교도는 아니었다. 이들은 가난했기 때문에 거의 모든 남자들이 결혼하면 곧바로 아내 곁을 떠나 몇년간 미국으로 돈을 벌러 갔다. 귀국할 때면 그들은 몇푼 되지 않지만 그동안 모은 돈을 가지고 왔다. 뿐만 아니라 도시 사창가를 출입하는 습관이나 무신론까지 들여왔지만 문명의 예리한 정신만은 배워오지 않았다.

이곳 생활을 시작하자마자 호모는 귀를 솔깃하게 만드는 이야기를 들었다. 그리 오래되지 않은 이야기로, 대략 15년 전쯤 일어난 일인 듯했다. 오랫동안 집을 비웠던 농부가 미국에서 돌아와 아내와 다시 한방에 누웠다. 다시 함께 살게 되어 그들은 한동안 기뻤으며, 모아둔 돈이 바닥날 때까지 잘 지냈다. 하지만 미국에서 송금돼야 할 돈이 제때 들어오지 않자 농부는—이 고장 모든 남자들이 그런 것처럼—외지에서 행상이라도 해서 생활비를 벌기 위해 집을 나섰다. 그동안 아내는 수입 없이 살림을 계속 꾸려나갔다. 하지만 남편은 돌아오지 않았다. 그런데 얼마 후 그곳에서 좀 떨어진 마을에 미국에서 돌아온 농부가 또 나타난 것이다. 그리고 자기가 떠난 지 얼마나 되었는지 날짜까지 정확하게 얘기하면서 집을 떠나던 날 먹은 음식을 해달라는가 하면, 아주 오래전에 잃어버린 소에 대해서도 잘 알고 있었다. 또한 그동안 자기 머리 위에 있던 하늘과는 전혀 다른 하늘 아래에서 체득한 점잖은 태도로 아이들과도 잘 어울렸다. 이 농부 역시 잠시 기뻐하며 행복한 시간을 보내다가 행상으로 팔 물건들을 가지고 집을 떠나 다시 돌아오지 않았다. 이 고장에서 이런 사건이 서너 번 더 일어나고 나서야 사람들은 이 남자가 바다 건너 미국에서 이 고장 남자와 함께 일하면서 자세한 내막을 캐물어 미리 알고 온 사기꾼이라는 사실을 알게 되었다. 이 사기꾼은 어딘가에서 당국에 체포되어 감옥에 들어갔고, 그 후 그를 본 여자는 아무도 없었다. 이에 대해 모든 여자들이 애석해했다고 한다. 여자들은 자기 기억과 남자의 말을 비교해 일치하지 않을 경우 세상의 웃음거리가 될까봐 남자와 며칠 더 시간을 보내면서 기억을 맞춰보고 싶었기 때문이다. 또 여자들은 이 남자의 말을 듣자마자 자기 기억과 다르다는 것을 눈치챘다고도 주장했다. 하지만 그 누구도 자기 기억에 확신을 가질 수 없어 이런 말을 감히 입 밖에 낼 수 없었으며, 당연히 있어야 할 자리로 돌아온 남편을 곤란하게 만들고 싶지도 않았던 것이다.

이곳 여자들은 이런 식으로 살았다. 그들은 손바닥만 한 빨강, 파랑, 오렌지색 레이스가 달린 모직 치마를 입었으며, 머리에 두르거나 가슴에 걸친 스카프는 현대식 공장에서 싸구려 날염으로 찍어낸 것이긴 하지만, 색상이나 그 패턴을 보면 까마득한 조상들의 시대로 되돌아간 것 같았다. 이것은 농부들이 평상시에 입는 옷보다 훨씬 더 구식이었다. 마치 모든 시대를 다 돌아다니느라 뒤늦게 도착해 지치고 흐려진 시선 같았다. 그럼에도 불구하고 이들을 보고 있노라면 이들의 눈길이 자신을 응시하고 있음을 분명히 알 수 있었다. 이들이 신고 다니는 신발은 통나무로 만든 배처럼 나무를 깎아 만든 것이며, 험한 길이 많았기 때문에 신발 바닥에 칼끝처럼 생긴 쇠굽 두 개가 달려 있었다. 이 고장 여인들은 이 신발에 파란색과 갈색 스타킹을 신고 일본 여자들처럼 걸어다녔다. 여자들은 누군가를 기다리기라도 할 때면 길가에 앉는 게 아니라 길 한복판에 주저앉아 흑인처럼 무릎을 높이 치켜들었다. 자주 있는 일은 아니지만 나귀를 타고 산으로 들어갈 때면 치마를 가지런히 모으지 않고 허벅지가 드러나는 것에 별 신경을 쓰지 않은 채 남자들처럼 짐 안장의 나무 모서리에 걸터앉았는데, 이때도 두 다리를 제멋대로 높이 들고 상반신을 가볍게 흔들었다.

여자들은 또 호의와 애정을 구분하지 않고 거침없이 드러냈다. 그들의 집 대문을 두드리면 공작부인처럼 꼿꼿이 서서 "들어오세요"라고 말했고, 잠시 밖에 나란히 서서 얘기라도 나눌라치면 불쑥 더없이 공손하고 얌전하게 "외투를 받아드려도 될까요?"라고 묻는 것이었다. 한번은 호모 박사가 매력적으로 생긴 열네살짜리 여자아이에게 "건초 헛간으로 올래"라고 말했을 때—이는 그저 가축에게 사료가 자연스럽듯 건초가 이 처녀에게 자연스럽겠다는 생각이 문득 든 까닭이었다—선조들이 사용해온 앞이 뾰족하게 나온 스카프를 두른 이 아이의 얼굴에는 전혀 놀라는 기색이 없었다. 오히려 명랑한 눈으로 코를 헐떡이며 배 모양의 신발 끝으로 발꿈치를 들어 세웠다. 이 모든 것이 남자의 유혹에 서툴게 놀라는 순진한 처녀의 사랑스러운 표현에 그쳤기에 망정이지 그렇지 않았다면 그녀는 코미디 오페라에서처럼 어깨에 갈퀴를 맨 채 탄력있는 엉덩이로 엉덩방아를 찧을 판이었다. 또 한번은 그가 연극에 나오는 과부처럼 생긴 키 큰 시골 여자에게 "아직도 처녀야, 말해봐?!"라고 말하며 그녀의 턱을 잡았다. 이런 농담에는 남자다운 냄새가 묻어나야 했기 때문이었다. 그런데 이 여자는 호모의 손에 자기 턱을 맡겨놓은 채 진지하게 "물론이지"라고 대답했다. 이 순간 호모는 주도권을 상실했다. "네가 아직도 처녀라고?" 호모는 어이가 없다는 듯이 그냥 웃고 말았다. 그러자 그녀도 킬킬대며 따라 웃었다. "말해봐!?" 호모는 이제 더 가까이 다가가서 장난스럽게 그녀의

턱을 흔들었다. 그러자 그녀는 그의 얼굴에 대고 훅 입김을 불어
대더니 "옛날에요!"라고 말하며 웃었다.

"당신 집에 가면, 무엇을 해줄래?"라고 호모는 계속 물었다.

"원하는 것 전부요."

"내가 원하는 것 전부 다란 말이지?"

"전부 다요."

"정말 전부 다?!"

"전부, 전부 다라니까요."

그녀의 열망은 너무 탁월하고 격렬해서 천육백 미터나 되는
고지의 이런 연극 같은 경험은 호모를 몹시 당혹스럽게 만들었
다. 그 전의 어떤 생활보다 더 밝고 재미있는 이곳 생활이 현실
이 아니라 하늘을 떠다니며 장난을 치는 것 같다는 생각을 떨쳐
버릴 수 없었다.

그 사이에 여름이 왔다. 아내가 보낸 편지에서 병든 아들이
직접 쓴 글을 읽었을 때, 그 동안 은밀하게 혼자 간직했던 삶이
발각되어 이곳에서 누리던 행복이 깨질지도 모른다는 사실에
호모는 머리끝에서 발끝까지 경악했다. 이제 가족이 자신이 있
는 곳을 알게 되었다는 사실이 호모에게는 자기를 휘감는 끔찍
한 굴레처럼 여겨졌다. 오, 그가 여기에 있다는 사실을 이제 모
두 알게 되었다니. 그는 더이상 해명할 필요가 없었다. 초원은
하얀색, 보라색, 초록색, 갈색으로 물들어 있었다. 호모는 유령
이 아니었다. 에메랄드 빛으로 물든 산비탈에는 줄기에 연두색

털이 난 낙엽송 고목들이 빼곡히 들어선, 동화 같은 숲이 펼쳐져 있었다. 이끼 아래에는 보라색과 흰색 수정이 자라는 듯했다. 숲 한가운데 흐르는 개울은 커다란 은색 머리빗처럼 바위를 타넘고 떨어져내렸다. 호모는 아내의 편지에 더이상 답장을 하지 않았다. 남녀가 짝을 이룬다는 사실은 자연의 신비한 비밀들 가운데 하나였다. 진홍빛의 민감한 꽃이 하나 있는데, 이 꽃은 다른 남자도 아닌 오직 호모의 세계에서만 폈다. 신이 완전한 기적처럼 그렇게 정해주셨다. 우리 육체에는 은밀하게 감추어져 있어 죽을 각오를 하지 않고서는 그 누구도 볼 수 없는 곳이 있다. 이곳은 오로지 한 사람만 볼 수 있다. 순간 호모에게 이것은 심오한 종교처럼 아주 불합리하고 불편한 것 같았다. 그는 이 여름 가족과 떨어져 자기가 하고 싶은 대로 하면서 어떤 짓을 했는지 이제야 알았다. 그는 청록색 잔털이 무성한 나무들 사이에 무릎을 꿇고 두 팔을 벌렸는데, 이것은 이제껏 살아오면서 한번도 해보지 않은 일이었다. 순간 누군가 자기를 껴안는 듯했다. 호모는 자기 손에서 연인의 손을 느꼈고, 귀로는 연인의 목소리를 들었다. 자기 몸의 모든 부분을 생전 처음 만져보는 것 같았다. 자기 몸이 다른 사람의 몸처럼 느껴졌다. 호모는 이미 자기 삶의 생명력을 다 소진해버렸다. 그의 마음은 연인 앞에서 작아졌으며 거지처럼 가난해졌다. 그의 영혼에서 헌신과 맹세의 눈물이 흘러나올 것만 같았다. 그럼에도 호모가 다시 아내에게 돌아가지 않을 것임은 분명했다. 이상하게도 꽃들이 만발한 숲 주변 초원의 광경은 그가 지금 얼마나 흥분하고 있는지를 보여주었다. 이 광경은 그가 미래를 동경하고 있지만 자신이 이곳에서, 즉 아네모네와 물망초, 난초, 용담과 녹갈색 승아 사이에서 죽어 누워 있게 될 것임을 예감하게 했다. 호모는 이끼 위에 몸을 쭉 뻗고 누웠다. "어떻게 저 너머로 가지?"라고 그는 스스로에게 물었다. 그는 온몸이 빳빳이 굳어오며 심한 피로를 느꼈다. 지금 그의 몸은 미소를 지어야 풀리는 경직된 얼굴 같았다. 지금껏 호모는 자신이 현실에서 살고 있다고 생각했다. 그런데 그에게 한 인간이 다른 모든 인간과 다르다는 것보다 더 비현실적인 일이 있을까? 수많은 육체들 가운데 자기 몸인 듯 자기 내면의 본질을 거의 맡기는 그런 육체가 하나 있다는 것, 그리고 배고픔, 피곤함, 청각과 시각이 자기 육체와 연관되어 있다는 것보다 더 비현실적인 일이 있을까? 대지의 비밀이 어린 나무로 스며들듯 아이도 자라면서 세속적인 고민과 쾌감을 알게 될 것이다. 호모는 아들을 사랑했다. 하지만 이 아이가 이런 고민과 쾌락을 극복할 때쯤 되면, 피안의 영역도 그 전에 완전히 말살시킬 것이다. 호모는 갑자기 새로운 확신으로 몸이 뜨거워졌다. 신앙심이 깊은 인간은 아니었지만 이 순간 호모의 내면은 환하게 밝아졌다. 그의 감정이 왜 이렇게 밝게 빛나는지는 이성적인 생각으로 도저히 해명할 길이 없었다. 다만 청춘을 돌아나온 멋진 말 한마디가 있었는데, 그것은 재합일이었다. 호모는 이것을 영원히 획득했다. 그가 이런 생각에 몰입하는 순간 연인을 조금씩 흉하게 만들었던 세월들이 그녀에게서 사라졌다. 영원성이 지배하는 첫 날이었다. 호모에게서 세속적인 생각들이 자취를 감추었고, 권태감과 간통의 가능성도 사라졌다. 15분 정도의 방탕한 쾌감을 위해 영원을 희생할 사람은 아무도 없을 테니 말이다. 이제 처음으로 호모는 그 어떤 의심도 없는 사랑이 천국으로 들어가는 성사(聖事)의 의식이라는 것을 알았다. 그는 자기 삶이 고독하게 변한 것이 신의 섭리라는 사실을 깨달았다. 그리고 자기 발 아래 금은보화로 가득한 땅을 세속적인 보물이 아니라 자신에게 약속된 마법의 세계처럼 느꼈다.

그날부터 호모는 뻣뻣한 무릎이나 무거운 짐에서 해방된 듯 구속에서 벗어났다. 즉 그는 살고자 하는 욕망이나 죽음에 대한 공포가 주는 속박에서 풀려났다. 한창 원기왕성한 나이에 죽음이 가까이 와 있다는 것을 알게 되면 흔히 일어날 거라 생각했던 일들, 즉 삶을 더 미친 듯, 더 간절하게 즐기는 일 따위는 호모에게 일어나지 않았다. 오히려 그는 더이상 아무것에도 얽매이지 않아 더없이 홀가분해진 것 같았다. 그리고 바로 이 홀가분한 상태가 호모를 자기 존재의 주인이 되도록 이끌었다.

금광을 파내려가는 작업은 순조롭진 않았다. 그들 주변을 둘러싼 것은 금광을 파는 사람들의 삶이었다. 어떤 녀석이 와인을 훔쳤는데, 이것은 공동의 이익에 위배되는 범죄였기에 당연히 모든 사람들이 이에 대한 처벌을 원했다. 녀석은 손이 묶인 채 끌려갔다. 모차르트 아마데오 호펭고트가 일벌백계로 그를 밤

낮을 가리지 않고 하루 종일 나무에 묶어놓으라고 지시했던 것이다. 그런데 작업조장이 장난삼아 밧줄을 이리저리 흔들며 못 위에 걸자 이 젊은 녀석은 온몸을 부들부들 떨기 시작했다. 자기 목을 매달 거라 생각했기 때문이다. 그런데 외부에서 보충용 말이 오거나 며칠간 돌봐줄 말들이 들어왔을 때도, 이유는 모르겠지만, 이와 똑같은 일이 벌어졌다. 말들은 떼지어 초원에 서 있든지 주저앉아 있었다. 그런데 말들은 늘 저 아래쪽 계곡에 무질서하게 떼지어 있어서, 젤보트 산 아래의 초록, 파랑, 분홍의 작은 집들처럼 보였다. 하지만 말들이 위로 올라와 있을 때도 있었는데, 이 경우 세 마리 또 네 마리씩 산속 분지 쓰러진 나무에 밤새 묶여 있었다. 누군가 새벽 3시에 달빛을 받으며 길을 나서 4시 반에 이곳을 지날 때면 말들은 전부 그 행인을 바라봤다. 그러면 이 행인은 아무도 다니지 않는 새벽 여명 속을 걷는 자신이 아주 느긋하게 상념에 빠져 사유하는 기분이 들었다. 도둑이 들고 갖가지 위험한 사고들이 터지자 순찰을 위해 주변에 있는 개라는 개는 모두 사들였다. 순찰대는 개목걸이도 달지 않은 개들을 두 마리씩, 세 마리씩 밧줄로 묶어 떼거리로 데려왔다. 갑자기 이곳에는 개의 숫자가 사람 숫자만큼이나 늘어났다. 이 땅에서 사람과 개 가운데 어느 쪽이 주인이고, 어느 쪽이 객인지 묻고 싶을 정도였다. 개들 가운데는 종자가 괜찮은 사냥개도 있었는데, 이 지역에서 아직도 이따금 먹이고 있는 베네치아 사냥개나 성질 나쁜 원숭이처럼 사람만 보면 물어뜯는 집 지키는 개도 있었다. 이놈들은 떼지어 다녔으며, 이유는 모르겠지만 서로 한데 뭉쳐 거의 들붙어 있었다. 하지만 가끔 무리들 속에서 서로 으르렁대며 공격하는 개도 있었다. 많은 개들이 굶주려 있었지 만 먹이를 거부하는 개들도 많았다. 요리사가 고기와 스프를 담은 그릇을 내밀려 하자 작고 흰 개 한 마리가 요리사에게 달려들어 손가락을 물기도 했다. 새벽 3시 반만 되어도 날이 훤하게 밝았지만 태양은 아직 눈에 들어오지 않았다. 산꼭대기 고원 목 초지를 지나갈 때면 소들이 가깝게 누워 있었는데, 반은 깨어 있었고, 반은 잠들어 있었다. 이 소들은 커다란 흰 돌더미처럼 다리를 안으로 접고 몸통은 뒤로 약간 비스듬히 기울인 채 누워 있었다. 소들은 지나가는 사람에게는 눈길도 주지 않은 채 태양이 뜨기만을 기다렸다. 똑같이 느릿느릿 풀을 씹어먹는 주둥이를 보면 꼭 기도하는 것 같았다. 행인은 여명이 내려앉은 이 구역을 숭고한 존재들의 거주지를 지나가듯 조심스럽게 걸어갔다. 높은 곳에 올라가 되돌아보면, 소들의 모습은 등뼈와 뒷다리, 꼬리의 선으로 이루어진 높은음자리표가 하얗게 흩어져 있는 것 같았다. 재미있는 일도 많이 벌어졌다. 예를 들어 어떤 사람이 다리가 부러져 두 사람이 부축해 그를 옮기고 있는데 갑자기 "발파—"라고 외치는 소리가 났다. 그러면 모두들 다치지 않으려고 뛰었다. 길을 내기 위해 큰 바위를 폭파시켰던 것이다. 때마침 내린 비는 풀밭을 촉촉이 적셨다. 건너편 개울가 덤불숲에는 불이 났는데, 그때까지 이 일은 매우 중요한 사건이었음에도 새로 터진 사건으로 까맣게 잊혀졌다. 이 화재의 유일한 목격자는 현장 바로 옆에 서 있던 어린 자작나무였다. 한쪽 다리가 공중에 걸린 채 흑돼지 한 마리가 이 나무에 매달려 있었다. 이제 그곳에는 불길과 자작나무, 돼지만 남아 있었다. 누군가 밧줄에 묶어 끌고 가면서 가자고 좋게 어르기만 했는데도 이 돼지는 시끄럽게 꿀꿀거렸다. 그러다가 다른 두 남자가 반가워하며 제쪽으로 달려오는 것을 보자 더 시끄럽게 울어댔다. 하지만 귀가 잡힌 채 사정없이 앞으로 질질 끌려갈 때는 불쌍하기 짝이 없었다. 돼지는 끌려가지 않으려고 네 다리로 버텼지만, 잡힌 귀가 아파서 조금씩 앞으로 끌려갔다. 다리 끝에 도착하자 누군가가 도끼를 집더니 도끼날로 돼지의 이마를 내리쳤다. 이 순간부터 모든 것은 일사천리로 진행되었다. 앞다리 두 개가 동시에 꺾이고, 칼로 목을 찌르자 새끼 돼지는 다시 울부짖었다. 이 소리는 트럼펫 소리처럼 째지듯이 쨍쨍 울렸지만. 금세 숨넘어가는 소리로 잦아들더니 비장하게 코고는 소리로 바뀌었다. 이 모든 일은 호모가 생전 처음 보는 장면이었다.

저녁때면 모두 작은 목사관에 모였는데, 이들은 이곳 방 하나를 세내어 카지노로 사용했다. 물론 일주일에 두 번씩 먼 길을 통해 공급되는 고기는 종종 상하기도 했다. 그래서 가벼운 식중독을 앓는 일도 심심찮게 일어났다. 그런데도 날만 저물면 사람들은 작은 손전등을 들고 어두운 길을 돌부리에 채여 비트적거리면서도 이곳으로 왔다. 이곳 생활이 아무리 좋다 해도 슬픔이

나 적막함을 이겨내기가 식중독보다 더 힘들었기 때문이다. 이들은 이런 기분을 와인으로 말끔히 씻어내버렸다. 술판을 벌인 지 한 시간이 지나자 목사관 안에는 슬픔과 춤이 구름처럼 깔렸다. 축음기는 도금한 양철 수레처럼 달려 별들이 뿌려진 부드러운 초원을 넘어갔다. 그들은 서로 말을 나눈 것이 아니라 그저 말을 했을 뿐이다. 재야학자, 사업가, 전직 교도소장, 광산기사, 예비역 소령이 서로 무슨 말을 나눌 수 있겠는가? 그들은 기호로—그럼에도 불구하고 이것은 불쾌함, 상대적인 유쾌함, 그리움의 언어일 수도 있을 것이다—동물의 말을 했다. 종종 그들은 그 누구와도 전혀 상관없는 이런저런 문제로 쓸데없이 싸워 서로 마음을 상하게 하기도 했다. 그러면 그 다음날 결투의 입회인이 이리저리 오갔다. 그러나 약속한 날 결투장에 나간 사람은 아무도 없었다. 그들은 단지 시간을 죽여야 했기 때문에 그런 무의미한 짓을 했다. 실제로 이들 중 그 누구도 그 전에 이런 시간을 살아본 적이 없었지만, 그들은 지금 자기가 백정처럼 야만스럽다고 느꼈으며, 이 때문에 서로에게 노했던 것이다.

어디를 가나 유럽이라는 영혼의 동일한 집단정서가 있었다. 예전엔 그것이 일에 빠져 열심히 사는 것이라고 했다면 지금은 정체를 알 수 없는 무위였고, 아내와 자식 그리고 쾌락을 갈구하는 심정이었다. 간간이 축음기에서는 이런 노래가 새롭게 울려 나왔다. 로자여 로츠로 가세, 로츠로, 로츠로… 내 사랑의 정자로 와주오…. 별나라에 온 듯한 분가루 냄새, 면사포, 아득히 멀리 있는 쇼극장의 분위기와 유럽인의 성욕이 방안에 자욱이 깔렸다. 천박한 위트가 폭소를 자아냈고, 모두들 항상 다음과 같은 구절로 말을 시작했다. '옛날 어떤 유대인이 기차를 타고 갔는데… 어떤 사람이 딱 한 번 이렇게 물었대요. 지구에서 달까지 가려면 쥐꼬리가 얼마나 있어야 할까요?' 침묵이 흐르며 분위기가 가라앉으면 소령은 토스카를 틀어달라고 하고는 축음기가 준비되는 동안 우울한 목소리로 다음과 같이 말했다. "전에 미국의 소프라노 제럴드 파라와 결혼하려 한 적이 있었지." 그러자 축음기의 나팔에서 그녀의 목소리가 방 안에 울려퍼지더니 승강기를 탄 듯 위로 솟아올랐다. 이 소리는 술 취한 남자들의 감탄을 자아냈다. 승강기는 목소리를 싣고 미친 듯 올라갔지만 목적지에 도착하지 못하고 다시 내려와 공중에 매달린 듯 흔들리고 있었다. 이들이 걸친 재킷은 너무 격렬한 흔들림에 펄럭였다. 이처럼 소리가 올라갔다가 내려오는 것, 잠시 동안 한 음에 바짝 붙어서 있는 것, 다시 오르락내리락 하는 것, 이러다가 사라지는 것, 또다시 움직임으로써 포착되는 것, 그리고 다시 사라지는 것, 이 모든 것이 쾌락이었다. 호모는 이것을 도시의 온갖 것에 적나라하게 퍼져 있는 쾌락이라고 여겼다. 이 쾌락은 살인이나 질투, 사업, 자동차 경주와 구분할 수 없었다. 이것은 더이상 쾌락이 아니라 모험욕이었다. 아니 모험욕이 아니라 하늘에서 떨어진 칼, 죽음의 천사, 천사의 광기, 전쟁이 아닐까? 천장에는 파리를 잡기 위해 파리잡이 끈끈이가 여럿 걸려 있었고, 그중 하나에서 파리 한 마리가 호모 앞으로 떨어졌는데, 이놈은 이미 몸에 독성이 퍼져 발랑 뒤집힌 채 죽어 있었다. 파리가 떨어진 곳은 석유 등잔 불빛이 거의 닿지 않는, 식탁보의 주름을 따라 합류하는 웅덩이처럼 생긴 오목한 곳 한가운데였다. 비온 뒤 강풍이 몰아치듯 이 웅덩이는 이른 봄 같은 슬픔에 잠겨 있었다. 파리는 몸을 똑바로 세워 일어나보려고 몇번 몸부림쳐 봤지만, 힘만 더 빠졌다. 식탁보에 붙어 끙끙거리며 기어다니던 두번째 파리가 상황이 어떤지를 확인하기 위해 이따금 그쪽으로 달려갔다. 이곳에서 파리가 큰 골칫거리였기에 호모도 파리들을 유심히 관찰하고 있었다. 그런데 죽음이 다가오자 파리는 여섯 개의 다리를 모두 뾰족하게 모으더니 허공에 버둥거리다 식탁보에 비친 흐릿한 불빛을 받으며 죽어갔다. 파리가 죽은 지점은 1센티미터도 되지 않으며 귀로 들을 수는 없지만 그래도 분명히 존재하는 정적에 쌓인 공동묘지 같았다. 그때 막 누군가가 이런 얘기를 꺼냈다. "전에 누가 실제로 계산을 해보았다는데 세계적인 은행가인 로트실트 가문의 돈을 다 긁어모아도 달까지 가는 삼등칸 차표도 못 산대요." 호모는 조용히 이렇게 혼잣말을 했다. "살생을 하면서도 신을 느끼고, 신을 느끼면서도 살생을 한다?" 호모는 집게손가락으로 이 파리를 퉁겨 맞은편에 앉은 소령의 얼굴을 정통으로 맞혔다. 이것이 예기치 않게 다시 싸움으로 번져 다음날 저녁까지 이어졌다.

그때는 이미 호모가 그리지아를 안 지 한참 된 때였다. 아마 소령도 그녀를 알고 있었을 것이다. 그녀의 본명은 레네 마리아 렌치(Lene Maria Lenzi)였다. 이 이름은 젤보트나 그론라이트, 혹은 말가 멘다나 같은 자수정 이름이나 꽃 이름처럼 들렸다. 하지만 호모는 그리지아라고 부르는 것을 더 좋아했다. 이때 그는 숨을 들이쉬면서 '리'를 길게 뽑고, 숨을 내쉬면서 '지아'라고 발음했다. 그녀는 자신이 키우던 회색 암소를 그리지아라고 불렀는데, 호모는 그 소의 이름을 따 시골 여인을 부른 것이다. 그녀는 보라와 갈색이 섞인 치마에 머리에는 얼룩무늬 수건을 두른 채 초원의 가장자리에 앉아 다리를 높이 들어 네덜란드식 신발의 뾰족한 끝을 구부리거나, 알록달록한 앞치마 위에 두 손을 모아 깍지끼고 있었다. 가끔 아래쪽에서 풀을 뜯는 암소에게 지시를 내리는 그리지아의 모습을 보노라면, 작고 가느다란 독버섯처럼 자연스럽고 사랑스러워 보였다. 그녀가 소에게 내리는 명령은 "게 아" "게 아우아" 이렇게 네 음절뿐이었다. 이것은 소가 너무 멀리 떨어져 있을 때 "이리 와" "올라와" 정도를 의미하는 말 같았다. 소가 말을 듣지 않으면 그녀는 화가 나서 "어디 가는 거야, 이놈아, 이리 와"라고 소리쳤다. 그래도 안되면 돌멩이가 굴러 내려가듯이 쿵쾅거리며 초원을 달려 내려가 주변의 나뭇조각을 집어들고는 던질 수 있는 거리까지 다가가 회색 소에게 던졌다. 하지만 이 암소가 버릇대로 계속 골짜기 쪽으로 내려가려고 하면, 진자운동을 하는 추처럼 규칙적으로 올라갔다 내려갔다 하며 암소를 쫓아 오르락내리락을 반복했다. 그녀의 이런 행동이 마치 낙원처럼 무의미해 보여 호모는 그녀를 그리지아라고 부르며 놀렸던 것이다. 하지만 숨길 수 없는 사실은 멀리서 이런 모양새로 앉아 있는 이 여인에게 다가갈 때면 심장이 두근거렸다는 것이다. 보통 갑자기 전나무 향이 나는 곳에 들어가거나, 버섯이 지천으로 깔린 숲의 바닥에서 올라오는 향긋한 냄새를 맡았을 때 이렇게 심장이 뛰는 체험을 한다. 하지만 그녀에 대한 이런 인상에는 늘 자연에 대한 두려움이 포함돼 있었다. 최소한 자연은 자연다울 것이라고 착각해서는 안된다. 인간이 자연의 본성을 억압하지 않는 곳이라면, 모든 면에서 자연은 더럽고, 뾰쪽하게 튀어나와 있으며, 독성이 있고, 비인간적이다. 호모가 이 시골 여인에게 마음을 뺏겨 단단히 매이게 된 것도 아마 그리지아에게 이런 자연의 특성이 있었기 때문일지도 모른다. 다른 이유가 있다면, 그녀가 어떤 여인과 매우 닮았다는 사실에 지칠 줄 모르고 경탄했기 때문일 것이다. 찻잔을 들고 나무 한가운데 앉아 있는 여인을 본다면 너무 비슷해 놀라움을 금하지 못할 것이다.

호모가 처음 그리지아의 대문을 두드렸을 때 그녀 역시 들어오세요 하고 말했다. 그녀는 아궁이에 냄비를 올려놓고 음식을 만드느라 자리를 뜰 수 없었다. 그래서 정중하게 부엌 의자를 가리키며 앉으라고 권했고, 한참 후에야 웃으면서 앞치마에 손을 닦고는 방문객에게 손을 내밀었다. 손은 예쁘게 생겼지만 고운 사포나 정원에 깔린 보슬보슬한 흙처럼 부드러우면서도 까칠까

칠했다. 그녀의 얼굴은 약간 비웃는 표정으로, 옆에서 보면 얼굴선이 곱고 우아해 보였다. 그의 눈길을 특별히 사로잡은 것은 입이었는데, 그녀의 입은 큐피드의 화살 같은 곡선을 이루고 있었지만, 침을 삼킬 때처럼 꼭 다물고 있었다. 그래서 그런지 입은 고왔지만 단호하고 거칠다는 인상을 풍겼다. 그리고 이런 거친 인상은 다시 그녀를 우스꽝스럽게 보이도록 했는데, 특히 그녀가 신고 있는 신발 때문에 더욱 그러했다. 작은 체구의 그녀가 신발을 신은 모습은 마치 거친 뿌리에서 조그만 식물이 자라나온 것 같은 모양이었기 때문이다. 어떤 일로 여러 사람들이 모여 의논할 일이 있었다. 일을 마치고 사람들이 떠나자 그녀는 다시 미소를 지었는데, 이때 그녀의 손은 맞이할 때보다 더 오랫동안 호모의 손을 잡고 있었던 것 같다. 도시에서라면 별 의미가 없었을지도 모를 이런 인상들이 고독이 지배하는 이곳에서는 그의 마음을 뒤흔들어놓을 정도로 큰 감동을 주었다. 이 감동은 바람이 불거나 방금 새가 날아간 것도 아닌데 나뭇가지가 흔들렸을 때 느꼈을 법한 충격과 다름없었다.

그런 일이 있은 후 얼마 되지 않아 호모는 시골 여인의 연인이 되었다. 호모는 자신에게 일어난 이런 변화에 흠뻑 빠져 있었는데, 그건 두 말할 것도 없이 어떤 사건이 그로 인해 일어난 것이 아니라 그와 함께 일어났기 때문이었다. 호모가 두번째 찾아갔을 때 그리지아는 그와 마주보고 앉았으며, 그가 어느 정도까지 관계를 진척시켜도 될지 알아보기 위해 시험삼아 손을 그녀의 무릎에 올려놓고 "당신이 여기서 제일 예쁜 여자야"라고 말하자, 그녀는 이 손을 허벅지에 얹어놓고 그 위에 자기 손을 포갰다. 이로써 둘은 약속한 사이가 됐다. 이제 호모는 이 약속에 확인 도장을 찍는 의미로 그녀에게 키스를 했다. 그러자 그녀의 입술은 목마른 사람이 물을 벌컥벌컥 들이켜고 컵의 가장자리에서 입을 뗄 때처럼 쩝쩝 소리를 냈다. 호모는 그녀의 이런 천박한 태도에 처음에는 좀 놀랐지만, 계속되는 그의 키스 요구를 뿌리쳤을 때는 전혀 기분이 나쁘지 않았다. 그는 그녀가 왜 그랬는지 그 이유를 몰랐으며, 이 고장의 관습이나 위험에 대해서는 아무것도 모른 채 호기심 어린 마음으로 다음 기회를 기약하며 위안했다. 건초 창고에서 만나자고 그리지아가 말했던 것이다. 그가 문 앞에서 작별인사를 건네자 그녀는 "빨리 또 만나요"라고 말하며 미소지었다.

집으로 돌아가는 길에 호모는 그녀와의 일을 떠올리며 행복에 젖었다. 뜨거운 음료를 마신 것처럼 효과가 나중에 갑자기 나타나기 시작한 것이다. 건초 창고에서 만날 거라는 생각이—묵직한 나무문을 열고, 그 문을 다시 닫는다. 경첩이 돌아가는 각도에 따라 점점 컴컴해지고, 마침내 건초 창고에 어둠이 수직으로 내려앉으며 그들이 바닥에 웅크리고 앉는다—잔꾀를 짜낸 어린아이처럼 그를 즐겁게 했다. 마법의 고리를 머리에 두른 것처럼 호모는 그녀와의 키스를 떠올렸고, 그녀가 입맛을 다시는 소리를 느꼈다. 다가올 일을 상상해보니 농부들이 음식을 먹는 방식이 떠올랐다. 이들은 한입 크게 물고서는 음식 맛을 평가해가며 천천히 쩝쩝 소리를 내며 씹는다. 그들은 춤도 그렇게 춘다, 한 발짝 한 발짝씩 말이다. 아마 다른 이들도 모두 이렇게 할 것 같다. 이런 상상을 하다 너무 흥분한 나머지 두 다리가 굳어져 신발이 땅에 박혀버린 듯했다. 이곳 여자들은 사내들의 호기심 때문에 자기 일을 방해받지 않으려고 눈을 감고 방독면처럼 완전히 굳은 표정을 짓는다. 그들은 신음소리도 내지 않으며 죽은 풍뎅이처럼 꼼짝하지 않은 채 지금 하는 일에만 온 신경을 집중한다. 둘의 정사도 그렇게 진행되었다. 그리지아는 아직 그자리에 남아 있는 겨울 건초를 신발 뒷굽 모서리로 긁어모아 한 무더기로 쌓더니 스타킹 밴드의 매무새를 고치는 여인처럼 치맛자락 쪽으로 몸을 숙이며 마지막 미소를 보냈다.

　이곳의 모든 일들은 말이나 소, 죽은 돼지처럼 너무 단순했고 마법에 걸린 듯했다. 둘이 창고 기둥 뒤에 있는데 밖에서 누군가 자갈길을 따라 이리로 쿵쾅거리며 걸어오는 소리가 들렸다. 다행히 이 무거운 발걸음은 이곳을 지나갔다. 그동안 호모는 피가 거꾸로 솟는 것 같았지만, 그리지아는 세번째 발걸음 소리만 듣고도 그것이 이리로 올 것인지 아닌지를 알아맞혔다. 또한 그리지아는 마법의 세계에서 통용될 법한 언어를 사용했다. 예를 들어 그녀는 코를 의미하는 '나제'를 '노스', 다리를 의미하는 '바인'을 '쉔켄', 앞치마를 의미하는 '슈르츠'를 '쉬르제'라고 표현했다. 너무 많은 물건을 들고 와서 그가 감탄하자 그녀는 졸음이 가득한 눈으로 "자리에 좀 누워 있겠시유"라고 말하기도 했다. 한번은 그가 다시 오지 않겠다고 겁을 주자 웃으면서 "지가 찾아가면 되지유"라고 말했다. 그때 호모는 지금 놀란 건지 행복한 건지 몰랐다. 그리지아가 "후회 안해요? 많이 후회하고 있죠?"라고 물은 걸 보면 그녀도 그것을 눈치챈 게 틀림없었다. 그녀가 쓰는 언어는 앞치마나 수건을 장식한 문양 같기도 했고 스타킹 윗부분의 현란한 레이스장식 같기도 했으며 넓은 세상을 떠돌면서 어느 정도 현대에 동화되긴 했지만, 여전히 신비로운 손님 같기도 했다. 그녀의 입은 이런 단어들로 가득 차 있었다. 호모가 그 입술에 키스할 때면 여자를 사랑하는 건지, 아니면 그에게 기적이 일어난 건지, 그리지아가 그를 진짜 사랑하는 연인과 영원히 묶어주는 매개자의 일부일 뿐인지 도무지 알 수 없었다. 한번은 그리지아가 대놓고 "생각은 딴 데 가 있군요. 척 보면 알어유"라고 말했다. 그가 핑곗거리를 찾자 "아 그건 엑스트르게 스퀴즈예유"라는 말만 했다. 그게 무슨 뜻이냐고 묻자 그녀는 말로 설명해주려 하지 않았다. 그래서 한참 생각하다가 결국 그녀에게 물어 추측해본 결과 2백년 전 이곳에 프랑스 광부들이 살았던 만큼, 아마 익스큐즈(실례)를 뜻하는 말인 듯했다. 그렇지만 뭔가 좀더 기묘한 다른 뜻이 있을지도 몰랐다.

이런 신비체험을 강렬하게 느끼고 싶은 사람도 있을 것이고, 그렇지 않은 사람도 있을 것이다. 확고한 원칙을 좋아하는 사람이라면 이 체험은 방금 막 배운 미학적 장난에 불과할 뿐이다.

그렇지 않고 원칙이 없거나 있다 해도 호모의 경우처럼 여행을 떠남으로써 그 원칙들이 좀 느슨해진 상태라면 이런 낯설고 신비한 삶이 주인을 잃어버린 원칙을 장악할 수도 있다. 이곳을 지배하는 낯선 삶은 너무 행복해 그에게 야심차게 확고한 자아를 새로 부여해주는 게 아니라 서로 무관하게 나 있는 예쁜 점들처럼 그의 육체의 숨구멍 속에 들어가 있었다. 어떤 이유에서인지 호모는 자기가 곧 죽게 될 것이라고 느꼈다. 다만 언제 어떻게 죽게 될지는 아직 몰랐다. 그의 지난 삶은 활력을 잃었다. 이 삶은 가을을 향해 점점 힘겹게 날아가는 나비 꼴이었다.

호모는 가끔 그리지아와 이런 감정에 대해 이야기를 나누었다. 그녀의 반응은 독특했다. 자신에게 털어놓은 문제에 대해 물어보듯이 관심을 표했으며, 사심이라고는 찾아볼 수 없었다. 그리지아는 호모가 자기를 사랑하는 것보다 더 온 영혼을 다해 사랑하는 사람들이 산 너머에 있다는 것을 당연시하는 것 같았다. 반면 호모는 이 사랑이 더 사그라지는 게 아니라 더욱 강렬해지고 새로워지는 것 같았다. 이 사랑은 더 퇴색되는 것은 아니었지만, 색이 짙어지면 짙어질수록 그를 현실 속의 무언가가 되도록 규정하거나 무언가가 되지 못하도록 방해하는 힘을 잃어버렸다. 이 사랑은 이상하게도 삶의 종지부를 찍고 죽음을 기다리는 사람만이 알 수 있는 무중력의 상태, 속세의 모든 것으로부터 해방된 상태였다. 예전에도 그는 건강했지만, 그 무렵 갑자기 지팡이를 내던지고 돌아다니는 절름발이처럼 그의 마음에도 병을 훌훌 털고 일어나려는 힘이 생겼다.

　이런 현상은 건초 수확기가 되자 절정에 달했다. 건초는 이미 다 베어 말려놓은 상태였고 묶어서 산의 목장으로 옮기는 일만 남아 있었다. 호모는 공중으로 높이 솟아오른 그네처럼 생긴 비탈에서 이 광경을 지켜보았다. 이곳은 작업장에서 멀리 떨어진 언덕이었다. 시골 처녀가―이 초원에는 그녀 혼자뿐이었고, 엄청나게 큰 하늘의 유리지붕에서 보니 작은 얼룩무늬 인형처럼 보였다―가능한 모든 방법을 동원해 큰 다발을 만들고 있었다. 무릎을 꿇은 자세로 몸을 낮춰 두 팔로 건초를 끌어당겨 안거나, 매우 관능적인 자세로 불룩 솟아오른 다발 위로 배를 대고 눕더니 손을 아래쪽으로 쭉 뻗어 다발을 감싸안았다. 또 완전히 옆으로 누워 손을 뻗을 수 있는 한껏 한 팔을 길게 뻗었다. 한쪽 무릎이나 양쪽 무릎으로 다발 위로 기어 올라가기도 했다. 호모는 이런 모습이 어딘지 말똥구리나 앞에서 이야기한 풍뎅이 같다고 느꼈다. 마침내 그 처녀는 묶은 다발 아래로 자기 몸을 쑥 집어넣더니 다발을 등에 지고 천천히 몸을 일으켰다. 이 다발은 알록달록한 옷을 입었으며 이것을 나르는 키 작고 가냘픈 여자보다 훨씬 컸다. 그런데 그 여자는 그리지아가 아니었을까?

　그리지아를 찾으려고 아낙네들이 언덕의 평평한 계단부분에 쌓아둔 긴 건초더미를 따라 위쪽으로 가보니, 때마침 그들은 쉬는 중이었다. 그때 그는 정신을 차릴 수가 없었다. 이 여인들은 플로렌스 메디치 가문 예배당에 있는 미켈란젤로의 조각상이 한쪽 팔로 머리를 받친 채 흐르는 물에서 휴식을 취하는 자세로 건초더미 위에 누워 있었던 것이다. 그들은 호모와 이야기를 나누거나 침을 뱉어야 할 때 매우 어색하게 행동했다. 이들은 손가락 세 개로 건초 한 단을 뽑아 깔때기 모양으로 만들어 침을 뱉고는 그 위를 다시 건초로 채웠다. 웃지 않고는 배길 수 없는 노릇이었다. 그리지아를 찾아다니는 호모처럼 이들과 한편이라 하더라도 이런 상스러운 짓에는 대경실색할 수밖에 없을 것이다. 그런데 그리지아는 이들과 잘 어울리지 않았다. 그녀를 찾았을 때 그리지아는 감자밭에 웅크리고 앉아 그를 보고 웃었다. 그녀가 몸에 걸친 것이라고는 치마 두 장뿐이라는 것을 호모는 알고 있었다. 메마른 흙이 그녀의 가늘고 거친 손가락 사이를 빠져나가 몸에 닿는다. 하지만 이런 상상은 그에게는 이제 더이상 특별한 것이 못되었다. 이상하게도 그의 마음은 흙을 만지는 것처럼 이미 이런 상황에 친숙했다. 아마 그가 이 밭에서 그리지아를 만난 것은 건초 수확기가 아니었을지도 모른다. 모든 것이 이렇게 뒤죽박죽 돌아갔다.

건초 창고는 꽉 차 있었다. 창고 벽의 나무를 짜맞춘 틈 사이로 은빛 햇살이 스며들었다. 건초에서는 초록빛이 흘러나왔다. 아래로 햇살이 비쳐들어 창고 문은 굵은 황금색 테두리를 두르고 있었다.

건초에서는 시큼한 냄새가 났다. 그건 꼭 과일과 사람의 침을 섞어 반죽해 만든 흑인들의 음료수에서 나는 냄새 같았다. 여기

원시인들 사이에 끼여 살고 있다는 사실만 떠올려도 발효중인 건초로 가득 찬 좁은 공간의 열기에 벌써 취해버렸다.

어떤 자세로 있어도 건초더미는 무너지지 않았다. 허벅지까지 그 속에 묻고 있어도 불안하긴 했지만 탄탄하게 잘 버텼다. 그들은 신의 손바닥 같은 그곳에 누워 강아지나 새끼 돼지처럼 굴러다니고 싶었다. 그들은 비스듬히, 초록 구름을 타고 승천하는 성자처럼 거의 수직으로 누웠다.

하루하루가 결혼한 날 같았고, 하늘로 승천하는 날 같았다.

그런데 하루는 그리지아가 더이상 만나서는 안된다고 선언했다. 그 이유를 듣고 싶었지만 말하지 않았다. 입이 뾰족하게 튀어나온 것이나 평소라면 어느 창고에서 만나는 것이 가장 좋을까를 생각해내느라고 양 미간을 찌푸려야 생기던 작은 주름이 지금 뭔가 예사롭지 않은 일이 벌어지고 있음을 암시해주었다. 둘의 관계가 소문난 걸까? 뭔가 낌새를 챈 그 수다쟁이 아낙네들은 구경거리라도 난 것처럼 계속 웃어대기만 했다. 그리지아에게서는 더이상 아무것도 알아내지 못했다. 지금보다 좀 뜸하게 보면 된다고 둘러대기만 했다. 하지만 의심 많은 농부처럼 말조심하는 눈치가 역력했다.

어느날 호모는 불길한 징조를 느꼈다. 각반이 풀어지는 바람에 담장에 붙어 다시 고쳐 매는데, 지나가는 어떤 시골 아낙이 "양말은 내려간 대로 그냥 두세요 곧 밤이 될 텐데요 뭘"이라고 친절하게 말하는 것이었다. 이 일은 그리지아의 집 마당 근처에서 일어났다. 이 이야기를 전했더니 그리지아는 고자세를 취하며 "사람들은 입방아를 찧고 개울은 흐르는 법이니까 그냥 내버려두세유"라고 말했다. 하지만 그녀는 침을 삼켰고 생각은 딴데 가 있는 것 같았다. 문득 호모는 마치 아즈텍 여인처럼 특이한 머리를 한 시골 여인이 떠올랐다. 이 여인은 검은 머리를 어깨 너머까지 풀어헤치고는 통통하고 건강해 보이는 세 아이에 둘러싸인 채 늘 문 앞에 앉아 있었다. 그리지아와 호모는 매일 이 집 앞을 지나갔지만 여인의 존재를 전혀 의식하지 못했다. 그 여자는 호모가 모르는 유일한 시골 아낙이었고, 그녀의 외모가 눈에 띄었음에도 이상하게도 그 여자에 대해서는 한마디도 물어본 적이 없었다. 언제나 건강해 보이는 아이들의 삶과, 얼굴에서 그 흔적이 드러나는 그녀의 병든 삶은 서로 상쇄되는 것 같았다. 현재 그의 마음이 불안한 이유가 바로 이 때문일 수도 있겠다는 확신이 들었다. 호모는 그리지아에게 이 여인이 누구냐고 물었지만 그리지아는 화가 난 듯 어깨를 들썩이더니 "저 여자는 자기가 무슨 말을 하는지도 몰라유. 여기서는 이 말 하고 저기 산 너머 가서는 딴 말을 하니까유" 하면서 그리지아는 그 여자의 말 따위는 바로 묵살해도 된다는 듯이 손으로 이마를 격렬하게 훔쳤다.

그 후 마을 근처의 건초 창고에서 다시 만나자고 해도 그리지아가 오지 않자 호모는 더 높은 산으로 올라가자고 제안했다. 그녀는 내키지 않아했지만 결국 넘어왔다. "좋아요, 어차피 가야 할 길인데유, 뭐"라고 강조하듯 말했는데, 나중에 생각해보니 뭔가 다른 뜻이 숨어 있는 것 같았다. 화창한 아침이 다시 한번 만물을 뒤덮고 있었다. 멀리 구름의 바다, 사람의 바다가 눈에 들어왔다. 그리지아는 겁이 나 모든 집들을 돌아서 갔다. 그리고 텅 빈 들판에 이르자, 평소 사랑을 나눌 때 남이야 뭐라건 신경을 쓰지 않던 그녀가 사람들의 매서운 시선을 걱정하는 기색이 역력했다. 그러자 호모는 조급해졌고, 방금 둘이 지나온 곳이 자기 일행이 작업을 금방 접었던 오래된 폐갱이라는 생각이 떠올랐다. 그는 그리지아를 갱도 안으로 떠밀었다. 그가 마지막으로 몸을 돌려 뒤돌아보았을 때 산꼭대기에는 눈이 쌓여 있었고, 그 아래는 곡식 다발을 묶어놓은 작은 들판이 햇살을 받아 황금색으로 물들어 있었다. 그리고 그 위에는 연푸른 하늘이 펼쳐져 있었다. 그리지아는 또다시 빈정대는 투로 말했다. 그녀는 호모의 눈길이 어디에 닿아 있는지 눈치채고는 부드럽게 "푸른 하늘일랑 저 위에 그냥 예쁘게 있게 나둬유"라고 말했다. 이게 무슨 뜻인지 묻는다는 것을 호모는 깜빡 잊었다. 점점 좁아드는 어둠 속을 아주 조심스럽게 손으로 더듬어가며 들어가는 데 정신이 팔렸기 때문이었다. 그리지아가 앞장섰다. 잠시 후 갱도가 조그만 방 크기만 하게 넓어졌을 때, 둘은 멈춰 서서 포옹했다. 발밑의 흙은 바짝 말라 있는 듯했다. 성냥불을 켜서 땅바닥을 살펴봐야 한다는 문명인다운 필요성을 전혀 느끼지 못한 듯 둘은 그 자리에 그대로 드러누웠다. 그리지아는 다시 한번 부드럽게 마른 흙처럼 그의 몸에 스며들었다. 어두웠지만 호모는 그리지아가 쾌락으로 몸이 굳어 있다는 것을 알았다. 그리고 서로 대화를 나눌 생각도 하지 않은 채 멀리 보이는 조그만 사각형 구멍을 쳐다보았다. 이 구멍으로 태양 빛이 하얗게 비춰들었다. 호모의 마음속에는 이리로 올라왔던 광경이 반복해서 떠올랐다. 마을 뒤에서 그리지아를 만났고 산을 오르다가 다시 방향을 돌리고 또 오르고 하는 모습이 보였다. 무릎 아래까지 올라온 그리지아의 푸른색 스타킹의 오렌지색 솔기까지 보였고 그녀가 이상하게 생긴 신발을 신고 비틀거리며 걸어가는 모습도 생각났다. 갱도 앞에서 그녀가 걸음을 멈춘 것도, 작은 벌판이 황금색으로 물든 광경도 떠올랐다. 그런데 갑자기 갱도의 환한 출입구에 그리지아의 남편의 모습이 어른거리는 것을 보았다.

호모는 금광을 개발할 때 인부로 일을 시켰던 이 사람에게 이제껏 한번도 관심을 가진 적이 없었다. 이제야 그는 날카로운 인상에 어둡고 교활한 사냥꾼의 눈매를 가진 밀렵꾼 남자를 보았다. 문득 전에 단 한 번 이 남자가 지껄이는 소리를 들은 적이 있는 것 같았다. 그건 다른 사람들이 감히 들어갈 엄두도 내지 못했던 오래된 폐갱 안으로 기어들어간 후였는데, 이때 그는 "대단한 구경거리구만. 길을 찾기가 엄청 힘들더라구"라고 말했다. 호모는 잽싸게 권총을 뺐다. 하지만 바로 그 순간에 레네 마리아 렌치의 남편은 사라졌다. 주위가 갑자기 칠흑같이 어두워졌다. 호모는 손으로 더듬어 출구를 찾아나갔다. 그리지아는 그의 옷을 붙잡고 쫓아왔다. 하지만 즉시 그는 누군가가 바위를 굴려 입구를 막았으며, 이 바위는 자신이 들어내기에는 너무 무겁다는 사실을 깨달았다. 또한 무엇 때문에 이 남자가 폐갱 속에 들어간 그들을 한참 동안 가만 놓아두었는지도 알았다. 그는 이들을 응징할 계획을 짜고 지렛대로 쓸 나무를 구해올 시간이 필요했던 것이다.

그리지아는 바위 앞에 무릎을 꿇고 앉아 빌며 미친 듯이 날뛰었다. 그래봤자 분노만 더할 뿐 헛수고였다. 그녀는 부정한 짓은 절대 한 적이 없으며, 하지도 않겠노라고 맹세했다. 또한 금방 돼지처럼 고래고래 소리지르더니, 정신이 나가 겁먹은 말처럼 바위 쪽을 향해 달려갔다. 호모는 이것이 자연의 섭리라는 사실을 마침내 깨달았다. 하지만 처음에는 교양인인 그에게 정말 돌이킬 수 없는 일이 일어났다는 믿기지 않은 사실에 어떤 저항도 할 수 없었다. 그는 벽에 기대 손을 주머니에 넣고 그리지아가 지르는 소리에 귀를 기울일 따름이었다. 그는 뒤늦게야 자기 운명을 알았다. 꿈을 꾸는 것처럼 그는 이 운명이 몇날, 몇주, 몇달 동안 자신에게 내려앉아 있었다는 사실을 새삼 다시 느꼈다. 아주 오랫동안 들게 될 잠이 이제 막 시작될 것 같았다. 그는 팔로 부드럽게 그리지아를 감싸고 그녀를 다시 끌어당겼다. 그는 그녀 옆에 누워 무언가를 기다렸다. 예전 같으면 그는 아마 이처럼 탈출할 수 없는 감옥에서 나누는 사랑은 물어뜯기는 것처럼 아릴 것이라고 생각했겠지만, 지금은 아예 그리지아에 대한 생

74

각을 잊고 있었다. 비록 그녀의 어깨를 느끼긴 했지만 그리지아는 호모에게서 멀어진 존재이거나 아니면 호모가 그리지아에게서 멀어진 존재였다. 삶 전체가 이제 그에게서 멀어져 있어 호모는 자신이 아직 살아있다는 사실을 알면서도 생명을 붙들어둘 수는 없었다. 그들은 몇시간 동안 꼼짝하지 않고 그대로 있었다. 몇날 몇밤이 지난 것 같았다. 그들은 극심한 허기와 갈증을 느꼈다. 점점 힘이 빠지면서 몸은 더욱 가벼워졌고 말수도 점점 줄어들었다. 그들은 드넓은 바다가 있다는 것을 어렴풋이 깨닫고, 이 바다에 떠 있는 작은 섬들을 지키고 있었다. 그러다가 한번은 아주 눈이 부셔 잠깐 잠에서 깼다. 그리지아가 없어졌다. 호모는 그녀가 방금 떠났을 것이라고 확신했다. 그는 웃었다. 갱도를 빠져나갈 길이 있다는 사실을 호모에게 말해주지 않은 것이다. 남편에게 자기 정조를 보여줄 증거로 호모를 이곳에 내버려두려한 것이다. 호모는 두 팔로 땅을 짚고 일어나 주변을 돌아보았다. 그때 그도 가느다란 빛이 희미하게 비쳐들고 있는 것을 발견했다. 그는 이 빛을 향해 좀더 가까이 좀더 깊이 기어갔다. 이제껏 그들은 줄곧 반대쪽만 바라보았던 것이다. 그러자 조그만 틈이 보였는데, 아마 그 옆에 바깥쪽으로 통하는 길이 있는 것 같았다. 그리지아는 몸이 날씬했지만, 호모는 무진 애를 써야 간신히 빠져나갈 수 있을 것 같았다. 그것은 탈출구였다. 하지만 이 순간 호모는 아마 삶으로 되돌아가기에는 너무 힘이 모자랐으며, 살고 싶지 않았거나 살 능력도 없었을 것이다.

바로 그 시간 그동안 들였던 모든 노력과 계획이 성과없이 허사로 돌아가자 산 아래에서는 아마데오 호펑고트가 작업중지 명령을 내렸다.

포르투갈 여인

 많은 문서에서 이들은 카테네라고 불리고, 어떤 문서에서는 케텐의 영주들이라고도 불렸다. 이들은 북쪽 지방에서 내려와 남방의 문턱에 정착했다. 그리고 무엇이 더 유리한가를 따져 독일인이라고 했다가 이탈리아계 프랑스인이라고도 했다. 이들은 오로지 자기 자신에게만 속할 뿐 어디에도 속하지 않았다.

 브레너를 지나 이탈리아로 가는 큰길 옆, 브릭센과 트리엔트 사이의 외딴 수직 암벽 위에 이들의 성이 있었다. 이 성으로부터 오백 걸음 밑에는 작지만 물살이 센 강이 흐르고 있었는데, 물소리가 워낙 거세 창문을 열고 고개를 내밀면 바로 옆에서 교회 종소리가 울려도 듣지 못할 정도였다. 그래서 바깥 세계의 어떤 소리도 장막을 친 듯 성을 두르고 있는 이 강물소리를 뚫고 성 안으로 들어오지 못했다. 귀가 찢어질듯 시끄러운 소리에 불쾌감이 들기도 하지만 바깥 세계를 보는 데는 지장이 없었으며, 성에서 까마득하게 내려앉은 아래쪽을 내려다보면 너무 놀라 현기증마저 일었다.

케텐족 영주들은 모두 날카롭고 빈틈이 없었으며, 이익이 될 만한 일이라면 먼 곳이라도 그냥 놓치는 법이 없었다. 그들은 찌르면 곧장 깊이 파고들어가는 칼처럼 지독했다. 이들은 화가 나도 얼굴을 붉힌다거나, 기뻐도 장미처럼 환한 표정을 짓는 법이 없었다. 화가 나면 안색이 조금 어두워지고, 기쁠 때면 눈이 황금처럼 빛났다. 그 광채는 너무 아름다웠지만 이런 일이 일어나는 경우는 드물었다. 이들에게는 수백 년 동안 변치 않고 내려오는 공통점도 있다는데, 그것은 갈색 머리와 수염이 일찌감치 허옇게 세고, 예순살도 못 돼 죽는다는 것이었다. 공통점이 하나 더 있다면, 그들이 이따금 보여주는 엄청난 괴력은 중간 정도의 키에 호리호리한 몸통에서 나오는 게 아니라 눈과 이마에서 나온다는 사실이었다. 하지만 이런 소문은 그들에게 겁을 먹은 이웃나라 사람들이나 노예들에게서 나온 것이다. 이들은 빼앗을 수 있는 것은 전부 빼앗았다. 그럴 때면 늘 상황에 따라 정직하게 또는 무력으로 혹은 교활하게 일을 처리했다. 하지만 언제나 침착했고 어떤 상황에서도 피하는 법이 없었다. 얼마 살지 못했지만 서두르는 법이 없었고, 제 할 일을 다 했다 싶으면 예외없이 서둘러 삶을 마쳤다.

　케텐족은 관습상 인근의 귀족가문과는 혼인을 하지 않았다. 이들은 멀리 떨어진 지역 출신 가운데 돈이 많은 여자들을 아내로 맞이했는데, 그것은 동맹국이나 적국을 선택할 때 그 어떤 구속도 받지 않기 위해서였다. 12년 전 아름다운 포르투갈 여인과 결혼한 케텐 영주는 결혼할 당시 나이가 서른이었다. 결혼식은 외국에서 올렸으며, 시종들과 하인, 말, 하녀들, 노새와 개들이 방울소리를 요란하게 내며 긴 행렬을 이루어 바뻬 카테네의 국경을 넘고 있을 때 나이 어린 아내는 출산을 앞두고 있었다. 1년의 신혼이 흘러가버린 것이다. 모든 케텐족 남자들은 훌륭한 신사들이었지만, 그들이 이런 모습을 보여주는 것은 결혼하고 단 1년뿐이었다. 잘생긴 아들을 원했기 때문에 그들은 예쁜 아내를 얻었다. 그렇지 않았다면, 자기보다 힘이 약한 외국에서 아내를 얻지는 않았을 것이다. 그런데 한해 동안 보여준 모습이 진짜 자기 모습인지 아니면 나머지 세월 동안 보여준 것이 자신의 참모습인지 그들 자신도 잘 몰랐다. 성에 거의 도착할 무렵 전령이 중요한 소식을 들고 달려왔다. 다채로운 의상과 깃발장식으로 이 행렬은 꼭 커다란 나비가 날아가는 것 같았다. 하지만 케텐의 영주는 변해 있었다. 행렬 뒤에 있던 그가 다시 아내를 따라잡았을 때 영주는 아내와 나란히 가기 위해 천천히 말을 몰았다. 서두르지 않으려는 기색이 역력했지만 얼굴은 이미 낯설게 뒤바뀌었다. 15분 정도만 가서 길을 꺾어들면 성이 눈에 들어올 거리에 이르자 그는 매우 힘들게 침묵을 깼다.

그는 아내가 길을 돌려 고향으로 돌아가기를 바랐다. 행렬도 멈추게 했다. 포르투갈 여인은 간청하면서 계속 가겠다고 고집했다. 그 이유나 알고 돌아가도 충분하다는 것이었다.

트리엔트의 주교들은 막강한 권력을 가진 사람들이었다. 그들은 제국 법원의 판결에도 영향력을 행사했다. 증조할아버지 때부터 케텐족은 땅 문제로 이들과 분쟁이 있었다. 법적인 소송으로 그칠 때도 있었지만 심할 경우 한쪽의 요구를 상대가 들어주지 않아 피비린내 나는 싸움으로 확장되기도 했다. 하지만 상대의 우월한 힘에 굴복하는 것은 언제나 케텐족이었다. 유리한 상황이 전개되기를 기다렸지만 평소 같으면 이익을 놓치는 법이 없었던 예리한 눈길도 여기서는 허사였다. 하지만 아버지는 아들에게 과업을 물려주었고, 그들의 자부심은 몇대를 이어가면서도 때를 기다릴 정도로 꺾일 줄 몰랐다.

그런데 바로 케텐 영주에게 유리한 기회가 찾아온 것이다. 하마터면 이런 좋은 기회를 놓칠 뻔했다고 생각하니 소름이 돋았다. 무시 못할 힘을 가진 귀족세력이 주교에 맞서 반란을 일으켰고, 주교를 습격하여 사로잡기로 의견을 모았던 것이다. 케텐이 돌아온다는 소식이 알려지자 그가 이 싸움의 최후의 승자가 될 것이라는 소문이 돌았다. 한동안 고향을 떠나 객지에 나가 있었던 케텐은 주교의 힘이 어느 정도인지 몰랐다. 하지만 이 싸움의 결말이 어떻게 될지 아무도 모르는 상황에서 앞으로 몇년간 혹독한 시련이 이어질 것이며, 지금 당장 트리엔트를 기습해 초반에 대세를 장악하지 못하면 비참한 최후를 맞을 때까지 그 누구도 믿을 수 없을 것이라는 사실도 잘 알고 있었다. 아내에게 빠져 이 중요한 기회를 날릴 뻔했다고 생각하니 예쁜 아내가 원망스러웠다. 늘 그렇듯 말머리 하나 정도 뒤에 떨어져 아내와 나란히 말을 타고 가는 그에게 아내는 그 정도로 사랑스런 존재였다. 하지만 아내가 지닌 수많은 진주목걸이처럼 그녀는 신비로운 존재이기도 했다. 아내와 나란히 말을 타고 가면서 그는 힘줄로 엮인 억센 손바닥을 오목하게 만들어 이 진주를 놓고 무게를 달아본다면, 그것을 완두콩처럼 으깨버릴 수도 있으리라고 생각했다. 하지만 이상하게도 진주는 손바닥에 안전하게 들어 있었다. 소년들이 벌거벗고 다닐 만큼 땡볕이 내려쬐는 날들이 다시 시작되면 겨울에 꾸었던 가면무도회의 꿈은 접기 마련이다. 마찬가지로 전령이 새로운 소식을 가지고 오자 이 마법도 사라졌다. 앞으로 기다리는 것은 말안장 위에서 보내는 세월이었고, 이 기간 동안 처자식은 낯선 존재로 멀어질 것이다.

그 사이 말들은 성 절벽 발치에 이르렀고, 모든 내막을 알아차린 포르투갈 여인은 다시 한번 여기에 남고 싶다고 분명히 밝혔다. 야생 그대로의 모습으로 우뚝 솟은 성이 눈에 들어왔다. 바위 중턱에는 다 시든 나무들이 몇가닥 남은 머리카락처럼 여기저기 자라 있었다. 숲이 우거진 산들은 위아래로 솟아 있어 파도가 출렁이는 바다만 보고 자란 사람에게는 그 흉한 모습을 설명하기 힘들 정도였다. 향신료 같은 냄새가 싸늘하게 식어버린 대기를 가득 채우고 있었다. 그녀는 다 부서진 큰 초록단지 안으로 들어가는 듯한 낯선 기분을 모든 것에서 느꼈다. 숲에는 사슴과 곰, 멧돼지와 늑대도 있었다. 아마 일각수도 있었을 것이다. 좀더 깊이 들어가면 영양과 독수리도 있었다. 바닥을 알 수 없는 깊은 협곡에는 용들이 살았다. 숲의 끝까지 가려면 걸어서 몇주가 걸릴 정도로 넓고도 깊었다. 숲에는 야생동물들만 다녔으며, 숲 위쪽 산에는 정령들의 세계가 시작되었다. 그곳에는 악령들이 폭풍이나 구름과 함께 살았는데, 이 때문에 기독교도들은 절대로 이 길로 가는 법이 없었다. 오지랖이 넓어 그곳에 발길을 들여놓기라도 하면 어김없이 사고를 당했다. 겨울에 하녀들이 방에 모여앉아 이 일로 나직이 쑥덕이면 사내 종놈들은 비위를 맞추며 가만히 있거나 어깨를 치켜올렸다. 남자들의 삶이란 늘 위험하다보니 누구든 그런 일을 당하지 말란 법이 없었기 때문이다. 그런데 포르투갈 여인이 들었던 이야기 중 가장 이상한 것은 무지개 끝에 가본 사람이 아무도 없는 것처럼 여기서 거대한 돌담 위를 넘겨다본 사람은 아무도 없다는 소문이었다. 그 뒤로 새로운 돌담들이 줄지어 서 있었기 때문이다. 이 돌담들 사이로 집채만 한 크기의 연못이 별과 돌을 가득 담은 보자기처럼 잔뜩 부풀어오른 채 펼쳐져 있었다. 발치의 돌들도 아무리 작아도 사람 머리통만 했다. 그것은 본래 하나의 세계라고 할 수 없는 세계였다. 가끔 꿈에서 그녀는 남편만의 고유한 성격을 근거로 사랑하는 남편이 태어난 이 나라에 대해 상상해보았고, 반대로 남편이 해준 고향 이야기를 토대로 그의 성격을 상상해보았다. 짙푸른 바다에 질려 있던 그녀는 팽팽하게 당겨진 활시위처럼 뜻밖의 것으로 가득 찬 나라를 기대했었다. 그런데 그녀가 이 은밀한 나라를 직접 보게 되자 기대는 무너지고 추하다는 생각에 그냥 도망치고 싶을 뿐이었다. 성은 닭장을 서로 연결해놓은 것 같았다. 바위에는 돌들이 탑처럼 쌓여 있었다. 곰팡이가 슨 벽들을 보자 현기증도 났다. 나무는 썩어 있었고 나무줄기는 습기에 젖어 있었으며, 농기구와 무기, 마구간의 쇠사슬과 수레가 아무렇게나 나뒹굴고 있었다. 하지만 기왕 이곳에 왔으니 그녀는 이제 이곳 사람이었다. 아마 그녀가 보았던 것은 그렇게 추한 것이 아니라, 이제부터 익숙해져야 할 남자들의 관습처럼 아름다운 것이었을지도 모른다.

케텐의 영주는 아내가 말을 타고 산으로 올라가는 것을 보고도 멈춰세우고 싶지 않았다. 그는 이런 그녀에게 어떤 고마움도 느끼지 못했다. 그녀의 이런 행동은 그의 뜻을 어긴 것도, 그렇다고 그의 뜻에 굴복한 것도 아니었다. 그것은 피하는 척하며 그를 다른 곳으로 유혹하고, 길 잃은 불쌍한 영혼처럼 그로 하여금 아무 말도 못한 채 어색하게 그녀를 뒤따라가게 만든 어떤 것이었다.

이틀 후에 그는 다시 말안장에 올랐다.

그 후 11년 동안 그는 계속 말을 타고 전장을 누볐다. 트리엔트를 기습하겠다는 작전은 준비 부족으로 실패했다. 개전 초에 당장 기병부대의 3분의 1을 잃었고, 병사들의 사기도 절반 이상 꺾였다. 후퇴하면서 부상을 당한 케텐 영주는 곧장 집으로 돌아오지도 않았다. 이틀 동안 농가에 숨어 있다가 여러 성으로 달려가 저항의 불꽃을 당겼다. 기습작전 준비에 너무 늦게 합류한 그는 작전에 실패하자 황소의 귀를 물고 늘어진 개처럼 이 일에 매달렸다. 전열을 정비하기도 전에 주교의 군사들이 반격을 가할 것이 예상되자, 케텐 영주는 귀족들이 할 일을 설명해주고 이에 소극적이거나 인색한 사람들을 다그쳐 그들에게서 전비를 짜내고 지원군을 모아 무장시키고서는 자신은 부대의 사령관이 되었다. 처음에는 부상당한 부위에서 계속 피가 나자 매일 두 번씩 붕대를 갈아줘야 했다. 말을 타고 가거나 조언을 하는 동안에도, 너무 늦게 전쟁터에 나온 것을 만회하기 위해 매주 하루씩 떨어져 있는 동안에도 그는 틀림없이 걱정하고 있을, 마법을 거는 듯한 매력을 풍기는 아내 포르투갈 여인을 생각하고 있는 건지 아닌지를 몰랐다.

부상을 당했다는 기별이 있은 지 닷새 만에 그는 포르투갈 여인에게 왔지만 그나마 하루밖에 머물지 않았다. 그녀는 아무것도 묻지 않고, 날아가는 화살이 과녁에 맞을지를 지켜보는 사람처럼 그를 쳐다보았다.

그는 심지어 어린아이까지 동원할 수 있는 모든 병력을 모아 성의 방어태세를 갖추고 전열을 정비하며 지시를 내렸다. 그날은 하인들의 고함소리, 말들이 울어대는 소리, 나무를 나르는 소리, 쇳소리와 돌 쌓는 소리가 진동하는 하루였다. 밤이 되자 그는 말을 타고 떠났다. 그는 존경해 마지않는 고귀한 사람을 대하듯 친절하고 정에 넘쳤다. 하지만 투구를 쓰지 않았는데도, 마치 투구에서 나오는 것처럼 그의 눈빛은 결연하게 똑바로 비쳐나왔다. 헤어질 시간이 되자 포르투갈 여인은 갑자기 여성성을 억누르지 못하고 최소한 지금 상처를 씻고 붕대를 새것으로 간후 떠나달라고 간청했다. 하지만 그는 이것조차도 허락하지 않았다. 그는 필요 이상으로 서둘러 작별했으며, 헤어질 때 웃음을 지어 보였다. 그녀 역시 웃었다.

이 싸움에 임하는 적들의 전투방식은 상황에 따라 폭력적이었다. 이것은 주교복을 걸친 무정한 귀족들에게 부합하는 방식이었다. 하지만 이 여성스러운 옷이 가르쳐준 것인지도 모르지만 관대하고 음험하며 질질 끄는 면도 있었다. 도움을 줄 만한 사람들을 자기편으로 끌어모으기에 지위와 영향력이 부족할 때도 있었다. 하지만 그럴 때조차 부와 재산을 증식시켜주겠다는 약속은 마지막 순간까지 참전을 망설이는 사람들에게 차츰차츰 효과를 보았다. 싸움은 승패를 결정낼 전투는 피하는 방식으로 지루하게 이어졌다. 저항이 심하다 싶으면 공세를 늦추었고, 저항이 한풀 꺾였다 싶으면 집요하게 물고 늘어졌다. 이따금 성 하나가 이렇듯 허술하게 공격당하는 일도 벌어졌다. 그래서 제때에 구원병을 보내지 않으면 성이 함락되어 잔학한 대량학살이 이루어지는 일도 있었다. 하지만 가끔 군대가 몇주 동안 마을에 진을 치고 있어도 농부들의 소 한 마리를 빼앗거나 닭 몇마리를 잡아먹는 일 외에 별다른 일이 벌어지지 않는 때도 있었다. 몇주가 흐르면서 여름이 오고 겨울이 되었다. 계절이 바뀌면서 또 몇해가 흘렀다. 두 세력은 서로 고전했다. 한쪽은 거칠고 공격욕은 강했지만 힘이 약했고, 다른 한쪽은 굼뜨고 유약했지만 연륜의 무게가 느껴졌다.

케텐의 영주는 이 점을 잘 알고 있었다. 그는 짜증이 나고 힘이 빠진 기사들이 갑작스럽게 결정된 공격에서 마지막 남은 힘까지 다 써버리지 않도록 애썼다. 그는 적의 약점과 전세를 바꾸어놓을 전환점, 그리고 우연한 사건이 일어날지도 모를 기적 같은 순간을 기다렸다. 그것은 아버지나 할아버지도 기다렸던 일이다. 이렇게 아주 오랫동안 기다리다보면 좀처럼 일어나기 힘든 일도 일어날 수 있는 법이다. 그는 11년을 기다렸다. 그는 저항의 의지를 꺾지 않으려고 11년 동안 귀족세력의 본거지와 전장을 오가며 보냈다. 소심한 작전을 펼친다는 비난을 듣지 않으려고 수백 번의 작은 전투에서 늘 무모할 정도로 대범하다는 명성을 얻었다. 그리고 부하들의 분노를 부채질하기 위해 가끔 피비린내 나는 육박전을 펼치기도 했다. 하지만 주교처럼 그 역시 승패를 가를 결정적인 전투는 피했다. 그는 때로 가벼운 부상을 입기도 했지만, 단 두 번 집에서 12시간 휴식을 취한 게 전부였다. 상처와 떠돌이 생활은 그의 몸을 피딱지로 뒤덮었다. 지친 사람은 절대로 자리에 앉아서는 안되는 것처럼 그는 집에 오랫동안 머무는 것을 두려워하는 것 같았다. 이 세월 동안 그의 긴장을 풀어주는 오락거리는 고삐를 불안하게 맨 말들, 남자들의 웃음소리, 횃불, 녹음이 우거진 숲의 나무들 사이로 황금색 줄기가 우뚝 솟은 듯 타오르는 모닥불의 불기둥, 비가 올 듯한 냄새, 욕지거리, 기사들의 허풍, 부상자들에게 달라붙어 코를 박고 킁킁거리는 개들, 여자들의 치마를 들쳐 올리는 짓, 이에 깜짝 놀라는 농부들의 모습뿐이었다. 그는 전장의 한가운데서도 후리후리하고 점잖은 외모를 유지하고 있었다. 갈색 머리카락에는 흰머리가 조금씩 나기 시작했지만, 얼굴은 나이를 잊을 정도였다. 상대의 거친 농담에 대꾸해야 할 때면 사나이답게 했지만, 이때에도 눈빛만은 동요의 기색을 보이지 않았다. 부하들의 군기가 빠졌을 때는 목동들처럼 훈계를 늘어놓을 줄도 알았다. 언성을 높이는 법은 없었다. 그의 훈계는 낮은 목소리로 짧게 끝났다. 부하들은 그를 무서워했다. 그 자신은 결코 분노에 사로잡히지 않을 것처럼 보였지만, 그가 분노할 때면 눈에 빛이 튀어나오면서 안색이 어두워졌다. 전투가 벌어지면 그는 자신을 잊어버렸다. 이때 그에게서 폭력적이며 상처를 입히는 온갖 난폭한 행동이 터져나왔다. 칼춤에 취하고 피에 도취된 그는 정작 자신이 무슨 짓을 하는지 몰랐지만 늘 올바른 행동을 했다. 그래서 병사들은 그를 신처럼 떠받들었다. 주교에 대한 증오심 때문에 그가 악마에게 자기 영혼을 팔았으며, 아름다운 외국 여자의 모습으로 성에 머무는 악마를 남몰래 찾아간다는 소문까지 돌기 시작했다. 케텐 영주는 처음 그 말을 들었을 때 언짢지도 않았고 웃지도 않았지만 안색이 진한 금색으로 바뀌며 기뻐했다. 가끔 모닥불 가나 농가의 부엌 화덕 가에 앉아 있을 때면, 또 비에 젖어 뻣뻣해진 가죽이 다시 부드러워지는 것처럼 이곳저곳 떠돌며 보낸 하루가 화덕의 온기에 녹아 사라질 때면 그는 사색에 잠겼다. 그는 트리엔트 주교를 생각했다. 자신이 늑대처럼 주위를 맴도는 동안 주교는 유식한 성직자들에게 둘러싸인 채 아마포 위에 누워 화가에게 초상화를 그리게 하고 있을 것이다. 케텐 영주도 그렇게 할 수 있었다. 그도 정신수양을 도와줄 사제를 성에 임명해두었다. 또 책을 읽어줄 서기와 광대 노릇을 할 시녀도 하나 있었다. 고향의 음식을 그리워하다 향수병에 걸리지 않도록 요리사도 멀리까지 데리고 다녔다. 잠시나마 기분전환을 위해 여행중인 학자나 학생들을 맞아들여 대화를 나누기도 했다. 또 벽에다 걸 값비싼 양탄자와 천들도 들여왔다. 그 자신만 고향에서 멀리 떠나와 있을 따름이었다. 1년 동안 그는 타지에 있든, 여행을 하든, 놀이를 하든, 아첨을 하든 탁월한 말솜씨를 자랑했다. 강철이건, 독한 와인이건, 말(馬)이건, 분수의 물줄기건 잘 만들어진 것에는 정신이 깃들어 있듯 카테네 사람들 역시 정신의 소유자였기 때문이다. 하지만 당시 그의 고향은 멀리 떨어져 있었고, 그의 참된 본질은 말을 타고 몇주를 달려도 도달하지 못할 것 같았다. 여전히 그는 이따금 무분별한 말을 하기도 했지만 그건 말이 마구간에서 쉬고 있을 때뿐이었다. 그는 밤에 와서 아침에 말을 타고 떠났다. 아니면 아침 종이 울릴 때부터 삼종기도의 종소리가 울릴 때까지만 머물렀다. 아내에게 그는 오랫동안 지니고 다닌 물건처럼 친숙한 존재였다. 아내가 웃으면 그 물건도 이래저래 웃었고, 아내가 가면 그 물건도 함께 갔으며, 아내가 손으로 그 물건을 만지면 자신을 만지는 것 같았다. 하지만 아내가 그 물건을 높이 들어 바라보면, 그것은 아무 말 없이 눈길을 돌렸다. 만약 그가 한번쯤 더 오래 머물러 있었더라면, 자신의 참모습으로 존재했을지도 모른다. 하지만 케텐 영주는 '나는 이런 사람이라거나 저런 사람이 되고자 한다'고 말했던 기억이 없었다. 그가 아내에게 말해준 것이라고는 사냥이나 모험처럼 자신이 한 일들에 대해서뿐이다. 아내 역시 다른 젊은이들처럼 이런저런 일에 대해 어떻게 생각하는지 남편에게 물어본 적도 없으며, 자신이 나이가 더 들면 이렇게 되고 싶다는 말도 하지 않았다. 그녀는 말없이 입을 벌린 장미꽃 같았다. 예전에 그녀가 여행 준비를 다 끝내고 교회 계단에 생기있게 서 있었던 적이 있었다. 그녀는 저편 세상의 삶으로 데려다줄 말에 뛰어오르기 위해 돌계단 위로 올라간 듯했다. 그는 아내가 낳아준 두 아이에 대해서도 거의 아는 게 없었다. 그런데도 두 아들은 말귀를 알아듣기 시작하고부터 그 작은 귀에도 명성이 자자했던 멀리 있는 아버지를 열광적으로 좋아했다. 둘째아이가 태어나던 날 저녁의 기억은 묘했다. 그가 왔을 때 아내는 짙은 회색 꽃무늬가 수놓인 부드러운 연회색 옷을 입고 있었다. 밤이라 그녀는 검은 머리를 땋은 상태였다. 그리고 아름다운 코는 불빛을 받아 노란 빛을 발하는 신비한 그림책에 박혀 있었다. 마치 마법을 부려놓은 것 같았다. 화려한 의상에 수많은 주름이 도랑처럼 흘러내리는 치마를 입은 채 조용히 앉아 있는 그녀의 모습은 자기에게서 솟아올랐다가 자기에게로 떨어지는 분수의 물줄기 같았다. 이처럼 자기 세계에 갇힌 분수의 물줄기가 마법이나 기적 외에 다른 방법으로 구원될 수 있을까? 자기 자신을 불안하게 지탱하는 삶으로부터 완전히 빠져나올 수 있을까? 그는 아내를 안아주고 싶었지만 갑자기 마법에 걸린 것처럼 거부감이 들었다. 그는 아내를 안아주지 않았다. 하지만 아내에게 애정을 느낀다는 것 자체가 더 섬뜩한 것이 아닐까? 조용히 들어오는 그를 바라보는 아내의 모습은 오래전에 입다 한동안 까맣게 잊고 있던 외투를 다시 꺼내 걸쳤지만 왠지 낯설고 어색해하는 사람 같았다.

이에 반해 케텐 영주에게 친숙한 것은 군대를 움직이는 전략, 정치적 기만, 분노와 살생뿐이었다. 모든 행위에는 이유가 있는 법이다. 주교는 금화를 노렸고, 케텐 영주는 귀족들의 저항 능력을 기대했다. 명령은 분명하게 내려졌다. 이런 삶은 대낮처럼 분명하고 확고부동한 것이다. 갑옷이 밀려났을 때 목덜미 아래 부분을 찌르라는 것은 우리가 손가락으로 가리키며 '이게 그것이다'라고 말하는 것만큼이나 분명한 것이다. 하지만 이와 다른 삶은 그에게 달처럼 낯선 것이었다. 케텐의 영주는 이 낯선 삶을 은밀히 좋아하고 있었다. 질서나 살림, 부의 증식 따위에는 관심이 없었다. 수년간 남의 땅을 빼앗으려 싸우고 있었지만 진정 그가 갖고자 했던 것은 영토의 확보를 통한 평화가 아니었다. 그의 갈망은 영혼에서 우러나왔다. 케텐족의 힘은 이마에 깃들여 있었다. 묵묵히 행하는 그들의 행동 또한 이마에서 나왔다. 아침에 말안장에 오를 때마다 그는 주교에게 굴복하지 않아 행복했다. 그는 자기 영혼의 영혼을 느낀 것이다. 하지만 저녁에 말에서 내릴 때 엄청난 일을 겪어 기분이 언짢고 아무 감각도 느끼지 못할 정도로 피곤한 날도 적지 않았다. 그가 뭐라 이름붙일 수도 없고, 엄청나게 노력하지 않고서는 될 수 없는 아름다운 존재가 되기 위해 온종일 모든 힘을 다해 노력한 것 같은 기분이었다. 음흉한 주교는 케텐에게 몰리면 신에게 기도라도 할 수 있었지만, 케텐이 할 수 있는 일이라고는 꽃들이 만발한 들판을 달리다가 말이 거칠게 저항하면 박차를 가해 달래는 것뿐이었다. 하지만 이럴 수 있다는 것이 그를 기분 좋게 만들었다. 타자가 없이도 살 수 있고 죽을 수 있다는 것 말이다. 이런 삶은 자세히 쳐다보면 불속으로 살며시 들어가버리거나, 꿈에서 깨어나 뻣뻣하게 기지개를 펴며 되돌아보면 사라져버리는 것을 부정하고 몰아내버렸다. 케텐의 영주는 자신에게 어떤 짓도 하게 만든 주교를 생각하면 운명의 실로 서로 오랫동안 뒤엉켜 있는 것 같았다. 그리고 기적만이 이 얽힌 실마리를 풀어 정리해줄 것 같았다.

그림책을 보지 않을 때 아내는 성을 관리하는 나이든 하인을 불러 숲을 산책했다. 숲은 자신을 개방했지만, 숲의 영혼은 뒤로 도망갔다. 그녀는 나무를 헤치고 바위를 기어올랐으며, 짐승들이나 짐승들이 지나간 발자국을 보았지만, 그녀가 집으로 가져온 것은 이런저런 소소한 무서운 경험, 난관을 극복한 체험, 호기심을 충족시킨 사건들뿐이었다. 이런 체험들은 숲 밖으로 가지고 나오면 긴장감이 사라진다. 그녀가 이 나라로 오기 전에 이야기를 통해 상상하고 있었던 녹색 숲도 깊숙이 스며들어가지 않자 등을 보이며 다시 닫혀졌다. 그런 중에도 그녀는 자유분방하게 성의 질서를 잘 잡아나갔다. 하지만 바다를 한 번도 본 적 없는 두 아들을 그녀의 아이들이라 할 수 있을까? 가끔 아이들이 새끼 늑대 같다는 생각도 했다. 한번은 누군가가 숲에서 새끼 늑대 한 마리를 잡아 바쳤다. 그녀는 이 늑대도 키웠다. 서로 아무런 신호도 주고받지 않았는데도 늑대와 덩치 큰 개들 사이에는 마음에 내키지 않지만 참고 지켜보는 수밖에 없다는 분위기가 지배했다. 늑대가 마당을 가로질러 갈 때면, 개들은 몸을 일으켜 건너다보았지만 짖거나 으르렁대지는 않았다. 늑대도 몰래 건너다보긴 했지만, 시선은 앞만 향했고 개들의 주목을 끌지 않으려고 일부러 천천히 걷거나 뻣뻣하게 걸어가는 일은 거의 없었다. 늑대는 애정이나 친밀감을 표하진 않았지만 어딜 가나 여주인을 따라다녔다. 가끔은 강렬한 눈빛으로 여주인을 응시하기도 했다. 하지만 두 눈은 아무 말도 하지 않았다. 그녀가 이 늑대를 좋아한 이유는 늑대의 힘줄, 갈색 털, 묵묵히 드러나는 야성미, 두 눈에서 강렬하게 뿜어내는 힘찬 기운이 케텐의 영주를 연상시켰기 때문이다.

드디어 기다리던 순간이 왔다. 주교가 병이 들어 쓰러지더니 세상을 떠난 것이다. 주교의 세력은 주인을 잃었다. 케텐은 가용한 재산을 팔고 땅을 저당잡혀 마련한 돈으로 규모는 작지만 자기 직할 부대를 준비했다. 그러고는 주교세력과 담판을 벌였다. 주교세력은 후임 지도자가 결정되기도 전에 새롭게 무장한 케텐의 군대와 계속 싸움을 이어갈 것인지 아니면 적당한 선에서 타협하고 이 전쟁을 끝낼 것인지 선택의 기로에서 후자를 택했다. 그리고 마지막까지 강력하게 버티며 주교세력을 위협했던 케텐이 대부분의 이익을 챙기고, 대신 주교세력은 자기보다 더 힘 없고 겁 많은 자들에게서 이 손실을 메우는 수밖에 없었다.

그래서 매일 아침식사 때마다 보는 식당 벽처럼 4대를 걸쳐 싸워온 전쟁은 마침내 종지부를 찍었다. 느닷없이 벽이 사라진 것이다. 모든 다른 케텐족의 삶과 마찬가지로 지금까지 그의 인생의 전부였던 이 일이 말이다. 이제 케텐 영주에게 남은 일이라고는 마무리하고 정리하는 일뿐이었다. 하지만 이런 일은 소시민이 할 일이지 그와 같은 영주들이 할 일은 아니었다.

그때 말을 타고 개선하던 중 쇠파리 하나가 그를 쏘았다.

순식간에 손이 부어올랐고 견디기 힘든 피로가 몰려왔다. 그는 작고 초라한 마을의 술집에 들러 휴식을 취했다. 지저분한 나무탁자 뒤에 앉아 있는 동안 졸음이 쏟아졌다. 먼지구덩이에 머리를 묻고 자다가 저녁 무렵 눈을 뜨자 열이 올랐다. 급한 일이 있었더라면 그래도 말을 타고 떠났을 것이다. 하지만 급할 게 없었다. 이튿날 아침 말에 오르려 하니 탈진해 쓰러지고 말았다. 팔과 어깨가 부어올라 갑옷이 꽉 끼었다. 그래서 죔쇠를 다시 풀도록 해야 했다. 선 채로 죔쇠를 풀게 하는 동안에도 오한을 느꼈다. 생전 처음 맛본 심한 오한이었다. 근육 경련이 일어나 한 손으로 다른 손을 잡을 수 없을 정도로 춤을 추듯 떨렸다. 반쯤 풀린 죔쇠가 폭풍우에 떨어져 나가 덜렁거리는 추녀의 홈통처럼 덜커덩거렸다. 그것이 불안해 보이긴 했지만 그냥 웃어넘겼다. 하지만 두 다리는 어린아이처럼 힘이 빠져 있었다. 그는 아내와 외과의사 그리고 유명한 의사에게 사람을 보냈다.

제일 먼저 당도한 외과의사는 약초찜질을 처방하고는 상처부위를 절개하자고 말했다. 집에 가고 싶은 마음에 초조해진 케텐은 그렇게 하자고 했다. 그러자 곧 원래 상처의 절반만 한 상처가 새로 생겼다. 이상하게도 이 통증을 막을 방법이 없었다. 그래서 영주는 고름을 잘 빨아들이는 약초붕대를 감고 이틀 동안 누워 있다가 머리부터 발끝까지 몸을 감싼 채 집으로 실려왔다. 이 행군은 사흘이나 걸렸다. 생명의 치유력을 전부 소진시켜 죽음에 이르게 할지도 모르는 강제치료법에 병세가 더이상 악화되는 것 같진 않았다. 집에 도착했을 때 이미 쇠파리 독에 중독된 케텐은 열이 불덩이 같았지만 고름은 더이상 퍼지지 않았다.

열은 들불처럼 그의 몸을 태우며 몇주간 계속 되었다. 환자
는 이 열에 날마다 조금씩 더 녹아들었지만, 고약한 독 역시 열
에 기운을 잃고 증발돼버린 것 같았다. 유명한 의사조차도 이 병
에 할 말을 잃었다. 포르투갈 여인은 문과 침대에 은밀하게 부적
을 붙일 수밖에 없었다. 어느날 케텐 영주의 몸이 부드럽고 뜨거
운 재로 가득 찬 꼴이 되자 갑자기 열이 뚝 떨어지더니 그의 몸
에서 조용하고 부드러운 빛이 희미하게 비쳤다. 통증을 막을 방
법은 없었지만 희한하게도 케텐 영주는 그 후로 중병에 걸려 한
창 앓고 있는 환자라고 할 수 없을 정도로 잘 견뎌냈다. 잠을 많
이 자는가 하면 눈을 뜨고 있어도 없는 사람과 마찬가지였다. 의
식이 돌아왔다 할지라도 의욕을 잃은, 아이처럼 따뜻하고 무기
력한 몸은 이미 그의 몸이 아니었다. 뿐만 아니라 입김만 불어도
날아갈 것처럼 보이는 그의 나약한 영혼 역시 그의 것이 아니었
다. 확실히 그는 이미 이 세상에 이별을 고한 사람이었으며, 이
시간 내내 어디선가 다시 되돌아가야 할지 말지 기다릴 뿐이었
다. 그는 죽음이 이렇게 평화롭다는 것을 전에 결코 몰랐다. 그
는 자기 본질의 일부와 먼저 죽어갔고, 순례자의 행렬처럼 해체
되어갔다. 뼈는 여전히 침대에 누워 있었고, 침대는 여전히 그
자리에 있었다. 아내가 침대에 누워 있는 그를 보기 위해 허리를
숙이자 아내의 얼굴 표정에서 일어나는 감정의 변화를 관찰하
는 동안 그가 사랑했던 모든 것은 이미 멀리 사라져버렸다. 케텐
의 영주와 달밤의 마녀 같은 그의 아내는 그에게서 빠져나와 서

서히 멀어졌다. 그는 여전히 아내를 보고 있었다. 몇발짝만 훌쩍 뛰어가면 그녀를 따라잡을 것쯤은 알고 있었다. 다만 이미 그들 옆에 가 있는 건지 아니면 아직 여기에 있는 건지 몰랐을 뿐이다. 하지만 모든 것은 거대하고 선한 손 안에 있었다. 이 손은 요람처럼 푸근한 동시에 모든 것을 저울에 달아 조용히 결정하는 신의 손인지도 몰랐다. 그는 의심하지 않았다. 그렇다고 이런 사실이 그를 흥분시키지도 않았다. 그는 때를 기다렸으며 자신에게 허리를 숙여 보내는 아내의 미소나 다정한 말에도 대답하지 않았다.

그 후 어느날 자기에게 남은 삶의 의지를 모두 모으지 않으면 마지막 날이 될 것 같다는 느낌이 문득 들었다. 그러자 이날 저녁 몸에서 열이 내렸다.

몸이 이제 첫번째 치유단계에 들어서 있음을 느꼈을 때 케텐영주는 날마다 조그만 풀밭으로 자신을 데려다달라고 했다. 이곳은 바위가 너무 돌출되어 성벽을 쌓을 수 없는 곳이었다. 이불을 휘감은 채 그는 햇빛을 받으며 이곳에 누워 있었다. 잠을 자다깨다 하면서도 그는 자는지 깨어 있는지 몰랐다.

어느날 잠에서 깨어났을 때 그 늑대가 그곳에 와 있었다. 늑대의 날카로운 눈을 본 그는 꼼짝도 할 수 없었다. 시간이 얼마나 많이 흘렀는지도 몰랐다. 늑대는 아내의 무릎 옆에 꼭 붙어 있었다. 그는 아직 잠에서 완전히 깨지 않은 듯 다시 눈을 감았다. 다시 침대로 옮겨왔을 때 석궁을 달라고 했다. 하지만 몸이 너무 쇠약해 활을 당길 수도 없었다. 그는 경악했으며, 하인에게 활을 주면서 그 늑대를 쏘라고 명했다. 하인이 망설이자 어린아이처럼 화를 냈다. 그날 저녁 성안 마당에는 늑대가죽이 걸렸다. 이 가죽을 보고 사건의 자세한 내막을 하인에게서 들은 포르투갈 여인은 온몸의 피가 멎는 것 같았다. 그녀는 남편의 침대로 갔다. 그는 매우 창백한 얼굴로 침대에 누워 처음으로 아내와 눈을 맞추었다. 아내는 웃으며 이렇게 말했다. 그 가죽으로 모자를 만들게 하고 밤에 당신의 피를 빨겠어요.

그 후 영주는 사제를 해고했다. 이 사제는 예전에 이런 말을 한 적이 있다. '주교는 신에게 기도할 수 있습니다. 그런데 이것은 영주님에게는 위험한 일이지요.' 그는 나중에 계속 종부성사를 해주었다. 하지만 사제를 해고하려는 계획은 곧바로 이루어지지 않았다. 포르투갈 여인이 중간에 개입해 이 신부가 다른 거처를 찾을 때까지만 참아달라고 부탁했기 때문이다. 케텐 영주는 아내의 말을 따랐다. 그는 여전히 허약했고, 계속 그 풀밭으로 가서 오랫동안 햇빛을 받으며 잠을 청했다. 언젠가 그곳에서 다시 눈을 떴을 때, 아내의 남자친구가 와 있었다. 그는 포르투갈 여인 옆에 서 있었다. 그는 그녀의 고향 사람이었다. 이곳 북방에서 그는 생김새가 포르투갈 여인과 비슷하게 보였다. 정중하게 인사하는 그의 얼굴 표정을 보건대 누구에게나 충분히 호감을 살 만한 인물이었다. 반면 케텐은 개처럼 풀밭에 누워 있어 몹시 창피했다.

이 일이 두번째 만났을 때 일어난 일일 수도 있을 것 같다. 케텐 영주는 아직도 가끔 정신이 나갈 때가 있었다. 그는 모자가 너무 커졌다는 사실도 나중에야 알았다. 쓰면 늘 조이는 느낌이 들었던 부드러운 가죽 모자가 조그만 잡아당겨도 귀 밑까지 내려왔다. 그때 셋이 함께 있었는데, 아내가 "어, 당신 머리가 작아졌네요" 하고 말했다. 이때 처음 든 생각은 혹시 머리를 너무 짧게 자른 것은 아닌가 하는 것이었다. 순간 언제 머리를 잘랐는지 기억나지 않았다. 몰래 손으로 머리를 만져보았지만 머리는 생각보다 길었고 아픈 이후로 전혀 손질하지 않은 상태였다. 그래서 모자가 늘어난 것이라고만 생각했다. 하지만 모자는 거의 새것이나 다름없었다. 한 번도 안 쓰고 함에 넣어두었는데 어떻게 늘어나겠는가? 그래서 농담을 하며 위기를 넘기려 했다. 그는 군인들하고 생활하느라 교양있는 신사들과 지내지 못한 몇년 사이에 두개골이 작아진 모양이라고 말했다. 농담이라고 했지만 그 어떤 반응도 없었다. 이것으로 의문이 다 풀린 것도 아니었다. 대체 어떻게 두개골이 작아질 수 있단 말인가? 혈관의 힘이 약해지거나 두피 아래 지방질이 열 때문에 녹을 수는 있을 것이다. 그렇다고 그런 일이 일어날까? 그는 이따금 머리를 가지런히 쓰다듬는 척하거나 땀을 닦는 척하면서 머리를 만져보기도 했으며, 몰래 그늘 쪽으로 몸을 젖혀 재빨리 손가락 두 개를 미장이가 쓰는 컴퍼스처럼 벌려 두개골의 크기를 재보기도 했다. 서로 다르게 몇번을 재보았지만 머리가 작아졌다는 사실만은 의심할 수 없었다. 마음속으로 이리저리 생각하며 재보아도 그의 머리는 훨씬 작아져 있었는데 마치 두 개의 얇고 작은 접시를 포개놓은 것 같았다.

많은 것이 설명되지 않았지만 그는 그것을 양어깨에 짊어지지 않았다. 그가 잠든 것처럼 보이는 동안 서로 얘기를 나누고 있던 두 사람 쪽으로 고개를 돌려도 매번 그들이 하는 이야기를 알아듣지 못했다. 그는 이미 오래전에 이 외국어를 잊어버린 것이다. 하지만 한 번은 알아들을 수 있었다. "너는 하고 싶어 하는 것이 아니라, 원하지 않는 일을 하고 있어." 남자의 말투는 농담이라기보다는 독촉에 가까워 보였다. 그는 무슨 말을 하고 싶었던 걸까? 또 한번은 그가 창밖으로 몸을 내밀어 강물이 흐르는 소리에 도취되려던 때였다. 그는 놀이를 하듯 자주 그렇게 했다. 강물이 흐르는 소리가 뒤죽박죽 쌓아놓은 건초더미처럼 어지러워서 그는 귀를 막았다. 귀를 막았던 손을 떼면, 이 시끄러운 소리에도 불구하고 멀리서 아내가 다른 남자와 이야기를 나누는 소리가 조그맣게 들렸다. 이야기는 활기찼고, 그들의 영혼은 서로 잘 교감하는 것 같았다. 세번째는 밤에 마당을 걸어가는 두 사람을 뒤쫓았던 때였다. 그들이 성 꼭대기 옥외 계단에 걸린 횃불을 통과할 때 나무 꼭대기에 그들의 그림자가 비칠 것 같았다. 실제로 그렇게 되자 그는 재빨리 몸을 앞으로 숙였다. 그런데 나뭇잎에 내려앉은 두 그림자는 자연스럽게 하나가 되었다.

다른 때 같았으면 하인들과 함께 말을 타고 달리면서 몸에 퍼진 독을 밖으로 빼내거나 술로 털어내려 했을 것이다. 하지만 사제와 서기는 포도주와 요리를 질질 흘러가며 먹고 마셔댔으며, 그 젊은 기사는 개에게 약을 올리듯이 웃으면서 술 주전자를 흔들어 보였다. 케텐은 스콜라풍 가식으로 덧칠된 무뢰한들과 포도주에 취하는 것을 무척 싫어했다. 그들은 천년왕국에 대해서 이야기하거나 아주 어려운 질문을 던지거나 심지어 침실에서 은밀히 나눈 사랑 이야기까지도 했다. 그들은 독일어 또는 교회에서 쓰는 라틴어로 말했는데 말이 통하지 않을 때는 마침 이 지역을 여행하던 인문학자가 이 나라의 언어와 포르투갈어로 통역을 해주었다. 인문학자는 발이 삐었는데, 이곳에서 완전히 다 나았다. "이분은 토끼가 튀어나오는 바람에 말에서 떨어졌다지 뭡니까." 서기가 영주에게 잘 말해주었다. "토끼가 이 양반이 용인 줄 안 모양이군" 하고 갈까말까 망설이며 그 자리에 있던 영주가 불쾌한 듯 조롱했다. "말도 그랬겠지요." 사제가 큰 소리로 떠들었다. "그렇지 않았다면 그렇게 날뛰지 않았을 거예요. 이 흰 말이 생각하기에도 선생님이 영주님보다 훨씬 학식이 깊으신 분이었으니까요." 술에 취한 사람들은 케텐 영주를 보고 웃어댔다. 케텐은 이들을 가만히 보고 있다가 가까이 다가가 사제의 뺨을 때렸다. 농사를 짓던 젊은 사제는 포동포동한 편이었는데, 뺨을 맞자 머리 위까지 얼굴이 온통 빨개지더니 금세 하얗게 질려 꼼짝도 못한 채 그 자리에 주저앉아버렸다. 젊은 기사는 웃으면서 일어나더니 여자친구를 찾으러 갔다. 그들만 있게 되자 토끼 때문에 발을 뺀 인문학자가 "영주님께서는 왜 저자를 단도로 찌르지 않으셨습니까?" 하고 야유하듯 말했다. "저자는 황소 두 마리가 덤벼도 대적할 만큼 힘이 센 사람이오" 하고 사제가 대답했다. "기독교 교리도 그런 처지에 있는 사람에게 위로를 주기에 알맞지요." 하지만 케텐 영주는 여전히 극도로 쇠약한 상태였고, 그의 내면의 생명력이 회복되는 속도는 너무 느렸다. 그는 두번째 치유 단계에 접어들 수 없었다.

그 이방인은 떠나지 않았고, 그의 어릴 적 소꿉친구였던 포르투갈 여인은 남편이 암시한 말들을 불길하게 여겼다. 그녀는 11년이나 남편을 기다려왔다. 이 11년 동안 남편은 포르투갈 여인에게 명성이 자자한 환상세계의 연인이었다. 하지만 이제 그는 병으로 쇠약해진 채 집과 마당을 맴돌고 있었고 예의바른 젊은 청년 옆에 있으니 평범하기 짝이 없었다. 그녀는 이에 대해 많은 생각을 한 것은 아니지만 어마어마한 것을 약속해주었던 이 나라에 조금 싫증이 났다. 하지만 남편의 찌푸린 얼굴 때문에라도 고향의 냄새가 배어 있고 유머감각도 있는 자기 소꿉친구에게 떠나라고 말하고 싶지 않았다. 그녀는 자책할 필요도 없었다. 몇 주 전부터 그녀는 부쩍 외모에 더 신경쓰기 시작했으며, 기분도 좋아졌다. 그녀는 자기 얼굴이 이제 다시 옛날처럼 화려하게 빛나고 있음을 알았다.

케텐 영주는 점쟁이를 찾아갔다. 이 점쟁이는 그에게 영주님은 무언가를 실행해야 건강을 되찾을 수 있다고 말했다. 그것이 무엇이냐고 다그치자 입을 다물었고 자리를 떠나려고 했다. 결국 점쟁이는 그것은 자신도 모른다고 말했다.

그는 손님을 후하게 대접하는 예의를 차리는 대신 언제라도 날카로운 칼로 손님을 제거해버릴 수도 있었다. 생명의 신성함이나 외국인 체류권의 신성함 따위는 여러 해 동안 적국의 불청객이었던 케텐 영주에게는 무시할 수 없는 장애물도 아니었다. 하지만 이번에는 자기 뜻대로 몸이 움직이지 않는 것을 거의 자랑스럽게 여겨야 할 정도로 그의 몸이 완전히 낫지 않은 상태였다. 그가 보기엔 이런 교활한 궤변은 아이들의 유치한 말장난보다 나을 게 없었다. 그는 몇가지 묘한 일을 당했다. 그를 휘감는 질병의 안개 속에 아내의 모습은 예상보다 훨씬 더 불안해 보였다. 그가 오랫동안 집을 비웠기 때문은 아닐 텐데 이따금 아내가 어느 때보다 더 열정적으로 애정을 드러내는 것이 놀랍기는 했지만 그렇다고 아내가 전과 달라 보이지도 않았다. 그는 자신이 즐거운 건지 슬픈 건지 말할 수 없을 것 같았다. 죽음에 깊숙이 다가갔던 그때와 똑같은 기분이었다. 꼼짝도 할 수 없었다. 그가 아내의 두 눈을 들여다보면 아내의 눈은 금방 만든 것처럼 신선한 기운이 감돌았고 그 위에 자신의 모습이 비쳤다. 하지만 아내의 두 눈은 그의 시선을 받아들이지 않았다. 달리 아무 일도 일어나지 않았기에 그에게는 기적이 일어나지 않으면 안될 것 같았다. 운명이 침묵하기를 원할 때는 운명에게 말하라고 명령해서는 안되고 어떤 일이 일어날지 귀를 기울여야 하는 법이다.

어느날 그들이 무리를 지어 산에 오를 때 성문 앞에 고양이 한 마리가 앉아 있었다. 성문 앞에 앉은 이 고양이는 습성에 따라 담장 위에 앉지 않고 마치 사람들의 무리에 들어갈 수 있도록 허락을 구하는 것 같았다. 이놈은 사람들이 다가가자 허리를 굽실대며 반가워했고, 자기를 보고 아무 이유 없이 놀라는 덩치 큰 피조물들의 치마와 장화를 몸으로 비볐다. 사람들은 고양이를 받아들였다. 그것은 손님을 맞는 분위기와 똑같았으며, 그 다음날 벌써 고양이가 아니라 아이를 데려온 것 같았다. 이 귀여운 놈은 욕심이 많았다. 절대로 지하실이나 다락방에서 재밌거리를 찾지 않았고, 한시도 사람들의 무리에서 떨어지려 하지 않았다. 이놈에게는 사람들이 일부러 시간을 내어 자기와 놀아주게 만드는 재주가 있었는데, 이것은 도무지 이해할 수 없는 일이었다. 성에는 이놈 말고도 다른 귀한 동물들이 많이 있었고, 사람들도 자기 일로 바빴기 때문이다. 그 이유는 바로 여기에 있었던 것 같다. 특별하게 눈에 띄는 행동을 하지 않는 이 조그만 고양이를 보기 위해서는 눈을 땅바닥으로 내리깔아야 했다. 누군가 작고 말수가 거의 없는 고양이를 보기 위해 다가서면 그놈은 더욱 슬퍼 보였고 무언가 골똘히 생각하는 것 같았다. 고양이는 사람들이 자기에게 무엇을 기대하고 있는지 아는 것처럼 놀았다. 사람들의 품을 기어오르기도 하며 사람들과 친해지려고 애쓰는 것이 역력했다. 하지만 인간의 영역에 완전히 들어오지 않았다고 느낄 수는 있었다. 보통의 어린 고양이에게는 찾아볼 수 없는 이런 성격은 제2의 본질, 떨어져 있는 본질, 혹은 그 누구도 이렇다고 말할 용기를 내지 못할, 고양이를 조용히 둘러싼 후광 같은 것이었다. 포르투갈 여인은 고개를 숙여 다정하게 작은 피조물을 바라보았다. 이놈은 그녀의 품에 등을 대고 눕더니 장난을 치는 포르투갈 여인의 손가락을 작은 발톱으로 툭툭 쳤는데, 그 모습은 마치 어린아이가 노는 것 같았다. 그녀의 젊은 남자친구는 고양이와 이놈을 안고 있는 그녀의 품으로 깊이 고개를 숙이며 미소지었다. 그리고 케텐 영주는 고양이가 장난치며 노는 모습을 보며 자기 병이 반쯤 나은 것 같았다. 그가 앓고 있는 병은 차분하게 찾아오는 죽음과 함께 이 작은 짐승의 몸으로 변하여, 이제 그의 몸에만 들어 있는 게 아니라 그와 이 고양이 사이에 있는 듯했다. 하인은 "이 고양이는 비루병에 걸렸습니다" 하고 말했다.

케텐 영주는 그 사실을 전혀 몰랐기 때문에 깜짝 놀랐다. 하인은 다시 말했다. "제때에 죽여야 합니다."

그 사이 이 작은 고양이는 동화책에 나오는 이름을 얻었다. 고양이는 더 얌전하고 참을성도 많아졌다. 이제 사람들도 고양이가 병들었으며 쇠약한 표정이 역력하다는 것을 알 수 있었다. 고양이가 세상일을 잊고 품에 앉아 쉬는 시간은 점점 더 길어졌고, 작은 발톱은 두려운지 꼭 오므리고 있었다. 이제 고양이는 한 사람 한 사람을 차례로 바라보기 시작했다. 케텐 영주는 혈색이 창백했고, 젊은 포르투갈 남자는 몸을 숙이고 앉아 고양이와

이 고양이를 안고 있는 사람의 품이 호흡하는 모습에서 시선을 떼지 못했다. 고양이는 자기 모습이 흉하게 변할 것을 미리 사죄하려는 듯한 눈길로 그들을 쳐다보았다. 이것은 모든 사람이 당할 고통을 대신하여 받는 것 같았다. 그러자 고양이의 순교가 시작되었다.

어느날 밤 구토가 시작되었다. 고양이는 아침까지 계속 토했다. 그 다음날에도 고양이는 머리를 한방 얻어맞은 것처럼 기진맥진하고 혼미한 상태였다. 지나치게 예뻐한 나머지 굶주리고 불쌍한 고양이에게 먹을 것을 너무 많이 주었기 때문인지도 모르겠다. 그 후 고양이는 더이상 침실에서 지낼 수가 없어 하인들이 기거하는 방에서 지내게 되었다. 그런데 이틀 후 하인들은 고양이의 병에 차도가 없다고 불만을 늘어놓았다. 그들이 밤에 고양이를 내다버릴지도 모를 일이었다. 고양이는 이제 구토만 하는 게 아니라, 똥도 참지 못했다. 앞으로 고양이가 어떻게 될지는 아무도 몰랐다. 이것은 눈에 보이지 않는 후광이냐 아니면 불쾌한 오물이냐를 결정하는 어려운 시험이었다. 그리고 고양이를 그곳에—그 동안 이 고양이가 어디서 왔는지 알게 되었다—다시 데려다 주기로 결정했다. 그곳은 저 아래 산발치 근처 강가의 농가였다. 고양이를 원래 살던 곳에 데려다 주었으니 책임질 일이나 웃음거리가 될 만한 일은 하지 않았다고 말할 수 있을지도 모르겠다. 하지만 모두 양심의 가책을 느꼈다. 우유와 약간의 고기를 함께 보내고, 불결한 동물을 받아들이는 데 신경쓰지 않는 농부에게 잘 부탁한다며 돈도 쥐여주었다. 하인들은 주인의 이런 행동에 고개를 절레절레 흔들 따름이었다.

고양이를 데리고 내려갔던 하인은 돌아오려는데 고양이가 따라 나오는 바람에 다시 발길을 돌려야 했다고 보고했다. 이틀 후에 고양이는 다시 성으로 올라왔다. 개들은 고양이를 피했으며, 하인들도 주인을 생각해 감히 쫓아낼 수 없었다. 주인이 고양이를 보았을 때, 이제 아무도 산 위에서 죽고자 하는 고양이의 뜻을 막을 수 없음이 확실해졌다. 고양이는 비쩍 말라 있었고, 털은 윤기를 잃은 상태였다. 하지만 구토의 고통은 잘 이겨내는 것 같았으며, 몸무게만 눈에 띄게 줄어든 것 같았다. 그 후 이틀 동안 지금까지 당했던 모든 고통을 한번 더 심하게 겪었다. 자기가 지냈던 거처를 애틋한 마음으로 천천히 돌아다니는가 하면, 그 앞에서 종이를 흔들면 종이조각을 잡으려고 앞발로 툭툭 치면서 멍하게 웃음지었다. 네 다리로 몸을 지탱하고 있었지만 너무 허약해진 나머지 이따금 비틀거리기도 했다. 둘째 날에는 종종 옆으로 쓰러지기도 했다. 인간의 경우라면 어떤 존재가 이렇게 사라지는 것이 이상하게 느껴지지는 않을 것이다. 하지만 짐승의 경우 이것은 인간화되는 것과 같은 것이었다. 그들은 거의 경외감을 가지고 고양이를 바라보았다. 특별한 상황에 있는 세 사람 가운데 어느 누구도 자기 운명이 세속적인 것에서 반쯤 해방된 이 작은 고양이에게로 전이되었다는 생각을 떨쳐버리지 못했다. 하지만 셋째 날 구토와 불결함이 다시 시작되었다. 그 자리에 있던 하인이 고양이를 죽일 수밖에 없다고 감히 되풀이하여 말할 수는 없었지만, 그의 침묵이 그것을 말해주었다. 포르투갈 남자는 여자를 유혹할 때처럼 고개를 떨구고는 포르투갈 여인에게 달리 방도가 없다고 말했다. 그는 꼭 자신에게 사형선고를 내리는 것만 같았다. 갑자기 모든 사람들이 케텐 영주를 쳐다보았다. 그는 창백한 얼굴로 일어나 걸어갔다. 그때 포르투갈 여인이 하인에게 "고양이를 데려가라!"고 말했다.

하인이 병든 고양이를 자기 방으로 데리고 갔다. 그리고 이튿날 고양이는 사라졌다. 아무도 묻지 않았지만 하인이 고양이를 죽였을 것임을 모두 알았다. 고양이가 이런 식으로 사라진 것에 모두 말로 표현할 수 없는 죄책감을 느꼈다. 아무 느낌도 받지 않은 것은 아이들뿐이었다. 더이상 데리고 놀 수 없는 지저분한 고양이를 죽인 것은 당연하다고 여기는 듯했다. 하지만 마당에 있는 개들은 이따금 햇빛이 비치는 풀밭에서 코를 킁킁거리고 다리를 뻣뻣하게 세우거나 털을 곤두세우고 비스듬히 옆쪽을 살폈다. 그 순간 케텐 영주와 포르투갈 여인이 만났다. 그들은 나란히 서서 건너편 개들의 이상한 행동을 주시하며 아무 말도 하지 않았다. 신호는 있었다. 하지만 이것을 어떻게 해석하고 무엇을 해야 한단 말인가? 정적에 싸인 둥근 지붕이 이들 두 사람을 감싸고 있었다.

케텐 영주는 아내가 저녁때까지 포르투갈 남자를 보내지 않으면 그를 죽일 수밖에 없다고 생각했다. 하지만 저녁이 와도 아무 일도 일어나지 않았다. 간식 시간도 지났다. 케텐은 심각하게 앉아 있었다. 미열이 있는 것 같았다. 케텐은 몸을 식히려고 마당으로 나가 오랫동안 서 있었다. 그런데 결단을 내릴 수 없었다. 결단을 내리는 일은 평생 놀이를 하는 것처럼 쉬운 일이었는데 말이다. 말안장을 메는 소리, 갑옷의 쥠쇠를 죄는 소리, 칼을 빼는 소리, 그의 삶을 음악처럼 장식한 이 소리들이 불협화음처럼 들렸다. 누구와 싸운다는 것은 이제 무의미하고 낯선 행위처럼 보였고, 단도로 찌를 수 있는 짧은 거리조차도 사람을 비쩍 마르게 만드는 한없이 긴 길 같았다. 하지만 고통을 느낀다는 것도 그의 천성에 맞지 않는 일이었다. 그는 이 고통을 이기지 못하면 결코 다시 회복될 수 없을 것이라 여겼다. 이제 두 가지 생각 외에 점차 다른 생각을 하게 되었다. 어릴 때부터 그는 성 아래의 암벽을 오르고 싶어 했다. 이 암벽은 오를 수 없는 것이어서 이런 생각은 미친 짓이거나 자살행위와 마찬가지였다. 하지만 그는 암벽타기가 자기에게 내린 신의 심판이거나 다가올 기적일지도 모른다고 어렴풋이 느꼈다. 자기가 아니라 저세상에서 온 작은 고양이라면 이 길을 다시 갈 것 같았다. 웃으면서 그는 머리가 어깨 위에 붙어 있는지 알아보려고 고개를 조용히 흔들어보았다. 그런데 그때 이미 그는 아래로 한참 내려와 산을 내려가는 돌길에 다다라 있었다.

산 밑으로 많이 내려와 강가에서 그는 방향을 바꾸었다. 물결이 출렁이는 다리를 넘어 덤불을 지나 절벽으로 올라갔다. 달빛은 그림자와 함께 그가 손가락과 발가락을 집어넣어 올라갈 수 있도록 절벽에 난 작은 홈을 비추어주었다. 그런데 갑자기 발밑에서 바위가 부서지면서 돌멩이들이 떨어져나갔다. 이로 인해 발의 힘줄과 가슴에 충격이 가해졌다. 케텐은 돌멩이가 떨어지는 소리에 귀를 기울였다. 이 돌멩이가 물에 떨어지려면 한참 걸릴 것 같았다. 적어도 벌써 절벽의 3분의 1은 오른 것 같았다. 그때 그가 정신을 차렸고 자신이 무슨 짓을 하고 있는지를 알았다는 것만은 분명해 보였다. 다시 내려간다는 것은 죽음을 의미했으며, 절벽을 끝까지 다 올라갈 수 있는 것은 악마뿐이었다. 그는 자기 위로 손을 뻗어 잡을 수 있는 것을 찾았다. 무언가를 붙잡을 때마다 가죽끈처럼 질긴 열 개의 손가락 힘줄에 생명을 걸었다. 이마에서는 땀이 흐르고 몸에서는 열이 났다. 신경은 돌로 만든 실처럼 딱딱하게 굳어 있었다. 이상한 것은 죽음과 사투를 벌이는 중에 마치 밖에서 안으로 되돌아온 것처럼 사지에 힘과 건강함이 흐르기 시작했다는 것이다. 그리고 그는 거의 불가능해 보였던 일을 이루어냈다. 암벽의 돌출부를 피하기 위해서는 옆으로 피해 올라가야 했는데, 팔이 창문에 닿았던 것이다. 이 창문을 통해 올라가는 방법 외에는 다른 수가 없어 보였다. 하지만 그는 지금 어디쯤 와 있는지 알았다. 그는 날렵하게 안으로 뛰어올라 난간에 앉았고, 두 다리를 방 안으로 걸쳤다. 힘이 솟으면서 야성도 다시 찾았다. 그는 숨을 내쉬었다. 옆구리에 찬 단도도 그대로 있었다. 침대는 비어 있는 듯했다. 하지만 심장과 호흡이 완전히 진정될 때까지 기다렸다. 이 방에 그 혼자뿐이라는 사실은 점점 더 분명해졌다. 그는 살며시 침대로 기어들어갔다. 이날 밤에는 아무도 이 침대에 눕지 않았다.

케텐 영주는 처음에는 안내자 없이는 누구도 찾아갈 수 없는 방과 복도 그리고 문을 지나 아내의 침실 앞으로 살그머니 걸어갔다. 귀를 기울이고 무슨 소리가 들리나 기다렸지만 속삭이는 소리는 들리지 않았다. 그는 미끄러지듯 안으로 들어갔다. 잠에 빠진 포르투갈 여인은 부드럽게 숨을 쉬고 있었다. 그는 어두운 구석 쪽으로 몸을 굽혀 벽을 더듬었다. 다시 방을 빠져나오자 아내에 대한 불신감을 떨쳐버렸다는 기쁨에 거의 노래라도 부르고 싶은 기분이었다. 그는 성을 샅샅이 뒤지며 돌아다녔다. 깜짝 놀랄 만한 기쁜 일을 찾아다니는 듯 그가 발걸음을 내디딜 때마다 마루청과 타일이 삐걱거렸다. 마당에서는 하인이 누구냐고 소리쳤다. 그는 손님은 어디에 있느냐고 물었다. 하인은 달이 뜨자 손님은 떠났다고 전했다. 케텐 영주는 반쯤 껍질이 벗겨진 장작더미에 앉았고, 보초는 영주가 얼마나 앉아 있을지 궁금해했다. 불쑥 그는 지금 아내의 방에 다시 가면 그녀가 없을 것이라는 확신에 사로잡혔다. 그는 문을 힘껏 두드린 후 안으로 들어갔다. 젊은 아내는 마치 꿈속에서 기다렸다는 듯 일어나 떠날 때와 똑같은 옷을 입고 서 있는 남편을 보았다. 아무것도 증명된 것이 없고, 아무것도 해결되지 않았지만 그녀는 묻지 않았고, 그 역시 아무것도 물을 게 없을 것 같았다. 그는 창문에 무겁게 쳐진 커튼을 열었다. 그러자 모든 케텐족의 삶과 죽음을 함께한 시끄러운 굉음의 장막이 올라왔다.

"신이 인간이 될 수 있다면, 고양이도 될 수 있죠"라고 포르투갈 여인이 말했다. 신성모독이라고 아내의 입을 손으로 막아야 했지만 어떤 소리도 담 밖으로 새나가지 않을 것임을 그들은 알고 있었다.

통카

1

울타리 가에, 새 한 마리가 노래했다. 태양은 이미 숲 뒤 어딘
가로 사라졌다. 새는 노래를 그쳤다. 저녁이었다. 시골 처녀들이
노래를 부르며 들판을 건너왔다. 이 얼마나 개별적인 사건들인
가! 이런 개별적인 사건들이 한 인간에게 들러붙어 있다면 그게
보통 일이겠는가? 우엉뿌리처럼 말이다! 통카가 이런 경우였
다. 무한성이 이따금 물방울처럼 뚝뚝 흘러 떨어졌다.

말(馬)도 이런 경우에 속한다. 이놈은 그가 버드나무에 매어둔
얼룩말이었다. 이때는 군대 시절이었다. 그때가 군대 시절이었

다는 것은 우연이 아니다. 낯선 힘이 골수에 있는 모든 것까지
다 빼가는 이 시절만큼 자기 자신과 자기 일로부터 해방되는 때
도 없기 때문이다. 이 시절에는 누구나 평소보다 더 무방비 상태
가 된다.

그런데 그 사건은 그러했던가? 아니다. 그는 이 사건을 나중
에야 비로소 제대로 정리했다. 그것은 분명히 동화였다. 그는 이
사건이 동화인지 현실인지 분간할 수 없었다. 통카를 만났던 당
시 통카는 숙모 집에서 살았다. 가끔 사촌인 율리에가 찾아오
곤 했다. 이것은 사실이었다. 사촌 율리에 같은 여자와 한테이블
에 앉아 커피를 마신다는 것이 그에게는 이상해 보였다. 율리에
는 한마디로 창피한 존재였기 때문이다. 그녀에게 말을 걸면 그
날 저녁 바로 자기 방으로 불어들일 수 있다는 것은 누구나 다
아는 사실이었다. 율리에는 포주의 집에 나가기도 했는데, 이 일
외에는 달리 벌이가 없었다. 그녀의 행실을 인정하는 것은 아니
었지만, 행실이 바르지 못하다는 이유로 친척인 그녀와 같은 테
이블에 앉아 차를 마시지 못하게 하기는 어려웠다. 더군다나 자
주 찾아오지도 않았다. 이 경우 남자라면 아마 소란을 피웠을 것
이다. 남자들이란 신문을 읽거나 아니면 특정한 목적을 위한 단
체의 회원 같아서 늘 거창한 말을 가슴에 가득 품고 살아가기
마련이다. 하지만 숙모는 율리에가 다시 와도 매번 몇마디 잔소
리만 하고 말았다. 일단 율리에와 한테이블에 앉기만 하면 그녀
의 말에 웃지 않고는 못 배겼다. 율리에는 위트있는 아가씨였고

그 누구보다도 이 도시의 사정에 밝았기 때문이다. 그녀를 비난하긴 했지만 그들 사이에 건널 수 없을 만큼 깊은 골이 패여 있는 것은 아니었다.

형무소의 여죄수들도 마찬가지였다. 그들은 대부분 매춘부였다. 더군다나 이 형무소는 곧 다른 곳으로 이전할 처지였는데, 수감중에 난데없이 여러 죄수들이 아기를 가졌기 때문이다. 아마 신축공사장에서 남자 죄수들이 미장일을 하는 동안 여죄수들이 모르타르를 날랐기 때문일 것이다. 이 여자들은 민간인의 집안일 도우미로 나가기도 했는데, 빨래도 잘하고 품삯도 쌌기 때문에 몇몇 사람들이 자주 찾았다. 통카의 할머니도 빨래하는 날이면 이들을 불렀다. 커피와 빵을 대접하고 집안일을 함께하며 아침도 같이 먹다보니 이들이 무섭다는 생각은 들지 않았다. 규정상 정오가 되면 누군가 이들을 형무소로 데려다주어야 했다. 보통 어린 통카가 이 일을 맡았다. 통카는 그들과 재미있게 이야기를 나누며 나란히 걸어갔다. 이들이 멀리서도 알아볼 수 있는 흰 머릿수건과 회색 죄수복을 입었음에도 통카는 이들과 어울리는 것을 창피해하지 않았다. 통카가 아무것도 몰랐기 때문에 그럴 수 있다고 말할 수도 있고, 가엾은 어린애가 아무것도 모른 채 죄수들에게 나쁜 영향을 받았고 이로 인해 통카의 도덕의식이 둔감해졌기 때문이라고 말할 수도 있을 것이다. 하지만 열여섯살이 되어서도 통카가 거리낌 없이 사촌 율리에와 농담을 주고받는다면, 그것은 창피함이 뭔지 모르고 한 일이라 할 수 있을 것이다. 아니면 창피한 일을 싫어하는 마음이 사라져버린 것일까? 그녀 탓은 아니지만 이 얼마나 특이한 일인가!

통카가 살았던 집도 그냥 넘어갈 수 없다. 이 집은—높이 치솟은 신축건물들 사이에 있었다—길가 쪽으로 다섯 개의 창문이 나 있었다. 숙모라고 불렀지만 원래는 통카보다 나이가 훨씬 많은 사촌언니와 그녀의 아들과 함께 통카는 이 집 뒤채에 살았다. 숙모의 아들은 결혼한 것과 진배없이 진지하게 생각했던 남자와의 관계에서 태어난 사생아였다. 할머니도 함께 살았는데, 사실은 친할머니가 아니라 이모할머니였다. 예전에는 세상을 떠난 엄마의 남동생도 함께 살았는데, 이 외삼촌도 일찍 죽었다. 이 사람들이 모두 부엌 딸린 단칸방에 모여 살았다. 반면에 커튼을 친 다섯 개의 유리창은 아무리 보아도 이곳이 바람난 여인이나 직업여성들이 남자와 놀아나는 추잡한 곳이라는 사실을 숨겨주지 못했다. 사람들은 그짓을 할 때면 소리없이 이 집에 들렀으며, 심지어 뚜쟁이와 싸우기 싫다는 핑계로 인사를 나누기까지 했다. 체면을 중시하는 이 뚱뚱한 뚜쟁이에게는 딸이 있었는데, 그녀는 통카와 같은 또래였다. 뚜쟁이는 딸을 좋은 학교에 보내 피아노와 불어를 배우게 했다. 또 예쁜 옷을 사 입혔고, 집에서 벌어지는 일을 되도록 모르게 하려고 신경썼다. 딸은 엄마의 직업이 창피한 것임을 알고 있었지만 마음씨가 착해 뚜쟁이는 일하기가 쉬웠다. 예전에 가끔 통카는 이 딸과 놀아도 좋다는 허락을 받고 안채에 가본 적도 있었다. 그 시간에 안채는 비어 있었고 너무 커 보여 화려하고 고급스럽다는 인상을 남겼다. 이 인상은 일생 동안 통카에게 화려함의 척도가 되었다. 게다가 통카는 그녀의 정식 이름이 아니었다. 그녀는 독일어로 안토니오라는 이름으로 세례를 받았다. 통카는 체코어 애칭인 토닝카의 줄임말이었다. 이 동네 사람들은 이상하게도 두 개의 말을 섞어서 사용했다.

하지만 이런 생각들이 지금 어디로 흘러가고 있는가? 당시 통카는 이 마을에서 시내 쪽으로 위치한 첫번째 집 울타리에 서 있었다. 이 집 문은 어둡게 열려 있었으며, 통카는 끈으로 매는 부츠를 신고 빨간 스타킹에 폭이 넓고 옆선이 깊게 트인 알록달록한 치마를 입고 있었다. 그녀는 말을 하면서 추수한 곡식 위에 창백하게 뜬 달을 보는 것 같았다. 그녀는 부끄러워하면서도 순발력 있게 대답하고는 미소지었다. 마치 달의 보호를 받는 처녀 같았다. 바람이 수프를 식히기라도 하듯 추수가 끝난 들판 위로 살며시 불어왔다. 집으로 돌아오는 길에 그는 1년 지원병인 동료 모르단스키 남작에게 웃으면서 이렇게 말했다. "저런 아가씨와 잘해보고 싶은데, 위험부담이 너무 커. 감상에 젖어 인생을 망치지 않으려면 아무래도 자네가 저 집에 같이 드나들겠다고 약속해줘야겠네." 이미 삼촌이 경영하는 설탕공장에서 경영실습을 받은 적 있는 모르단스키는 이 말을 듣고서는 사탕무 수확철 이야기를 꺼냈다. 이때가 되면 저 정도 수준의 시골 처녀 수백 명이 공장에 딸린 농장에서 일하는데 작업감독이나 조수들의 말이라면 흑인 노예처럼 무조건 복종한다는 것이었다. 한번은 그가 모르단스키와의 이런 대화를 나누다 마음이 상해 단호하게 말을 자른 적이 있었다. 그런데 이것은 당시에 일어났던 일은 아니다. 분명하게 기억한 것처럼 보이는 이 사건도 훗날 그의 머리에서 다시 가시덩굴처럼 혼란스럽게 뒤엉켜버리기 때문이었다. 사실 그가 통카를 처음 본 것은 링(Ring) 거리에서였다. 석조 건물 안에 상점이 즐비한 이 중심가에는 길모퉁이에 장교들과 정부 관리들이 서 있었고 대학생과 젊은 장사치들이 이리저리 거닐고 있었으며 점포 문을 닫은 점원 아가씨나 호기심 많은 아가씨들이 점심시간에 팔짱을 낀 채 삼삼오오 짝을 지어 지나갔다. 가끔 변호사 하나가 느긋하게 걸어가며 인사를 나누기도 했고 시의원이나 명망 높은 사장, 장을 보고 집으로 돌아가는 부인들도 볼 수 있었다. 그곳에서 예기치 않게 그녀의 눈길이 그와 마주쳤던 것이다. 잘못 던진 공이 지나가는 행인의 얼굴을 때릴 정도의 아주 짧은 시간 동안 통카는 그를 향해 유쾌한 시선을 던졌으나 그와 눈길이 마주치는 순간 재빨리 시선을 돌리더니 악의는 없었다는 표정을 지었다. 이제는 킬킬대고 웃겠지 하고 생각한 그는 재빨리 몸을 돌렸다. 하지만 통카는 놀란 것처럼 고개를 꼿꼿이 세우고 걸어갔다. 그녀는 두 명의 아가씨와 함께 갔는데, 둘 다 통카보다 키가 작았다. 통카의 얼굴은 예쁘다고는 할 수 없지만, 분명하고 단호한 구석이 있었다. 그 얼굴에는 어리다는 인상이나 지시받은 대로만 움직이는 여자들의 영악한

면이라고는 전혀 없었다. 비교적 뚜렷한 입, 눈, 귀는 솔직함이나 신선함을 빼면 이렇다 할 게 없는 자신을 쳐다보는 남자들의 시선을 참아내고 있었다. 이상하게도 이렇게 밝고 유쾌한 시선이 갈고리 달린 화살처럼 박혀 있었으며, 그녀 자신도 이 때문에 고통스러워하는 것 같았다.

이제 분명히 생각났다. 그 당시 통카는 포목점에서 일했다. 규모가 꽤 큰 이 가게는 창고 관리를 위해 상당수의 아가씨들을 고용했다. 그녀는 두루마리 원단을 관리하며 견본에 맞는 옷감을 찾아주는 일을 담당했다. 옷감의 섬세한 보풀에 자극받아 두 손은 항상 촉촉한 상태였다. 하지만 이 일은 그녀가 꿈꾸던 일은 아니었다. 그녀의 얼굴은 숨기는 것이라고는 전혀 없는 순수함 그 자체였다. 포목점 사장의 아들들도 가끔 들렀는데, 하나는 다람쥐 털처럼 끝이 곱슬곱슬하게 말려 올라간 콧수염에 늘 에나멜구두를 신고 다녔다. 통카는 그가 얼마나 비싼 옷을 입고 다니는지, 구두가 몇 켤레나 되는지 이야기했다. 또 그가 바지주름을 잡기 위해 저녁마다 바지를 널빤지 사이에 끼우고는 그 위에 무거운 돌을 올려놓는다고도 했다.

그리고 불신의 얼굴로 바라보는 어머니의 미소, 그에 대한 동정과 경멸로 가득 찬 어머니의 미소가 지금 떠오른 것은 안개를 뚫고 뭔가 실제적인 것이 분명히 눈에 띄었기 때문이다. 실제로 어머니는 이런 미소를 지었다. 그 미소는 "이런 가게에서 일하는 여자는… 다 그렇지 뭐!"라고 말하는 것 같았다. 그가 통카를 알게 되었을 때 그녀가 아직 처녀였음에도 이 미소는 음흉하게 숨거나 변형된 형태로 숱하게 꿈에 나타나 그를 고통스럽게 만들었다. 아마 이 미소는 하나의 개별적인 미소가 아닐지도 모르며 지금까지도 불확실하다. 그 후 정조를 완전히 확신하지 못했던 신혼의 밤들도 있었다. 말하자면 통카는 자연조차도 명쾌한 해답을 내릴 수 없는 생리학적 모호함 덩어리였다. 또다시 이 일을 회상하자마자 그는 하늘마저도 통카에게 등을 돌렸음을 깨달았다.

2

그가 통카를 할머니의 간병인 겸 말동무로 데려온 것은 경솔한 짓이었다. 어린 마음에 계략을 꾸몄던 것이다. 그의 외숙모가 부잣집에 삯바느질을 하러 다녔던 통카의 숙모를 잘 알고 있었다. 그래서 그는 외숙모에게 주변에 적당한 처녀가 있음을 슬쩍 알렸다. 외숙모는 2,3년밖에 살지 못할 할머니를 간병할 이 처녀에게는 보수 외에 약간의 유산도 떼줄 생각이라고 말했다.

그런데 그 사이 몇가지 사소한 일이 있었다. 통카와 그는 시장에 물건을 사러 같이 간 적이 있었다. 거리에 아이들이 놀고 있었는데, 갑자기 울부짖는 작은 여자아이의 얼굴이 두 사람 눈에 띄었다. 그 얼굴은 벌레처럼 사방으로 꿈틀거렸으며, 햇볕을 가득 받고 있었다. 그때 그는 햇볕을 받고 있는 이 얼굴에 드러난 냉혹한 명확성이 그들이 방금 빠져나온 죽음의 영역과 비교되는 삶의 예라고 분명히 여겼다. 하지만 통카는 다만 아이들을 좋아할 뿐이었다. 그녀는 꼬마에게 허리를 숙여 장난치며 달래주었는데, 아마 아이의 그런 표정이 우스꽝스럽다고 여긴 모양이었다. 하지만 그것으로 끝이었다. 그래서 그는 이 꼬마의 얼굴 표정 이면에는 뭔가 다른 것이 있다는 사실을 보여주려고 무척 애쓰기도 했다. 그러나 무슨 수를 써도 결국 그가 맞닥뜨리는 것은 투명하게 잡히지 않는 통카의 정신세계였다. 통카는 어리석지는 않았지만, 무언가 알 수 없는 이유로 약삭빠르게 행동하지 못하는 것 같았다. 이런 그녀에게 처음으로 한없는 연민을 느꼈지만, 그 이유는 자신도 몰랐다.

한번은 통카에게 이렇게 물어본 적도 있었다. "이제 할머니 곁에서 일한 지 얼마나 됐죠?" 그녀가 답하자 그는 "그래요? 노인네 옆에서 보내긴 긴 시간이네요" 하고 말했다.

"아, 아니에요. 저는 기쁜 마음으로 일하는걸요"라고 통카는 말했다.

"나한테는 마음 놓고 반대로 말해도 돼요. 어떻게 젊은 처녀가 그런 일을 하면서 좋을 수 있겠어요."

"자기 일을 하는 건데요"라고 통카는 대답하고 얼굴을 붉혔다.

"자기 일을 하는 거라고요? 좋아요. 하지만 다른 일도 하면서 살고 싶을 것 같은데요?"

"예."

"다른 일도 하나요?"

"아니요."

"예-아니오, 예-아니오" 갑자기 그는 조바심이 났다. "그게 뭡니까? 최소한 우리에게 욕이라도 하세요!" 하지만 그는 통카가 대답하기 위해 애쓰지만 번번이 마지막 순간에 단념해버린다는 것을 알았다. 그래서 통카의 이런 점을 안타까워했다. "제 말을 이해하지 못하는 것 같은데요. 할머니를 나쁘게 생각하는 것은 아니에요. 그건 아닙니다. 할머니도 불쌍한 분이죠. 하지만 지금 할머니의 입장에서 생각하자는 게 아닙니다. 이건 제 사고방식인데요. 당신의 입장에서 생각해보자는 거예요. 그러면 할머니는 끔찍한 존재죠. 이제 제 말뜻을 아시겠어요?"

"예"라고 작은 소리로 대답하는 통카의 얼굴은 온통 빨개졌다. "저는 진작부터 당신이 무슨 말을 하는지 알고 있었어요. 하지만 그걸 말로 표현할 수 없네요."

그러자 그는 웃었다. "무언가를 말로 표현할 수 없다니 저로서는 한번도 겪어보지 못한 일입니다. 하지만 이제야 정말 알고 싶어지는데요. 당신이 어떤 대답을 하고 싶어 하는지 말이에요. 제가 도와드리지요." 그가 통카 쪽으로 몸을 완전히 돌리자 통카는 더욱 당황했다. "자, 그럼 시작해봅시다. 아무런 변화도 없이 늘 똑같은 일을 하는 것이, 하루하루 정해진 대로 살아가는 것이 좋은가요? 그래요?"

"아, 그런데 지금 무슨 말을 하고 있는지 모르겠어요. 저는 지금 제 일이 정말 좋은걸요."

"지금 이 일이 좋다고요. 좋아요. 욕망이라는 게 있을 것 아니에요? 정말 없어요? 일상의 일 외에 아무것도 원하는 것이 없는 사람도 있긴 하지만 말입니다."

"그게 무슨 말이에요?"

"소망, 꿈, 명예 같은 것 말이에요. 오늘 같은 날 아무 감정 없이 보내나요?"

그날은 도시 담벼락에 서면 몸이 좀 떨리긴 해도 달콤한 봄볕을 즐길 수 있는 날이었다.

그때 퉁카가 웃었다. "아뇨. 그렇지는 않아요."

"그렇지는 않다고요? 자, 그렇다면 당신은 아마 어두침침한 방을 좋아하나보죠? 잘 들리지도 않는 할머니의 말이나, 약병 냄새 같은 것도요? 그런 사람들이 있기는 해요. 하지만 당신 얼굴에서는 그런 느낌이 들지 않는군요."

퉁카는 고개를 젓더니 입언저리를 아래로 비쭉 당겨내렸다. 그녀의 태도는 그의 말을 소심하게 비꼬거나 그냥 당황해하는 것 같았다. 하지만 그는 이런 그녀를 그냥 두고보지만은 않았다. "거봐요. 제가 틀렸죠. 엉뚱한 생각을 해 제가 당신 앞에서 놀림감이 됐잖아요. 그러니 용기를 내봐요. 어서요"

그제야 그녀는 이해하기 어려운 것을 이해시킬 때처럼 단어를 고쳐가면서 느릿느릿 띄엄띄엄 입을 열었다.

"돈을 벌어야 하니까요."

아, 이렇게 단순한 대답이 나올 줄이야!

그는 고상한 척하는 당나귀 꼴이 되었다. 너무 평범한 이 대답에는 영원한 진리가 들어 있었기 때문이다.

또 한번은 남들 몰래 통카와 산책을 갔을 때였다. 한 달에 두번 그녀가 쉬는 날이면 그들은 소풍을 갔다. 그때는 여름이었다. 저녁 무렵이었지만 따뜻했고, 걸어가면서 눈을 감으면 몸이 녹아내리며 끝없이 떠다니는 것 같았다. 이 기분을 설명하자 통카가 웃길래 그는 이 말을 이해했는지 물었다.

아, 예.

하지만 그녀의 말을 믿지 못한 그는 통카가 이 기분을 자기 말로 다시 설명해주었으면 했다. 그녀는 그렇게 할 수 없다고 했다.

그렇다면 그것을 이해하지 못한 거라고 그는 말했다.

그녀는 아니, 이해했다고 했다. 그러더니 불쑥 노래를 불러야 한다고 했다.

그것만은 하지 말자! 해야 한다! 그들은 이렇게 옥신각신했다. 하지만 기어코 그녀는 노래를 부르기 시작했는데, 그 모습은 마치 증거물을 내놓거나 현장검증을 하는 것 같았다. 오페레타의 한 소절이었는데, 솔직히 말하자면 너무 못 불렀다. 다행히 통카는 작은 소리로 노래했고, 그는 사소하지만 예의바른 이 행동을 반겼다. 그는 통카가 평생 딱 한 번 극장구경을 했는데, 그때부터 이 형편없는 음악이 그녀에게 화려한 삶을 상징하게 되었을 것이라 확신했다. 게다가 그녀가 부른 몇가지 멜로디는 전에 일하던 상점 친구들에게서 주워들은 것이었다.

그녀가 정말 이 멜로디를 좋아했을까? 어떤 식으로든 그는 통카가 포목점과 엮이는 게 싫었다.

통카는 그 음악이 무슨 곡인지, 좋은지 나쁜지도 몰랐다. 다만 음악으로 인해 무대에 서서 혼신의 힘을 다해 관객을 행복하게도 만들고 불행하게도 만들고 싶다는 소망이 그녀에게 싹텄다는 것만은 사실이다. 이런 생각을 하고 좋아하는 통카의 모습은 정말 우습기 짝이 없는 노릇이었다. 그러자 그는 노래 부를 마음이 생기지 않았으며, 그가 부르는 노랫소리는 점점 작아져 우물거리는 소리로 변했다. 그의 이런 마음을 눈치챈 통카도 별안간 노래를 그쳤다. 그들은 잠시 아무 말 없이 나란히 걸었다. 마침내 통카가 멈춰서더니 이렇게 말했다. "내가 노래를 통해 말하려고 한 것은 이게 아니에요." 그의 눈에서 호의적인 대답을 읽은 그녀는 다시 조용히 노래하기 시작했다. 이번에는 자기 고향의 민요였다. 그들은 이렇게 걸었으며, 그녀가 부른 민요의 짧고 단순한 멜로디는 뜨거운 태양빛을 받으며 날아가는 배추흰나비처럼 슬프게 울렸다. 그런데 뜻밖에도 이건 통카가 옳았음을 말해주는 것이기도 했다.

자기에게 일어난 일을 표현할 수 없는 사람은 이제 그였다. 통카는 일상적인 언어로 말하지 않고 전체를 포괄하는 언어로 말했기에 사람들이 자기를 어리석고 둔감한 여자로 여겨도 감수할 수밖에 없었다. 그 상황에서 노래가 떠올랐다는 것이 무엇을 의미하는지 그는 분명히 알았다. 그녀는 매우 외롭고 고독해 보였다. 그가 아니라면 누가 그녀를 이해하겠는가? 그들은 둘이서 노래를 불렀다. 통카는 그에게 낯선 텍스트로 말하고 그것을 번역해주었다. 그러고 나서 서로 손을 잡고 아이들처럼 노래를 불렀다. 숨을 돌리기 위해 쉬어야 할 때면, 그들 사이에는 매번 잠깐의 침묵이 흘렀고 길에는 땅거미가 내려앉았다. 그들의 모든 행동이 바보 같고 유치해 보였지만 그날 저녁 그들 둘은 감정적으로 서로 하나가 되었다.

또 언제 한번은 둘이 숲가에 함께 앉아 있었던 적도 있었다. 그는 눈을 가늘게 뜨고 아무 말 없이 깊은 생각에 잠겼다. 깜짝 놀란 통카는 그의 마음을 상하게 하지 않았나 걱정했다. 그녀는 할 말을 찾느라 여러 번 호흡이 가빠졌으나 부끄러워 아무 말도 못했다. 매순간 어디선가 일어났다가 잦아드는 숲의 괴로운 울부짖음만 들릴 뿐 아무 소리도 나지 않았다. 한번은 갈색 나비가 그들 곁으로 날아오더니 높다란 꽃줄기에 앉았다. 나비가 날아와 건드리자 이 꽃은 몸을 부르르 떨면서 여러 번 요동쳤고, 그러다가 대화가 갑자기 끊긴 것처럼 별안간 움직임을 멈추었다. 통카는 그들이 앉아 있던 풀밭의 이끼 낀 자리를 손가락으로 꾹 눌러보았다. 하지만 작은 줄기부터 금세 차례대로 다시 일어났다. 조금 후에는 눌러놓았던 자리의 손가락 흔적마저도 지워졌다. 영문도 모른 채 울음이 터질 것 같았다. 통카가 자기를 따라온 남자처럼 생각하는 법을 배웠더라면, 아마 이 순간 그녀는 자연은 볼품없고 초라한 것들로 이루어져 있으며, 이 것들이 밤하늘의 별처럼 서로 멀리 떨어져 있기 때문에 슬프다 고 생각했을 것이다. 머리가 등잔처럼 생긴 말벌 한 마리가 그 의 발치로 기어왔다. 그는 이 말벌을 살펴봤다. 그는 자기 발도 살펴보았다. 그의 발은 볼이 넓고 검었으며 갈색 길에 비스듬히 튀어나와 있었다.

가끔 통카는 혹시 웬 남자가 앞길을 가로막기라도 하면 그를 피해갈 수 없을 것이라고 걱정했다. 전에 일하던 가게의 언니들 이 그녀에게 낄낄거리며 해준 이야기들은 지루하고 조잡하며 경박한 연애이야기였다. 모든 남자들이 말을 걸자마자 여자의 마음을 얻으려 하는 것에 그들은 분개했다. 자기와 동행한 이 남 자를 보며 이런 생각이 들자 통카는 마음이 상했다. 이 순간까 지 통카는 남자와 연애하고 있다고 느끼지 않았다. 이 상황은 그 것과는 모든 것이 달랐기 때문이다. 그는 널찍하게 양 팔꿈치를 괴고 기대앉았고 고개는 가슴께로 숙이고 있었다. 통카는 불안 한 시선으로 그의 눈을 바라보았다. 그 눈에는 독특한 미소가 흐 르고 있었다. 그는 한쪽 눈은 감고 다른 쪽 눈으로 자기 몸을 내 려다보고 있었다. 그는 자기 신발이 얼마나 보기 흉한지 분명히 알고 있었고, 아마 통카와 함께 숲가에 이렇게 누워 있는 게 얼 마나 하잘것없는지도 알고 있는 것 같았다. 그렇다고 달리 행동 하지도 않았다. 개별적인 것들은 보기 흉하지만 함께 있으면 모 두 행복하다. 통카는 조용히 몸을 일으켜 세웠다. 갑자기 이마에 열이 오르고 가슴도 뛰었다. 통카는 그가 무슨 생각을 하는지 몰랐지만 모든 것을 그의 눈에서 읽었다. 그리고 그의 머리를 팔로 감싸안고 그의 눈을 덮어주고 싶은 욕망이 불쑥 들었다.

"갈 시간이에요. 안 그러면 어두워질 거예요."

집으로 돌아오는 길에 그는 이렇게 말했다. "지겹겠지만 곧 내게 익숙해질 거예요." 어둠을 틈타 그는 통카의 손을 잡았다. 그리고 이날 자기가 아무 말도 하지 않은 것에 대해 그리고 자기 생각에 대해 그는 자기도 모르게 계속 사과하려 했다. 통카는 그가 하는 말을 알아듣지 못했지만 안개처럼 밀려오는 그의 진지한 말을 자기 나름대로 미루어 짐작했다. 또 그가 너무 진지하게 말한 것을 사과했을 때 그녀는 어쩔 줄 몰라 '성모 마리아여'를 외치며, 부끄러운 줄 알면서도 자기 팔을 그의 팔에 더 가까이 붙이는 것 외에 달리 대답을 찾지 못했다.

그는 통카의 손을 쓰다듬었다. "우리 서로 잘 지낼 것 같은데요. 제 말이 무슨 뜻인지 잘 알죠?"

잠시 후 통카는 이렇게 대답했다. "제가 당신 말을 이해하든 못하든 그건 상관없어요. 이 질문에 대답할 수 없지만 당신이 그렇게 진지한 게 좋아요."

지금까지 이야기한 것은 물론 사소한 체험들이었다. 하지만 이상한 것은 이런 체험이 통카의 삶에서 두 번 있었다는 것이다. 완전히 똑같은 체험이 말이다. 이런 체험들은 사실 언제나 있는 일이다. 하지만 이상한 점은 훗날 이 체험들이 처음에 가졌던 의미와 정반대의 것을 의미한다는 것이다. 통카는 늘 그 자리에 똑같은 모습으로 있었다. 그녀는 환각이나 믿을 수 없는 사건을 보았다는 생각이 들 정도로 단순하고 투명한 존재였다.

3

그 후 예상치 못한 일이 터졌다. 그의 할머니가 갑자기 돌아가신 것이다. 예상치 못한 시점, 그리고 예상치 못한 장소에서 일이 생기면 우리는 일이 터졌다고 말한다. 엉뚱한 장소에 가 있거나, 뭔가를 깜빡 잊어버렸을 때도 우리는 일이 터졌다고 한다. 또 아무도 줍지 않는 물건처럼 무기력한 상태에 빠졌을 때도 이렇게 말한다. 이보다 훨씬 나중에 일어난 사건 역시 이 세상에서 수도 없이 일어난 일이다. 다만 그 일이 통카에게 일어났다는 것이 이해되지 않을 뿐이다.

의사가 오고 장의사도 왔다. 사망진단서가 발부되고 장례식도 치렀다. 좋은 가문의 정해진 법도대로 하나씩 차례대로 잘 진행되었다. 유산도 정리됐다. 이 일에 개입할 필요가 없다는 것이 그나마 다행이었다. 다만 한 사람에게 돌아갈 유산만큼은 관심을 가졌다. 그건 체코어로 "노래했다" 혹은 "초원을 건너왔다"는 몽상적인 의미의 성(姓)을 가진 통카 양에게 돌아갈 유산이었다. 이것은 고용계약서에도 명시되어 있었다. 통카는 쥐꼬리만한 봉급 외에도 해마다 일정 금액의 유산을 받도록 되어 있었다. 할머니의 병환이 오래갈 것이라 믿고 간병인의 노고를 헤아려 서서히 금액을 올려주기로 정해놓았던 것이다. 그런데 이 금액은 통카가 할머니를 간병하며 보낸 몇달을 분 단위까지 계산한 그에게 화가 날 정도로 적어 보였다. 히아친트 아저씨가 통카와 급료계산을 할 때 그도 그 자리에 있었다. 그는 겉으로는 책을 읽는 척했지만—그 책은 그가 늘 읽던 노발리스의 미완성 일기였다—사실은 이 과정을 주의 깊게 지켜보고 있었다. 그러나 아저씨가 총액을 불렀을 때 부끄러움을 감추지 못했다. 체결된 계약 내용을 통카에게 자세히 설명하기 시작하는 걸로 봐서 아저씨도 이와 비슷한 느낌을 받은 것 같았다. 통카는 입을 꼭 다물고 그의 말을 집중해서 들었다. 계산 내용을 따라가는 이 처녀의 진지한 얼굴은 매우 감동적이기까지 했다.

"자, 맞죠?" 아저씨가 말하면서 돈을 탁자에 올려놓았다.

아무 의심도 들지 않는다는 듯이 그녀는 옷에서 작은 지갑을 꺼내더니 지폐를 접어 집어넣었다. 여러 번 접어야 했기에 얼마 되지 않는 돈이지만 지갑에 다 들어가지 않을 정도로 꽤 두툼한 돈뭉치가 되었고, 치마 주머니에 모양이 찌그러진 지갑을 넣으니 다리에 혹이 난 것처럼 불룩 튀어나왔다.

"언제 떠나야 하죠?" 통카는 아저씨에게 이렇게 물었다.

아저씨는 "살림이 정리되려면 며칠 더 걸릴 겁니다. 그때까지 있어도 좋아요. 원하신다면 그 전에 떠나도 되고요. 이제 당신이 필요없으니까" 하고 말했다.

"고맙습니다"라고 말하고 통카는 자기 방으로 올라갔다.

그런 사이에 다른 식구들은 할머니의 일상용품을 나누기 시작했다. 이들은 쓰러진 동료를 뜯어먹는 늑대들 같았다. 그가 몇 푼 받지 못한 그 아가씨에게 최소한 값나갈 만한 기념품 정도는 줘야 되지 않겠냐고 묻자 서로 예민한 반응을 보였다.

"할머니의 커다란 기도서를 주기로 결정했다."

"그래요, 하지만 쓸모있는 것을 더 좋아할 텐데요. 예를 들어 저기 저것 어때요?" 탁자에는 갈색 모피 목도리가 있었다. 그는 그것을 집어들었다.

"그건 엠미 몫이야." 엠미는 그의 여자 사촌이었다. "어떻게 그런 생각을 할 수 있니. 그건 밍크란 말이야!"

그는 웃었다. "가난한 처녀에게는 영혼만 선물해도 된다고 누가 그러던가요? 인색한 사람으로 보이고 싶으세요?"

"넌 빠져" 하고 이번에는 그의 어머니가 말했다. 아들의 말이 완전히 틀린 게 아니라는 것을 알았기에 어머니는 계속 말했다. "넌 잘 몰라. 그 아이가 그렇게 박하게 받은 건 아니란다." 그러고는 아량을 베풀면서도 화가 난다는 듯 그 아가씨 몫으로 할머니가 쓰시던 손수건 몇장과 셔츠, 바지를 옆으로 뺐다. 거기다가 검은색 원피스도 챙겼는데, 천이 새것이나 다름없었다.

"자, 이 정도면 충분하겠지. 그 아가씨에게는 이것도 과해. 감정도 없는 애였어. 할머니가 돌아가셨을 때나 장례식 때도 눈물 한방울 흘리지 않았잖아. 그러니까 이것을 갖다주고 그만 싸우자."

"우는 게 힘든 사람도 있는 법이에요. 눈물은 증거가 못 되죠"
라고 아들이 대답했다. 그가 이렇게 대든 것은 그렇게 말하는 것
이 중요하다고 여겼기 때문이 아니라 자신의 빼어난 말솜씨를
자랑하고 싶었기 때문이다.

"뭐라고? 이 마당에 그게 말이 된다고 생각하니?"라고 어머
니는 말했다.

이런 꾸중에 그가 입을 다문 것은 부끄러워서가 아니라 통카
가 울지 않았다는 사실이 이루 말할 수 없을 정도로 기뻤기 때
문이다. 친척들은 활기차게 이야기를 주고받았다. 그는 친척들
이 이를 통해 자기 이익을 얼마나 잘 챙기는지 알았다. 그들은
말을 잘하는 편은 아니었지만 순발력이 좋았으며 쉴 새 없이 지
껄일 수 있는 용기가 있었다. 그리고 결국 자기들이 원하는 것을
얻어갔다. 자기 의견을 말할 수 있다는 것은 사유의 수단이 아니
라 자본이었고 감탄할 만한 장식이었다. 선물이 놓인 탁자 앞에
서 있는 동안 이런 시구가 떠올랐다. '그에게 주어진 선물은 노
래의 재능, 달콤한 노래를 부르는 아폴론의 입' 그리고 이제 처
음으로 그는 이것이야말로 진짜 선물이라는 것을 깨달았다. 통
카는 얼마나 말이 없던가! 그녀는 말할 줄도 울 줄도 몰랐다. 하
지만 말할 줄도 표현할 줄도 모르는 것, 인간들 가운데서 말 한
마디 못하고 사라진 것, 인류의 역사에 작은 한 획으로만 새겨진
것, 그런 행위, 그런 인간, 한여름에 외롭게 떨어지는 눈송이 같

은 것은 현실인가 아니면 상상인가? 좋은 것인가 아니면 무가치하거나 나쁜 것인가? 이 경우 누구나 개념이 더이상 근거를 찾을 수 없는 한계에 부딪힌 것을 느낀다. 그는 통카를 보살펴주고 싶다고 말하기 위해 밖으로 나갔다.

그는 짐을 꾸리고 있던 통카를 만났다. 의자 위에 큰 판지상자가 하나 있었고 바닥에 두 개가 더 있었다. 그중 하나는 벌써 끈으로 묶어놓았지만, 나머지 둘 속에 주변에 널린 여러 짐들이 다 들어가진 않을 것 같았다. 통카는 골똘히 생각하더니 양말, 손수건, 끈으로 매는 장화, 반짇고리 등 한무더기를 꺼내 다른 곳에 집어넣어보려 했다. 길이나 폭을 생각하며 넣으려 했지만 얼마 되지 않는 소지품을 다 집어넣을 수는 없었다. 그녀의 여행가방이 아주 작았던 것이다.

방문이 열려 있어 그는 짐을 꾸리는 그녀의 모습을 한동안 몰래 쳐다볼 수 있었다. 그러다 누군가 자기를 보고 있음을 눈치챈 통카는 얼굴을 붉히면서 뚜껑이 열린 상자 앞을 황급히 가로막고 섰다. "떠나려고요?" 하고 그는 물었고 그녀가 당황해하는 모습을 보고 재미있어 했다. "어떻게 할 생각이에요?"

"숙모 댁에 가려고요."

"거기서 지내려고요?"

통카는 어깨를 들썩였다. "뭐든 일자리를 찾을 거예요."

"숙모가 싫어하지 않을까요?"

"몇달 동안 먹고살 돈은 있어요. 그때까지 일자리를 찾으면 돼요."

"그러면 지금까지 모아둔 얼마 되지 않은 돈도 다 써버리겠군요."

"어쩔 수 없죠."

"일자리를 빨리 구하지 못하면요?"

"또 늘 접시 닦는 일이나 하겠지요."

"접시 닦는 일이라니요? 무슨 말이에요?"

"그러니까 돈벌이를 못하고 논다는 이야기죠. 가게에 나갈 때도 그랬는걸요. 거기서는 월급이 너무 적었거든요. 하지만 어쩔 수 없었어요. 숙모도 뭐라 말하지 않았어요. 화날 때만 잔소리를 늘어놓았을 뿐이지요."

"그래서 우리 집에서 일하게 되었군요?"

"예."

"이봐요 통카" 그는 이렇게 불쑥 말을 꺼냈다. "숙모 집으로 돌아가지 마세요. 일자리를 구하게 될 거예요. 내가 알아볼게요."

통카는 좋다 싫다 말도 없고 고맙다는 인사도 하지 않았다. 하지만 그가 나가자 상자에서 다시 물건들을 하나씩 차례대로 꺼내 원래 자리로 되돌려놓았다. 그녀의 얼굴은 붉게 상기되어 있었고 아무 생각도 정리하지 못하는 것 같았다. 그저 손에 물건을 들고 한동안 멍하니 허공을 바라보면서 이것이 사랑의 감정이라는 것을 깨닫는 듯 보였다.

자기 방으로 돌아왔을 때, 그는 탁자에 노발리스의 일기가 그

대로 놓여 있는 것을 보았다. 그리고 갑자기 자신이 통카를 책임
지게 되었다는 사실에 놀랐다. 전혀 예기치 않게 터진 이 일은
그의 인생을 규정할 만큼 중요했지만 전혀 친근하게 다가오지
않았다. 그리고 아마 이 순간 통카가 선뜻 제안을 받아들인 것에
의심이 들기까지 했던 것 같다.

　그때 문득 "내가 왜 이런 제안을 했지?"라는 생각이 들었다.
왜 그녀가 제안을 받아들였는지도 몰랐다. 그와 마찬가지로 그
녀의 얼굴에서도 당황한 빛이 역력했다. 이 상황은 지독히 희극
적이었다. 꿈에서처럼 어딘가 올라갔다가 내려올 길을 찾지 못
한 꼴이었다. 그래도 그는 통카에게 또 말을 걸었다. 그는 통카
에게 성실하지 못한 사람이 되고 싶지는 않았다. 그는 의욕은 넘
치나 경험이 일천한 청년들이 그러하듯 활동의 자유, 정신, 목
표, 명예, 목가적인 비둘기장에 대한 거부감, 장래가 기대되는
여인들에 대해 이야기했다. 통카의 눈빛이 안 좋다는 것을 눈치
채자 그는 미안하다고 사과했다. 그는 그녀의 마음을 상하게 하
지 않았을까 걱정하며 "오해하지 마세요"라고 부탁했다.

　"물론 무슨 말인지 알아요." 통카의 대답은 그 한마디였다.

4

　"포목점에서 일했다면 아주 쉬운 여자겠네"라고 사람들은 말
했다. 그게 무슨 뜻일까? 다른 여자들도 아는 게 없고 배운 게

없다. 그런 말은 옷 뒤에다 뗄 수 없는 꼬리표를 붙이려 하는 것이다. 사회인이라면 누구나 지켜야 할 사회적 행동이나 원칙들을 배워야 한다. 사람이란 믿을 수 없는 존재이기 때문이다. 그런데 이런 원칙을 아는 사람들, 즉 믿을 수 있는 사람들은 도대체 어떤 사람들인가? 그는 자신의 허망한 삶을 아들이 되풀이할까 걱정하는 어머니의 마음을 이해할 수 있었다. 어머니는 그리 좋은 선택을 하지 못했기 때문이다. 남편, 즉 그의 아버지는 전직 장교였고, 평범하지만 호인이었다. 어머니는 아들을 통해 자기 인생을 바꿔보려 했다. 그녀는 이를 위해 싸웠다. 그는 기본적으로 어머니의 자부심에 수긍했다. 그런데 왜 어머니는 그의 마음을 움직이지 못했을까?

그녀의 본질은 의무감이었다. 어머니의 결혼생활은 아버지가 병들었을 때야 비로소 공허함을 털어냈다. 어머니는 병이 들어 서서히 정신을 잃어가는 남편 곁을 월등한 전력을 갖춘 적에 맞서 초소를 지키는 보초병처럼 줄곧 지켰다. 그때까지 어머니와 히아친트 아저씨는 이럴 수도 저럴 수도 없는 사이였다. 실제 히아친트 아저씨는 친척이 아니라 부모님 두 분 모두의 친구였다. 그는 아이들이 눈을 뜨면 앞에서 볼 수 있는 아저씨였다. 그는 재정고문관이자 소설가였는데, 그가 낸 책들은 판이 거듭되면서 많은 사람들에게 읽혔다. 아저씨는 어머니에게 정신세계와 세상의 견문을 넓혀주었고, 어머니의 영적인 궁핍함을 달래주었다. 그는 역사에 박식했다. 수천 년의 시간을 넘을 뿐 아니라 아주 거창한 문제까지 다루는 그의 생각은 내용이 공허하면 할수록 더 위대해 보였다. 이유는 모르겠지만 몇년 전부터 이 연하의 남자는 어머니에게 꾸준히 그리고 놀랄 정도로 사심없이 애정을 품어왔다. 그건 아마 장교의 딸인 어머니가 명예심과 신분에 걸맞은 특성을 보여주어야 한다는 소신을 거침없이 드러냈고, 그가 어머니의 이런 확고한 원칙을 자기가 쓰려고 하는 책의 이상적 모델로 삼았기 때문일지도 모른다. 하지만 정작 그는 자신이 이렇게 말을 유창하게 하고 소설가로서 재능을 가지게 된 이유가 자기 정신에 이런 확고한 원칙이 없기 때문이라고 주장했다. 당연히 그는 이것을 자신의 결함으로 인정하고 싶지 않았기에, 이런 확고한 원칙의 결여를 보편적인 문제나 세계고(世界苦)로 확대시킬 수밖에 없었고, 이것을 타인—이로 인해 마찬가지로 고통스러워하는 여인—의 강인한 정신을 통해 보완되어야 할, 정신세계가 풍부한 지식인의 운명이라고 느꼈다. 이들은 서로 정신적인 우정을 나누는 관계라고 잘 위장하고 다녔지만 늘 숨길 수 있었던 것은 아니었다. 이따금 그들은 히아친트의 나약한 의지에 경악했다. 왜냐하면 이것이 그들을 위험에 처하게 만들고, 그들이 이대로 추락할지 아니면 강인한 의지로 예전의 고상한 관계로 되돌아가야 할지를 불확실하게 만들었기 때문이다. 하지만 아버지가 병이 들자 불확실한 그들의 영혼에 확실한 판단 근거가 생겼으며, 그들은 자신에게 부족한 1센티미터를 채워줄 이 근거를 받아들였다. 그때부터 어머니는 아버지를 위한 의무감을 이용해 자기를 지키면서 두 개의 의무를 동시에 잘 수행했다. 물론 이런 사고방식은 감정적으로는 죄를 짓는 것이긴 하지만, 애정의 의무와 정조의 의무 사이에서 동요해야 하는 불편한 상황에서 단순하지만 매우 중요한 규칙으로 존재했다.

점잖은 사람들은 이런 식으로 살았고, 정신과 성격을 통해 이것을 보여주었다. 히아친트의 소설에서도 일견 사랑이야기가 많이 나오지만, 마실 물과 마셔서는 안되는 물을 아는 동물처럼 무조건 한 사람을 따라가는 사람은 그들에게 도덕이라고는 모르는 야만적 원시인처럼 보일 것이다. 하지만 동물처럼 착한 아버지에 대해 깊은 연민을 느끼고, 히아친트나 어머니를 똑같이 정신적 페스트로 여기며 소소한 집안일에 사사건건 부딪쳤던 아들은 이 두 사람으로 인해 시대의 흐름과는 정반대의 인생을 살았다. 다재다능했던 그는 대학에서 화학을 전공했으며, 분명하게 풀 수 없는 질문에 대해서는 귀를 닫았다. 그렇다, 그는 풀 수 없는 문제에 대해 토론하는 것을 거의 증오할 정도로 적대시했고 대신 차갑고, 감정을 배제한 환상을 탐닉하고, 활시위를 당기듯 긴장한 채 매번 새로운 것을 받아들이는 엔지니어의 정신을 광적으로 좋아하는 청년이었다. 그는 감정의 파괴를 옹호하고 문학, 선, 덕, 꾸밈없는 순진함에 반대했다. 노래하는 새는 앉을 나뭇가지가 필요하고, 가지는 나무를, 나무는 갈색의 땅이 필요하다. 그러나 그는 날아가버렸다. 그는 시간 사이를 오가며 하늘을 떠다녔다. 새로 만들어낸 것만큼이나 옛것을 파괴하는 이 시대가 가면, 금욕적인 자세로 만들어진 새로운 조건들을 가진 또 한 시대가 올 것이다. 그때가 되면 비로소 우리는 어떤 생각을 가져야 하는지 알게 될 것이다. 그래서 그는 당분간은 탐험을 할 때처럼 딱딱하고 인색한 태도를 취해야 할 것이라고 생각했다. 학창 시절 그가 선생님의 눈에 띈 학생이 될 수 있었던 것도 이 때문일 것이다. 그는 새로운 발명품에 대한 아이디어가 있었기 때문에 박사학위를 받고 난 후에도 한두 해 더 공부해야 했다. 아직 젊었던 그는 영광과 불확실함이 뒤섞인 자신의 미래가 찬란하리라는 굳은 믿음을 갖고 그 찬연한 지평선 위로 부상하기를 희망했다. 그가 통카를 사랑한 것은 그녀를 사랑하지 않았기 때문이며 그녀가 그의 영혼을 자극하지 않고 신선한 물처럼 깨끗하게 씻어주었기 때문이다. 그는 자신이 생각하는 것보다 더 통카를 사랑했다. 그리고 가끔 조심스럽지만 날카롭게 마음을 떠보는 어머니 때문에 마음이 조급해지기도 했다. 확신이 없었기 때문에 뭐라 말하지는 못했지만 어머니는 위험한 낌새를 눈치채셨던 것이다. 그는 시험을 치르고 부모님의 집을 떠났다.

5

그는 통카를 데리고 독일의 어느 대도시로 갔다. 통카를 그녀의 숙모나 자기 어머니가 사는 도시에 두고 왔더라면 꼭 적에게 넘겨준 것 같은 기분이 들었을 것이다. 통카는 물건을 꾸리고 매정하게, 너무 당연하다는 듯이 고향을 떠났다. 마치 태양이 나오자 바람이 다른 곳으로 떠나버리고, 비가 바람에 쓸려가듯 말이다.

통카는 새로 이사간 도시의 어느 가게에서 일자리를 구했다. 그녀는 새로운 업무를 빨리 파악했기 때문에 날마다 칭찬을 들었다. 그런데 왜 그녀는 충분한 봉급을 받지 못하며, 사정상 어쩔 수 없다 할지라도 왜 한 번도 봉급을 올려달라고 요구하지 않았을까? 통카는 부족한 돈을 별 생각없이 남자친구에게 받았다. 통카의 보수가 터무니없이 적다는 사실이 그에게는 불만이었다. 꼭 이런 이유 때문만은 아니지만 그녀를 좀더 영악하게 만들어야겠다는 마음으로 이따금 그는 타이르듯 잔소리를 했다.

"봉급을 더 올려달라고 사장에게 왜 말하지 않는 거야?"

"그렇게 못해요."

"못하겠다고? 보수가 충분하지 않아도 무조건 도와주겠다는 이야기야?"

"예."

"그러면 왜…?"

이렇게 다툴 때면 통카는 옹고집이었다. 그녀는 반박하지는 않았지만 깊이 생각하고 한 그의 말을 도무지 들으려 하지 않았다. 그가 할 수 있는 말이라곤 "이봐 그건 모순이야. 부탁인데, 그 이유가 뭔지 지금 내게 설명 좀 해봐…"라는 말밖에 없었다. 이런 말도 별 도움이 되지 못했다. "통카, 계속 그렇게 나오면 화낼 거야."

그가 이런 채찍을 휘두르자 비로소 겸손과 고집으로 뭉친 이 조그만 나귀마차는 서서히 움직였고 몇가지 이유를 댔다. 당시 그녀가 든 이유는 예를 들어 글씨가 서툴고 정서법도 잘 몰라 걱정이라는 것이었다. 이것은 통카가 창피해서 지금까지도 그에게 숨기던 사실이었다. 이런 고백을 할 때 그녀의 사랑스런 입은 걱정으로 실룩거렸는데 그가 자신의 이런 부끄러운 결점을 나쁘게 여기지 않는다는 사실을 확인하고서야 그녀는 무지개처럼 둥글게 미소지었다.

실은 정반대였다. 그는 일을 하느라 볼품없게 된 그녀의 손톱을 사랑하듯 통카의 결점조차도 사랑했다. 그는 통카를 야간학교에 보냈다. 그녀가 학교에서 상인들이 사용하는 정자체를 배워 숙달해가는 것을 보고 그는 즐거워했다. 그녀가 집에 와 학교에서 들은 이런저런 잘못된 이야기를 그대로 전할 때조차도 사랑스러웠다. 그녀는 먹을 것을 삼키지 않은 채 입에 물고 있는 아이처럼 이런 이야기들을 입에 넣고 그대로 집에 온 것 같았다. 무가치한 말의 공격에는 속수무책이었지만, 이것을 예감하면서 자기 것으로 만들지 않는다는 점에서 그녀에게는 고귀한 자연성이 깃들여 있었다. 비록 그 이유는 설명하지 못하지만 그것들이 위장하고 있을 때조차도 조잡한 것, 정신이 들어 있지 않은 것, 천박한 것을 모두 거부하는 그녀의 확실한 태도는 놀랄 만한 것이었다. 하지만 자기 영역에서 한 차원 더 높은 영역으로 올라가려고 노력하지도 않았다. 그녀는 자연처럼 순수하고 잘 다듬어지지 않은 존재로 머물렀다. 이렇게 꾸밈없고 순수한 여자를 사랑하기란 결코 쉬운 일이 아니다. 이따금 그녀는 자신과 거리가 멀 것 같은 사상들을 알고 있어 그를 놀라게 했다. 심지어 그녀는 화학에 대한 지식도 있었다. 그녀에게 직접 하는 말이 아니라, 직업상 이리저리 궁리하면서 혼잣말로 이야기할 때도 그녀는 뜻밖에 이것저것을 다 알아들었다. 처음 그런 사실을 알았을 때 깜짝 놀라 바로 그녀에게 물어보았더니 사창가 뒤 작은 집에 함께 살았던 외삼촌이 대학생이었다는 것이다. "그런데 지금은?"

"외삼촌은 시험을 치르자마자 바로 세상을 떠났어요."

"그러니까 그때 이야기를 아직 기억하고 있다는 거지."

통카는 이렇게 말했다.

"그때 전 어렸어요. 그래서 외삼촌이 공부할 때 꼬치꼬치 캐물어야 했죠. 나는 외삼촌이 해준 말을 한마디도 못 알아들었지만, 외삼촌은 질문 내용을 종이에 적어 내게 주었어요."

그것으로 끝이었다. 그리고 십년도 넘게 그것은 이름도 모를 예쁜 돌처럼 작은 상자에 담겨 있었던 것이다. 그런 습관은 지금도 여전하다. 그가 공부하는 동안 곁에 있는 것이 통카에게는 행복의 전부였다. 그녀는 정신에 적응하긴 하지만, 결코 정신이 되려 하지 않는 자연이었다. 하지만 그녀는 정신을 사랑했고, 인간을 따르는 수많은 존재 중 하나인 것처럼 비록 이해할 수 없을지라도 인간 정신에 동조했다.

당시 통카와 그의 관계는 가볍지도 그렇다고 깊이 사랑하는 것도 아닌 이상한 상태였다. 그들은 이미 고향에서부터 서로를 유혹하지 않으면서도 각별히 오랫동안 잘 지내왔다. 그들은 저녁때면 만나 함께 산책을 하면서 그날 화나게 만들었던 몇가지 사소한 일들을 서로 얘기했다. 그것은 소금이나 빵을 먹는 것처럼 기분 좋은 일이었다. 물론 나중에는 그가 방을 얻었다. 그것은 당연히 그가 해야 할 일이기도 했지만 겨울에 둘이 몇시간씩 길거리에 있을 수는 없었기 때문이기도 했다. 이 방에서 둘은 첫 키스를 했다. 이 키스는 쾌락이 아니라 둘의 사랑을 확인하기 위한 것이었기에 분위기는 다소 어색했다. 너무 흥분한 나머지 통카의 까칠한 입술은 딱딱하게 굳어 있었다. 그때 그들은 이제 완전히 서로의 것이 되자는 이야기도 했다. 이런 말을 한 쪽은 그였고 통카는 그저 묵묵히 듣기만 했다. 일단 한번 저지른 어리석은 짓들은 그 흔적을 지울 수 없는 것처럼, 이때 그가 통카에게 해준 유치한 말들을 회상해보니 우습기 짝이 없었다. 그는 둘이 한몸이 되어야만 진짜 서로 마음을 열게 되니 그렇게 해야 한다고 떠들어댔던 것 같다. 그들은 이렇게 이론과 감정 사이를 왔다 갔다 했다. 통카는 며칠만 더 미루자고 했다. 그는 마음이 상해 희생이 너무 크냐고 그녀에게 물었다. 그래서 그들은 날짜를 정했다.

그리고 통카가 왔다. 짙은 녹색 재킷에 파란 모자를 쓰고 온 그녀는 차가운 저녁 공기를 뚫고 빨리 걸어오느라 뺨이 발그레하게 상기되어 있었다. 그녀는 식탁을 차리고 차를 준비했다. 평소보다 더 바쁘게 준비하느라 그녀의 눈길은 늘 자기가 바로 필요로 하는 물건에만 가닿았다. 그는 하루 종일 이 시간만을 초조하게 기다렸지만, 너무 긴장한 나머지 온몸이 바짝 굳어 있었으며, 소파에 앉아 꼼짝하지 않은 채 그저 저녁 준비를 하는 그녀만 바라보았다. 통카는 이제 피할 수 없게 된 일을 생각하고 싶어 하지 않는 것 같았다. 그러자 이 일을 치르기 위해 날을 잡자고 한 것이 미안했다. 꼭 집달리처럼 말이다. 지금 생각해보니 그녀가 생각지도 못하는 때를 틈타 갑자기 덮치거나 달콤한 말로 승낙을 받아냈어야 했다.

모든 기쁨이 저 멀리 사라졌다. 그는 저녁마다 서로를 바라볼 때 시원한 바람처럼 불어오던 그 신선함을 훼손해야 할지 망설였다. 하지만 한번은 겪어야 할 일이었다. 그는 이것은 반드시 필요한 일이라는 생각에 매달렸다. 통카가 자기도 모르게 하는 동작을 지켜보며 그는 자신의 이런 생각이, 몸을 휘감을 때마다 더 짧아지는 밧줄처럼 그녀의 발목을 휘감고 있는 것 같았다.

거의 한마디도 하지 않고 저녁을 먹은 다음 그들은 서로 마주 보고 앉았다. 농담을 던지자 통카는 애써 웃으려 했다. 하지만 입술이 긴장된 듯 입을 찌푸리더니 다시 심각해졌다.

그는 불쑥 이렇게 말했다. "통카, 괜찮겠어? 해도 돼?" 통카는 고개를 떨구었다. 통카의 눈 위로 뭔가가 스쳐가는 것 같았지만 그녀는 그래도 된다는 대답도, 사랑한다는 말도 하지 않았다. 그러자 당황한 그가 통카에게 몸을 숙여 작은 소리로 말했다. "그러니까 처음에는 많이 어색해. 아마 별 느낌도 없을 테고. 생각해봐 이러면 안되긴 하지만… 꼭 그런 건만은 아냐…. 눈을 감아, 자…?"

잠자리는 이미 준비되어 있었다. 통카는 침대 쪽으로 갔지만 다시 망설이며 그 옆의 의자에 앉았다.

그는 통카를 불렀다. "…통카!…" 통카는 다시 일어서서 얼굴을 돌린 채 옷을 벗기 시작했다.

이런 달콤한 순간에 달갑지 않은 생각이 달라붙었다.

통카가 자기 몸을 바치는 것인가? 그는 통카에게 사랑을 약속하지 않았다. 사랑한다는 말을 듣고자 했던 소망이 날아간 상황에서 통카는 왜 화를 내지 않았을까? 그녀는 주인의 권력에 복종하듯 아무 말 없이 그의 뜻을 따랐다. 만약 다른 남자가 이렇게 완강히 원했다 해도 순순히 따랐을까? 남자친구에게 처음 알몸을 보여준 그녀는 어색하게 서 있었다. 그녀의 몸을 감싼 피부는 몸에 꼭 끼는 옷처럼 팽팽했다. 그의 육체는 젊은이의 너무 똑똑한 척하는 사유보다 더 현명했고 인간적이었다. 통카는 이 순간 갑자기 다가온 그를 피해 달아나려는 듯 어색하고 서툰 동작으로 침대 속으로 들어갔다.

그 다음 그가 기억하는 것이라고는 통카가 앉았던 의자에 자신이 잘 알고 있는 옷들과 세상에서 가장 친숙한 것이 남아 있었다는 것뿐이었다. 그 안락의자를 지나갈 때 그 자리에서 사랑스럽고 신선한 냄새가 피어올랐던 것이다. 그 냄새는 그들이 서로 바라볼 때면 그가 늘 처음 맡아보는 것처럼 느꼈던 것이었다. 하지만 침대에서 그를 기다리고 있었던 것은 미지의 낯선 냄새였다. 그는 다시 한번 멈췄다. 통카는 고개를 벽 쪽으로 돌린 채 눈을 감고 침대에 누워 있었다. 끝없이 긴 시간을 외로움과 공포에 떠는 것처럼 말이다. 마침내 곁에 그가 있다는 것을 느꼈을 때 통카의 눈은 눈물로 뜨거워졌다. 통카가 원하지 않는다는 생각에 두려움과 걱정이 새롭게 밀려왔다. 무의미하지만 도움을 청하는 말이 무한히 고독하게 튀어나오다가 그의 이름으로 바뀌었다. 그리고 통카는 그의 것이 되었다. 그는 통카가 자신을 유혹하며 대담하게 마음을 훔친 적이 있는지, 통카가 자신이 가진 매력을 모두 차지하기 위해 단순한 잔꾀라도 부린 적이 있는지 거의 기억하지 못했다. 완전하게 그의 것이 되기만 하면 그만이었고, 그렇게 되었다.

어떻게 그런 일이 일어났는지 나중에 그가 아무리 생각해도 모를 일이었다.

6

하루아침에 모든 것이 가시나무 덩굴처럼 얽혀버렸다.

어느날 통카가 임신했다는 것을 알았을 때는 이미 그들이 동거한 지 몇해 후였다. 하지만 그날은 마음대로 정할 수 있는 날이 아니라 하늘이 점지해준 날이다. 그날로부터 거꾸로 계산해보면 아기가 생긴 날을 알 수 있는데, 공교롭게도 이 날은 그가 여행을 가느라 집을 비운 날이었다. 그런데 통카는 자신이 임신한 상태 같다고 느꼈을 무렵에는 이미 언제 그런 상태가 시작됐는지 정확하게 알 수 없었다고 말했다.

이런 상황에 처하면 누구나 머리가 복잡하기 마련이지만, 아무리 생각해봐도 통카와 진지한 관계를 맺을 만한 남자는 없었다.

몇주 후에 둘의 운명을 결정할 더욱 뚜렷한 증거가 나왔다. 통카가 병에 걸렸는데, 이 병은 태아에게서 산모의 혈액 속으로 전염되었거나 아니면 태어날 애 아빠로부터 직접 전염된 것이었다. 끔찍하게도 이 병은 고치기 힘든 만성 질환이었다. 직접이든 간접이든 이상한 것은 두 전염경로 모두 요구되는 시간이 정확하게 맞아떨어지지 않는다는 것이다. 진단 결과 그는 병에 걸리지도 않았다. 그러니 통카에게 신비한 일이 일어났다고 봐야 할지 아니면 통카가 정말 추악한 죄를 저지른 것인지 그의 생각은 복잡하게 꼬여가기만 했다. 물론 또다른 가능성—이론적인 가능성, 플라톤 철학의 형이상학적 가능성—도 있었다. 하지만 사실상 그 확률은 거의 제로에 가까웠다. 이성적으로 그가 이 아이의 아버지도 아니고 병을 감염시킨 장본인도 아니라는 것은 거의 의심의 여지가 없었다.

현실적으로 이것이 얼마나 납득하기 어려운 일인지는 잠시 생각해보기만 하면 된다. 당신이 어떤 상인에게 곧 큰돈을 만질 만한 이야기를 해주지 않고, 시국상황이나 부자라면 마땅히 해야 할 도리에 대해서 장광설을 늘어놓는다면 그 상인은 당신이 돈을 훔치러 왔다고 여길 것이다. 당신이 도움이 될 만한 말을 해주기 위해 왔을 수도 있겠지만, 그는 결코 속지 않을 것이다. 마찬가지로 판사 역시 피고가 자기 집에서 찾은 증거물을 모르는 사람에게서 받았다고 진술한다면 한순간도 속지 않을 것이다. 이럴 가능성이 전혀 없지 않은데도 말이다. 하지만 장사는 모든 가능성을 고려할 필요는 없다는 것에 기초한다. 극단적인 가능성이 실제로 일어날 확률은 거의 없기 때문이다. 하지만 이론상으로는 어떨까? 처음 통카를 데리고 갔던 나이든 의사는, 단 둘이 있을 때 그가 이렇게 묻자 당황하며 어깨를 움찔했다. 그것이 가능할까요? 물론 전혀 불가능한 일은 아니지요. 그 의사는 착해 보였지만 당황하는 기색이 역력했다. 그의 눈은 이렇게 말하려는 것 같았다. 그런 희박한 가능성에 매달리지 맙시다. 그럴 가능성은 인간이 생각할 수 없는 확률입니다. 학자도 인간입니다. 학자는 의학적으로 거의 확률이 없는 일을 가정하느니 그냥 인간의 실수가 원인이라고 여기지요. 자연에서는 예외적 현상이 일어나기 드문 법이니까요.

이런 말을 듣고 난 다음부터 그는 계속 의학적 자문을 구했다. 그는 의사를 숱하게 만났다. 두번째 만난 의사는 첫번째 의사와 같은 결론이었고, 세번째 찾아간 의사는 두번째 의사와 같은 결론이었다. 그는 이들의 견해를 깎아내렸다. 그는 여러 의학 이론들을 대조해보았다. 의사들은 묵묵히 그의 말을 들으며 바보나 구제불능의 멍청이를 대하듯 가소로운 미소를 지었다. 물론 의사들에게 이런 말을 하는 동안에도 그는 처녀 수태가 가능한지 물어봐도 될까를 고민했다. 만약 그런 질문을 던진다 하더라도 지금까지 그런 일은 한 번도 일어나지 않았다는 대답밖에 돌아오지 않을 것이다. 처녀 수태의 가능성을 배제할 만한 법칙이 나온 적은 지금까지 단 한 번도 없다. 단지 그런 일이 아직 한 번도 일어나지 않았을 따름이다. 하지만 그가 설사 부정한 여자의 꼴통 서방이 되는 한이 있더라도 어떻게 그런 상상을 할 수 있겠는가!

혹 그와 이야기를 나눈 의사가 그의 면전에서 이런 말을 한 적이 있을 수도 있고, 아니면 그의 머리를 훑고 지나간 말일 수도 있다. 어쨌든 그 스스로 이런 생각을 했을 것 같다. 마지막 깃 단추를 잘 채우기 위해서는 미리 단추구멍과 손가락의 모든 가능한 조합을 신중히 생각해야 한다. 그가 생각에 빠진 내내 그의 오성의 확실성 옆에는 직접성이라는 또다른 가능성이 존재했다. 그것은 바로 통카의 얼굴이었다. 들판을 걷고 공기를 느낀다. 제비들이 날아다니고, 멀리 도시의 탑이 보이며, 처녀들이 노래한다…. 진리와는 멀리 떨어진 곳에 있고, 진리라는 개념조차 모르는 세계에 와 있다. 통카는 심오한 동화의 나라에 가까이 가 있었다. 그곳은 그리스도와 성모 마리아의 세계였고 또 본디오 빌라도의 세계였다. 의사들은 통카를 잘 보살펴주라고 했다. 그래야만 통카가 이 상황을 잘 이겨낼 것이라고.

7

그럼에도 그는 이따금 통카의 고백을 들으려 했다. 그럴 정도로 그는 남자였고 바보는 아니었다. 그때 통카는 노동자들이 거주하는 구역의 허름한 가게에 나가고 있었다. 통카는 아침 7시까지 출근해야 했고, 가끔 늦게 찾아오는 손님들이 찔러주는 몇 푼의 팁을 얻으려고 저녁 9시 30분 전에는 퇴근하지 않았다. 그러니 햇빛을 보지 못했고, 밤에는 잠자리도 따로 했다. 그들에게는 영혼을 위한 시간이 허락되지 않았다. 그들은 통카가 임신했다는 사실이 탄로나면 생활이 어려워지지 않을까 걱정해야 했다. 그 당시 이미 돈이 다 떨어져가고 있었기 때문이다. 그는 준비해온 돈을 학비로 다 써버렸지만 그렇다고 돈을 벌 수도 없는 처지였다. 연구를 하면서 돈을 번다는 것은 이제 처음 학자에 길에 들어선 단계에서는 특히 어려운 법이다. 그의 연구는 아직 완성 단계에 이르지 못했지만 거의 마무리 단계에 와 있었다. 그래서 그는 연구를 끝내는 데 전력을 다해야 했다. 통카는 빛도 제대로 구경하지 못한 채 시들어갔다. 그녀의 삶은 근심으로 가득 찼다. 통카는 늙어가면서도 남자들의 넋을 빼놓을 정도로 매력을 발산하는 여인들처럼 예쁘게 시든 게 아니라, 싱싱한 초록빛을 잃자마자 바로 누렇고 보기 싫게 변해버린 채소처럼 초라하게 시들어갔다. 두 뺨은 창백하게 움푹 파였고, 이 때문에 코가 얼굴에서 더 튀어나와 보였다. 입도 커 보였고 심지어 귀까지도 얼굴에서 좀더 멀리 떨어져 있는 것 같았다. 몸통 역시 비쩍 말라 있었다. 예전에 풍만하고 탄력있던 몸이 이제는 시골 사람들처럼 뼈만 앙상하게 남았다. 그러나 좋은 집안에서 잘 자란 그의 얼굴은 이런 생활고에도 비교적 덜 상했고, 입을 만한 옷들도 아직 꽤 있었다. 그래서 통카와 함께 외출할 때면 지나가는 사람들이 놀란 눈길을 던지는 것을 느꼈다. 그에게는 허영심 또한 없지 않아 예쁜 옷을 사줄 수 없게 되자 괜히 통카에게 화를 냈다. 그는 자기로 인해 통카가 옹색하게 살아야 하자 그녀에게 화를 낸 것이다. 하지만 솔직한 심정은 할 수만 있다면 먼저 통카에게 구름처럼 가벼운 임신복을 사준 다음 바람을 피운 사실을 털어놓게 만들고 싶었다. 통카에게 사실을 털어놓으라고 말하자마자 그녀는 바로 부인했다. 어떻게 이런 일이 벌어졌는지 그녀조차 알지 못했다. 그가 옛 정을 생각해서라도 솔직하게 말해달라고 간청하자 그녀의 얼굴에는 난감한 빛이 역력했다. 화를 내며 다그쳐도 거짓말이 아니라는 말만 했다. 이런 상황에서 뭘 더 할 수 있겠는가? 그녀를 때리고 욕을 퍼부어야 하나 아니면 이 끔찍한 상황에서 그녀를 버려야 하나. 그는 더이상 통카와 잠자리를 같이하지 않았다. 고문을 해도 통카는 실토하지 않을 것 같았다. 그가 의심한다는 사실을 눈치챈 이후 통카는 단 한마디도 하지 않았다. 애교를 떨며 고백하라고 애원해도 소용이 없자 실토를 받아내겠다는 그의 완고한 고집도 한풀 꺾였다. 그저 끈질기게 기다리는 수밖에 없었다.

그는 어머니에게 생활비를 부탁해야겠다고 결심했다. 하지만 오래전부터 병상에 누운 아버지가 생사의 기로에 있어 가용한 모든 돈은 거기에 매여 있었다. 때가 되면 통카와 결혼하려 들까봐 어머니가 걱정한다는 사실을 알았기에 그도 이 문제를 건드릴 수 없었다. 그랬다. 어머니는 통카가 중간에 끼는 바람에 다른 처녀와 결혼이 성사되지 않을까봐 걱정했다. 아들의 연구와 성공, 아버지의 병, 살림 걱정 등 고민이 계속 이어지자 모든 것이 직간접적으로 통카 때문인 것처럼 보였다. 어머니에게 통카는 일련의 모든 불행의 첫번째 원인일 뿐만 아니라, 그럭저럭 풀려가던 인생이 그녀의 등장으로 꼬이기 시작했기에 불행을 예고하는 나쁜 징조로 보였다. 편지를 받거나 부모님의 집을 다녀갈 때면 그는 불확실하게나마 이런 확신이 들었다. 지금 어머니에겐 아들이 젊은 시절 으레 한번 거치는 통과의례라고 하기에는 그렇고그런 아가씨와 너무 깊이 사귀어 가문에 오점이 생기면 어쩌나 하는 걱정뿐이었다. 그래서 히아친트 아저씨는 그에게 주의를 주지 않을 수 없었다. 전혀 동의할 수 없는 어머니의 이런 믿음에 경악한 젊은이가 자신이 체험한 몇가지 부조리하고 고통스러운 일을 상기시키며 아저씨의 충고를 완강히 거부하자, 통카는 한 가정의 평화는 안중에도 없는 무책임한 여자로

낙인찍혔다. 어머니가 통카가 관능적 기교를 부려 순진한 아들의 발목을 잡았다고 흉하게 비꼬아보았지만 그 과정에서 점잖은 어머니가 세상물정에 어둡다는 사실만 드러날 뿐이었다. 그가 받은 답장에서 미루어보건대 이들은 통카와 그를 위한 돈이라면 단돈 한푼이라도 아들을 불행하게 만들 것이라고 여기는 것 같았다. 그래서 그는 다시 한번 편지를 써 자신이 통카가 임신한 아이의 아빠라고 털어놓기로 작정했다.

답장 대신 어머니가 직접 찾아왔다.

어머니는 상황을 수습하러 온 것이었다.

어머니는 참기 어려운 일을 당할까 겁이 났는지 그의 집에는 발도 들여놓지 않고 아들을 호텔로 불렀다. 약간 당혹스러워했지만 어머니는 의무적으로 아들의 간청을 묵살했으며, 아들에 대한 큰 걱정과 아버지의 위중한 병세 그리고 여타 삶의 문제에 대해 이야기했다. 어머니는 엉큼하게 속마음을 다 드러내 보였다. 하지만 이런 말을 늘어놓는 와중에도 어머니의 목소리에는 관용의 톤이 사라지지 않았다. 이 때문에 그녀의 뻔한 속을 알고 지루하게 들으면서도 그는 혹시나 하는 기대를 버릴 수 없었다. 어머니는 "전화위복이 될지도 모르잖아. 그렇게만 된다면 한번 놀라고 마는 거지. 앞으로 그런 일이 두 번 다시 일어나지 않도록 조심하기만 하면 돼"라고 말했다. 어머니는 어려웠지만 돈으로 이 문제를 해결해야 한다고 아버지를 설득했다는 것이다. 어머니는 선심 쓰듯이 이 돈으로 아이에 대한 요구와 함께 그 아가씨에게 보상을 해줄 거라고 말했다.

아들이 태연하게 합의금 액수를 묻자 어머니는 깜짝 놀랐다. 그 액수를 듣자 아들은 더 태연하게 고개를 젓고는 "그렇게는 안됩니다"라는 말만 했다.

희망에 고무되어 어머니는 이렇게 대답했다. "그래야 해. 여자에 빠져 눈이 멀면 안돼. 젊어서 한때 많은 남자들이 그런 어리석은 짓을 범하지. 하지만 너처럼 이렇게 고집을 부리지는 않아. 바로 지금이 훌훌 털고 자유를 찾을 수 있는 좋은 기회야. 쓸데없는 명예심 때문에 이 기회를 놓치는 일이 없도록 해. 너 자신을 위해서나 우리를 위해서라도 그렇게 해야 해."

"어째서 좋은 기회라는 거죠?"

"당연하지. 그 아가씨는 너보다 더 계산적일 테니까. 애가 생기면 이런 관계는 끝난다는 것쯤은 그 아가씨도 잘 알 거야."

그는 대답을 다음날로 미루었다. 그의 마음에 화가 불처럼 일어났던 것이다.

그의 어머니, 시종일관 이성적인 태도로 미소짓던 의사들, 통카에게 돌아가는 전차의 원활한 운행, 혼잡한 교통을 정리해주는 경찰의 확실한 동작, 천둥처럼 떨어지는 도시폭포, 이 모든 것이 하나인 것처럼 보였다. 그는 아무도 없는 동굴 속에 혼자 있는 것 같았다.

그는 통카에게 어머니가 하자는 대로 따르겠느냐고 물었다.

통카는 예라고 대답했다. 이 예라는 대답은 끔찍하게 모호했다. 어머니가 예상한 대로 계산적인 대답이었지만 그렇게 말하는 통카의 입은 혼란스러워 경련을 일으켰다.

그래서 그는 다음날 묻지도 않았는데 자기는 아마 통카가 가진 아이의 아버지가 결코 아닐 것 같지만, 병이 든 통카를 버리느니 차라리 자신이 병이 든 걸로, 또 아이의 아버지로 생각하고 싶다고 어머니의 면전에다 대고 말해버렸다.

지금까지 아들에게 완전히 속았다는 사실에 어머니는 할 말을 잃고 그저 웃기만 했다. 어머니는 부드러운 눈길로 아들을 바라보다가 그냥 가버렸다. 그는 어머니가 이제 자신의 살과 피이기도 한 아들이 오명을 뒤집어쓰는 것을 막기 위해 본격적으로 나설 것이라고 짐작했다. 막강한 적이 그와 연합한 것이다.

8

통카는 결국 일자리를 잃고 말았다. 진작 닥쳤어야 할 불행이 찾아오지 않아 그는 오래전부터 불안해하고 있었다. 통카가 다녔던 가게 사장은 키가 작고 못생긴 사내였으나 그들이 궁지에 몰리자 신과 같은 권력을 가진 사람처럼 보였다. 몇주 동안 그들은 머리를 맞대고 궁리했다. 주인이 분명히 모든 것을 알고 있는 것 같지만, 점잖은 사람이라 불행에 처한 사람들을 일부러 내쫓지는 않을 거야! 사장이 눈치채지 못한 것 같아. 사장이 아직 눈치채지 못해 정말 다행이야! 하지만 어느날 통카는 사무실로 불려가 어떻게 된 일인지 추궁당했다. 통카는 어떤 변명도 하지 않고 그냥 눈물만 흘렸다. 통카가 아무 말도 하지 않았다는 것이 이성적인 그 남자의 마음을 움직이지는 못했다. 사장은 통카에게 한달치 월급을 미리 주고 해고했다. 사장은 날벼락이 칠 것처럼 화를 내며 당장 빈자리를 채울 수 없어 난감하다느니, 취직할 때 그런 중요한 사실을 밝히지 않은 것은 사기라며 고함쳤다. 사장은 사무실 여직원을 밖으로 내보내지 않은 채 통카에게 이런 말을 퍼부었다. 그러자 통카는 자신이 정말 나쁜 여자 같았고, 남자친구인 그 역시 통카를 해고하는 데 단 1분도 망설이지 않은 볼품없고 작달막하며 장삿속으로 가득 찬 무명 장사꾼의 순발력에 내심 감탄하였다. 사장은 사업을 위해 통카는 물론이고 그녀가 흘린 눈물, 그리고 아이까지도 희생시킨 것이다. 이로 인해 그가 연구하던 발명품과 영혼 그리고 인간의 운명까지도 어떻게 될지 아무도 몰랐다. 왜냐하면 사장은 이 모든 것을 알지 못했고 그것에 대해 묻지도 않았기 때문이다.

이제 그들은 작고 허름한 식당에 가야 했다. 이 식당은 먼지가 자욱했으며 음식 맛은 조악하기 그지없었다. 몇푼 되지 않은 돈을 주고 먹는 음식은 그로서는 도저히 소화시킬 수 없을 정도였다. 그래도 그는 식사시간이 되면 어김없이 통카를 데리러 갔다. 하지만 이것은 어디까지나 의무감 때문이었다. 사무보조원이나 가난한 견습사원들이 애용하는 식당에서 값비싼 옷을 입고 충직한 종처럼 임신한 여자 옆에 꼭 붙어 아무 말 없이 진지한 자세로 앉아 있었으니 그는 여기서 눈에 띄는 존재였다. 그를 비웃는 사람도 많았지만, 둘의 관계를 인정해주는 사람도 적지 않았다. 머리로는 발명을 생각하면서 통카의 간통을 확신한 채 대도시의 천한 사람들과 함께 앉아 있다니 그의 삶도 많이 변해 있었다. 이 세상에는 천박한 시민들밖에 없다는 사실을 지금처럼 뚜렷하게 느낀 적은 없었다. 그가 길을 건너가기만 해도 사람들은 먹이를 찾아 달려드는 사냥개 무리처럼 헐레벌떡 몰려왔다. 각자 개인적인 욕심으로 가득 차 있었지만, 모두 무리를 이루고 살았다. 오로지 그에게만 도움을 청하거나 신세한탄을 들어줄 사람이 없었다. 지금껏 그는 친구를 사귈 시간도 없었지만 친구를 사귀는 데 흥미도 없었고 사귀고 싶을 정도로 매력있는 친구도 만나지 못했다. 그는 자신의 발명 아이디어를 실현해야 한다는 부담을 안고 살았다. 그런데 이 아이디어를 이용해 돈을 만들어낼 방법을 찾지 못한다면, 이조차 쪽박을 찬 채 인생을 마무리하게 될지도 모를 무거운 짐이었다. 누구에게 도움을 청해야 할지도 몰랐다. 이 도시에서 그는 낯선 이방인에 불과했기 때문이다. 그러면 통카는 누구였던가? 그와 똑같은 정신의 소유자인가? 아니다. 겉으로는 둘이 일치하는 것처럼 보이지만, 통카는 그에게 속해 있으면서도 아직 밝혀지지 않은 비밀 같은 낯선 피조물이었다.

벌어진 작은 틈 사이로 아득히 멀리 여명이 밝아왔다. 그의 생각도 차츰 정리되며 방향을 잡아나가기 시작했다. 그는 발명에 매진했다. 이것은 나중에 다른 사람들에게도 중요한 의미를 지닐 가능성이 있는 발명이었다. 분명한 것은 발명을 할 때 논리적 사유 외에도 용기, 틀리지 않을 것이라는 예감이나 확신, 그리고 그가 쫓아다닌 별처럼 건강한 삶의 감각 같은 다른 무언가가 뒷받침돼야 한다는 것이다. 발명을 할 때 그는 확률을 따져 가능성이 더 높은 쪽을 선택했다. 그러면 늘 한 번은 옳은 길을 찾아냈다. 그는 모든 것은 분명히 그것이 늘 있는 모습대로 존재할 것이라 믿었고, 원래의 모습에 도달하기 위해 이것과는 다른 상태를 발견하려고 했다. 만약 그가 통카에게 했던 식으로 모든 의혹을 파헤치려 했다면 발명을 끝내지 못했을 것이다. 생각한다는 것은 너무 깊이 생각하지 않는다는 것을 의미한다. 무한한 발명의 재능을 포기하지 않는다면 인간은 아무것도 발명하지 못할 것이다. 그의 삶의 절반은 증명할 길 없는 행운 혹은 비밀을 의미하는 별 아래 빛나고 있는 것 같았지만, 다른 반쪽은 아직 어둠에 묻혀 있었다. 그는 이제 통카와 함께 경마복권을 샀다. 추첨번호표가 나왔고, 그는 통카를 기다렸다가 경마장으로 가는 도중에 그날 경기에 나올 경주마의 목록을 사서 읽어볼 작정이었다. 1등으로 당첨돼봤자 몇천 마르크밖에 되지 않는 별볼일 없는 복권이었다. 그래도 상관없었다. 그 돈이라도 있으면 당장은 걱정이 없을 것 같았기 때문이다. 몇백 마르크만 당첨돼도 통카에게 꼭 필요한 옷이나 속옷을 사주거나 건강에 안 좋은 다락방에서 그녀를 데리고 나올 수 있을 것이다. 20마르크만 탈

수 있어도 힘이 날 것 같았다. 새 복권을 살 수 있을 테니 말이다. 겨우 5마르크만 받을 수 있어도 그것은 낯선 고장에서 새 삶을 시작하려는 시도에 좋은 징조가 될 것이다.

하지만 세 장 모두 허탕이었다. 물론 그때는 재미로 샀다. 하지만 통카를 기다리고 있을 때부터 이미 그의 마음에는 꽝이 될 것 같다는 허탈한 예감이 들었다. 아마 그 순간 그는 희망과 절망 사이를 왔다갔다 했을 것이다. 쓸데없이 경마복권을 사느라 낭비한 20페니히조차도 그의 처지에서는 큰 손실이었다. 불쑥 그는 자신에게 악의를 품은 보이지 않는 힘이 있는 것 같았다. 그러자 사방에 적들이 쫙 깔려 있다는 예감에 사로잡혔다.

결과적으로 그는 진짜 미신을 믿는 인간이 되었다. 저녁 무렵 통카를 마중 나갈 때의 그가 미신을 믿는 인간이라면 다른 때의 그는 연구에 몰두하는 과학자였다. 그에게는 반지가 두 개 있었는데, 그는 이 반지를 교대로 끼고 나갔다. 둘 다 값나가는 반지였지만, 하나는 그가 귀중하게 여기는 오래된 반지였던 반면, 다른 하나는 부모님이 선물한 평범한 반지였다. 그런데 비싸긴 하지만 평범한 새 반지를 끼고 나가는 날에는 그가 귀중하게 여기는 오래된 반지를 끼고 나가는 날보다 나쁜 일이 일어나지 않았다. 그때부터 그는 이 귀중한 반지를 손가락에 낄 엄두도 못 내고 멍에를 쓴 사람처럼 다른 반지만 끼고 다녔다. 또 어느날 우연히 면도를 하지 않았더니 행운이 찾아왔다. 이를 무시하고 다음날 면도를 했더니 이 규칙을 깬 죄로 다시 작은 불행이 찾아왔다. 그의 처지에 이것은 웃어넘길 수 있는 하찮은 불행이 아니었다. 그때부터 그는 수염을 어떻게 해야 할지 결정하지 못했다. 수염이 자라면 조심스럽게 끝만 다듬어 정리했다. 슬픈 일이 있으면 그는 몇주 동안 수염을 깎지 않았다. 이 수염은 보기 흉했지만 통카와 꼭 같았다. 보기 흉해질수록 더욱 더 세심하게 보살펴야 했기 때문이다. 실망이 깊을수록 통카를 향한 그의 감정은 더욱 애틋해지는 듯했다. 수염 역시 겉으로 보기엔 흉할수록 내면적으로는 더 행운이 깃들었다. 통카는 이 수염을 좋아하지 않았고 그의 말을 이해하지도 못했다. 만약 통카가 없었더라면 그는 이 수염이 얼마나 보기 흉한지 몰랐을 것이다. 자신을 비춰볼 타인이 없다면 자신에 대해 모르는 법이니까 말이다. 그는 이따금 아무도 모르고 있으니 통카가 죽어주었으면 하고 바라기도 했다. 그러면 견디기 힘든 생활도 막을 내리게 될 테니 말이다. 그가 수염을 기르는 것을 좋아한 이유는 단 하나다. 수염은 모든 것을 위장하고 가려주기 때문이다.

9

여전히 그는 이따금 짐짓 악의가 없는 듯한 질문으로 통카를 기습하곤 했다. 그는 부드러운 목소리로 질문함으로써 통카의 경계심을 풀어볼 작정이었다. 하지만 빈번하게 기습을 당하는 쪽은 오히려 그였다. "사실을 부정하는 것은 부질없는 짓이야.

우리가 다시 솔직해질 수 있도록 어떻게 된 일인지 말해줘." 부드럽게 속삭이듯 그는 물었다. 하지만 통카의 대답은 늘 똑같았다. "날 믿지 못하겠거든 떠나게 해주세요." 그녀의 대답은 분명 아무런 보호를 받을 수 없는 자신의 가여운 상태를 악용하는 것이었다. 하지만 이 말이 가장 진실한 대답이라는 것도 사실이었다. 왜냐하면 통카에게는 자신을 변호해줄 의학적, 철학적 근거가 없었으며, 자기 말을 변호해줄 방법은 오로지 그녀의 인간적 진실성뿐이었기 때문이다.

통카 혼자 나가게 할 수는 없었기 때문에 그는 통카가 외출할 때면 함께 따라갔다. 그는 분명한 것에 대해서는 두려워하지 않았다. 하지만 그를 불안하게 만든 것은 넓고 낯선 거리에서 아는 사람이라고는 통카뿐이라는 사실이었다. 저녁 무렵 그가 통카를 데리러 가거나, 어스름 무렵 그들이 길을 걷다가 어떤 남자와 눈이 마주쳤는데 그가 외면하며 지나갈 때면 이 남자가 안면이 있는 사람처럼 보였다. 이때 통카의 얼굴이 붉어지는 것 같았고, 갑자기 예전에 어떤 계기로 이 남자가 마련한 모임에 간 기억이 났다. 그리고 동시에 통카의 순진무구한 얼굴에 떠오르는 확신과 똑같이 그에게는 이 사람이 통카가 바람을 피운 남자라는 확신이 들기도 했다. 한번은 그들이 잠깐 알고 지냈던 수출회사의 돈 많은 수습사원이 그 사람 같았고, 또 한번은 한때 샹탕 카바레에서 노래를 불렀던 테너가수였으나 목소리를 잃고 통카와 같은 집에 살았던 남자가 그 사람 같기도 했다. 하지만 우습게도 그들은 번번이 통카와 상관없는 사람들로 밝혀졌다. 그의 기억 속에 그 사람들은 끈으로 꽁꽁 묶어놓은 먼지투성이 짐보따리 같았다. 진실을 담고 있지만 그 끈을 풀려고 하자마자 고통스럽게도 먼지처럼 무기력함만을 남기는 짐보따리 말이다.

통카의 간통에 대한 확신은 어딘가 꿈같은 구석이 있었다. 말은 하지 않았지만 통카는 그의 마음을 움직이게 할 정도로 사랑스럽고 순종적인 태도로 이 확신을 견뎌냈다. 그러나 어째서 이런 순종적인 태도가 모든 것을 말해줄 수 없는 것일까? 기억을 더듬어보니 하나같이 모호했다. 예를 들어 그를 향해 달려오던 통카의 순진무구한 표정은 자신의 간통에 대해 전혀 신경쓰지 않겠다는 의지, 아니면 마음속으로 자신의 결백을 확신하는 태도일 수도 있었다. 통카가 그에게 헌신한 것도 타성에서 비롯된 것일 수도 있고 행복감에서 그랬을 수도 있을 것이다. 통카가 개처럼 그를 잘 따랐듯이 다른 주인에게도 충직하게 따랐을 수도 있을 것이다. 그는 첫날밤에 이런 느낌을 받았다. 그런데 그날이 첫날밤이기는 했을까? 그때 그는 영적인 징후에만 주목했기에 육체적인 징후는 뚜렷하게 알 수 없었다. 하지만 이제 후회해도 때는 늦었다. 통카의 침묵이 모든 것을 덮어버렸다. 그녀의 침묵은 순진무구함을 의미하거나 고집불통임을 말해줄 수도 있을 것이다. 혹 교활함 아니면 고통, 후회 아니면 두려움을 뜻할 수도 있다. 어쩌면 그에게 부끄러운 짓을 했다는 것을 의미할지도 모른다. 하지만 이 모든 것을 다시 한번 겪을 수 있다 한들 무슨 소용이 있겠는가? 한 인간을 불신해보라, 그러면 정조를 지켰다는 증거가 아무리 명백해도 바로 간통의 표시로 받아들일 것이다. 반면 한 인간을 믿어보라, 그러면 간통의 증거가 아무리 명확해도 억울한 오해로 어른에게 쫓겨나 울고 있는 아이처럼 여겨질 것이다. 그 자체로 해석될 수 있는 것은 아무것도 없다. 하나는 다른 하나에 연결되어 있어 우리는 전체를 통째로 믿든지 아니면 불신해야 하고, 그것을 좋아하든지 아니면 사기라고 간주해야 한다. 통카를 안다는 것은 그녀에 대해 확실하게 대답해야 함을, 그녀가 누구인지를 통카에게 말해주어야 함을 의미했다. 통카가 어떤 사람인가는 거의 그의 손에 달려 있었다. 그러자 통카는 동화처럼 부드럽게 현혹하면서 혼란스럽게 뒤엉킨 존재가 되었다.

그는 어머니에게 이런 편지를 썼다. 통카의 다리는 바닥에서 무릎까지의 길이가 무릎부터 상체까지의 길이와 똑같습니다. 특히 그녀의 긴 두 다리가 마치 쌍둥이처럼 지칠 줄 모르고 걸어갑니다. 피부는 곱다고는 할 수 없지만 희고 딱히 흠잡을 데가 없습니다. 가슴은 약간 무거워 보이고, 겨드랑이에는 검은 털이 수북합니다. 가냘프고 하얀 몸통을 부끄러워하는 모습이 사랑스럽기만 합니다. 땋아올린 머리는 귀밑까지 흘러내립니다. 가끔 통카는 파마를 하든지 머리를 올려보아야겠다고 생각합니다. 그러면 그녀는 꼭 하녀 같아 보입니다. 물론 그 일은 그녀가 일생에 단 한번 저지른 실수였습니다.

또 어머니에게 이런 답장을 쓰기도 했다. 앙코나(Ancona)와 피우메(Fiume) 사이에, 어쩌면 미델케르케(Middelkerke)와 미지의 도시 중간에 등대가 있는데, 이 등대는 밤마다 부챗살처럼 바다를 비춥니다. 부챗살처럼 말입니다. 그러면 아무것도 보이지 않다가 다시 보이기도 합니다. 그리고 베나탈(Vennatal) 초원에는 에델바이스가 피어 있습니다.

이것은 지리학인가요, 식물학인가요 아니면 항해술인가요? 그것은 하나의 얼굴이며, 유일하고, 홀로 그리고 영원히 존재하는 무엇입니다. 그리고 바로 이 때문에 존재하지 않는 것처럼 보입니다. 그게 아니라면 그것은 무엇일까요?

물론 그는 이 말도 안되는 편지를 부치지 않았다.

10

확신을 확신으로 만들기에는 알 수 없는 뭔가가 빠져 있었다. 예전에 그는 어머니 그리고 히아친트 아저씨와 함께 야간 기차 여행을 한 적이 있었다. 새벽 2시쯤 몸이 피곤에 지쳐갈 즈음 기차가 흔들려 붙잡을 것을 찾는데 어머니가 히아친트 아저씨에게 기댄 느낌이 들었다. 괜찮다는 양해를 완전히 구하기라도 한 것처럼 말이다. 심지어 아저씨는 어머니의 손까지 잡고 있었다. 당시 너무 화가 치밀어 그는 눈을 부릅뜨기까지 했다. 아버지에게 잘못을 저지르는 것 같았기 때문이다. 그런데 그가 몸을 앞으로 숙여 처다보면 히아친트 아저씨는 혼자 떨어져 앉아 있었고 어머니도 고개를 다른쪽으로 돌리고 있었다. 잠시 후 그가 다시 몸을 고쳐 원래 자리에 기대면 그들은 다시 그 자세로 돌아왔다. 자신이 본 것이 불확실했기 때문에 고민이 되었다. 너무 어두워 확실하게 보기 어려웠던 것이다. 결국 그는 자신이 본 게 분명하다고 중얼거리며 내일 아침 어머니에게 따져보리라 마음먹었다. 그렇지만 날이 밝자 어둠과 함께 이 생각도 날아가버렸다. 또 한번은 여행 중에 어머니가 몸이 안 좋아 아버지에게 편지를 쓸 수 없게 되자 어머니 대신 편지를 써야 하는 히아친트 아저씨가 내키지 않는다는 듯 "뭐라고 쓰지?"라고 물었다. 어머니와 떨어져 있을 때마다 장문의 편지를 보내던 그가 말이다. 이때 그는 다시 화가 치솟았기 때문에 아저씨와 실랑이를 벌였다. 편찮은 어머니의 몸 상태가 더 안 좋아져 누군가가 도와야 했다. 그런데 어머니를 도우려는 히아친트 아저씨의 손이 계속 그의 손과 부딪쳤고, 그럴 때마다 그는 계속 아저씨의 손을 뿌리쳤다. 그러자 아저씨는 슬픈 목소리로 이렇게 물었다. "왜 그렇게 날 밀쳐내는 거지?" 그때 그는 아저씨의 목소리에서 불행이 느껴져 깜짝 놀랐다. 사람들은 자기가 안다고 생각하는 것을 잘 모르며, 자기가 원하는 것을 그다지 원하지 않는다.

이것은 이해가 간다. 하지만 그는 질투에 치를 떨면서도 이건 질투가 아니라 뭔가 다른 감정, 즉 질투와는 거리가 멀고 평범하지 않으며 이상하게 지어낸 감정이라고 중얼거리며 방에 앉아 있을 수 있었다. 다시 말해 이것은 그 자신이거나 그만의 고유한 감정이었다. 고개를 들어 쳐다보면 부족한 것이라고는 하나도 없었다. 벽지는 초록색과 회색이었고 문은 불그스름한 갈색이었으며 불빛은 반짝이며 조용히 방을 가득 비추고 있었다. 문에 달린 경첩은 동으로 만들어졌으며 색은 어두웠다. 방에는 와인색 비단의자가 있었는데, 이 의자는 갈색 마호가니로 테두리를 두르고 있었다. 하지만 이것들 모두 약간 비스듬히 앞으로 기울어져 있었고, 똑바른데도 곧 쓰러질 것 같았다. 그에게 이것들은 무한하고 무의미해 보였다. 그는 눈을 감고 주변을 돌아보았다. 하지만 존재하는 것은 눈이 아니라 물건들이었다. 중요한 것은 물건들 자체가 아니라 이 물건들에 대한 믿음이 먼저 존재할지도 모른다는 사실이다. 세상을 세상의 눈으로 보지 않고, 우리 눈으로 본다면, 세상은 밤하늘에 떠 있는 별처럼 슬프게 서로 떨어져 살아가는 무의미한 개별체로 해체된다. 그가 창문을 내다보기만 해도, 아래쪽 거리에서 대기하고 있던 마부의 세계로 그 앞을 지나가는 사무원의 세계가 불쑥 비집고 들어와, 거리에는 얇게 잘린 조각들이 구역질나게 뒤섞이고 혼합되며 나란히 병존하는 일이 일어났고, 세계긍정과 자기신뢰라는 원의 궤도를 끌어당기는 구심점에 혼란이 일어났다. 이 모든 것들은 위도 아래도 없는 세상을 제대로 걸어가는 데 도움을 주었다. 욕망과 지식과 감정은 실타래처럼 서로 얽혀 있는 것이다. 그런데 우리는 실마리를 잃어버리는 때가 돼서야 비로소 이런 사실을 깨닫는다. 혹시 진리라는 실마리를 따라가는 방법 외에 다른 길로 세계를 살아갈 수는 없을까? 진리의 냉철함이 그를 모든 것과 분리시켜놓은 순간에 통카는 동화 이상의 존재였다. 이런 점에서 통카는 거의 하늘에서 내려온 존재다.

통카를 아내로 맞든지 아니면 그녀를 떠나면서 이런 생각을 떨쳐버려야 한다고 그는 혼잣말을 했다.

하지만 그가 이런 이유로 둘 중 어느것도 선택하지 못한다고 해서 그를 탓할 사람은 아무도 없을 것이다. 그런 생각이나 인상들은 모두 그 나름대로 합당한 이유가 있을 테니까. 하지만 오늘날 이런 생각들 태반은 어떤 결론에 도달하지 못한 채 끝없이 이어진다는 것을 누구도 의심하지 않는다. 그래서 그는 이런 생각들을 하면서도 진지하게 여기지는 않았다. 그는 가끔 시험 당하는 기분이 들기도 했다. 그러나 정신을 차려 어떤 남자에게 말하듯 자신에게 말할 때면 이 시험의 핵심은 자신이 속아 바보가 될 확률이 99퍼센트지만 확률을 무시하고 억지로 통카의 말을 믿을 것이냐 아니냐의 문제라고 스스로에게 말하지 않을 수 없었다. 물론 이런 모욕적인 확률은 벌써부터 중요성을 많이 잃었다.

11

이상하게도 그때는 그가 학문적으로 성공을 거둔 시기였다.

그는 연구의 큰 줄기가 되는 문제들을 해결했고, 곧 그 결과물도 발표될 예정이었다. 벌써 그를 찾아오는 사람들도 있었다. 화학에 대해서만 이야기를 나누었지만 그들은 그의 마음에 확신을 심어주었다. 그들 모두는 그가 성공할 것이라고 믿었다. 성공 확률은 99퍼센트였다. 그는 연구 마무리에 매진함으로써 모든 것을 다 잊어버렸다.

부르주아로서의 그의 입지가 탄탄해지고, 이른바 세속적인 의미에서 성숙한 상태에 도달했지만, 연구에서 손을 떼기가 무섭게 불확실성에 빠져 통카라는 존재를 떠올렸다. 이리하여 매일 같은 길에서 마주치는 낯선 사람들처럼 자기 마음을 드러내지 않은 채 사람들과 헤어지는 생활이 시작되었다. 그중에는 예전에 통카와 놀아났을 것이라고 의심했던 점원도 있었다. 모든 사람들이 그때그때 떠오른 확신과 연관되곤 했다. 그들이 큰 일을 벌인 것도 아니었다. 다만 그냥 존재하고 있었을 따름이었다. 그들은 세상에 가장 끔찍한 짓을 저질렀다 하더라도 그리 대수롭지 않은 사람들이었다. 또 그들이 가끔 하나의 개성 속에 둘 또는 그 이상의 모습을 갖고 있어 쉽게 질투할 수도 없었다. 이런 사건들은 맑은 공기처럼 투명했고, 모든 이기심을 벗어나 자유와 텅 빈 초월적 공간에 이르면 더욱 투명해졌다. 이 초월적 공간의 확고한 지붕 아래서 보잘것없는 세상사의 우연한 일들이 일어났다. 그것들은 가끔 꿈이 되었다. 혹은 어쩌면 이것들은 원래 꿈이었을지도 모른다. 어려운 문제를 해결하고 나면 그는 이 일이 그의 고유한 삶은 아니라는 경고라도 받은 듯 곧바로 빛바랜 그림자세계를 넘어 고양되었다.

이 현실같이 생생한 꿈들은 의식의 아래 단계에 내려앉아 있었다. 꿈들은 지붕은 낮지만 다채롭게 꾸며진 방처럼 따스했다. 꿈에서 통카는 할머니의 장례식 때 울지 않았다고 숙모에게 따끔한 꾸중을 들었다. 혹은 웬 흉측하게 생긴 사내가 자기가 통카가 낳은 아이의 아버지라고 실토하기도 했다. 처음에 통카는 의아하게 쳐다보기만 할 뿐 부인하지 않았고 그저 계속 웃기만 하면서 자리에 서 있었다. 그곳은 붉은 카펫이 깔리고 벽에는 파란 별장식이 달린, 여러 식물들이 자라는 방이었다. 그가 무한성의 세계를 쳐다보았을 때, 카펫은 초록색이었고, 식물에는 루비색의 커다란 잎이 달려 있었으며, 벽에는 사람의 부드러운 피부처럼 노란빛이 은은하게 흐르고 있었다. 통카는 달빛처럼 투명한 파란색으로 그 자리에 서 있었다. 그는 소박한 행복을 찾아 도피하듯 꿈속으로 도망갔다. 아마 이 꿈들은 그의 비겁함만 보여줄 따름일 것이다. 통카가 모든 것을 털어놓아야 모든 게 잘 끝날 것이라고 꿈은 말하는 것만 같았다. 이런 꿈을 자주 꾸게 되자 그는 혼란스러웠다. 하지만 이 꿈들에는 점점 더 높이 솟아 의식 상태로 나아가려는 반수면 상태의 참기 힘든 긴장은 없었다.

꿈에서 통카는 언제나 사랑만큼이나 위대해 보였고, 더이상 과거 그가 데리고 온 키작은 점원 아가씨가 아니었다. 그녀는 매번 다르게 보였다. 이따금 그녀는 실제 존재한 적 없는 그녀의 여동생이었고, 가끔은 치맛자락이 스치는 소리, 혹은 종종 울리다가 사라지는 다른 사람의 목소리, 아니면 전혀 낯설고 놀라운 몸짓이자 자기도 모르게 빠져버린 연애가 주는 황홀한 매력을 떠올리게 하는 존재였다. 이 연애는 꿈에서나 가능한 것으로 그는 통카라는 이름에서 이것을 친근하게 알아봤으며, 여전히 그녀와 불안한 긴장관계에 있을 때조차도 어렵지 않게 행복을 예감하게 해주었다. 이런 이중적인 영상과 더불어 외견상 자유분방하고, 여전히 실체가 불분명한 사랑의 감정과 초인간적인 애정이 그의 마음에 생겼다. 하지만 이런 참된 애정이 통카에게서 멀어지려는 건지 아니면 이제 비로소 통카와 결합되려는 건지는 알 수 없었다. 이것을 곰곰이 생각해보자 그에게는 사랑의 불가사의한 전이 능력과 독립성은 의식이 있는 상태에서도 드러나야 한다는 생각이 들었다. 사랑을 할 때 생기는 감정의 근원은 연인에게서 나오는 게 아니라 빛처럼 연인 뒤에 있기 마련이다. 그런데 꿈을 꿀 때는 사랑과 연인 사이에 미세한 균열이 있어 둘 사이를 구분해주지만, 깨어나면 이 균열이 지워져버린다. 그래서 우리는 마치 도플갱어 놀이의 희생자가 된 것 같고, 결코 그렇지 않은 한 인간을 멋진 인간으로 믿도록 강요받는 것 같다. 그는 통카 뒤에 이 빛을 세울 결심을 하지 못했다.

당시 그가 자주 말(馬)을 생각했다는 것은 이것과 연관 있고, 틀림없이 좀 특별한 구석이 있었다. 그것은 어쩌면 통카일 수도 있고, 당첨되지 못한 경마복권일 수도 있다. 아니면 그의 유년시절일 수도 있을 것이다. 그 시절에는 놋쇠와 가죽으로 만든 무거운 마구를 단 갈색 말과 얼룩말들이 있었기 때문이다. 이따금 그의 마음에는 동심(童心)이 타올랐다. 그 시절에는 아직 관용, 선, 믿음이 무조건 따라야 할 의무가 아니었기에, 아이들은 이런 것에 신경쓰지 않고 모험과 해방이라는 마법의 정원에 사는 기사처럼 행동했다. 하지만 이것은 어쩌면 촛불이 다 타기 전에 마지막으로 강렬한 빛을 발하거나, 상처가 난 곳을 자극한 것에 불과했는지도 모른다. 말들은 늘 나무를 날랐는데, 말발굽이 지나가는 다리에는 둔탁한 나무 소리가 났고, 하인들은 짧은 보라색 재킷과 갈색 체크무늬 재킷을 입었다. 이들은 모두 다리 중간의 십자가에 달린 양철 예수상 앞에서 모자를 벗었다. 하지만 겨울날 다리 근처에서 이를 바라보았던 어린 소년만 모자를 벗지 않았다. 이 꼬마는 더이상 신을 믿지 않을 정도로 영리했기 때문이었다. 그때 꼬마는 갑자기 외투의 단추를 채울 수 없었다. 꼬마가 그렇게 할 수 없었던 것은 추위에 손가락이 얼어붙어 단추를 제대로 잡을 수 없었기 때문이다. 꼬마는 어렵게 단추를 단추구멍으로 당겨와 끼워보려 했지만 단추는 원래 자리로 되돌아갔고, 손가락은 어쩔 줄 모른 채 당혹스러워 했다. 꼬마는 곧 다시 해보려 했지만 그때마다 손가락이 뻣뻣하게 굳어 난감해졌다.

당시 그는 이 기억을 특별히 자주 떠올렸다.

12

이런 불확실성 속에서도 임신은 진전되어 현실이 무엇인지를 보여주었다.

통카의 발걸음은 부축해줄 팔이 필요한 듯 무거워 보였고, 임신과 동시에 불가사의하게 따뜻해진 몸은 너무 무거워 금방이라도 풀썩 주저앉을 태세였다. 두 다리를 쫙 벌리고 앉은 모양새는 둔하고 추하기 그지없었다. 임신이라는 경이로운 현상이 가져온 모든 변화는 주저없이 아가씨의 몸을 식물의 포자낭으로 바꾸어놓았고, 모든 신체 치수를 변화시켰다. 그녀의 엉덩이는 펑퍼짐하게 아래로 처졌고, 무릎 뼈가 튀어나온 부분은 아예 없어졌다. 목은 예전보다 더 두꺼워 보였고, 가슴은 소젖처럼 커졌으며, 배에는 붉고 푸른 핏줄이 가늘게 잔뜩 돋아나 있었다. 덕분에 피가 얼마나 외부세계 가까이에서 돌고 있는지 알게 된 그는 깜짝 놀랐다. 그것은 곧 죽음을 의미할 수도 있다는 생각이 들었기 때문이다. 억지로 감수한 새로운 몸의 변화에서 남은 것은 보기 흉한 모양새뿐이었다. 이것은 눈의 표정에서도 드러났다. 그녀는 멍한 눈으로 한참 동안 여러 사물들을 쳐다보다가 느릿느릿 눈을 뗐다. 가끔 통카의 눈은 한동안 그를 응시하기도 했다. 그녀는 다시 그가 안고 있는 사소한 문제까지 걱정했고, 자신은 오로지 그를 위해서만 살았다는 것을 마지막까지 증명해 보이려는 듯 힘들어하면서도 그를 위해 모든 일을 했다. 그녀의 눈에는 흉하게 일그러진 모습을 부끄러워하는 기색이라고는 전혀 없었다. 다만 둔한 몸으로 그를 위해 아주 많은 일을 해주고 싶다는 소망만 있을 뿐이었다.

그들은 이제 다시 예전처럼 자주 함께 있었다. 많은 이야기를 나눈 것은 아니지만, 임신이 시계바늘처럼 진전되면서 어찌해야 할지 몰랐기 때문에 곁에 머물렀던 것이다. 서로 의견을 내놓아야 할 텐데 시간만 계속 흘러갔다. 그의 그림자, 그의 내면에서 가능성으로만 존재하는 그의 다른 자아는 이따금 할 말을 찾았으며, 모든 것은 전혀 다른 가치에 따라 판단해야 한다는 인식이 위로 솟아오르는 듯했다. 하지만 이런 인식도 다른 모든 인식과 마찬가지로 모호했으며 불확실했다. 시간은 흐르고 흘러 사라졌다. 벽에 걸린 시계는 그의 생각보다 삶에 더 가까이 있었다. 그곳은 대단한 일이라고는 결코 일어나지 않는 소시민의 방이었다. 그들은 그곳에 앉아 있었다. 벽시계는 둥근 부엌용 시계였고, 요리시간을 알려주었다. 그의 어머니는 모든 것은 과학적으로 증명된 것 아니냐는 내용의 편지를 보낸 후 소식을 끊었다. 어머니는 더이상 생활비를 보내지 않았으며, 대신 그 돈을 아들의 마음을 돌려놓을 의사의 진단을 받는 데 써버렸다. 그는 그런 심정을 너무 잘 이해했고 그래서 나쁘게 생각하지 않았다. 심지어 한번은 어머니가 의사의 새로운 해명서를 보내기까지 했는데, 이것은 통카가 그때 바람을 피운 게 틀림없음을 유추할 수 있는 실제적 내용을 담고 있었다. 하지만 이것은 그에게 정신을 차려야겠다는 마음 대신, 놀랍지만 괜찮다는 마음만을 심어주었다. 그는 이 설명서에 전혀 신경쓰지 않겠다는 듯 당시 어떤 일이 벌어졌을지를 곰곰이 생각해보았다. 결국 그는 단 한 번의 부주의한 실수로 고통을 받아야 하는 통카를 가여워했다. 그렇다, 그는 이따금 자신이 아주 기쁜 표정으로 갑자기 이렇게 말하지나 않을까 조심해야 했다. 잘 봐 통카, 이제야 마침내 우리가 잊고 있던 것이 생각났어. 그때 당신이 누구와 바람이 났는지 말이야! 모든 것은 흘러갔다. 새로운 일은 일어나지 않았다. 사라지지 않고 남아 있던 것은 시계와 오래된 정(情)뿐이었다.

그들은 서로 말을 나누지는 않았지만, 정은 서로의 육체를 다시 갈망하는 순간을 연달아 만들었다. 이 순간은 오랫동안 얼굴을 보지 못했어도 허물없이 방으로 들어오는 오래된 친구처럼 그렇게 찾아왔다. 좁은 마당 저편의 창문들은 그늘 속에 있어 보이지 않았다. 사람들은 일터에 나갔고, 아래쪽 마당은 우물처럼 어두웠다. 납으로 만든 창문을 통해 들어온 것처럼 집 안을 비춘 태양은 모든 사물들의 모습을 죽은 듯이 비췄다. 하루는 낡아빠진 작은 달력이 방에 펼쳐져 있었는데, 통카가 막 이 달력을 넘겨본 것 같았다. 그중 한 페이지엔 어떤 하루를 기념하기 위해 기억의 피라미드를 세운 것처럼 넓고 하얀 달력의 지면에 빨간 펜으로 조그맣게 느낌표가 표시되어 있었다. 나머지 페이지에는 모두 물건 값이나 물건을 구입한 내용과 같은 일상적인 것만 적어놓았는데, 오로지 이 페이지에는 느낌표 외에 아무것도 적혀 있지 않았다. 그는 이 표시가 통카가 숨기던 그 일이 터졌던 날을 기억하기 위한 것임을 단 한순간도 의심하지 않았다. 그런데 시기도 대략 맞아 떨어지는 것 같았다. 그런 확신이 들자 머리에서 피가 거꾸로 솟는 것 같았다. 하지만 이런 확신은 화가 머리끝까지 난 순간에만 들었을 뿐 그 후 다시 아무것도 아닌 것처럼 사라졌다. 이 느낌표를 믿으려 하는 것은 기적을 믿고자 하는 것과 같은 것이리라. 하지만 그로 하여금 아무것도 할 수 없게 만든 것은 느낌표와 기적 중 어떤 것도 믿을 수 없다는 사실이었다. 그때 둘은 깜짝 놀란 눈길로 서로 쳐다보았다. 통카는 달력의 그 페이지를 그가 들고 있다는 것을 알아챘다. 방안을 흐르는 이상한 불빛에 비친 사물들은 이제 미라처럼 보였다. 이 물체들은 얼음처럼 차가웠고, 손가락 끝은 얼어붙었으며, 오장육부는 뜨거운 실타래처럼 생명의 온기를 모두 잡아 매두었다. 의사는 통카를 아주 조심스럽게 보살펴야 한다고, 그렇지 않으면 불행한 일이 일어날지도 모른다고 경고했다. 하지만 이 순간 의사들을 믿어서는 안되었다. 다른 측면에서 보자면 통카를 믿으려는 그의 노력은 모두 헛된 것이었다. 아마 통카의 힘이 너무 미약했기 때문이 아니었을까? 그녀는 반쯤 태어나다 만 신화로 남았다.

"이리 와봐요" 하고 통카가 말했다. 그들은 아무것도 할 수 없어 그저 지켜볼 수밖에 없는 이 슬픈 상황에서 고통과 따스함을 함께 나누었다.

13

통카가 병원에 입원했다. 병세가 악화되기 시작한 것이다. 매 시간 문병이 가능했다. 시간은 그렇게 흘러갔다.

통카가 집을 떠나던 날 그는 수염을 깎았다. 이제 다시 그가 원래 자기 모습을 찾게 된 것이다.

하지만 그 후 그는 통카가 집을 떠나던 그날 어금니를 뽑아버렸다는 것을 알았다. 통카는 이제 더이상 아무것도 할 수 없다는 두려움 때문에 그동안 돈을 아끼느라 미뤄왔던 일을 앞뒤 안 가리고 급히 해버렸던 것이다. 이것은 그녀가 입원하기 전에 자기 마음대로 선택한 마지막 행위였다. 절대 남에게 폐를 끼치려 하지 않아 그녀의 볼은 이제 애처로울 정도로 살이 빠져 있었다. 그러자 꿈자리가 더 사나워졌다.

한 가지 꿈이 여러 형태로 반복되었다. 피부가 창백하고 수수하게 생긴 금발 소녀가 새로 생긴 그의 애인이 도망쳤다고 말해줬다. 궁금증을 못 참고 그는 "그러면 통카가 더 좋은 여자였다는 말이니?"라고 물었다. 그는 고개를 흔들며 정말 의심스러운 표정을 지었는데, 그것은 이를 통해 소녀가 통카가 미덕을 갖춘 여인이라는 사실을 강력하게 확인해주기를 바랐기 때문이다. 그는 소녀의 단호한 대답이 가져다줄 마음의 위안을 벌써부터 달콤하게 기대하고 있었다. 하지만 대신 그는 소녀의 얼굴에서 미소가 서서히 감도는 것을 보았는데 이 미소는 아주 느리게 퍼져나가기만 했다. 그 후 소녀가 말했다. "아! 그 여자는 끔찍한 거짓말쟁이였어요. 비록 상냥한 아가씨였지만, 그녀의 말은 한 마디도 믿을 수 없었어요. 그녀는 늘 향락을 즐기는 여인이 되고자 했지요." 그에게 이 꿈이 더 고통스러웠던 이유는 그의 살을 찌를 것 같던 소녀의 미소 때문이 아니라, 끝부분에 일어났던 노골적인 흥분상태를 막지 못했기 때문이다. 잠잘 때의 무기력한 상태에서 느낀 이 흥분은 마치 그의 영혼에서 울려나오는 소리 같았다.

그래서 통카의 병상을 지킬 때도 대개 아무 말도 하지 않았다. 그는 예전에 꾼 꿈에서처럼 통카에게 관대하고 싶었다. 그가 발명하기 위해 쏟았던 힘을 조금만이라도 통카를 이해하는 데 썼더라면 아마 그도 신비한 세계로 비상할 수 있었을 것이다. 의사들의 진단 결과 그는 아무 이상도 없었다. 그와 통카 사이에 신비한 사건이 일어났을 가능성도 있었다. 그는 통카의 말을 믿기만 하면 되는데 그러자니 그가 병이 날 것 같았다. 어쩌면 다른 시대였더라면 가능했을지도 모르겠다고 그는 혼잣말을 했다—벌써 그는 이런 옛 시대에 대한 상상에 빠지곤 했다. 다른 시대였더라면 아마 통카는, 제후들이 자신이 그리 대단하지 않다고 생각하고 구혼할 정도로 유명한 처녀가 되었을 것이다. 하지만 오늘날엔 어떤가? 이 문제에 대해서는 한번쯤 자세히 심사숙고해봐야 할 것이다. 그렇게 그는 통카의 병상을 지켰고, 다정하게 잘 대해주었지만 너를 믿는다는 말만큼은 하지 못했다. 이미 오래전부터 통카를 믿고 있었는데도 말이다. 왜냐하면 그는 더이상 통카를 불신하지 않으며, 화를 내지 않을 정도로만 그녀를 믿었지, 그녀를 믿음으로 인해 생길 수 있는 모든 결과를 머리로 옹호할 정도로 믿은 것은 아니기 때문이다. 그렇게 믿지 않았기에 그는 건강하게 지상에 머물 수 있었다.

의사, 진찰, 규칙 등 병원에서 볼 수 있는 여러 풍경들이 그를 괴롭혔다. 통카는 세상에서 유괴되어 병상에 묶여 있었다. 하지만 벌써 그녀가 없는 것 같은 느낌이 들었다. 통카는 아마 이 세상에서 자신에게 일어났던 사건 아래 저 깊은 곳에서 존재하고 있을지도 몰랐다. 하지만 통카가 있을지도 모를 심오한 세계를 위해 싸울 수 있으려면 그가 발을 디딘 이 세상에서도 모든 것이 바뀌어야 할 것이다. 그는 이미 어느 정도 굴복하고 세상과 타협한 상태였기 때문에 떨어져 있은 지 며칠 되지 않았는데도 벌써 그녀는 멀어진 존재가 되어버렸다. 늘 조금은 공감했지만 너무 소박한 통카의 낯선 삶을 더이상 고쳐줄 수는 없었다.

그는 통카의 병상을 지키며 거의 말을 하지 않았기 때문에 대신 편지를 썼다. 그는 편지에서 평소에 하지 않았던 많은 이야기를 털어놓았다. 그는 열렬히 사랑하는 여인에게 쓰듯 통카에게 진지한 편지를 썼다. 하지만 '너를 믿는다'는 문장 앞에서만은 편지도 멈추고 말았다. 통카가 답장을 하지 않자 그는 아주 당혹해했다. 그때서야 자신이 지금까지 쓴 편지를 한번도 부치지 않았다는 것을 알았다. 이 편지들은 자기 생각을 확신하며 쓴 게 아니라 편지를 쓰는 것말고는 달리 상황을 타개할 방법이 없었기 때문에 쓴 것이다. 그때 그는 자기 의사를 표현할 수 있다는 것이 얼마나 좋은 것인지를 깨달았다. 하지만 통카에게는 그럴 능력이 없었다. 이 순간 그는 통카가 어떤 존재인지 분명하게 인식했다. 통카는 한여름에 외롭게 떨어지는 눈송이였다. 하지만 그 다음 순간 이 말은 그녀의 본질을 결코 해명해주지 못했다. 어쩌면 그녀는 그저 착한 여자였을지도 모른다. 시간은 너무 빨리 흘렀고 어느날 통카가 더이상 살 수 없을 것 같다는 이야기를 듣고 그는 소스라치게 놀랐다. 통카를 충분히 보살펴주지 못한 자신의 경솔함을 그는 혹독하게 자책했다. 이런 자책감을 털어놓자 통카는 최근 어느날 밤에 꾼 꿈 이야기를 해주었다. 그녀도 역시 꿈을 꾸었던 것이다.

잠을 자면서 내가 곧 죽을 것이라는 것을 알았어요, 하고 통카는 말했다. 전혀 이해할 수 없는 것은 내가 이런 사실을 알고도 기뻐했다는 거예요. 난 버찌 한 봉지를 손에 들고 있었죠. 그때 나는 이런 생각을 했어요. 아니 뭐야 어서 서둘러 먹어야지!…

다음날 그는 통카를 더이상 볼 수 없었다.

14

그때 그는 이렇게 중얼거렸다. 어쩌면 통카는 내가 상상한 만큼 착한 여자가 아니었는지도 몰라. 하지만 이 점에서 통카의 세계에서 통용되는 선(善)의 신비한 본질이 드러났다. 그 본질은 개에게나 어울릴 법한 것이었다.

돌풍처럼 모든 것을 쓸어가버리는 메마른 고통이 그를 엄습했다. 그때까지 의연하게 버티던 그가 더이상 너에게 편지를 쓸 수도 없고, 너를 볼 수도 없어,라며 울부짖었다. 내가 하느님처럼 네 곁에 있어줄 거야 하고 스스로 위로했지만, 이것은 어떤 생각을 가지고 한 말은 아니었다. 그는 이따금 이렇게 소리치고 싶었다. 도와줘! 네가 날 좀 도와줘! 여 기 네 앞에서 무릎이라도 꿇을게! 그는 또 슬픈 목소리로 이렇게 혼잣말을 했다. 어떤 사람이 개 한마리만 데리고 별들의 산, 별들의 바다를 혼자 걷는다고 상상해봐! 그러자 눈물이 나려고 했지만, 눈물방울이 지구본처럼 커 눈을 빠져나오지 못해 그를 고통스럽게 만들었다.

이제 그는 통카가 꾼 꿈들을 곰곰이 생각해보았다. 통카에 대한 희망이 모두 사라져가고 있을 때쯤 언젠가 그는 자신이 다시 나타나는 꿈을 꾸었다. 이 꿈에서 그는 넓은 체크무늬 영국식 갈색 외투를 입고 있었다. 이 외투의 단추를 풀면 그 안에는 아무 것도 입지 않아 깡마른 그의 하얀 몸통이 드러나고 이 몸에는 가느다란 금목걸이와 방울소리가 나는 장신구가 걸려 있었던 것 같다. 모든 일은 하루 동안 벌어진 일 같았다. 그녀는 모든 것을 확신하고 있었다. 예전에 통카가 그를 열망한 것처럼 그도 그녀를 열망했다. 아, 그녀는 남자를 열망하는 여자가 아니었다! 어떤 남자도 그녀를 유혹하지 않았다. 어떤 남자가 그녀의 비위를 맞추는 말을 한다면, 그녀는 오히려 그런 세속적인 관계에 어색하게 괴로워하면서 그런 관계가 얼마나 깨지기 쉬운지를 말했을 것이다. 저녁에 퇴근하면 그녀의 머릿속은 낮에 있었던 소란이나 재미있었던 일 그리고 화났던 일로 가득 차 있었다. 그녀의 귀는 주워들은 이야기로 가득했고, 혀는 마음속으로 계속 이야기를 뱉어냈다. 그러니 낯선 남자를 생각할 여지는 한치도 없었던 것이다. 통카는 자기 마음에 이런 생각들이 미치지 못하는 곳이 있다는 것을 느끼고 있었다. 그곳에서 그녀는 위대하고 고귀하고 선한 여자였다. 그곳에서 그녀는 점원이 아니라 그와 동등한 신분이었고, 고귀한 운명을 타고났다고 할 만한 여자였다. 이 때문에 모든 차이에도 불구하고 그와 교제할 만하다고 그녀 역시 생각했다. 통카는 그가 재촉했던 것을 전혀 이해하지 못했다. 그것은 그녀와 무관한 것이었다. 근본적으로 그는 선했기에 그녀의 것이었다. 그녀 역시 선했기 때문이다. 그리고 어딘가에 분명히 선의 궁전이 있어 그곳에서 그들은 하나가 되어 살아가며 절대 헤어지지 않을 것이다.

그런데 이 선은 무엇이었던가? 행위도 아니고 존재도 아니었다. 그것은 외투 단추를 끄를 때의 희미한 빛과 같은 것이었다.

시간은 너무 빨리 흘러갔다. 그는 여전히 이 세상에 꼭 매달린 채 '난 너를 믿어!'라는 생각을 아직까지 확신을 가지고 이야기 하지 못했다. 그는 여전히 이렇게 말할 뿐이다. 설령 모든 것이 그렇다 한들 누가 그것을 알 수 있겠어. 통카는 이미 죽었는데.

15

그는 간병인에게 감사의 뜻으로 돈을 쥐여주었다. 그 간병인 은 그에게 모든 이야기를 해주었다. 전부터 통카는 그에게 감사 의 인사를 전해주었으면 했다.

그때 문득 시를 읊는 소리 같은 것이 들려 그쪽으로 고개를 돌렸다. 그것은 함께 살았던 통카의 소리가 아니라 무엇인가가 그를 부르는 소리였다.

그는 시의 내용을 반복해서 읊었다. 길에서도 이 시를 되뇌었 다. 이 세계가 주변을 감싸고 있었다. 아마 그는 자신이 변했다 고, 또다른 인간이 되었다고 의식하는지도 모르겠다. 하지만 그 것은 그 자신이 이루어낸 것이지 통카의 공은 아니었다. 마지막 몇주간의 긴장, 발명으로 인한 긴장은 해소되었고, 그는 이 발명 을 끝냈다. 그는 밝은 빛 속에 있었지만, 통카는 땅속에 묻혀 있 었다. 말하자면 그는 빛이 주는 행복을 맛보고 있었다. 그곳에서 그가 주변을 둘러보았을 때 주위의 많은 아이들 가운데 우연히 울고 있는 한 아이의 얼굴을 보게 되었다. 그 아이의 얼굴은 땡볕을 바로 받고 있었고 흉측하게 생긴 벌레처럼 사방으로 몸부림치고 있었다. 그때 그는 추억이 떠올라 통카! 통카! 하고 소리쳤다. 그는 머리끝에서 발끝까지 통카와 그녀의 삶 전체를 느꼈다. 이 순간 지금까지 몰랐던 모든 것이 자기 앞에 일어나는 것 같았다. 장님의 눈가리개가 순식간에 그의 눈에서 떨어져나가는 것 같았다. 왜냐하면 다음 순간 번개같이 무언가가 떠올랐기 때문이다. 그 이후로도 그에게 많은 생각이 떠올랐는데, 이것은 그의 화려한 삶에 작지만 따뜻한 그림자를 드리워주어 다른 사람들보다 좀더 나은 인간이 되도록 변화시켜주었다.

이것은 통카에게는 아무 소용이 없었다. 하지만 그에게는 도움이 되었다. 삶의 모든 목소리를 제대로 듣고 이에 답할 말을 찾기에는 인생이 너무 짧다 할지라도 말이다.

사랑의
완성

"정말 함께 갈 수 없어요?"

"안되겠소, 당신도 알다시피 급히 끝내야 할 일이 있소."

"하지만 릴리가 많이 기다리고 있을 텐데."

"나도 그럴 거라 여기지만, 안되겠소….”

"당신이 안 간다니 나도 별로 가고 싶지 않네요."

부인은 차를 따르며 이렇게 말하고선 남편을 처다보았다. 그는 방 귀퉁이 밝은 꽃무늬 안락의자에 앉아 담배를 피우고 있었다. 저녁 무렵의 거리는 온통 군청색이었다. 이 거리에는 군청색의 블라인드들이 길게 줄지어 걸려 있기 때문에 어느 집의 것인지 구분하기 어려웠다. 빛바랜 은빛 주전자에 담긴 차(茶)가 찻잔 속으로 조용히 떨어지는 지금, 무심코 감긴 눈꺼풀처럼 어둡게 내려진 이 블라인드는 방 안에서 펼쳐지는 빛의 향연을 숨겨주었다. 나직이 찻잔 속으로 떨어지던 차는 보릿짚 색깔의 투명한 나선형 황옥(黃玉) 기둥처럼 빛 속에 조용히 멈춰 있는 듯했다. 주전자의 오목하게 휘어진 면에는 녹색과 회색 그리고 청색과 황색의 그림자가 내려앉아 있었다. 이 색깔들은 그곳에서 합류하여 더이상 앞으로 나아갈 수 없다는 듯 조용히 눌러앉아 있었다. 부인은 주전자에서 손을 뗐다. 남편을 바라보는 그녀의 눈길은 경직된 채 뻣뻣한 각(角)을 이루고 있었다.

보다시피 부부의 눈길은 분명히 뻣뻣한 각을 이루며 만나고 있다. 이 각에는 오직 두 사람만이 느낄 수 있는 무언가가 있었지만 그것은 뭔가 좀 달라서 명확히 설명할 수 없는 것이었다. 그들은 이 세상에서 가장 튼튼한 금속으로 만든 버팀목처럼 둘 사이를 단단히 고정시켜주는 이 각이 자신들을 각자의 자리에 꼭 붙들어두고 있으며, 설사 멀리 떨어져 있다 할지라도 감각으로 느낄 수 있을 정도로 하나로 묶어줄 것이라 여겼다… 그것은 명치끝에 걸려 지지되었으며, 부부는 그곳에서 압박을 느꼈다… 이 압박으로 인해 그들은 얼굴과 시선을 돌리지 않은 채 의자 등받이에 바싹 기대어 몸을 뻣뻣하게 세우고 앉아 있었다. 부부는 압박을 느꼈던 바로 그 지점에서 애정이 솟구침을, 두 마리 작은 나비가 뒤섞여 나풀거리듯이 각자의 마음도 사뿐히 서로 뒤섞여 하나가 됨을 느꼈다….

방 안의 모든 것은 이 감정에 매달려 있었고, 감정은 마치 가볍게 떨리는 차축(車軸)에 매달린 것처럼 거의 현실감은 없으나 지각될 수는 있을 것 같았다. 또한 그 감정은 결국 두 부부에게 매달려 있었다. 주변의 여러 물건은 숨을 멈추었고, 벽에 걸린 등불은 추위에 얼어붙은 듯 황금색 끝부분이 단단히 굳어 있었다… 모든 것은 소리를 죽이며 대기중이었는데, 오직 두 사람 때문에 존재했다… 깜박깜박 빛나는 실을 무한정 뽑아내듯 세계를 관통해 달려가던 시간도 방 한가운데를 지나가다가 둘 사이에서 갑자기 멈추어 서서 빳빳하게 굳어버린 것 같았다. 빳빳하고 조용히 그리고 깜박깜박 빛을 내면서… 그리고 물건들은 서로 뒤섞였다. 갑자기 표면이 깨끗하게 깎여 나가면서 수정이 만들어질 때처럼, 모든 것은 멈춰섰다가, 조용히 가라앉았다… 그들은 자기들 주위에서 아치형 지붕처럼 기대어 숨을 죽인 물건들 사이에서 수천개의 얼굴을 비춰주는 수정의 표면으로 보는 것처럼 서로를 응시했다. 그들은 태어나서 처음 본다는 듯 다시 그렇게 서로를 쳐다보았다.

부인은 찻잔을 치우고 손을 탁자에 올려놓았다. 부부는 지금 너무 행복했으며, 이 행복의 무게를 지탱하지 못해 쿠션에 몸을 기댔다. 눈길로 서로를 붙들고 있는 동안, 그들은 넋나간 듯 미소만 지었으며, 자기 마음은 드러내려 하지 않았다. 부부는 그들이 책에서 읽은 정신병 환자 G에 대해서 다시 이야기를 꺼냈다. 둘은 마치 방금 생각이 떠오르기라도 한 것처럼 자신들이 읽은 구절과 그 구절에 담긴 문제들에 관해 이야기를 나누었지만 실은 지난 며칠 동안 기묘하게 그들을 사로잡은 토론을 다시 이어가는 것일 뿐이었다. 그것은 마치 얼굴을 감추고 있다가도 책에 집중할라치면 어디서나 다시 고개를 내미는 것과 같았다. 또한 실제로 이러한 무의식적인 집중 후엔 그들의 생각도 그들 부부의 문제로 소리없이 되돌아왔다.

부인은 "G씨와 같은 사람이 스스로를 어떻게 생각한다고 보세요?"라고 묻고서는 깊은 생각에 빠진 채 거의 독백하듯이 말을 이어갔다.

"그는 어린애들을 유혹하고 처녀들을 타락의 길로 들어서게 부추기지요. 그러고 나선 그 자리에 서서 웃으며, 자기 마음 어딘가에서 마른 번개처럼 희미하게 깜빡거리는 성욕의 불꽃을 뭔가에 홀린 것처럼 빤히 바라보지요. 당신은 그가 스스로 나쁜 짓을 했다고 여길 거라 보세요?"

"그건 어려운 문제지… 그럴 수도 있고, 아닐 수도 있고"라고 남편은 대답했다. "그런 감정들에 대해 그렇게 물어서는 안될 것 같소."

"내 생각으로는…" 그녀는 말했다. 이로써 그녀가 말하려 했던 것은 우연한 한 남자가 아니라, 이 사람 뒤에 감춰져 있지만 그녀에게는 너무 분명하게 다가왔던 구체적인 성격이라는 것이 분명해졌다. "그 사람은 자신이 잘했다고 생각하는 것 같아요."

이제 그들의 생각은 한동안 소리없이 나란히 흘러가다가, 아득히 멀리서 다시 몇마디 말로 툭 튀어나오기도 했다. 하지만 부부는 이미 할 말을 다한 듯 서로 손을 잡은 채 아무 말이 없었다.

"…그는 피해자들에게 몹쓸 짓을 하고 고통도 줘요. 그들을 타락시키고, 그들의 관능을 교란해 더이상 목적지에 도달해 편히 쉴 수 없을 정도로 동요하게 만들었다는 것을 그도 분명히 알 거예요… 그렇지만 그는 창백하고 유약하며, 또한 애처롭지만 단호한 얼굴로, 애정을 담뿍 담아 미소를 짓는 것 같아요… 그 애정을 가득 담은 미소는 자신과 자신의 희생자들 위를 떠다녀요. 비오는 날 대지를 적시는 비처럼 말이에요… 비를 내리게 하는 것은 하늘이지만 그 이유를 이성적으로는 알 수 없죠. 그의 애처로운 표정과 희생자들에게 고통을 줄 때 따라다니는 감정 속에 용서를 비는 마음이 들어 있어요… 각자 사람의 마음은 외롭고 고독하지 않을까요?…"

"그래, 모든 사람은 고독할 거야."

다시 침묵에 빠진 두 사람은 면식도 없는 제3자를, 즉 수많은 제3자 중의 한 사람일 이 남자를 함께 생각했다. 이때 그들에게 나무, 초원, 하늘이 있는 풍경을 걸어가다가 여기는 푸른데 저기는 왜 구름이 자욱한지 모르겠다는 생각이 불쑥 들었던 것 같다… 제3자들이 큰 유리구슬처럼 자신들을 둘러싸고 있는 것 같았다. 이 구슬이 그들을 가두고 이따금 낯설고 투명하게 쳐다보는 것 같았으며, 새 한 마리가 갑자기 일직선으로 그 안으로 날아들기라도 할라치면 너무 놀라 꽁꽁 얼어붙을 것만 같았다.

순간 저녁놀로 물든 방에는 갑자기 대낮같이 밝은 외로움이 넓고 싸늘하게 퍼졌다.

그때 남편이 말했다. 바이올린을 조용히 켤 때와 같은 나직한 소리였다.

"…그는 문이 모두 잠긴 집 같지. 그가 했던 짓은 아마 부드럽고 나직한 음악처럼 그의 마음 안에 있을 거야. 하지만 누가 이 음악을 들을 수 있겠어? 그걸 듣기만 한다면 우울증도 가벼워질 텐데 말이야."

그러자 부인이 대답했다.

"…그는 마음을 외부로 드러내 보일 문을 찾기 위해 늘 스스로의 내면을 손으로 더듬고 다녔는지도 몰라요. 그러다 결국 그만두고 김이 서린 유리 창문에 얼굴을 갖다대고는 멀리 사랑하는 희생자들을 쳐다보며 미소지은 거예요…"

그들은 아무 말도 덧붙이지 않았다. 하지만 기쁨에 가득 차 뒤엉킨 그들의 침묵 속에서 다음과 같은 말은 더욱 높고도 멀리 울려퍼졌다.

'…오직 이 미소만이 소녀들을 맞이하며, 그들 위를 떠돌아다녀요. 그리고 이 미소는 피를 흘리며 죽어가는 소녀의 마지막 추한 경련을 묶어 얇은 꽃다발로 만들지요… 그 미소는 자신이 한 일을 희생자들이 알 수 있을까 궁금해하며 부드럽게 머물다가 꽃다발을 떨어뜨리지요. 그런 후 미소의 고독이 지닌 비밀은 꽃다발을 생기 가득한 날개에 얹어요. 미소는 단호하게 하늘로 솟

구치지요. 마치 기적으로 가득 찬 공간으로 날아가는 낯선 동물처럼 말이죠.'

부부는 둘이 하나가 되어 살아가는 삶의 비밀이 이러한 고독에 근거한다고 여겼다. 주변 세계는 어둡고 불확실했고, 그 덕분에 그들은 한몸처럼 서로를 밀착시켰다. 사방에서 꿈을 꾸는 듯한 추위가 몰아닥쳤지만 그들이 서로에 기대 마음을 털어놓고 마치 기가 막히게 잘 들어맞는 반쪽처럼 결합한 곳에서만큼은 춥지 않았다. 그것은 서로 결합되어 그들의 외적인 한계를 축소하고 그런 결합의 행위 가운데 내적으로는 더 큰 합일로 확장돼 나아가는 것이었다. 이따금 불행하다고 느낀 적이 있다면, 그것은 둘이 하나가 되어 모든 것을 끝까지 함께할 수 없을 때뿐이었다.

갑자기 부인이 말했다.

"며칠 전 저녁 내게 키스했을 때를 기억해요? 그때 우리 사이에 무슨 일이 일어났는지 깨달았나요? 별로 중요한 것은 아니지만 그 순간 어떤 생각이 떠올랐지요. 하지만 그것은 당신 생각은 아니었어요. 그리고 바로 이 때문에 나는 무척 괴로웠어요. 이런 사실을 차마 당신에게 말할 수 없었기 때문에 순간 겸연쩍게 웃으며 위기를 넘길 수밖에 없었지요. 그런 줄도 모르고 당신은 나와 아주 가깝다고 느꼈을 테죠. 그것을 더이상 말하고 싶지도 않았고, 이런 내 마음을 몰라주는 당신이 섭섭하기도 했어요. 당신의 애정은 내 마음을 읽지 못했어요. 나를 놓아달라고 당신께 부탁할 용기도 없었어요. 사실 그 감정은 내게 아무것도 아니었거든요. 진짜 나는 당신과 아주 가깝다고 믿고 있었으니까요. 하지만 동시에 당신과 멀리 떨어져, 당신 없이 혼자 지낼 수도 있을 것 같다는 생각이 희미한 그림자처럼 찾아왔어요. 당신 혹시 이런 감정을 아세요? 갑자기 모든 것이 평소에 알고 있는 것보다 두 배로 크고 분명하며 충만돼 있다는 느낌이 들었다가 잠시 후에는 희미하고 불확실하게 변해 있어, 마치 다른 사람이 낯설고 은밀한 눈으로 나를 살펴보는 것 같아 깜짝 놀라는 기분 말예요. 당신 마음을 사로잡아 내 마음에 넣었으면 하다가… 다시 당신을 내쫓아버리고, 나를 땅바닥으로 내팽개치고 싶다는 마음이 들었죠. 그것이 가능하다고 여겼거든요…"

"그때 그런 생각이 들었단 말이지?…"

"그래요, 갑자기 당신 품에서 울기 시작했던 그때 말이에요. 그때 이런 마음을 먹고 있었지만 당신이 생각하는 것처럼 너무 사랑하는 마음에 당신 품으로 더 깊이 파고 들어가기 시작했지요. 그렇다고 너무 화내지 마세요. 이런 마음을 당신께 말해야만 했어요. 하지만 왜 그랬는지 모르겠어요. 그것은 단지 상상일 뿐이었어요. 하지만 그런 상상이 나를 그렇게 괴롭혔어요. G씨를 떠올리게 된 것도 바로 이 때문인 것 같아요. 당신은?…"

안락의자에 앉은 남편은 담배를 치우고 일어났다. 마치 외줄을 타고 나란히 서 있는 것처럼, 그들의 눈길은 흔들리면서도 팽팽한 긴장을 유지한 채 서로를 단단히 묶어주고 있었다. 부부는 말 없이 덧문을 높이 열고는 거리를 내다봤다. 그들은 이제 다시 새로운 형태로 안정을 되찾으려 삐거덕거리는 팽팽한 밧줄의 소리에 귀를 기울이는 것 같았다. 그들 부부는 둘 중 하나라도 없이는 살 수 없다고, 그러니까 자신들이 원하는 것을 가질 수 있게 서로 돕도록 정교하게 구축된 체계인 듯이 함께 살아야 한다고 믿어왔다. 부부가 서로 하나로 합일되었다고 믿었을 때 이런 감정이 찾아왔다는 것은 거의 병적이자 고통스러운 사실이었다. 별것 아니지만 내면에서 불안함을 느꼈다는 사실만으로도 그들 부부관계는 허약해지고 위험하며 알 수 없게 돼버린 것이다.

잠시 후 바깥의 낯선 세계를 봄으로써 다시 안정을 되찾았을 때 피곤이 밀려왔고, 부부는 나란히 잠들기를 원했다. 그들은 여전히 서로 사랑한다고 느꼈다. 하지만 그녀가 그때 느낀 이 감정은—분명 의미없이 희미하게 사라지긴 했지만—여전히 천지 사방에서 감지되고 있었다.

다음날 아침 클라우디네는 열세살 된 딸 릴리의 학교가 있는 소도시로 떠났다. 이 아이는 그녀의 첫 결혼에서 낳은 자식이다. 아빠는 클라우디네가 지방에 머무는 동안 치통 때문에 찾아간 미국인 치과의사였다. 당시 그녀는 남자친구가 찾아오기만을 기다렸지만, 이 만남은 참을 수 없을 정도로 계속 미뤄지고 있었다. 분노와 고통, 알 수 없는 기분에 취해 그리고 며칠 동안 얼굴

위를 계속 떠돌던 희고 둥근 얼굴에 반해 의사와 관계를 가졌다. 하지만 이 우연하고도 돌발적인 사건으로 인해, 또 자기 인생에서 처음 잃어버린 것 때문에 양심의 가책을 받지는 않았다. 몇주 뒤 추가치료를 받기 위해 다시 찾아가야 했을 땐 하녀와 함께였으며 이것으로 그와의 관계는 끝났다. 클라우디네에게 이 체험은 마치 망토가 바람에 머리 위로 휙 날아갔다가 재빨리 다시 땅으로 가라앉듯이 잠깐 마음을 흔들며 자극하다가 급히 가라앉아버린 감정의 구름으로 기억될 따름이었다.

당시 그녀가 한 모든 일이나 체험에는 뭔가 기이한 것이 있었다. 그녀는 어떤 일도 이 사건처럼 신중하고도 신속하게 정리한 적이 없었다. 그리고 어떤 남자에게 완전히 지배받은 적도, 이 남자를 위해 자기희생도 마다하지 않고 자기 뜻과 무관하게 요구하는 것을 모두 들어준 적도 없었다. 하지만 이 일을 강렬하고 중요한 사건이라고 여긴 적은 한번도 없었다. 그녀는 열정에 과격하게 사로잡힌 나머지 굴욕적인 행위까지도 감수했다. 하지만 이때의 행동은 모두 아무런 느낌 없이 저지른 것이며, 본질상 자신과는 무관하다는 것을 한시도 잊은 적이 없었다. 불행하고 평범하며 문란한 여자의 이런 충동은 흐르는 시냇물처럼 그녀에게서 계속 흘러나왔다. 하지만 클라우디네는 꼼짝하지 않은 채 오로지 충동에 잠겨 있고만 싶었다.

클라우디네에게는 멀리서 늘 따라다니는 내면성이라는 불분명한 의식이 있는데, 이 의식이 인간의 부주의한 자아를 최종적으로 제어하고 보호해주었다. 그녀의 여러 현실체험 이면에는 이 체험들을 서로 연결시켜주는 무언가가 눈에 띄지 않게 돌아다니고 있었다. 비록 자기 삶의 숨겨진 본질을 아직 파악하지 못하고, 더군다나 본질에 결코 도달할 수 없을 것이라 여김에도 클라우디네는 당시 일어났던 모든 일에서 자신이 낯선 집을 찾아가, 그곳에서 닥치는 대로 모든 일을 아무 생각 없이 그리고 약간 지루해하며 해치워버린 손님 같다는 해방감을 느꼈다.

그 당시 클라우디네가 겪은 모든 일들은 지금 남편을 만나면서 깡그리 잊혀졌다. 그때부터 그녀의 고요하고 고독한 생활이 시작되었다. 이제 클라우디네에게 중요한 것은 자신이 과거에 누구였는가가 아니라, 지금 자신이 어떻게 변했느냐는 것이었다. 예전에 있었던 모든 일들은 남편과 자신이 서로를 더 강렬하게 느끼기 위해 일어난 일처럼 보였거나 아니면 대부분 잊혀졌다. 성장하고 있다는 황홀한 느낌이 마치 꽃들이 만발한 산처럼 그녀 주변에서 기지개를 켜며 일어났고, 이제 모든 고통은 끝났다는 느낌이 저 멀리 아른거렸다. 겨울잠에 빠져 있던 세상 만물이 온기를 받고 깨어나는 것처럼, 멀리서 모든 것이 녹아나오는 듯했다.

아무튼 이젠 가물가물해, 거의 기억할 수 없을 것 같던 단 한 번의 체험이 클라우디네의 옛 삶에서 현재의 삶으로 흘러들어온 것이다. 클라우디네가 바로 오늘 이 모든 것을 떠올렸다는 사실은 우연일 수도 있겠지만, 아마 오늘 아이를 만나러 가기 때문이거나 아니면 평소 그녀의 무관심한 성격 때문이었을 것이다. 이 기억은 기차역에 도착했을 때 떠올랐다. 클라우디네는 그곳에서—많은 사람들 사이에 끼인 채 이리저리 밀리면서 불안한 상태로—알 수 없는 감정에 은밀하게 취해 있었다. 불확실하고 거의 사라질듯 흘러가는 이 감정은 이제 대부분 잊혀진 옛 기억을 흐릿하고 아련하게, 그러나 거의 그대로 되살려놓았다.

남편은 클라우디네를 역까지 데려다줄 시간이 없었다. 클라우디네는 혼자 기차를 기다렸다. 구정물이 크고 힘차게 파도치듯 수많은 사람들이 주위로 몰려와 그녀를 천천히 이리저리 밀어붙였다. 마치 잿빛 수면에 떠 있는 물고기 알처럼, 아침 일찍 일어난 사람들의 얼굴에서 느껴지는 부스스함이 어두운 공간을 뚫고 그들의 얼굴 위를 헤엄치고 있었다. 클라우디네는 역겨웠다. 그녀는 자신을 이리저리 떠미는 사람들을 냉담하게 쫓아버리고 싶었다. 하지만 이 사람들은 그녀가 놀랄 정도로 건장했으며, 먼지 묻은 거대한 유리천장 아래 매우 혼란스럽고 결연하게 벌어지는 이 밀고 당김의 분투 속에 존재하는 것이라고는 누구에게나 똑같이 흐릿하고 냉담한 빛을 뿌리는 전등 불빛뿐이었다. 겉으로 아무렇지도 않다는 듯 매우 공손하게 사람들을 빠져나가면서 클라우디네는 이렇게밖에 할 수 없다고 생각했다. 그러자 그녀의 내면 깊은 곳에서는 일종의 굴욕감 같은 것이 솟아올랐다. 빨리 정신을 차려 여기서 빠져나가려고 했지만 허사였다. 천천히 이리저리 흔들리면서 군중 속으로 빨려 들어가는 것 같았다. 두 눈을 어디에 두어야 할지 몰랐으며, 더이상 자신을 돌아볼 여유조차 없었다. 클라우디네가 빠져나오려고 애쓰는 동안 부드러운 두통이 미약하게 그녀의 옛 기억들을 향해 퍼져 나갔다.

그 기억들은 서로 의지하며 과거를 향해 달리고 있었다. 그 순간 클라우디네는 매우 귀하고 깨지기 쉬운 것을 은밀하게 나르는 것만 같았다. 하지만 이런 마음을 드러낼 수는 없었다. 다른 사람들이 그것을 이해할 수 없었을뿐더러 거의 탈진한 그녀는 자기 몸도 가누지 못한 채 두려움에 떨고 있었기 때문이다. 클라우디네는 오만한 태도로 그들을 겨우 빠져나갔다. 하지만 누군가 그녀에게 다가오기라도 할라치면 너무 무서워 부들부들 떨었고, 공손한 표정으로 오만함을 감추기에 바빴다. 그런데 이 은밀하고 혼란스러운 공포에 묵묵히 젖어 있을 때 무아지경의 행복이 그녀 안에 훨씬 더 크게 자리하고 있음을 깨달았다.

클라우디네는 예전의 그 일에서도 바로 이런 행복감을 느꼈다. 그때도 이와 똑같은 기분이었기 때문이다. 문득 자신이 오랫동안 그리 멀지 않은 다른 곳에 가 있었던 것만 같았다. 그녀의 내면은 안개가 뿌옇게 낀 듯 흐릿했고, 공포에 질린 환자가 고통을 참고 있을 때처럼 모든 것이 불확실해 보였다. 예전에 클라우디네가 했던 행동은 조각조각 찢긴 채 그녀에게서 떨어져나갔다가 낯선 사람들에 대한 기억으로 인해 다시 찾아왔다. 클라우디네는 이런 자유분방한 삶으로 돌아갈 싹들을 단 하나도 남겨놓지 않았다. 그런데 다른 사람들이 이런 자유로운 생기를 다 털어버렸다고 생각하거나, 그것을 실컷 누리고 돌아섰다고 느낄 나이에 그녀의 영혼에서는 생기가 조용히 부풀어오르기 시작한 것이다… 하지만 클라우디네가 겪은 고통 속에는 왕관에서 내뿜는 것 같은 미광(微光)이 희미하게 흐르고 있었다. 그녀의 삶을 흐릿하게 쫓아다니는 고통 속에는 한줄기 광채가 윙윙대며 몸부림치고 있었다. 이따금 이 고통은 그녀의 몸에서 작은 불꽃이 되어 타올랐고, 이름 모를 무언가가 그녀를 쉼 없이 새롭게 타오르도록 부추기는 것 같았다. 그때 클라우디네는 이마를 찌르는 관을 쓰고 있는 듯했다. 물론 이 관은 눈에 보이지도 않고, 꿈이나 유리로 만든 것처럼 실제로 존재하는 것도 아니었다. 다만 그것은 클라우디네의 머리 아득히 멀리서 맴도는 노랫소리였을 따름이었다…

기차가 조용하게 흔들리며 교외로 빠져나갈 동안 클라우디네는 꼼짝하지 않고 앉아 있었다. 승객들은 즐겁게 서로 이야기를 주고받았으나, 그녀에게는 그저 소음으로만 들렸다. 이제 그녀가 남편을 떠올리며 눈이 오는 날에나 느낄 법한 부드럽고 나른한 행복감에 휩싸여 있는 동안에도, 아주 약하긴 하지만 어떤 알 수 없는 감정이 클라우디네를 거의 꼼짝 못하게 만들었다. 그것은 입원실에 익숙해진 환자가 완쾌되어 병실 밖으로 자유의 첫걸음을 내디딜 때와 같은 심정으로, 이제까지 거의 고통에 가깝게 억압받았던 행복감이었다… 알아들을 수 없을 정도로 불분명하게 흔들리는 이 소리는 까맣게 잊은 자장가처럼 그리고 고통처럼 저 뒤에서 늘 울부짖고 있었다… 이 소리는 넓게 흔들리며 퍼져나가는 원처럼 그녀의 기억을 되살렸지만, 소리의 정체는 알 수 없었다.

클라우디네는 몸을 뒤로 젖히고는 차창을 통해 바깥 경치를 내다봤다. 그녀는 꽤 오랫동안 이 문제로 골몰한 탓에 지쳐 있었다. 하지만 감각만은 여전히 활발하게 움직이며 예민해졌다. 이런 감각 이면에는 여기서 멈추고 싶다는 생각과 사지를 쭉 펴고 세상일을 흘려보내고 싶은 마음도 있었다… 전신주가 비스듬히 기울어진 채 지나갔으며, 눈이 녹은 암갈색 밭고랑은 등을 돌린 채 멀리 사라져갔고, 관목들은 머리에 수백 개의 작은 다리가 솟아난 것 같은 모습으로 서 있었다. 나뭇가지에는 작은 물방울들이 수백 개의 작은 종(鐘)처럼 걸려 있었고, 영롱하게 빛을 발하며 떨어지고 있었다… 지금 그녀에게는 상쾌함과 가벼움, 벽을 헐어버렸을 때의 확 터진 느낌, 감옥에서 풀려난 느낌, 무거운 짐을 내려놓은 기분, 혹은 누군가에게 홀딱 빠져버리고 싶은 마음뿐이었다. 클라우디네는 얼마 나가지 않는 자기 몸무게마저 느끼지 못했으며, 눈이 녹는 소리와 얼었던 것이 점차 해동될 때 나는 소리만 감지했다. 지금껏 남편과 함께 살아온 세계는 그녀에게 물방울이 거품처럼 일어나고 깃털처럼 가볍고 황홀한 작은 구름과 진주로 가득 찬 유리구슬처럼 느껴졌다. 클라우디네는 눈을 감고 이런 상상에 빠져들었다.

하지만 잠시 후 클라우디네는 다시 생각에 잠기기 시작했다. 균일하게 찾아오는 기차의 가벼운 흔들림, 부드럽게 이완되는 느낌, 차창 밖 자연의 녹아내림, 이 속에서 자신을 눌러왔던 압박이 모두 사라지는 것 같았다. 그러자 갑자기 혼자라는 사실이 떠올랐다. 클라우디네는 자기도 모르게 고개를 들었다. 주변 승객들이 나직이 속삭이는 소리가 여전히 회오리처럼 돌아다니고 있었다. 그건 마치 분명히 닫혀 있을 거라고 예상했던 문이 열려 있음을 알았을 때와 같은 기분이었다. 아마 그녀는 아주 오랫동안 혼자 문을 박차고 떠나고 싶었지만 남편을 사랑했기에 이리저리 흔들리면서도 이 욕망을 숨겨왔을지도 모른다. 클라우디네는 이렇게 자기 욕망을 숨기는 것이 둘의 관계를 더욱 단단하게 묶어줄 거라 여겼다. 하지만 이제 오랫동안 자물쇠로 채워 마음속에 은밀히 숨겨둔 욕망이 갑자기 분출하고 있었다. 보이지는 않지만 깊숙이 곪은 상처에서 터져나온 작은 고름처럼 욕망은 천천히 끊임없이 솟아올랐다. 그리고 터진 구멍을 통해 옛 기억과 감정들이 계속 솟아오르면서 상처 부위는 더욱 넓어졌다.

사랑하는 사람들이라도 함께 살다보면 끝까지 해결해야 할 문제들을 많이 만난다. 하지만 일단 결혼하고 나면, 다르게 생각할 어떤 힘도 허락되지 않는다. 더군다나 결혼이라는 길을 가다보면 어딘가에 이상하게 생긴 말뚝이 서 있고, 아지랑이가 모락모락 피어오르며, 아직 아무도 발을 들여놓은 적 없는 좁은 길이 돌과 풀 속에 나 있을 때도 있다. 그러면 그들도 이제 되돌아가야 한다거나 또 되돌아보아야 한다고 직감한다. 하지만 모든 것은 거미줄이나 꿈처럼 오직 앞으로만 돌진한다. 바스락거리는 나뭇가지만이 움직이기를 망설이고 있으며, 아직 끝나지 않은 기억은 마비된 듯 조용히 멈춰서 있다. 이렇게 과거를 뒤돌아보는 일은 최근에 와서 부쩍 더 잦아졌으며, 과거를 향한 그녀의 마음은 어느 때보다 더 강렬했다. 하지만 클라우디네의 정조관념은 이런 욕망을 혐오했다. 클라우디네는 결혼의 길을 계속 걸으며 이런 욕망을 떨쳐버리기 위해 애썼고, 있는 힘을 다해 남편과 의지하며 살아왔으며, 이렇게 앞으로 걸어감으로써 마음의 균형을 잡았다. 손을 잡고 달리고는 있었지만 문득 남편과 완전히 떨어져 혼자 자기 주변을 둘러보고 싶다는 유혹을 느끼기도 했다. 그럴 때면 이런 욕망이 생기는 까닭은 알 수 없는 강박관념이 억지로 자신의 건강한 이성을 마비시켰기 때문이라 여겼다. 하지만 이 욕망을 후회하고 이겨내면서 지금 아름다운 사랑을 하고 있다고 다시 생각할 때에도 그녀의 몸은 마약에 취한 듯 뻣뻣하고 무겁기만 했다. 지금 클라우디네는 황홀했지만 겁도 났다. 지금의 모든 행동이 너무 엄청나 비단옷을 두른 것처럼 부자연스럽기만 했다. 하지만 어딘가에서는 무언가가 유혹의 눈길을 보내며 3월 태양의 그림자처럼 조용하고 흐릿하게 봄의 기적이 일어나는 대지 위에 앉아 있었다.

이따금 행복에 젖을 때에도 클라우디네는 우발적이긴 하지만 이런 느낌이 자기 본심이라는 것을 알고 있었다. 가끔 그녀는 자기에게 지금과 완전히 다른 인생이 준비되어 있을지도 모른다고 여겼다. 그녀는 이런 생각을 예전부터 그냥 마음에 품고 있었을 뿐, 실제 행동으로 옮기겠다고 생각해본 적은 없었다. 이런 생각은 한때 그랬을지도 모르겠다는 불확실한 느낌이거나, 계속 옆을 살피고 밖을 내다보았지만 뜻을 이루지 못하고 이미 오래전에 내용을 상실해 무의미해진 감정의 동요 아니면 어두운 길을 빠져나갈 출구를 꿈속에서 찾는 것과 같은 과정이었다.

하지만 가끔 이런 생각에 젖는 것은 아마 외로움만이 가져다줄 수 있는 행복, 그 무엇과도 바꿀 수 없는 행복일 것이다. 다른 사람들의 사랑이라면 뼈대는 튼튼하지만 영혼은 간데없다고 말할 법한 현재의 부부관계에서 클라우디네를 행복하게 만든 것은 뭔가 느슨해졌고, 동요를 느꼈으며, 어딘가 불확실해졌다는 것이었다. 그녀는 조금은 늘 불안했고 극도의 긴장상태에 빠지길 병적으로 갈구했다. 그녀는 결국 자신이 완전한 상태로 고양될 것임을 예감했다. 가끔 클라우디네는 알 수 없는 사랑의 고통을 받을 운명을 타고난 것 같았다.

이따금 음악을 들을 때면 이러한 예감이 그녀의 영혼을 자극했다. 은밀하게, 저 멀리, 어딘가에서… 그때 그곳에서, 처음 만난 남자에게서 갑자기 자기 영혼을 발견했다는 사실에 그녀는 깜짝 놀랐다. 매년 봄이 올 무렵이면 클라우디네는 이런 극단의 경계에 그 어느 때보다 가까이 다가서 있는 것 같았다. 삶과 죽음 사이에서 알몸으로 무기력하게 매달려 지내는 날들을 보내며 그녀는 비애를 느꼈다. 하지만 이것은 사랑을 갈구할 때 느끼는 흔한 슬픔이 아니라, 지금까지 누려왔던 큰 사랑을 떠나고자 하는 마음이었다. 그녀 앞에는 완전한 합일에 이르는 길이 어른거리고 있었지만, 클라우디네는 이 길을 따라 사랑하는 남편을 찾아가 매려 한 게 아니라, 그와는 고통스러울 정도로 멀리 떨어져 있는 곳, 부드러우면서도 메말라 모든 것을 시들게 만드는 곳으로 가 그 누구의 보호도 받지 않고 살고 싶었다. 클라우디네는 이런 감정이 아득히 먼 곳에서 왔다는 것을 알았다. 그곳에서는 사랑이 더이상 단지 부부 사이에만 있지 않았고, 뿌리 뽑힌 채 세상에 불안하게 매달려 있는 곳에도 존재했다.

이들 부부가 함께 걸을 때면 그림자는 아주 연한 색깔을 띠었으며 발이 묶이길 원치 않는다는 듯이 가볍게 허공에 걸려 있었다. 그들이 단단한 땅을 밟을 때 울려나오는 소리는 아주 짧게 사라졌으며, 모든 것이 선명하게 잘 보이는 이 시간에, 마치 묵묵히 순종하던 사물들이 갑자기 자유를 얻은 것처럼, 앙상한 나무들은 이상한 자태로 하늘을 바라보고 있었다. 큰 나무들은 빛이 반밖에 들어오지 않는 상태에서 방랑자처럼, 이방인처럼 그리고 이 세상에 존재하지 않는 어떤 것처럼 몸을 똑바로 치켜세우고 있었다. 이 나무들은 부부가 땅을 밟는 소리의 여운에 휩싸인 채 알 수 없는 신비함으로 가득 차 있었는데, 세상 모든 사물로부터 떨어져 있는 나무들의 불가해함에 대해서는 어떤 말도 할 수 없었다. 가끔 나무들 사이로 한줄기 빛이 드문드문 끊어진 채 세상으로 떨어졌지만, 그 빛은 한곳에서는 제멋대로 나뒹구는 사물을 비추고, 다른 곳에서는 이미 사라져버린 기억을 비춰주었다.

그럴 때면 클라우디네는 다른 남자의 여자가 될 수 있겠다고 생각했다. 하지만 그녀에게 그 남자는 배신의 대상이 아니라, 두 사람이 한 번도 가보지 않았던 곳, 아무도 듣지 않고 한 번도 울리지 않은 음악에 불과했던 어느 곳에서 마지막으로 결혼한 남자 같았다. 사실 이런 순간이 오면 그녀는 자기라는 존재가 혼란스러운 침묵의 미로 속에서 자기 소리를 듣기 위해 심한 마찰음을 내며 새겨놓은 선 같다는 느낌이 들었다. 그것은 한순간이 그 다음 순간을 이끌어내는 것, 사소하지만 한 번도 쉬지 않고 그녀가 행한 것이면서도 또 지금껏 한 번도 행할 수 없었던 것이기도 했다. 클라우디네는 문득 그 낮고 내밀하며 고통스러운 소리를 거부하고 광적으로 울부짖을 때만 비로소 서로 사랑할 수 있으리라 생각했다. 반면에 연주가 중단되고, 무의식 중에 하나로 통합되는 음악의 도취에서 빠져나와 끝없는 현실의 세계로 돌아오는 순간, 그녀에게는 깊은 혼란과 엄청난 얽힘이 일어날 것 같기도 했다. 그리고 자신이 그에게 너무 힘든 고통을 안겨주는 게 아닌가 하는 생각이 들었다. 그녀는 각자 따로 떨어져 있지만 나란히 고통—이 고통 앞에서 모든 다른 행동은 마비되고, 중단되며, 요란스럽게 마쳐된다—속으로 걸어가는 이들처럼 그를 사랑하게 되었다.

그 후 몇주 동안 그녀의 사랑은 이런 빛깔을 띠다가 사라졌다. 하지만 클라우디네가 낯선 남자와 가까워졌다고 느낄 때면, 가끔 이런 감정이 약하게 다시 돌아왔다. 이런 느낌에 무관심한 사람이라면 아무렇지도 않게 말하고 넘어가도 될 정도로 약한 느낌이었지만, 클라우디네는 이 감정을 아직도 떨쳐버리지 못한 것 같다고 느끼며… 깜짝 놀랐다…. 너는 왜 아직도 그곳에 있는 거지? 지금까지 클라우디네가 낯선 남자들을 갈망한 적은 한 번도 없었다. 그런 생각을 한다는 것 자체가 고통이었고 역겨웠다. 그런데 이런 욕망이 갑자기 형체도 없이 몰려와 그녀 주변의 평온을 뒤흔들어놓았다. 클라우디네는 욕망에서 빠져나와야 할지 아니면 계속 침잠해 있어야 할지 몰랐다.

  클라우디네는 이제 밖을 내다보았다. 바깥 경치는 조금 전과 다를 바 없었다. 하지만 그동안 깊은 생각에 빠져 있었기 때문인지 다른 이유 때문인지는 모르겠지만, 그녀의 눈길은 마치 우유의 표면에 쳐진 희미하고 뿌연 막처럼 음울하고 완강한 장애물에 가로막혀 있었다. 그녀의 욕망은 더이상 참을 수 없을 정도로 커져갔고, 수천 개의 다리가 먼저 달려나가겠다고 아우성치듯 안절부절 못했다. 이 욕망이 극도로 흥분해 난쟁이 걸음을 흉내내듯 총총걸음으로 걸어올 때는 활기찬 생명력을 느낄 수 있었지만, 막상 그녀에게 도달했을 때 욕망은 말 없이 죽어 있었고, 공허한 울림으로 변했으며, 엄청난 힘으로 짓이겨져 완전히 마모된 것 같았다.

더이상 자기 감정이 실리지 않는 이 운동을 바라본다는 것은 육체적으로 고통스러운 것이었다. 클라우디네는 얼마 전까지만 해도 자기 몸에 생생하게 몰려들어온 생명력이 자기에게서 멀리 떨어진 채 몽롱한 상태로 있는 것을 보았다. 하지만 욕망을 다시 끌어오는 순간 그것은 산산이 부서졌으며 눈앞에서 깨져버렸다. 마치 영혼이 바깥쪽으로 몸을 숙여 바짝 긴장한 채 손을 뻗어 뭔가를 붙잡으려 했지만 아무것도 손에 넣지 못한 것처럼 혐오감이 그녀의 눈을 후벼팠다.

　자신을 둘러싼 모든 것과 마찬가지로 클라우디네도 자신에게 붙잡혀, 어떤 한 장소에 매인 채 살고 있다는 생각이 문득 들었다. 사실 그녀는 지금 살고 있는 이 도시에, 자기 집에, 자기 방에, 또 자기 감정에 매인 채 수년 동안 좁고 제한된 공간을 벗어나지 못했다. 클라우디네는 여기서 잠깐이라도 멈춰 머뭇거리면 행복은 시끄러운 소리를 지르는 군중들처럼 금방 자신을 떠나버릴 것이라 여겼다.

　하지만 클라우디네는 이런 생각을 우연으로만 여기지 않았다. 오히려 무진장 넓은 사막에서 자기 감정이 헛되이 멈출 곳을 찾아다니는 것만 같았다. 마치 암벽을 타는 사람에게 무엇인가 떨어지듯이 그녀는 미세한 부딪힘을 느꼈다. 그러자 무한히 넓은 광야에서 자기가 내는 소리조차 거의 알아들을 수 없을 정도의 아주 차갑고 고요한 순간이 찾아왔다. 갑자기 찾아온 이 침묵 가운데 아주 천천히 움직이는 자신의 존재는 미약한 반면, 딱딱한 돌처럼 허공에 떠 있는 이마에는 이제 거의 잊혀진 옛 소음들이 공포에 질려 큰 소리를 내며 가득 차 있었다.

공포는 얇은 피부에 스며들듯 그녀를 파고들었다. 클라우디네는 자신을 생각해야 한다는 공포가 소리없이 찾아왔음을 손끝으로 감지했다. 이 느낌들이 작은 낱알갱이처럼 그녀에게 달라붙어 모래처럼 졸졸 쓸려 내려가는 동안 클라우디네는 또 한 번 이상한 소리를 들었다. 이 소리는 점(點)이나 새(鳥)같이 허공을 떠다니는 것 같았다.

그때 갑자기 자신이 여행을 떠난 것, 지금까지 본능과 싸우며 잘 물리쳤지만 부끄럽게도 여행을 떠나자마자 굴복하고 만 것, 자신이나 다른 사람들 심지어 자기 행복까지도 두려워하게 된 것 등이 모두 운명처럼 다가왔다. 그리고 자기 과거가 이제 곧 일어날지도 모를 일들을 불완전하게나마 암시해주는 것 같았다.

클라우디네는 겁먹은 표정으로 계속 밖을 내다보았다. 하지만 아주 낯설다는 느낌이 주는 압박감 때문에 그녀는 본능을 거부하거나 억제하려는 모든 힘을 점차 부끄럽게 여기기 시작했다. 그리고 지금 뭔가를 기억해낼 것만 같았다. 클라우디네의 마음은 탈진한 상태에서 솟구친 아주 섬세한 마지막 힘으로 충만했다. 그녀의 마음은 어린아이들보다도 더 얇고 좁아졌으며, 색바랜 비단보다도 더 부드러워졌다. 길을 떠난 사람만이 느끼는, 세상에서 가장 깊은 낯섦의 행복이 부드럽게 솟아오르며 그녀를 매혹시켰다. 그것은 이런 행복을 느끼고는 다시 세상으로 돌아갈 수 없을 것 같은 기분, 세상이 내린 여러 결정 가운데 그 자체로 확실한 것은 하나도 없다는 느낌, 이 결정들 한가운데 있으면 삶은 절벽까지 밀려 엄청나게 깊고 컴컴한 허공으로 추락하기 직전의 순간을 맞이하게 될 것이라는 예감이었다.

클라우디네는 갑자기 낯선 사람들에게 학대받고 착취당했던 옛 시절을 어렴풋이 동경하기 시작했다. 이 동경은 병에 걸려 의식이 약해지거나 흐려졌으면 하는 바람, 집에서 나는 소음이 다른 집으로 흘러들어가 더이상 들리지 않았으면 하는 소망, 그리고 영혼이 자신을 누르는 모든 압력을 털어버리고 어느 곳에도 얽매임 없이 부유(浮遊)하는 삶을 살았으면 하는 소망과도 같았다.

바깥 풍경은 소리없이 광란하고 있었다. 승객들이 내는 소리가 크고 시끄럽게 들렸다. 이처럼 왁자지껄한 소리에도 클라우디네는 내면 깊이 침잠해 있었다. 자기 존재를 전혀 느끼지 못하는 부재(不在)의 상태, 무중력의 상태, 어떤 생각에 몰입해 있는 상태로 빠져든 것이다. 기차는 점차 조용해지기 시작했으며, 부드럽지만 긴 흔들림과 더불어 눈이 높이 뒤덮인 지역을 내달렸다. 하늘은 점점 더 낮아졌다. 하지만 이 상태는 오래 지속되지 않았다. 기차는 채 얼마 가지 않아 땅에서 휘날리며 쫓아오는 눈발이 만들어낸 암회색의 장막 속을 달리기 시작했다. 객차는 노란색으로 뿌옇게 변했으며, 바로 앞에 앉은 사람들의 모습조차도 매우 불확실하게 보였다. 그들은 천천히 그리고 꿈결처럼 이리저리 흔들렸다. 클라우디네는 지금 무슨 생각을 하는지 몰랐으며, 혼자 낯선 체험을 하는 상황을 조용히 즐기고 있었다. 그것은 의식이 흐려지면서 일어난 세상에서 가장 홀가분하고 불가사의한 유희였으며, 영혼이 손으로 더듬어가며 희미하게 찾아가는 유희였다. 클라우디네는 남편을 떠올리려고 했다. 하지만 이제 거의 식어버린 그녀의 사랑은 오랫동안 창문을 닫아놓은 방 같다는 이상한 생각만 들었다. 그녀는 이런 생각을 떨쳐내려 애썼다. 하지만 생각은 지워지지 않았으며, 어딘가 가까이 자리잡고 있었다. 그러자 세상은 혼자 남게 된 침대처럼 서늘했지만 기분 좋게 느껴졌다… 그때 클라우디네는 어떤 결정을 내릴 때가 왔다고 직감했다. 하지만 왜 그런 생각을 했는지는 몰랐다. 그녀는 행복하지 않았지만, 화가 난 상태도 아니었다. 단지 아무것도 하고 싶지 않고, 아무것도 막고 싶지 않을 뿐이었다. 그녀가 한 여러 생각은 뒤돌아보지도 않은 채 천천히 눈덮인 바깥세상으로 흘러나갔으며, 돌아가기에는 너무 지쳐 그냥 계속 걷고또 걸을 때처럼 점점 더 멀어져갔다.

여행이 다 끝나갈 무렵 한 남자가 말했다.

"낙원이군요. 매혹적인 섬 같아요. 동화의 아름다운 여주인공이 하얀 속옷에 레이스 달린 치마를 입은 것 같네요…"

그는 차창 밖 경치를 보려고 움직였다.

'유치하긴'이라고 생각했지만 클라우디네는 제대로 대꾸할 말을 바로 찾아내지 못했다.

이때 그녀는 모르는 남자가 방문을 노크하거나, 희미한 유리창 너머 어둡고 큰 얼굴이 떠돌고 있을 때와 비슷한 기분이 들었다. 클라우디네는 이 남자가 누군지 몰랐다. 하지만 그가 누구인가는 중요하지 않았다. 남자가 거기에 서 있고, 무언가를 원하고 있다는 것만 느낄 뿐이었다. 그러자 이제 무슨 일이 진짜 일어날 것만 같았다.

구름 사이로 일어난 바람이 구름을 일렬로 정리하고는 천천히 물러갈 때처럼, 그녀는 뭔가 실제로 일어나려는 움직임을 직감했다. 그 움직임은 공중에 붕 뜬 채 꼼짝하지 않는 연약한 감정의 구름 속으로 들어오고 있었다. 그것은 아무 이유 없이 마음을 통과해갔다… 여러 사실들이 만들어내는 이해할 수 없는 인력을 예민하게 느끼는 사람들처럼 클라우디네도 이처럼 정신나간 짓을, 더이상 자기답지 않은 짓을, 이 무기력함을 사랑했고, 그 치욕을 사랑했으며, 사랑하기 때문에 상대방의 아픈 곳을 건드리는 사람처럼 정신이 당하는 고통을 사랑했으며, 아이와 여인을 사랑했고, 어둠 속에서 혼자 고통을 느끼는 웃이 되었으면 좋겠다고 생각했다.

오후 늦게 역에 도착했을 때 객차는 텅 비어 있었다. 사람들은 하나둘씩 빠져나갔다. 여러 역을 지나오면서 다른 사람들과 따로 떨어져 왔지만, 이제 클라우디네는 급히 사람들을 끌어모아야 했다. 이 역에서 목적지까지는 한 시간 정도 썰매를 타고 가야 하는데, 이곳에 준비된 썰매라고는 세 대밖에 없었기 때문이다. 그녀는 썰매를 나눠 타야 했다. 클라우디네가 다시 생각에 젖었을 때는 이미 네 명의 손님과 함께 썰매를 탄 뒤였다. 앞에서는 김을 모락모락 내며 추위를 뚫고 달리는 동물들의 낯선 냄새가 풍겨왔고, 가로등 불빛은 파도처럼 일렁거렸다. 하지만 이따금 깜깜한 어둠이 썰매를 덮치기도 했다. 양옆으로 큰 나무들이 줄지어 서 있는 이 길이 클라우디네에게는 목적지까지 폭이 점점 좁아드는 어두운 길 같았다.

너무 추운 나머지 클라우디네는 말 쪽으로 등을 지고 앉았다. 앞에는 키가 크고 어깨가 넓은 좀 전의 그 남자가 모피를 두르고 앉아 있었다. 과거로 되돌아가려고 했던 그녀의 생각을 가로막은 것은 이 남자였다. 그녀의 눈길은 문이 내려와 닫히기라도 할 것처럼 급히 어둠에 파묻힌 그의 모습을 찾았다. 이상하게도 그가 어떻게 생겼는지 보고 싶어 몇번이나 훔쳐보았다. 다른 것은 모두 분명해졌고 이제 남은 것은 그의 외모뿐이라는 듯이 말이다. 하지만 그가 완전히 불확실한 존재이자 누구라도 상관없다는 사실, 그에게서 단지 낯설고 잘 모르는 사람이라는 느낌만 짙게 퍼져 나온다는 사실이 기뻤다. 하지만 이런 낯설음은 나무 줄기들이 어지럽게 얽혀 돌아다니는 숲처럼 이따금 그녀 가까이 다가와 어깨를 무겁게 짓누르는 듯했다.

그러는 동안 작은 썰매에 동승한 사람들끼리의 대화는 서로를 그물처럼 이어주었다. 그 남자도 대화에 끼었으며, 다른 사람들처럼 속되지만 위트있는 말을 주고받았다. 하지만 클라우디네는 그의 말 속에서 자신을 믿을 만한 남자로 보이게 만들어 여자를 유혹하려는 낌새를 직감했다. 이처럼 한 남자가 자신을 지배하고자 하는 욕망을 노골적으로 드러내는 순간 그녀는 매우 당황했으며, 전에 그 남자가 이런 눈치를 보였을 때 더 단호하게 거부하지 못한 것이 창피했다. 또한 그의 말에 한마디라도 맞장구친다면, 그것은 승낙의 뜻으로 비춰져 사고가 터질 것만 같았다. 그러자 갑자기 몸에서 힘이 빠져나가는 듯하고 절단된 팔의 나머지 부분이 심하게 매질을 당해 뼈가 부러져버린 듯했다.

게다가 의지와는 달리 몸은 이리저리 내동댕이쳐지고 있었다. 썰매가 굽은 길을 돌 때마다 한번은 낯선 남자의 팔에, 또 한번은 무릎에, 또 이따금 다른 남자의 몸에 상체를 완전히 기대야 했던 것이다. 그녀는 지금 이 작은 썰매가 불켜진 방이며 이 남자들은 흥분한 얼굴로 둘러앉아 급하게 자기를 겁탈하려 하는데, 정작 자신은 너무 무서워 이 음탕한 짓거리를 전혀 모른다는 듯 꾹 참으며 이들의 눈길을 피하려고 앞만 바라보며 어색한 미소를 짓는 중이라고 생각했다.

하지만 모든 것은 선잠에 빠져 지루한 꿈을 꾸면서 이것이 꿈속이라는 사실을 한시도 잊지 않는 것과 같았다. 하지만 이상한 것은 남자가 그 전에 바깥쪽으로 몸을 굽혀 하늘을 쳐다보면서 "이러다간 우리 모두 눈에 파묻히겠는데"라고 말하기 전까지 클라우디네가 이 꿈을 아주 강렬하게 느끼고 있었다는 점이다.

그때 갑자기 정신이 들었다. 클라우디네는 고개를 들어 위를 쳐다보았다. 어둠이 걷히고 빛이 찾아와 작은 물체까지 볼 수 있게 되자 불안함을 벗어던진 사람들은 쾌활하고도 악의없는 농담을 주고받았다. 클라우디네도 갑자기 눈에 띄게 태연하고 담담하게 현실을 의식했다. 하지만 이상하게도 어떤 이름 모를 것에 강하게 자극을 받는 것만은 분명했다. 이 느낌은 그녀를 거의 공포로 몰아갔다. 비록 흐릿하긴 했지만 꿈처럼 불확실한 것이라고 치부할 수 없을 정도로 너무 명확하게 의식되었기 때문이었다. 이런 상태에서는 모든 것이 불합리해 이따금 남자들이 산처럼 크고 모나게 보였다. 썰매를 타고 자욱한 안개 속을 달리다 보면 모든 것이 실제보다 크고 어렴풋한 제2의 윤곽을 띠는 것처럼 남자들도 그렇게 크고 우람해 보였다. 그때 클라우디네는 남자들이 두려웠으며 그들이 바라는 것을 다 들어줄 수밖에 없다고 생각했다. 하지만 이런 나약함도 하나의 특별한 능력이라는 것을 완전히 잊어본 적은 없었다. 이 능력으로 인해 자기 삶을 제한하던 경계선이 미세하게 사라지는 것 같았다. 모든 것이 조용히 경계선과 부딪혀 부들부들 떨고 있었다. 클라우디네는 처음으로 기이한 날을 마주하며 깜짝 놀랐다. 이날 그녀를 줄곧 따라다녔던 외로움은 지하세계로 내려가는 길처럼 복잡하게 얽힌 내면의 불확실한 감정들 속으로 서서히 가라앉았다. 그러더니 이제 내면 깊숙한 곳에서 갑자기 엄격하게 진실한 사건이 불쑥 솟아올라, 그녀를 아득히 멀고 낯설며 결코 원치 않았던 현실과 홀로 대면하게 만들었다.

클라우디네는 낯선 남자를 은밀하게 훔쳐보았다. 그는 성냥 불을 붙이고 있었다. 그의 수염과 한쪽 눈이 불빛에 들어왔다. 클라우디네는 묵묵히 이루어지는 이 행동이 이상했다. 문득 이 사건의 앞뒤로 자명하게 연결되는 지속성이 있는 것 같았다. 여기에는 둔감하고 말이 없지만 돌을 짜맞춘 것처럼 간결하고 엄청난 힘이 존재했다. 클라우디네는 이 남자가 아주 속물일 것이라 짐작했다. 그러자 점차 도무지 알 수 없다는 느낌이 조용히 비산(飛散)하며 엄습해왔다. 그녀는 솜털같이 날리는 희미한 물거품처럼 완전히 용해되고 갈기갈기 찢긴 채, 어둠에 묻힌 그 남자 앞을 유영(遊泳)하는 것 같았다. 그의 말에 친절하게 답해야겠다는 생각이 이제 이상하리만큼 그녀를 흥분시켰다. 클라우디네는 영혼의 움직임도 없이 무기력하게 자기 행동을 관대하게 보아넘겼으며, 쾌감과 모욕감 사이에서 갈기갈기 찢어지는 만족을 맛보았다. 이것은 모든 힘을 다 퍼내고 탈진한 후, 갑자기 깊어진 내면에 웅크리고 앉았을 때 맛보는 쾌감 같은 것이었다.

하지만 클라우디네는 예전에도 비슷한 감정이 가끔 이렇게 시작되었다는 것을 알고 있었다. 이 감정이 언제라도 반복될 수 있다는 생각이 드는 순간 그녀는 자기 의지와 무관하게 느껴지는 이 욕망이 매우 혼란스러웠으며 이름 모를 원죄를 범한 사람처럼 공포에 휩싸였다. 순간 클라우디네는 자신이 몰래 훔쳐본 것을 남자가 눈치챘을지도 모른다고 생각했다. 그녀의 몸은 그의 영혼이 간직한 은밀한 비밀을 숨긴 어두운 은신처처럼 낯선 남자를 향한 거의 예속적 욕망으로 가득 차 있었다. 하지만 남자는 어둠 속에 조용히 앉아 있었으며, 이따금 그녀를 향해 미소지을 뿐이었다. 아니면 그녀에게 그렇게 보였을 뿐이었던가.

그렇게 그들은 앞뒤로 가까이 앉아 어둠을 뚫고 달렸다. 그러자 앞만 보고 달리기를 독촉하는 불안한 생각이 다시 찾아왔다. 클라우디네는 예정에 없이 낯선 사람들과 함께하게 된 외로운 여행이 내면의 평화를 거짓말처럼 교란해버렸다고 말하고 싶었다. 자기 몸을 추위로 꽁꽁 얼어붙게 한 후 의지를 완전히 상실하게 만든 바람 때문에 불안해졌다고 문득 생각하기까지 했다. 하지만 이상하게도 남편이 지금 곁에 아주 가까이 있는 것 같았고, 나약한 마음과 육체적 욕망은 남편과 사랑을 나눌 때 느끼는 행복한 쾌감이 아닐까 하는 생각이 들었다. 클라우디네가 다시 낯선 남자를 보면서 자신의 의지와 불굴의 정신 그리고 신성불가침한 부분을 은밀히 포기하고 있다고 느꼈을 때, 한줄기 빛이 불쑥 그녀의 과거를 밝게 비추었다. 이 빛은 지금까지 그녀의 삶에서 말로 표현할 수 없었던 것, 아주 멀고 낯설게 남아 있었던 부분까지도 모두 샅샅이 비춰줄 것 같았다. 이런 느낌은 오래전에 잊혀진 과거가 여전히 살아 있는 듯한 기이한 미래감각이었다. 하지만 그 다음 순간 더이상 이해할 수 없어 어둠 속으로 사라진 감정, 자기 사랑이 이제껏 한 번도 가보지 못한 곳에 와 있고, 엄청난 일로 가득 차 있으며 조용히 일렁이지만 혼란스럽고 매우 낯설다는 느낌이 찾아왔다. 클라우디네는 이 일이 어떻게 된 것인지 몰랐으며, 자신이 겁먹고 있고, 무언가가 자신을 부드럽게 감싸고 있으며 저 먼 곳에서 나온 아주 기이하고 불가해한 결정(決定)들이 자신을 가득 채우고 있는 것 같았다.

클라우디네는 기억에서 잘려나간 기이한 날들을 떠올려야 했다. 그녀에게 이 날들은 차례대로 연결된 방에서 따로 도망가버린 것 같았다. 그 사이 클라우디네는 말들이 토해내는 말발굽 소리를 들었다. 같은 썰매를 타고 있어 이웃처럼 친하게 대할 수밖에 없는 상황에서 이 소리는 클라우디네를 낯선 남자와 더 가깝게 만들어줄 수밖에 없었다. 클라우디네는 가벼운 미소를 보내며 대화에 끼어들었다. 이때 그녀의 내면은 넓어졌고, 그녀의 생각은 여러 갈래로 뻗어나갔으며, 모든 것이 불가해한 상황에서 빨랫줄에 조용히 널린 수건처럼 그녀는 무기력하게 긴장하고 있었다.

그날 밤 비상벨이 울린 것처럼 벌떡 잠에서 깬 클라우디네는 문득 눈이 내리고 있음을 깨달았다. 그녀는 창문을 바라보았다. 부드럽게 내리는 눈이 담벼락처럼 육중하게 쌓여가고 있었다. 클라우디네는 맨발로 뒤꿈치를 든 채 살금살금 걸어갔다. 모든 일은 차례차례 빠르게 진행되었다. 그때 동물처럼 맨발로 방바닥에 서 있다는 생각이 어렴풋이 들었다. 클라우디네는 눈송이가 내려앉아 쌓이는 굵은 창살을 가까이서 멍하게 살펴보았다.

그녀는 이 모든 일을 잠에서 화다닥 깨어난 사람처럼 의식이 제한된 상태에서 행했다. 그녀의 의식은 지도상에 나타나지도 않은 조그만 무인도처럼 거의 알아볼 수 없을 정도로 벗어나 있었다. 클라우디네는 자신에게서 분리되어 멀리 떨어져 있는 것 같았다. 그런데 갑자기 조금 전에 그 남자가 "이러다간 모두 눈에 파묻히겠네"라고 했던 말이 또렷이 떠올랐다.

클라우디네는 정신을 차리려고 몸을 돌렸다. 방은 좁았다. 이 좁은 방에는 뭔가 특별한 구석이 있었다. 이곳은 마치 못으로 박아 고정시킨 새장 같았다. 촛불을 켜 방 안의 물건들을 비춰보았다. 그러자 물건들이 서서히 잠에서 깨어나기 시작했다. 옷장과 상자, 침대, 많다면 많고 없다면 너무 없다고 할 수 있는 가구들은 원래의 자기 모습으로 돌아갈 길을 찾지 못한 것처럼 여전히 무(無)의 상태로, 거칠고 유동적인 무의 상태로 있었다. 이것들은 희미하게 흔들리는 불빛이 닿지 않는 깊숙한 곳에 들어가 있어 눈에 잘 띄지 않았다. 탁자와 벽은 그 위를 맨발로 걸어보고 싶을 정도로 먼지가 자욱했다. 방은 흰색 페인트가 칠해진 좁은 복도와 연결되어 있었고 클라우디네는 계단의 위치도 알고 있었다. 철사줄로 된 고리에 흐릿한 램프를 걸어두었다. 그러자 램프는 밝게 요동치는 다섯 개의 원을 천장에 투사했다. 하지만 이 불빛은 석회칠된 벽 위를 지저분한 손으로 더듬은 흔적처럼 곧 흩어지고 말았다. 무의미하게 흔들리는 다섯 개의 밝은 원은 이상하리만큼 흥분된 허공을 지키는 파수꾼 같았다… 주변에 낮선 사람들이 자고 있다는 사실이 야릇한 환상을 불러일으켰고, 이로 인해 클라우디네는 온몸이 뜨거워짐을 느꼈다. 고양이가 공포와 욕정을 못 이겨 울부짖는 것처럼 그녀도 조용히 소리치고 싶었다. 이상하게만 여겼던 과거의 마지막 그림자가 다시 반짝반짝 빛나는 내면의 벽 안으로 소리없이 미끄러져 들어오는 동안 클라우디네는 그날 밤을 그렇게 서서 뜬눈으로 지샜다. 그녀는 생각했다. 불쑥 그 남자가 와서 그때 분명하게 원했던 짓을 하려고 한다면…

클라우디네는 얼마나 놀랐는지 몰랐다. 불덩이 같은 포탄이 머리 위로 날아간 것처럼 이상하게도 몇분 동안 무서워 벌벌 떨었다. 등 뒤에 채찍처럼 일직선으로 쭉 뻗은 좁은 길에는 정적만 감돌았다. 그녀는 썰매를 함께 탄 사람들과 인사를 나누려고 했다. 하지만 그렇게 하지 않았다. 그녀는 자기 생각이 동물들처럼 조심스럽게 앞으로 나아가고 있다고만 느꼈다. 이따금 그 남자의 몸을, 그의 수염과 반짝반짝 빛나는 한쪽 눈을 훔쳐보았다… 그녀는 역겨움을 느꼈다. 더이상 어떤 낯선 사람에게 예속되어서는 안될 것 같았다. 바로 그 순간 한 남자만을 은밀하게 갈망한 그녀의 몸은 다른 모든 남자들을 혐오했지만, 동시에 마음 깊은 곳에서 몸이 구부러지고 있음을, 현기증을, 인간은 믿지 못할 존재라는 의심을, 자신에 대한 공포를, 지금까지 이해할 수 없고 말도 되지 않는다고 여긴, 다른 남자가 다가와주었으면 하는 소망을 느꼈다. 두려움이 차가운 날씨처럼 그녀에게 드리우며 파괴적인 욕망을 가까이 몰고왔다.

그 사이 어딘가에서 시계가 무심히 울리기 시작했다. 그녀의 방 창문 아래서 몇번의 발자국 소리가 나더니 이내 사라졌고, 조용하게 속삭이는 소리도… 방은 서늘했다. 살갗에서는 잠의 온기가 피어올랐다. 이런 온기를 느끼며 그녀는 구름이 탈진하여 흩어지는 것처럼 불확실하게, 그리고 어떤 저항도 하지 못한 채, 어두운 방을 왔다갔다 했다… 그곳에 서서 생면부지의 남자를 기다리고 있다는 생각에 어찌할 바를 모르는 동안, 클라우디네는 이미 오래전부터 자신을 에워싼 채 딱딱한 자세로 무심히 쳐다보던 방 안의 여러 물건들에 창피함을 느꼈다. 하지만 자신을 유혹하는 것이 이 낯선 남자가 아니라 단지 이렇게 서서 누구를 기다리고 있다는 사실이며, 촘촘한 이빨로 사납게 그녀 자신이 되는 것을 포기함으로써 얻는 쾌감, 즉 생명이 없는 사물들 사이에서 깨어나 생기있는 인간이 되는 것을 포기함으로써 얻는 쾌감, 상처가 터지는 것처럼 자신이 열린 상태가 되었다는 데서 오는 쾌감임을 어렴풋이 깨달았다. 너무 당황한 나머지 클라우디네의 심장은 품안으로 뛰어든 동물처럼 뛰기 시작했다. 하지만 이상하게도 그녀는 약간 비틀거렸지만 다시 중심을 잡았으며, 바람에 흔들려 고개 숙여 떨고 있는 이름 모를 큰 꽃처럼 몸을 움츠려 단단히 닫았다. 이로 인해 아주 먼 곳에서 찾아온 은밀한 합일에 도취되었던 기분도 갑자기 전율하며 떨어져나갔다. 클라우디네는 남자의 심장이 아득히 멀리서 떠도는 소리를 조용히 들었다. 변덕스러우며 고향을 잃은 듯 불안에 떠는 이 소리는 조용히 울려나왔지만, 경계를 넘어 이제 더이상 들을 수 없을 정도로 멀리 날아가 별빛처럼 낯설게 떨고 있는 음악 같았다. 그녀를 찾아 화음을 이루고자 하는 이 소리는 엄청나게 큰 올가미에 포획된 것처럼 끔찍한 외로움에 휩싸인 채 영혼이 살 수 없는 곳으로 넘어갔다.

클라우디네는 여기서 무슨 일이 터질 것만 같았다. 그리고 얼마나 오랫동안 그렇게 서 있었는지 몰랐다. 15분, 1시간… 시간은 들어온 곳도 나갈 곳도 없는 무한정 넓은 호수처럼 보이지 않는 원천에서 흘러와 그대로 머물러 있었다. 어느 땐지 모르겠지만 딱 한 번 무한히 넓은 수면 어딘가에서 알 수 없는 희미한 무언가가 그녀의 의식을 타고 밀려들었다. 그것은 기억, 아니 불현듯 스쳐 지나가는 단상 같은 것이었다… 이런 생각이 지나가자, 클라우디네는 그 희미한 무언가는 마음속에 오랫동안 가라앉아 있었던 예전 삶에 대한 꿈이었음을 깨달았다―그녀는 이 기억이 아마 적들에게 붙잡혀 굴욕적인 봉사를 강요당하는 꿈이었을 것이라고 짐작했다. 그 사이 기억은 사라지기 시작하더니 완전히 자취를 감추었고, 마지막으로 아주 멀리서 나무와 밧줄로 엮어 만든 것들이 유령처럼 흐릿하게 차례대로 나타났다. 클라우디네는 이제 자신을 지킬 수 없을 것 같았고 잠결에 울부짖는 것 같았으며 모든 힘과 감각이 다 사라질 정도로 너무 힘들었고 멍하게 싸우는 것 같았다. 이것은 그녀의 인생이 감당할 수 없을 정도로 큰 무형의 재앙이었다… 그 후 이런 느낌은 감쪽같이 사라졌다. 또다시 찾아든 정적에 등불만이 말 못할 사정이 있는 것처럼 한숨을 내쉬며 출렁이고 있었다… 그때 갑자기 어떤 생각이 떠올랐다. 삶이 이처럼 끔찍한 무방비 상태에 처한 경우, 예전 같으면 결코 알 수 없는 먼 상상의 세계 아니면 꿈에서나 일어날 법한 일이라고 간주했다면, 이번에는 하느님의 약속, 불확실한 동경, 한번도 느껴본 적이 없는 포근함 그리고 자신의 실체를 찾는 과정으로 여겨진 것이다—이런 감정은 가혹한 운명이 너무 두려워 제대로 저항 한번 못해본 채 자기 감정을 완전히 드러내고 벌거숭이가 된 느낌이자 스스로 옷을 벗고 감정을 드러낸 것 같은 느낌이었다. 이런 감정이 현기증 날 정도로 점점 힘을 빼놓는 동안, 클라우디네의 마음은 짝을 찾지 못해 이리저리 방황하며 사랑의 완성을 이루려는 반쪽처럼 어쩔 줄 모르고 있었는데, 이런 사랑의 감정은 대낮의 언어나 딱딱하고 경직된 걸음을 강요하는 언어로는 결코 해명할 수 없었다.

클라우디네는 최근에 이런 꿈을 꾼 적이 있었나 싶었다. 수년 동안 그녀는 이 꿈을 잊었다고 생각했다. 그런데 이런 꿈을 꾸었던 시절이 갑자기 바로 뒤에 와 있는 것 같았다. 무심코 몸을 돌렸는데 갑자기 누군가의 얼굴이 눈앞에 떡 버티고 있는 것처럼 말이다. 외롭게 격리된 기이한 방에서 클라우디네는 복잡하게 얽힌 미로 속의 흔적을 쫓아가듯이 자기 삶의 원래 모습을 되찾아가는 느낌을 받았다. 등 뒤에는 좀 전에 켠 촛불이 조그맣게 타올랐다. 클라우디네는 어둠에 얼굴을 파묻었다. 그녀는 자신이 어떤 모습인지, 어둠 속에 고립된 감옥 같은 방이 어떤 곳인지 점점 감지하지 못했다. 현재 그녀에게는 자신의 실루엣만 보일 따름이었다. 아주 천천히 자신이 현실세계에 존재하지 않는 것 같았고, 몸에서 무언가가 떨어져나와 시간과 공간을 뚫고 방황하는 것 같았다. 다시 정신을 차렸을 때도 그녀의 원래 모습은 그녀와 멀리 떨어져 길을 헤매고 있었다. 클라우디네는 현실에 깨어 있을 때도 여전히 꿈을 꾸고 있는 것 같았다… 어딘가에서… 집이 떠오르고… 사람들이… 잔혹하게 목을 조여오는 공포… 그 다음에는 얼굴이 빨개지고, 입술이 부드러워지며… 갑자기 어떤 남자가 다시 돌아올 것이라고 의식하며, 그녀의 팔과 풀어헤친 머리카락에서는 그 어떤 남자와도 부정한 짓을 할 것 같다는 잊혀진 감정이 되돌아오고… 그리고 그때—너무 무서워 몸을 부들부들 떨면서 그 남자에게서 자신을 지키고 싶어 애원하듯 들어올린 두 손이 서서히 지쳐가고 있을 때—갑자기 서로 상대를 알기도 전에 간통을 범한 것이나 다름없다는 생각이 들었다… 그것은 정신이 몽롱한 상태에서 떠오른 생각일 뿐이었다. 또한 단지 거의 불확실한 느낌, 바다에서 너무 세찬 바람이 불어와 숨이 막히지만 이상하게도 기분 좋은 고통, 그저 서로 알기도 전에 사랑했다는 생각일 따름이었다—갑자기 클라우디네는 사랑의 무한한 긴장상태가 현재를 뛰어넘어 부정한 짓도 저지를 수 있을 것 같았다. 예전엔 그녀는 다른 남자들과 방황했던 이런 삶을 청산하고 그들 둘만의 부부생활로 되돌아갔었다.

클라우디네는 실신한 사람처럼 풀썩 주저앉아 오랫동안 멍하니 있었다. 그 순간의 느낌은 지금 볼품없는 탁자 앞의 의자에 앉아 있다는 것뿐이었다. 다음에 떠오른 것은 G씨, G씨의 알듯말듯한 말들, 한번도 내뱉어지지 않는 말들 그리고 여행을 떠나기 전 남편과 나누었던 대화였다. 얼마쯤 지나자 눈 내린 밤의 축축하고 온화한 공기가 창문 틈 사이를 비집고 밀려 들어와 그녀의 드러난 어깨를 부드럽게 스치고 지나갔다. 그때 클라우디네는 비온 뒤 검게 변한 들판 위로 불어오는 바람처럼 아득히 멀리 그리고 고통스럽게, 마치 하늘이 대지를 덮는 것처럼, 정조를 버리고자 하는 마음 역시 삶을 은밀하게 덮고 있는 욕망이라고 생각하기 시작했다…

그 다음날 아침부터 그녀가 전에 느낀 이상한 공기가 온 세상을 뒤덮었다.

학교에 가려고 일찍 눈을 떴을 때 클라우디네는 맑고 깊은 물에서 빠져나온 기분이었다. 클라우디네는 자신이 밤사이 왜 그렇게 동요했는지 몰랐다. 그녀는 거울을 창문 앞으로 가져가 머리를 빗어 틀어올렸다. 아직 어두운 방에서 작고 흐릿한 거울을 보며 공들여 머리를 다듬고 있을 때는 마치 일요일 외출을 위해 예쁘게 치장하는 시골 처녀 같았다. 하지만 몸치장이 이제 곧 만나게 될 선생님이나 그 낯선 남자 때문이라는 느낌은 지울 수 없었다. 그때부터 그녀는 이런 무의미한 상상을 떨쳐버리지 못했다. 이런 상상은 내면적으로 그녀와 무관한 것이었지만, 모든 행위에 붙어다녔다. 그녀의 모든 동작에는 두 다리를 벌리면서도 관능이라고는 모른 척하는 위선이 깃들었는데, 이 위선은 불쾌했지만 천천히 그리고 멈추지 않고 겉에서 내면 깊숙이 스며들어갔다. 잠시 후 그녀는 두 손을 내리고 머리 만지는 일을 멈추었다. 하지만 이래봤자 어차피 일어날 일을 막을 수는 없었다. 실제로 뭔가 결정을 내리는 과정과는 달리, 이보다 훨씬 불확실하고 더 불안정하게 이렇게 해서는 안된다고 했다가 다시 하고 싶다고 하고, 그 다음에는 또 하고 싶지 않다고 하는 이해할 수 없는 변덕이 그녀의 모든 행위에 동반되는 동안, 그리고 손이 부드러운 머리카락을 붙잡느라고 화장옷 소맷부리를 뚫고 뽀얀 살을 드러내는 동안, 그녀에게 이런 상상은—예전에도 늘 따라다녔고—언젠가 다시 찾아올 감정처럼 보였다. 잠이 깬 아침의 공허한 상태에서 어떤 무관심한 낯선 힘의 명령을 받기라도 하듯 두 손이 의지와 상관없이 위 아래로 움직이는 것이 이상하기만 했다. 순간 간밤에 느꼈던 불안이 천천히 주변에서 다시 일어나기 시작했다. 간밤의 기억은 반쯤 모습을 드러내다가 다시 사라졌으며, 결코 잊을 수 없는 이 체험에는 커튼이 바람에 떠는 것 같은 긴장감이 흐르고 있었다. 어느새 창밖으로 날이 새자 클라우디네는 두려워지기 시작했다. 흐린 여명을 바라보면서 클라우디네는 제멋대로 움직이던 손이 은빛 물거품과 낯선 물고기—너무 놀라 눈을 크게 뜨고 있는—사이로 천천히 유혹하며 밑으로 미끄러져 가는 듯했다. 그날이 시작되었다.

클라우디네는 종이를 가져와 남편에게 편지를 썼다.

"…모두 다 이상해요. 불과 며칠 되진 않았지만 나보다 훨씬 높은 어떤 이름 모를 것 속으로 복잡하게 뒤엉켜 들어가는 것만 같아요. 말해주세요. 우리 사랑은 무엇인가요? 도와주세요. 당신 대답을 들어야겠어요. 우리 사랑은 탑 같고, 나는 이 탑의 가느다란 꼭대기에 매달려 벌벌 떨고 있는 것만 같아요."

이 편지를 부치려 했을 때, 우체국 직원은 외부로의 교통이 모두 두절됐다고 말했다.

곧장 그녀는 도시로 들어갔다. 이 작은 도시 주변은 바다처럼 광활했고 눈으로 하얗게 덮여 있었다. 가끔 까마귀떼가 날아다녔으며, 나무덤불도 검은 자태를 뽐내고 있었다. 도시의 변두리 깊은 곳, 무질서하고 어두운 작은 지점에서 생기가 다시 돋기 시작했다.

클라우디네는 다시 몸을 돌려, 약 한 시간 동안 매우 불안해하며 거리를 걸었다. 그녀는 골목이란 골목은 다 돌아다녔고, 얼마 뒤에는 같은 길을 반대방향으로 돌아왔으며, 조금 전에 통과했다고 생각되는 교차로를 다시 지나기도 했다. 눈으로 뒤덮인 광활한 대지는 가는 곳마다 텅 비었고 이상한 열기를 품은 채 달아올랐다. 그녀의 그림자는 마치 연극에서처럼 이 작은 도시를 현실과 완전히 단절시켰다. 몇몇 집 앞에는 눈이 담벼락처럼 높이 쌓였고, 공기는 맑고 건조했다. 눈이 계속 오고 있었음에도 곧 멈출 것처럼 눈발은 약해졌고, 땅은 드문드문 거의 말라 있거나 햇빛을 받아 눈이 반짝반짝 빛나고 있었다. 문이 닫힌 집에서는 이따금 유리 창문이 담청색 눈길로 길거리를 내다보고 있었으며, 발밑은 유리를 밟듯 바스락거렸다. 가끔 딱딱하게 언 눈덩이가 떨어져 처마를 내리치기도 했다. 그러자 하늘에 뾰족한 구멍이 난 것처럼 이 눈덩어리는 정적을 찢고 수분 동안 계속 떨어졌다. 갑자기 어딘가에서 담장이 장미 빛깔처럼 붉게 빛나기 시작하거나 카나리아처럼 연노랑색으로… 그녀는 지금 하는 짓이 너무 이상해 보였다. 소리없이 흐르는 정적 속에서 눈에 보이는 모든 것이 한순간 이와 전혀 다른 모습으로 마치 더 크게 울리는 메아리처럼 반복되는 것 같았다. 그러자 주변의 모든 것이 다시 서로 뒤엉켜 하나가 되었다. 주변의 불가사의한 골목길에는 집들이 서 있었다. 이 집들은 숲에 나란히 핀 버섯이나 현기증이 날 정도로 광활한 벌판에 조용히 고개 숙인 나무숲처럼 보였다. 그녀의 마음에는 불길이 타올랐고 부글부글 끓어오르는 뜨거운 액체가 이곳저곳을 돌아다니며 쓰라린 고통을 안기는 것 같았다. 골똘히 생각하며 걷는 동안 클라우디네는 비밀로 가득 찬 엄청나게 큰 통을, 불꽃이 타오르는 얇은 통을 지고 걷는 듯했다.

그 순간 클라우디네는 편지를 찢어버렸고 점심 때까지 학교에서 선생님과 대화를 나누었다.

방은 조용했다. 클라우디네는 어둡고 깊숙이 파인 아치형 창
문을 통해 밖을 내다보았다. 눈 덮인 광활한 세상은 잿빛으로 커
튼을 친 듯 뿌옇게 흐려 있었다. 사람들의 모습도 이상해 보였
다. 윤곽만 보이는 그들의 모습은 등짐을 진 듯 무거워 보였다.
클라우디네는 선생들과 공적인 이야기만을 했고 또 그런 이야
기만 들었다. 하지만 이따금 이 상황 자체가 몸을 허락한 것 같
은 기분을 던져주었다. 클라우디네는 이 기분을 이해할 수 없었
다. 선생들에게서 호감이라고는 전혀 느끼지 못했고, 자기가 좋
아하는 성격도 아니었으며, 심지어 단조로운 생활에서 비롯된
교사들만의 독특한 성격에 불쾌하기조차 했지만, 예전에 결코
느끼지 못했거나 오래전에 까맣게 잊고 살아왔던 남성성을, 즉
그들이 자기와는 성(性)이 다른 존재라는 사실을 분명히 느꼈기
때문이다. 방이 어둡긴 했지만 클라우디네는 선생들의 얼굴에
서 받은 인상 때문에 마음이 뜨거워졌다. 답답할 정도로 너무 속
된 이 남자들을 혐오하고 있는데도 이렇게 계속 얼굴을 달구는
이해할 수 없는 열기가 몸집이 크고 동작이 굼뜬 혈거동물의 고
약한 냄새처럼 이들 주위에 흐르고 있었다. 클라우디네는 혼자
여행을 떠나자마자 다시 찾아온 예전의 무방비 상태에서의 감
정을 여기서도 차츰 느끼기 시작했다. 선생을 대하는 모든 태도
에서 그녀는 차츰 비굴함을 느꼈다. 대화중에 내뱉은 사소한 말
이나 선생의 말을 들을 때 보여준 주의력은 물론이고 지금 여기
서 이야기하고 있다는 사실만으로도 비굴함을 느끼지 않을 수

없었다.

클라우디네는 이 자리가 불쾌했고, 너무 오래 머문 것 같았다. 방의 공기와 어둠이 답답하고 혼란스러웠다. 여태 남편과 떨어져본 적이 없었던 자신이 이곳에 혼자 있게 되자마자 다시 과거로 되돌아간 것 같다는 생각이 들기 시작했다.

그녀가 지금 느끼는 감정은 전처럼 단순히 불확실하게 스쳐지나가는 것만이 아니라 실제 인간들과 연결되어 있었다. 그럼에도 클라우디네가 경악한 것은 이들 선생 때문이 아니라 자신이 이들의 존재를 느낄 수 있다는 사실 때문이었다. 그녀는 이사람들이 한 말이 자신을 감싸는 동안 마음이 동요되고 가볍게 흔들리는 듯한 느낌을 은밀히 받았다. 그것만으로도 그녀는 놀라움을 금할 수 없었다. 이것은 무시해도 좋을 사소한 감정의 문제가 아니라, 자신의 모든 게 걸려 있는 근본문제였다. 이런 느낌은 구역질나는 냄새가 진동하는 공동주택을 지나가며 여기사는 사람들도 행복할지 모른다고 생각하다가 문득 자신도 그들과 다를 바 없다는 감정이 들 때와 다름없는 것이었다. 그때클라우디네는 뒤돌아 도망치고 싶었지만, 사방이 닫힌 세계 한가운데 옴짝달싹 못한 채 조용히 서 있는 것 같았…

잿빛 조명 아래 앉은 검은 수염의 남자들은 반투명 유리구슬속에 들어 있는 거인처럼 낯설었다. 클라우디네는 자신이 어떻게 이 세계에 둘러싸이게 되었을까 생각해보려고 했다. 일정한형태도 없이 부풀어오른 물렁물렁한 늪에 빠져드는 것처럼 이런 생각에 푹 몰입하는 동안 클라우디네는 담배연기 때문에 약간 혼탁하게 튀어나오는 목소리를 간신히 들을 수 있었다. 그의 말은 대화 도중 끊임없이 그녀의 얼굴을 스쳐간 담배냄새에 싸여 있었다. 이와는 다른 목소리도 있었는데, 그 목소리는 밝고 명랑했으며 양철 소리처럼 고음이었다. 클라우디네는 자신을 성적으로 흥분시켜 망가트린 채 나락으로 빠뜨릴 것 같은 그 소리의 정체를 상상해보려고 했다. 그럴 때면 그녀의 감정은 이상하게 소용돌이치며 서툴게 동요했으며, 우스꽝스러운 올림포스 신을 진지하게 믿는 여인처럼 그 신을 직접 느껴보려고 했다… 지금까지 살아오면서 한 번도 느껴보지 못한 낯선 감정이—모든 감각을 마비시킬 듯 지독한 냄새를 풍기며 털이 덥수룩한 동물처럼—그녀 앞에 커다랗게 드리워져 있었다. 클라우디네는 채찍으로 때려서라도 이 욕망을 떨쳐버리려 했다. 갑자기 그녀는 좀 거북해서 자세히 쳐다보지 못했지만, 자기 얼굴과 비슷하게 생긴 어떤 이의 얼굴에서 미묘한 인상의 차이를 감지했다.

순간 클라우디네는 은밀히 이런 생각을 했다. "우리, 우리 같은 사람들은 아마 저런 사람들하고도 같이 살 수 있을 거야…" 이런 생각에 괴로웠지만 이상하게도 흥분을 감출 수 없었다. 그녀가 느끼는 쾌감은 커져만 갔다. 그런 느낌은 마치 건너편에 뿌옇게 보이는 불확실한 물체를 살펴보기 위해 여러 생각을 하며 얼굴을 유리창에 고통스러울 정도로 바짝 밀착시킬 때와 같았다. 그녀는 그 사람을 두 눈으로 똑똑히 볼 수 있어서 기뻤다. 그러고는 남편을 저 건너편에 보이는 사람처럼 낯선 존재로 상상해보려 했다. 클라우디네는 조용히 남편을 떠올렸다. 남편은 그 누구와도 비교할 수 없는 최고의 남자였다. 그에게는 저울로 달 수 없는 것, 즉 오성으로 파악할 수 없는 것은 있을 수 없었다. 그런데 이제 남편마저도 흐릿한 존재로 변해 있었으며 그렇게 가까운 것 같지도 않았다. 목숨이 경각에 달할 정도로 병이 깊어지면 가끔 아무 이유 없이 이처럼 냉정하면서도 분명한 인식에 도달한다. 그러자 지금 치는 장난과 유사한 짓을 과거에도 할 수 있었다는 것, 그리고 지금 상상하려는 것처럼 남편을 의문의 여지없이 확실한 존재로 느낀 시절이 있었다는 것이 이상하기만 했다. 갑자기 모든 게 이상했다.

우리는 매일 어떤 사람들과 나란히 걸어가고 어떤 풍경이나 도시나 집을 지나간다. 이런 풍경이나 사람들은 우리가 어디로 걷든지 또 무슨 생각을 하든지 아무런 저항 없이 우리를 늘 따라다닌다. 하지만 어느날 뭔가가 뒤에서 가볍게 잡아당기면 이것들이 멈춰서게 되고, 아주 심하게 굳은 채로 아무 말 없이 우리와 완전히 분리되어 왠지 낯설고 완고하다는 느낌을 풍긴다. 이때 자신을 되돌아보면 이것들 옆에 어떤 낯선 이가 서 있는 것을 본다. 그리고 순간 우리는 과거를 만난다. 그게 뭐지, 하고 클라우디네는 물었지만, 자신을 이렇게 변하게 만든 것이 무엇인지 알 수 없었다.

순간 자기를 변화시킨 것은 바로 자신이라는 대답보다 더 분명한 것은 없음을 깨달았다. 하지만 이상하게도 이런 변화가 가능하다는 사실에 이상하게 거부감이 들기 시작했다. 우리는 이성이 전도될 때만 자기 삶에 결정적으로 중요한 것들을 깨닫는다. 그녀는 한때 자기 몸처럼 가까웠던 과거를 아주 낯설게 만든 예전의 그 경박한 삶을 이해할 수 없었고 과거에 자신이 지금과는 다른 모습으로 살았다는 사실도 전혀 이해되지 않았다. 하지만 이제 그녀는 멀리서 보면 낯설게 보이는 것도 어느 일정한 지점까지 다가가보면 우리 삶의 고유한 영역으로 들어온다는 걸 깨달았다. 하지만 우리가 예전에 있었던 그 자리는 지금 이상하게 텅 비어 있거나 내가 어제 이런저런 일을 했었지 하는 기억으로만 남아 있을 따름이다. 늘 그 앞에 서면 환자나 이방인처럼 얼굴이 하얗게 질려 한발 물러나는 천 길 낭떠러지처럼 몇초의 짧은 시간도 깊고 길다는 것만은 기억하지 못한다. 클라우디네는 이해할 수 없지만 자기 삶이 이처럼 끝없이 일어난 부정과 배신으로 점철되었다는 것을 번개처럼 빠르게 알아차렸다. 그녀는 배신을 통해 다른 남자들에게 모두 동일한 존재로 머무는 동안 이유도 모른 채 자기에게서 떨어져나왔다. 하지만 이때 의식과는 거리가 멀지만 결코 소진되지 않는 마지막 애정을, 자신이 행한 그 어떤 것보다 더 깊이 자신과 관계 맺게 해줄 애정을 예감했다.

이런 감정이 어렴풋이 정체를 드러내는 동안, 클라우디네는 그동안 주위를 둘러싼 원처럼 자기 삶을 끌어주었던 확실성이 갑자기 사라지는 걸 느꼈다. 그녀의 삶은 수백 개의 가능성으로 쪼개졌으며, 서로 다른 인생들이 차례로 무대에 올라오는 것처럼 따로 떨어져나갔다. 그리고 그 사이에 존재하는 하얗고 텅 빈 불안한 공간에는 선생들이 어둡고 불확실한 형체로 나타났다가 무언가를 갈구하며 사라졌다. 그들은 클라우디네를 응시했으며, 무거운 모습으로 각자의 자리에 서 있었다. 가까이 다가설 수 없게 만드는 낯선 여인은 어색한 미소와 수줍음 많은 얼굴로 여기에 앉은 채 슬프게도 지금 일어나는 마음의 동요가 우연이기만을 바랐다. 그녀는 지금 자신에게 일어나고 있는 일을 우연이라 여김으로써 그들에게서 떨어져나오고 싶어 했다. 대화가 그녀의 입술에서 빠르고 무의미하게 튀어나와 생기는 없지만 실처럼 기민하게 풀려나가는 동안, 이 남자들 중 한 사람이 풍기는 분위기가 자신을 포위한다면 자기가 바라는 그짓을 진짜 저지를지도 모른다는 생각이 서서히 그녀를 혼란에 빠뜨리기 시작했다. 하지만 그 일이 진짜 터진다 해도 그것은 단지 한순간 무덤덤하게 형성된 출구를 통해 가끔 배출되는 무의미한 욕구 해소일 뿐이다. 또한 그 누구도 이 사건을 통해 결코 자기 본질에 도달할 수 없으며, 현실이라는 강물을 타고 흐를 수도 없을뿐더러, 이 비현실적인 사건이 세상에서 멀어진 채 여리고 고독하게 내뿜는 소리를 들을 수 없을 것이다. 마음만 먹고 있을 따름이지 궁극적으로 아무런 일도 행할 수 없기에 고독할 수밖에 없고, 이 때문에 그 어느것과도 비교할 수 없으며, 머리로는 더이상 해명할 길 없는 이 욕정과 비교해보았을 때, 한 남자의 품속에서 느끼는 안정감과 한 남자를 사랑함으로써 그에게 구속될 수밖에 없는 두려운 상태는 클라우디네에게 자의적이고 중요하지 않으며 피상적인 것이었다.

이때 문득 참사관이 떠오르자 클라우디네는 흥분했다. 참사관이 자신을 열망하고 있으며, 이 때문에 자기 마음에 아직 가능성의 유희로 머물고 있는 것도 그와 함께라면 현실이 될 수도 있으리라 여겼다.

순간 클라우디네의 마음에는 무언가가 전율하며 경고를 보냈다. 수간(獸姦)이라는 말이 떠올랐다. 수간이라도 할까? 하지만 이런 생각 뒤에는 사랑의 유혹이 자리하고 있었다. '그것은 내가 이 동물 밑에 있을 수 있다는 것을 당신이 현실로 느껴야만 하기 때문이지. 이렇게 상상도 할 수 없는 짓을 하려는 데는 다 이유가 있어. 당신이 나를 더이상 믿을 수 없게 만들기 위해서야. 당신에게 이해할 수 없는 존재가 되고, 한줄기 환영의 불빛처럼 당신에게서 사라지기 위해서지. 당신이 나를 놓아주게 하기 위해서야. 당신과의 삶은 허상일 뿐이었어. 당신도 알다시피 나는 당신 안에서만, 당신에 의해서만, 당신이 나를 꽉 붙잡고 있는 동안에만 존재할 뿐 그 외에는 아무것도 아닌 존재였지. 여보, 우리의 합일은 이처럼 좀 이상한 상태였어…'

클라우디네는 부정한 여인의 슬픔에 조용히 잠겼다. 이 행위가 슬픈 것은 이 짓 자체가 아니라 이 짓을 저질렀기 때문이다.

참사관이 지금도 어딘가에서 기다리고 있을 것 같았다. 주위가 분명히 그의 숨결로 충만되었으며, 주변 공기에 그의 냄새가 밴 듯했다. 클라우디네는 매우 불안한 상태로 떠날 준비를 시작했다. 참사관에게 다가갈 것만 같았으며, 무슨 일이 벌어질 것만 같은 순간의 상상이 온몸을 차갑게 휘감았다. 그것은 짐을 싸서 문 쪽으로 질질 끌고 가는 것 같은 기분이었다. 클라우디네는 이 문이 닫힐 것이라 짐작했다. 그녀는 욕망을 억눌렀지만 모든 감각을 앞쪽으로 모은 채 바깥에서 나는 소리에 귀를 기울였다.

참사관을 만났을 때, 그는 더이상 처음 만난 사람이 아니라, 그녀의 마음에 들어오기 직전의 남자였다. 클라우디네는 그 사이에 참사관도 자기를 깊이 생각했으며, 어떤 계획을 준비했다는 사실도 알았다. 참사관은 "저를 거부해도 좋습니다. 하지만 어떤 사람도 나만큼 진심으로 당신을 사랑할 수는 없을 거예요"라고 말했다. 클라우디네는 아무런 대꾸도 하지 않았다. 그의 말은 천천히 이어졌지만 매우 인상적이었다. 참사관의 말이 제대로 먹혀든다면 무슨 일이 터질 것만 같았다. 그러자 그녀는 "진짜 눈에 파묻힐 거라 생각하셨나요?"라고 물었다. 클라우디네는 이 모든 일을 이미 겪은 것만 같았다. 지금 한 말은 자신이 예전에 내뱉었던 말 중에도 흔적으로 남아 있는 것 같았다. 클라우디네는 지금 자신이 무슨 짓을 하는지를 알려고 한 게 아니라, 자신이 지금 하는 일이 현재의 일인지 과거의 일과 동일한 것인지 구분하기 바빴다. 다시 말해 이 느낌이 자의적인 감정인지,

우연이지만 매우 친숙한 감정인지 말이다. 작은 파도가 계속 밀려오듯이 과거와 현재도 늘 반복적으로 교체되며 변하지 않는 것 같았다.

잠시 후 참사관이 말했다.

"망설이고 계시군요. 지금 망설이고 있다는 걸 잘 압니다. 여자라면 누구나 한번쯤 이런 상황을 겪지요. 당신은 남편을 존경하고, 그의 마음을 아프게 하고 싶지 않으며, 이 때문에 본심을 숨기고 계시잖아요. 하지만 잠시나마 남편에게서 해방되어 커다란 격정의 폭풍을 한번 체험해보았으면 하는 마음도 혹시 있을 것 같은데요."

클라우디네는 다시 침묵했다. 그녀는 참사관이 이 침묵을 오해할지도 모른다고 생각했다. 하지만 이상하게도 이런 상황이 좋았다. 이렇게 침묵하는 동안 클라우디네는 행동으로 보여줄 수 없고 이 행위를 참고 견딜 수도 없으며 말로 변호할 수도 없다는 것을 더 깊이 깨달았다. 왜냐하면 삶의 영역에는 지금 그녀가 오직 남편하고만 공유하는 감정처럼 얼마나 사랑하고 있는지를 설명하기 위해서는 직접 사랑에 빠져봐야 이해되는 부분이 있기 때문이다. 자신을 꼴사납게 만든 이 낯선 남자에게 그녀가 자기 껍데기를 맡기고 있는 동안에도 부부가 내면적 합일에 도달할 수 있는 것도 다 이 때문이었다.

이렇게 그들은 이야기를 나누며 걸었다. 그때 클라우디네의 마음은 이미 이 남자에게 넘어갔다. 자신이 이 남자에게 속해 있다는 불가사의한 감정이 한층 더 깊어지자 현기증이 났다. 이따금 비록 자신이 남편을 배신하지 않은 것처럼 보일지도 모르겠지만 이미 이 남자를 따르는 것 같다는 생각이 들었다. 가끔 결혼 전에 했던 농담이나 위트, 행동 그리고 이미 오래전에 졸업했다고 여겼던 일들이 되살아나는 것 같았다. 그때 참사관이 "부인, 위트가 있으시군요"라고 말했다.

참사관이 그렇게 말하며 옆에서 걷고 있을 때, 클라우디네는 그의 말이 그들 두 사람 외에 아무도 없는 텅 빈 공간 속으로 내뱉어지고 있음을 알았다. 여기서는 그들이 지나왔던 집들도 점점 약간씩 모습이 바뀌거나 유리창에 비친 것처럼 좌우가 뒤바뀌었고, 그들이 서 있는 골목길이나 그들의 모습조차도 일그러져 약간 변해 있었다. 하지만 그녀는 자신을 분명히 알아보았다. 클라우디네는 이 속된 사람에게서 어떤 힘이 흘러나오고 있음을 알았다―그것은 세계를 눈에 띄지 않게 앞으로 밀고가는 생기넘치는 힘이었다. 이 힘은 그에게서 흘러나와 그녀의 피부에 닿자마자 사물들을 휘게 만들었다. 그녀 역시 거울에 비친 것처럼 모든 것을 부유(浮遊)하게 만드는 세계에서 사물의 모습을 보고 혼란스럽기만 했다. 클라우디네는 지금 이 알 수 없는 힘에 굴복한다면 자기도 완전히 이와 같은 모습이 될 것 같았다. 갑자기 참사관이 말했다. "믿어주세요. 이것은 관습의 문제일 따름입니다. 당신이 열일곱이나 열여덟살에―잘 모르겠습니다만―다른 남자를 만나 결혼했다면, 지금 남편의 부인이라 상상하는 것도 어렵지 않았겠어요?"

그들은 커다란 교회 앞에 도착했다. 광장에는 그들 둘만 있었
다. 클라우디네는 참사관의 몸짓이 이 광장에서 우뚝 솟아오르
는 것을 쳐다보았다. 그때 한순간 자기 몸에 나란히 붙어 있던
수천 개의 수정(水晶)이 동시에 일어서는 것 같았다. 사방을 떠돌
며 불안하게 쪼개지는 몽롱한 빛이 그녀의 몸에서 솟아올랐고,
이 빛을 받은 참사관은 갑자기 아주 다르게 보였다. 그의 모든
윤곽은 그녀의 심장인 양 벌떡거리며 클라우디네에게 다가왔
다. 참사관의 모든 행동이 그녀의 몸을 뚫고 안으로 들어올 것만
같았다. 그의 정체가 무엇인지 소리쳐 묻고 싶었지만 그런 감정
은 일정한 법칙도 실체도 없는 허상과 같았으며, 이상하게도 그
녀의 마음에서 일어나긴 했지만 자신의 감정이 아닌 것처럼 떠
돌고 있었다.

다음 순간 주변의 빛도 안개에 둘러싸인 것처럼 흐릿하게 사
라지는 듯했다. 클라우디네는 주위를 돌아보았다. 사방은 조용
했고, 집들은 광장을 에워쌌으며, 탑에서는 종소리가 울려퍼졌
다. 종소리는 성벽 모양으로 탑을 둘러싼 네 개의 난간 사이로
금속성의 음을 내며 둥글게 원을 그린 채 밖으로 퍼져나가다가
밑으로 떨어지면서 소멸되거나, 날갯짓하며 높이 솟아올라 이
웃집 지붕을 타넘고 사라졌다. 이 소리가 도시를 넘어 멀리멀리
퍼져나갈 것이라는 생각이 들자 갑자기 무서워졌다. 왜냐하면
소리들이 탑이 많은 청동 도시처럼 묵직한 소리를 내며 세계를

관통하여 이성이 존재하지 않는 세계까지… 구름 한점 없이 맑은 하늘에 이따금 끝없이 깊고 흐린 먹구름이 나타나듯이 제멋대로 대낮 같은 이성의 세계와 소리없이 잠깐 교류하다가 사라지는, 어디에도 얽매이지 않고 도무지 파악되지도 않는 감정의 세계까지 도달할 것 같았기 때문이다.

그때 무언가가 주위를 돌며 자신을 응시하는 것 같았다. 그녀는 이 사람이 가하는 자극이 감지될 수 없을 정도로 멀리서 부서지며 어둡고 외로운 곳에서 자기 마음을 얻기 위해 야단법석을 떨고 있는 것 같았다. 그것은 이 남자가 자신에게 뭔가를 갈망하는 듯한 행위로, 세상에서 가장 간절한 행동 같아 보이지만 사실은 누구나 다 하는 행위에 불과했다. 그것은 자신이 응시당하고 있다는 아주 무덤덤한 느낌, 알 수 없는 어떤 힘에 의해 우연히 같은 형상으로 합일된 점들이 한 공간에 있으면서도 서로 낯설게 바라보는 느낌일 따름이었다. 클라우디네는 이 형상 속에 몸이 오그라들었다. 이 형상은 클라우디네가 공간을 구성하는 점이라도 되는 양 그녀를 압착했다. 그녀는 이때 이상하다는 느낌이 들었다. 그것은 자신이 정신적 존재라든가 자기 삶을 스스로 선택했다든가 하는 것과는 무관하게 자신이 예전과 동일한 존재가 되었다는 감정이었다. 앞에 있는 이 남자가 증오스러울 정도로 속된 정신의 소유자라는 생각이 갑자기 사라졌다. 그리고 자신이 저 멀리 드넓은 들판에 서 있는데 주변에는 노랫소리가 대기를 타고 흐르고, 하늘에는 여러 개의 구름이 조용히 떠 있다가 각각의 자리에 굴을 파고 순식간에 그 안으로 숨어버리는 것만 같았다. 클라우디네 역시 이 구름과 다르지 않았다. 이리저리 떠다니며 소리를 내는 존재… 동물의 사랑을 이해할 수 있을 것 같았다… 그리고 구름과 소리의 사랑도. 참사관의 두 눈이 자신의 눈을 찾고 있는 것 같았다… 그리고 깜짝 놀랐다. 클라우디네는 자신을 찾기를 갈망하고 있었는데, 자신에게 남아 있는 마지막 애정을 감싸며 막는 것이 바로 옷임을 깨달았다. 그녀는 이 옷 아래 피가 흐르며 격렬하게 떨고 있음을 감지했다. 클라우디네에게 남은 것이라고는 자신이 허락해야 할 육체와 육체에 대한 감각, 즉 가장 영적이며 현실을 무시한 채 궁극적 쾌락을 추구하는 이 영적인 감각뿐이었다. 그녀는 이 순간 자신의 사랑이 아주 대담한 모험이 될지, 이대로 사그라질지, 아니면 감각이 호기심을 못 이기고 문을 활짝 열게 될지 알 수 없었다.

저녁 무렵 그녀는 식당에 앉아 있었다. 외로웠다. 그때 어떤 여자가 말을 걸어왔다.

"오후에 따님이 기다리고 있던데요. 아주 귀여운 아이더군요. 정말 좋으시겠어요."

클라우디네는 이날 다시 학교에 가지 않았다. 하지만 선생들과 함께 있을 때 갑자기 머리카락이나 손톱 등 아무 감각도 느낄 수 없는 신체부위만 남은 사람이나, 온몸을 갑옷으로 두른 사람처럼 아무 감정이 없었다고 말할 수는 없었다. 그들의 말에 몇마디 대답도 했지만 그때 했던 말들은 모두 자루나 그물 속에 뒤엉킨 것 같았다. 직접 내뱉은 말들도 다른 사람들의 말들과 섞여 낯설기만 했다. 다른 물고기들의 축축하고 차가운 몸통에 뒤엉킨 물고기처럼 그녀의 말은 이루 표현할 수 없을 정도로 뒤얽혀 버둥거렸다.

클라우디네는 이 상황이 역겨웠다. 문제는 지금 어떻게 하면 자신을 몇마디 말로 설명할 수 있을까가 아니었다. 자신을 정당화하기 위해서는 미소나 침묵 아니면 자기 내면의 소리에 귀를 기울이는 방법처럼 말로 설명하는 것과는 완전히 다른 방법밖에 없는 것 같았다. 불쑥 한 사람, 여기서 그 누구도 이해해주지 않을 것 같은 외로운 사람이 이루 말할 수 없이 그리웠다. 그는 여러 생각을 하게 만드는 부드러운 애정의 소유자였다. 이 애정은 정신을 몽롱하게 만드는 열병처럼 외부에서 일어난 일들이 가하는 충격을 흡수하여 모두 흐릿하고 지루하게 남겨두는 반면, 내면에서 일어난 모든 일들은 영원하고 신비로운 자의식의 균형감각을 통해 안전하게 유지하도록 만들었다.

하지만 보통 이와 비슷한 분위기라면 방은 원을 그리며 열띤 이야기꽃을 피우는 한무리 사람들처럼 그녀를 감싸안았겠지만, 여기 이 방의 물건들은 이따금 눈에 띄지 않게 서 있거나, 그녀를 가만히 내버려두거나, 자기 자리로 도망쳤다. 그리고 그녀를 퉁명스럽게 거부했다. 옷장과 책상. 그녀와 일상용품들 사이에서 질서가 교란되고 있었다. 일상용품들은 뭔가 불확실하고 동요할 만한 일이 벌어질 것임을 은밀히 암시하는 것 같았다. 예기치 않게 여행에 나섰을 때처럼 추하다는 느낌이 다시 찾아왔다. 이 감정은 단순히 추한 느낌이 아니라, 손을 집어넣어 물건을 잡듯이 마음만 먹으면 그녀의 감정을 통째로 움켜쥐고도 남을 것 같은 느낌이었다. 그녀 내면의 궁극적 확실성이 꿈을 꾸듯 사물을 응시하기 시작한 이래 다른 때라면 지각하지 못했을 이 물건들이 자신의 감정으로 들어옴을 느끼는 순간 마치 무언가가 느슨하게 열리는 것처럼 그녀의 감정에 여러 개의 구멍이 났다. 주변 세계에서 받은 여러 인상들은 쇠사슬처럼 연결되어 울리는 것이 아니라, 서로 끊어진 채 무한한 잡음처럼 울렸다.

이로 인해 클라우디네의 기분도 미묘해졌다. 그것은 해변을 걷다가 강한 바람을 맞았을 때 그때까지 했던 생각과 행동을 깡그리 잊어버리고 자기 자신의 흔적조차 느끼지 못하는 상태와 같은 느낌이었다. 클라우디네는 서서히 불확실하게 변해갔으며, 더이상 자신의 경계를 정할 수도, 자신을 감지할 수도 없었다. 그녀는 그렇게 자신이 사라지고 있다고 여겼다. 클라우디네는 다만 무작정 소리지르고 아무 이유 없이 오직 자기 의지에 따라 아주 방탕하게 행동하며 이를 통해 자기가 살아있음만을 끝없이 느끼고 싶었다. 젖을 빨고 열렬히 키스하며 누군가를 겁탈하려는 에너지는 이처럼 자기상실의 감정 속에 들어 있었다. 이런 상태에서는 매순간 야수처럼 거칠고, 어딘가에서 잘려나온 듯하며 아무것도 책임지지 않는 고독이 어떤 기억도 없이 멍하게 세상을 노려본다. 이런 감정이 그녀의 말이나 몸짓을 자신에게서 분리시켰다. 하지만 이렇게 그녀에게서 떨어져나온 말과 몸짓이지만, 그것은 여전히 존재하고 있었다. 참사관은 앞에 앉아 있었다. 그는 클라우디네의 육체가 은밀하게 감춘 사랑의 감정이 가까이 다가옴을 직감한 듯했다. 클라우디네는 참사관이 말을 하는 동안 수염이 위아래로 끊임없이 움직이는 것을 잠에 취한 듯이 계속 바라보았다. 이 수염이 아주 불분명하게 들려오는 말들을 씹어먹는 염소 수염이라도 되는 양 말이다.

클라우디네는 고통스러웠다. 이 모든 것이 가능하다는 것은 살을 저미고 귓속이 윙윙거릴 정도로 심한 고통이었다.

참사관은 말했다. "당신은 폭풍우에 찢겨나갈 운명을 타고난 여인이에요. 하지만 자부심이 너무 강해서 그것을 감추고 싶어할 따름이지요. 제 말을 믿으세요. 그런다고 여자의 영혼에 대해 잘 아는 전문가를 속일 수는 없죠."

클라우디네는 쉼없이 과거로 빠져들어가는 것 같았다. 하지만 그녀가 주변을 돌아보며 깊은 물처럼 차곡차곡 쌓인 무한히 긴 영혼의 시간을 통해 과거로 가라앉을 때도 이 모든 것은 우연이라는 생각을 떨쳐버리지 못했다. 이것은 그녀 주변에서 일어난 일들이 지금 그렇게 보인다는 것이 아니라, 마치 시간이 흘렀음에도 얼굴에서 사라지지 않는 표정처럼 이런 모습이 자연법칙에 반해 발톱을 세운 채 이 일들에 단단히 들어붙어 있다는 뜻이다. 그것은 조용히 풀리던 사건의 실마리에서 어떤 한 부분이 끊어진 채 넓은 곳으로 퍼져나가는 것만큼이나 묘한 느낌이었다. 모든 얼굴과 물건이 뜻밖의 우연이라는 표정으로 점차 딱딱하게 굳어갔고, 지금까지 이어온 관습적 질서에 맞서 꽈배기처럼 수직으로 엇갈려 뒤섞인 채 뭉쳐 있었다. 오로지 클라우디네만 아래로 미끄러져 내려갔는데, 이때 그녀의 감각은 얼굴들과 물건들 사이를 불안하게 왔다갔다 했다.

수십 년 동안 그녀의 인생을 엮어온 거대한 감정의 연관관계가 한순간 뒤로 멀어진 채 삭막하고 거의 무가치하게 변해버렸다. 아무 말 없이 우뚝 솟은 사물들 사이에서 독자적으로 살아남기 위해 인간들은 선 하나를, 모든 것을 단순하게 연결하는 하나의 일직선을 새긴다. 이게 바로 우리 인생이다. 우리 인생은 모든 것이 조각조각 끊어져 어떤 말도 할 수 없는 침묵의 순간에 몸을 가눌 수 없을 정도로 비틀거린다. 아니면 이 침묵으로 자신이 해체되어 사라질까 두려워 끊임없이 말하고 또 모든 말들은 그전에 했던 말에 소속되고 그 다음에 올 말을 요구한다고 스스로 기만한다. 하지만 이것은 우리 행위가 어떤 연관관계도 맺지 않으며 끔찍할 정도로 따로따로 떨어진 채 우연히 일어날 뿐이라는 공포의 표현이자, 그 행위의 취약성을 드러내 보여줄 뿐이다.

참사관은 여전히 말하고 있었다.

"그것은 운명입니다. 불안을 야기할 운명을 타고난 남자들도 있지요. 이들에게 마음을 열어주세요. 이들을 막지 마세요…"

하지만 클라우디네는 귀담아 듣지 않았다. 그동안 그녀는 묘하게도 서로 멀리 떨어진 정반대의 것들을 생각했다. 한마디로 그녀는 아주 방탕하게 자유를 만끽하기를 원했으며, 사랑하는 이 남자의 발 아래로 돌진하려 마음먹었다. 클라우디네는 그렇게 할 수 있을 것 같았다. 하지만 자신을 받아달라고 간절히 애원하는 남자 앞에서 무언가가 그짓을 중지하라고 강요했다. 그것은 물이 새지 않게 그 앞에 서서 막으라는 강요였고, 남편을 잃지 않으려면 남편의 삶에 찰싹 달라붙으라는 강요였으며, 갑자기 말문이 막혀 어쩔 줄 몰라 당황하지 않으려면 스스로 노래를 부르라는 강요였다. 클라우디네는 이런 요구를 따르고 싶지 않았다. 그녀는 망설였고 무슨 말을 해야 할지 신중히 생각했다. 클라우디네는 다른 사람들처럼 정적이 무서워 소리치고 싶지 않았다. 노래 역시 부르고 싶지 않았다. 단지 속삭임과 정적… 무(無)와 공허(空虛)만이 …

참사관은 천천히 그리고 소리없이 난간 너머로 몸을 굽히며 말했다.

"연극 좋아하세요? 저는 연극이 정교하게 행복한 결말을 그려내는 것을 좋아하지요. 그것은 일상에 지친 우리에게 위안을 주니까요. 하지만 연극이 연출한 꿈같은 삶에서 우리는 곧 깨어나지요. 연극이 끝나면 이런 인생도 종말을 고하니까요. 하지만 이게 바로 삭막한 자연의 법칙이 아닐까 싶군요…"

불쑥 이 말이 아주 분명하게 다가왔다. 자신을 붙들려는 손과 희미하게 뒤쫓아오는 온기, 그리고 '당신'이라고 부를 수 있는 존재가 어딘가에 있다는 의식이 여전히 남아 있었다. 그때 클라우디네는 남편에게서 떨어져나왔지만, 지금도 여전히 자신과 남편은 서로에게 중요한 존재라고 확신했다. 클라우디네와 그녀의 또다른 자아인 남편은 죽음처럼 달콤하고도 가벼운 옷감처럼, 아직 잘 알려지지 않은 취향의 아라베스크 문양처럼 말없이 의심하며 긴밀하게 엮여 있는 듯했다. 하지만 클라우디네가 귀를 기울이지 않으면 남편의 영혼에서만 구체적으로 잡히는 이 소리를 결코 들을 수 없었다.

참사관은 몸을 일으켜 클라우디네를 바라보았다. 문득 그녀는 지금 이 남자 앞에 있지만, 동시에 자기가 사랑하는 또 하나의 남자가 지금 멀리 떨어져 있다는 생각도 했다. 참사관은 생각에 잠긴 듯했다. 하지만 무슨 생각을 하는지는 알 수 없었다. 동시에 그녀의 마음은 길을 잃고 방황하는 듯했다. 다만 육체의 어두운 껍데기가 이것을 가려주고 있을 따름이었다. 그 순간 클라우디네에게는 참사관의 모든 감정을 시골 울타리처럼 가로막고 있는 이 몸이 불가해한 심리적 억압처럼 느껴졌다. 그녀는 자신을 향한 참사관의 감정이 그 어떤 것보다 가깝게 다가와 자신을 에워싸고 있는 걸 알았다. 하지만 그것은 남편과 헤어지게 만들지도 모를 피할 수 없는 부정의 유혹이었다. 아직 한 번도 당해보지 않아 무기력하게 받아들일 수밖에 없는 이 체험에서, 클라우디네는 몸을 통해 자기를 지켜주던 마지막 정조가 내면 깊숙한 곳에서 그 반대 방향으로 전도되는 것을 느꼈다.

아마 그때 클라우디네는 이 낯선 남자에게 몸을 허락하고 싶다는 생각만 했을지도 모르겠다. 하지만 이처럼 낯선 남자를 갈망하는 것의 영적 가치를 매우 불신한 까닭에 그녀는 가슴을 졸여야 했다. 한편으로 그녀는 자기 몸을 산산조각낼 것 같은 고통을 당해도 이 욕망을 통해 자기 자신을 느낄 수 있을 것이라 믿으며 모든 영적인 결정에서 은밀하게 벗어나려는 이런 감정에 대해 전율했다. 이것은 어둡고 텅 빈 공간에서 무언가가 자신을 에워쌀 때 느끼는 두려움과 같았다. 그러나 다른 한편으로는 쓰라리지만 온몸으로 욕망에 저항하고 싶었고, 또 낯선 남자 때문에 생긴 감각적 타락의 무방비 상태에서 칼로 배(腹)를 가르듯이 그 욕망을 단칼에 베어버리고도 싶었으며, 혐오와 역겨움 그리고 폭력과 원치 않는 거부의 몸부림으로 이 욕망을 가득 채우고도 싶었다. 참된 정조를 알아가는 상황에서 느낀 이 욕망을, 이런 동요를, 일정한 형체도 없이 도처에 산재하는 아무것도 아닌 감정을, 이처럼 영혼이 병들었다는 확신을 그녀는 끝없이 새로운 사람을 만나 그와 함께 살려는 마음 때문에 고통받으면서도 헛되이 다른 남자를 찾아다니는 몽환적 정신병의 마지막 상처로 치부하려 했다.

자기 사랑이 죽어 없어졌으면 좋겠다는 생각은 지난 수년간 그녀를 어둡게 감싸온 여러 생각들을 뚫고 서서히 솟아올랐다.

문득 클라우디네는 참사관이 넌지시 암시한 제안을 받아들이겠다는 듯이, "남편이 봐줄지 모르겠는데요…"라고 저 멀리서 희미하게 빛이 퍼지듯이 대답하는 자신의 소리를 들었다.

그때 처음 남편에 대해 이야기했다. 그녀는 깜짝 놀랐다. 자신이 진짜 이런 말까지 하리라고는 도저히 생각하지 못했던 것이다. 하지만 그녀는 자신이 생생하게 내뱉은 말들이 쉼없이 분출해내는 힘을 느꼈다. 이 기회를 놓치지 않고 재빨리 참사관이 말했다.

"남편을 사랑하신다는 말인가요?"

클라우디네는 이 말을 했을 때 그가 한 오판이 얼마나 우스꽝스러운지 잘 알고 있었다. 그녀는 몸을 떨면서 단호하게 말했다.

"아니, 아니에요, 전혀 사랑하지 않아요."

위층 자기 방에 올라왔을 때 왜 이런 말을 했는지 이해되지 않았다. 하지만 본심을 감추고 거짓말을 했다는 사실에 묘하게 흥분했다. 클라우디네는 남편을 떠올렸다. 길거리에서 불 켜진 방을 볼 때처럼 불쑥 남편 생각이 난 것이다. 그러자 비로소 자신이 무슨 짓을 하고 있는지 깨달았다. 남편은 멋져 보였고, 그녀는 그 옆에 있기를 원했다. 그러자 클라우디네의 마음은 환하게 밝아왔다. 하지만 자신이 한 거짓말에 굴복한 순간 그녀는 다시 남편과 멀어져 어두운 거리에 나와 있게 되었다. 클라우디네는 온몸이 꽁꽁 얼어붙는 것 같았다. 살아있다는 사실 자체가 고통이었으며, 바라보는 물건이나 들이마시는 숨소리도 마찬가지였다. 따뜻한 빛을 발하는 구슬 속으로 들어가듯이 남편에게 미끄러져 들어갈 수도 있었다. 그곳이라면 안전하게 보호받으며, 비바람이 몰아치는 밤의 날카로운 뱃머리처럼 여러 물건들과 부딪힐 일도 없을 것이다. 다만 가볍게 붙들려 행동의 제약을 받으면 그만이었다. 하지만 그녀는 그렇게 되길 원치 않았다.

클라우디네는 예전에 이미 거짓말을 한 적이 있다는 사실이 떠올랐다. 아니, 결혼하기 전에는 거짓말이 아니었다. 당시에는 그녀의 삶 자체가 거짓말이었기 때문이다. 하지만 남편과 결혼한 뒤 언젠가 클라우디네가 저녁에 두 시간 동안 산책했다고 말했을 때, 그것은 진실인 동시에 거짓말이었다. 그녀는 자신이 생전 처음 거짓말을 했다고 생각했다. 그때 클라우디네는 오늘 아래층에서 사람들 사이에 끼여 앉아 있었던 것처럼 거리를 헤매고 다녔으며, 집 나온 개처럼 불안해하며 길을 잃고 이리저리 방황했다. 그녀는 이집저집을 들여다보았다. 어떤 곳에서는 우아하게 사람을 맞이하는 모습에 스스로 만족한 듯 보이는 남자가 예의있게 여자에게 문을 열어주고 있었고, 또다른 곳에서는 한 남자가 부인과 함께 누군가를 방문하고 있었다. 그것은 품위있는 결혼생활의 안정감을 보여주는 남편의 모습이었다. 이처럼 거리에는 무엇이든 가리지 않고 태연하게 삼켜버리는 큰 강물처럼, 안쪽으로 소용돌이치다가 창문 하나 없는 깜깜한 방에 들어왔을 때처럼 모든 것을 똑같이 보이게 만드는 원운동의 작은 중심들이 있었다. 또한 이 원들의 내부 곳곳의 좁은 공간 안에는 메아리가 울려퍼지고 있었는데, 이 메아리는 우리가 감당할 수 없는 것들—사이공간, 하나의 행위와 그 다음 행위가 충돌하는 사이에 생긴 깊은 골, 여기서 우리는 자신만의 고유한 정체감에서 빠져나와 두 개의 말들 사이에 흐르는 침묵으로 빠져드는데, 이 침묵은 다른 한 명이 내뱉은 말들 사이에 흐르는 침묵과 완전히 동일할 것이다—을 듣지 않도록 하기 위해 각 단어를 맞아들이고 이를 그 다음 단어가 나올 때까지 계속 연장시켰다.

그때 한 가지 생각이 은밀하게 찾아왔다. 그것은 바로 그들 사이 어느 한곳에 한 사람이, 자신과 어울리지 않는 전혀 다른 사람이 살고 있다는 것, 그런데 자신이 이 남자와 잘 어울려 살 수 있을 것 같고, 오늘날 사람을 의미하는 자아에 대해서 잘 모르겠다는 것이었다. 왜냐하면 감정은 오로지 다른 사람의 감정에 기대어 긴 연관관계를 맺으면서 존재하기 때문이다. 여기서 중요한 것은 어떻게 하면 삶의 한 점을 다른 점과 한치의 균열도 없이 연결하느냐이다. 그리고 이를 위해서는 백 가지 방법이 있다. 클라우디네가 사랑에 빠진 이후 처음으로 이 감정은 우연이며, 어떤 우연으로 이 감정이 현실이 되었고 그것을 붙잡고 늘어지게 된 것이라는 생각이 엄습했다. 그러자 불명확하지만 처음으로 자기 감정의 근거를 찾은 듯한 느낌이 들었다. 사랑을 하면서 클라우디네는 자신의 뿌리이기도 한 자신의 절대성이 완전히 산산조각나 더이상 알아볼 수 없게 되었다는 느낌을 받았는데, 이 감정은 예전에도 늘 그녀를 그녀 자신이게끔 만들어주는 것 같았지만 그녀를 다른 누구와 구분시켜주지도 않았다. 클라우디네는 정처없이 표류하고 있는 것, 뭔가 비현실적인 것, 어디에도 안주할 수 없는 것 속으로 가라앉는 느낌이었다. 그녀는 우수에 젖어 텅 빈 거리를 달리면서 길가의 집들을 들여다보기도 했다. 이때 구두 뒷굽이 보도블록을 밟는 소리만 그녀를 따라왔다. 클라우디네는 때로는 앞에서 때로는 뒤에서 이 소리를 들었는데, 이것은 자신이 육체적 존재라는 사실을 알려주는 마지막 징표였다.

하지만 당시 그녀는 자신이 이처럼 산산조각나고 있음을, 아직 실현되지 않고 남아 있는 감정의 그림자가 배후에서 쉬지 않고 움직이고 있음을, 이로 인해 서로 의지하면서 유지되는 힘들이 불안하게 되었음을, 그래서 자신이 무가치하게 되었음을, 이 느낌이 증명될 수 없음을, 오성으로는 자기만의 고유한 인생을 파악할 수 없음을 깨닫고 혼란스러워하며 거의 울먹일 뻔했고, 자기라는 존재가 이처럼 수수께끼 같고 비밀스럽다는 것에 지쳐갔다. 반면 지금, 자신의 첫 거짓말을 다시 떠올린 이 순간 그녀는 살아가는 데 꼭 필요한 투명하게 빛나는 상상력을 훼손하면서까지 합일을 이루기 위해 감당해야 할 것들을 손에 넣었다. 그것은 자신이 꿈처럼 어둡고 제한된 존재로 타인을 통해서만 존재한다는 것, 결코 깨어날 수 없는 섬의 고독감, 두 개의 거울 사이를 왔다갔다 하는 것처럼 이리저리 헤매는 사랑은 그 뒤에 공허함만 남긴다는 것이었다. 클라우디네는 마음 속으로는 다른 남자와의 불륜을 기대하면서도 마치 가면을 쓴 듯 그렇지 않다고 말한 거짓 고백으로 덮인 여기 이 방에서 사랑의 거짓말과 기만은 멋지고 위험하며 감정을 고양시킨다고 느꼈다. 그러자 그녀는 은밀하게 자기 밖으로 흘러나와 더이상 다른 사람과 연락되지 않는 곳, 출입이 금지된 곳, 절대적 고독이 사라지는 곳, 정직함을 위해 이상적인 것 뒤에서 이따금 잠깐 열리는 빈 공간으로 흘러 들어갔다.

클라우디네는 계단을 조심스럽게 오르는 발걸음 소리, 계단이 삐거덕거리는 소리, 발걸음을 멈추는 소리를 들었다. 누군가 방 앞에 조용히 멈춰섰다.

그녀는 출입구를 향해 눈길을 던졌다. 얇은 판자 문 뒤에 한 사람이 서 있다는 것이 묘한 느낌으로 다가왔다. 서로 얼굴도 보지 못한 채 긴장만 증폭시키는 이 문으로 들어오는 것들은 단지 우연일 뿐이라 여겼기에 누가 들어오든 상관없을 것만 같았다.

클라우디네는 이미 옷을 다 벗은 상태였다. 침대 앞 의자에는 스커트가 쓰다듬어놓은 것처럼 가지런히 놓여 있었다. 매일 다른 사람들에게 빌려주는 이 호텔 방의 공기는 그녀 내면의 공기와 비슷했다. 그녀는 방안을 둘러보았다. 서랍장에 비스듬하게 걸린 놋쇠자물쇠와 너무 많은 사람들이 밟아 낡아빠진 작은 양탄자가 눈에 들어왔다. 그녀는 불쑥 이 방에 머물렀던 낯선 사람들의 발냄새에서, 그들의 발에서 영혼 속으로 들어갔을 그 고약한 냄새에서 고향의 냄새 같은 친근함과 포근함을 느꼈다. 이것은 두 가지 빛깔의 모호한 감정으로, 한번은 낯설고 구토가 날 것 같은 느낌이고, 다른 한번은 이 모든 사람들의 자기애가 자신에게 흘러 들어오는 것을 방관자적 태도로 그저 바라볼 수밖에 없다는 느낌이었다. 그 사람은 여전히 그녀의 방문 앞에 서 있었으며, 이따금 자기도 모르게 조그만 소리를 내며 움직이곤 했다.

그때 그녀는 이 양탄자 위로 몸을 던져 많은 사람들이 밟고 다닌 역겨운 흔적에 입을 맞추고, 마치 코를 박고 쿵쿵거리며 돌아다니는 암캐처럼 여기서 흘러나오는 냄새를 맡으며 흥분을 느끼고 싶었다. 하지만 이런 충동은 욕정이 아니었으며, 바람이 세차게 불거나 어린아이가 울부짖는 것과 같은 것이었다. 클라우디네는 방바닥에 무릎을 꿇었다. 양탄자에 서툰 솜씨로 수놓은 꽃들은 그녀의 눈길이 다가갈수록 더 크고 알아볼 수 없을 정도로 복잡하게 넝쿨을 뻗었다. 클라우디네는 허리를 굽힌 채 통통하고 여성스러운 허벅지를 뭔가 방탕한 것을 보는 것처럼 증오의 눈길로 쳐다보았다. 하지만 이때 그녀의 얼굴에는 진지하고 긴장한 표정이 역력했고 두 손은 방바닥에서 마치 두 마리 오절동물처럼 서로를 응시하고 있었다. 바깥에 걸린 램프 불빛이 휙 비쳐들더니 천장에서 소름끼칠 정도로 조용히 둥근 원을 그리며 떠돌아다녔다. 벽, 이 삭막한 벽, 빈 공간 그리고 다시 저 너머에 그 남자가 서 있었다. 그는 껍질 속의 나무처럼 삐거덕거리며 가끔 움직였으며, 그의 피는 그녀의 결단을 촉구하며 활엽수처럼 무성하게 머리를 돌고 있는 것 같았다. 클라우디네는 문

뒤에서 사지를 바닥에 대고 누운 채 원숙한 몸매를 달콤하게 느끼고 있었지만, 결코 사라지지 않는 영혼의 잔재는 마치 심한 부상을 입고 쓰러진 동물처럼 온몸이 바스러지는 고통스러운 표정을 지은 채 꼼짝하지 않고 남아 있었다.

클라우디네는 남자가 조심스럽게 떠나는 소리를 들었다. 갑자기 그녀는 혼비백산하며 이것은 정조를 저버리는 일이며 단순한 거짓말보다 훨씬 더 부도덕한 배신이라 여겼다.

클라우디네는 무릎을 꿇고 천천히 몸을 일으켜세웠다. 그녀는 하마터면 실제로 일어났을 뻔한 이 이해할 수 없는 일을 떠올리며, 자기도 모르게 어떤 위험을 벗어났을 때처럼 온몸을 부들부들 떨었다. 그리고 이 상황을 곰곰이 정리해보려고 했다. 그녀는 작은 실개천처럼 모든 개별적인 상황까지 낱낱이 그려주는 상상력으로 자기 몸이 이 낯선 남자의 육체에 깔린 상황을 그려보았다. 벌거벗은 채 남자에게 모든 것을 바치겠다는 낯뜨거운 말을 내뱉는 모습, 자신을 내리누를 듯한 남자의 두 눈이 적나라하게 드러난 자기 몸을 샅샅이 살피는 광경이 생생하게 그려졌다. 그의 두 눈은 먹이를 찾아 날아가는 맹금류의 날개처럼 곤두서 있었다. 그녀는 이런 짓은 정조를 저버리는 일이라고 계속 생각했다. 하지만 남자를 버리고 다시 남편에게 돌아간다 해도, 남편이 "당신의 진심이 무엇인지 모르겠소"라고 말할 것 같았고, 이에 대해 어찌할 바를 몰라 겸연쩍은 미소만 지으며 "믿어주세요. 우리 관계를 해칠 만한 짓은 하지 않았어요"

라고 말할 수밖에 없을 것 같았다. 그럼에도 이 순간 그녀는 무릎이 아무 감각도 없는 물건처럼 무감각하게 바닥을 누르고 있음을 느꼈다. 이때 그녀는 인간의 가장 깊숙한 내면에 잠재된 여러 가능성들이 이처럼 어떻게 해볼 도리가 없을 정도로 허약하다는—이런 허약성으로 인해 그녀는 어떤 말도 하지 못하고, 남편에게 돌아가지도 못하며, 설사 돌아간다 하더라도 예전처럼 살아가지 못할 것이다—사실과 함께 자기 자신에게 접근할 수 없다는 것을 깨달았다. 그녀는 이제 더이상 아무 생각도 하지 않았다. 자신이 잘하고 있는지 잘 못하고 있는지 분간이 가지 않았다. 주변의 모든 것이 그녀에게 외로움이라는 기이한 고통을 안겨주는 듯했다. 이 고통은 모든 것을 용해시키며 미결정 상태로 부유케 하는 공간, 부드러운 불명료성을 중심으로 모든 것을 결합시키며 조용히 고양되는 공간 같은 것이었다. 이 공간 밑에는 점차 냉담한 빛이 강렬하고 분명하게 퍼지고 있었는데, 클라우디네는 이 빛을 통해 자신이 행한 모든 것과 스스로 항복하겠다는 강력한 표정, 자기 영혼이 모든 것을 포기하고 헌신하는 듯한 모습이 작고 차가우며 무질서하게 내려앉는 것을 보았다. 그녀 아래 가늠할 수 없이 먼 곳으로…

한참 후 클라우디네는 손가락으로 조심스럽게 더듬어가면서 다시 문고리를 찾는 듯했다. 낯선 남자가 문 앞에 귀를 기울이며 서 있다는 사실을 알자 출입구로 기어가서 문을 열어주고 싶은 마음이 어지럽게 소용돌이쳤다.

하지만 그녀는 방바닥 한가운데 꼼짝하지 않고 누워 있었다. 무언가가 또다시 그녀를 붙잡고 늘어졌던 것이다. 그것은 외도 하려는 자신에 대한 증오심이며, 이러다간 모든 것이 과거로 되돌아갈 수 있겠다는 두려움이었다. 예전처럼 이런 마음이 이 남자를 향한 욕망을 단칼에 두 동강 냈다. 그녀는 두 손을 들어 올리고선 도와줘요 여보, 날 좀 도와줘요, 라고 외쳤다. 그녀는 이런 외침이 진심이라 여겼다. 하지만 우리는 시간과 공간을 뚫고 은밀하게 서로에게 다가섰고 이제 고통스러운 길을 통해 당신 마음으로 들어가고 있다는 생각만 조용히 그녀의 머리를 쓰다듬으며 위로해주었다.

그러자 마음의 평화가 넓게 자리했다. 그녀를 지켜주던 벽들이 무너지자 그동안 벽에 막혀 고통받던 힘들이 흘러 들어왔다. 그녀의 인생, 과거와 미래가 조용히 반짝이는 수면처럼 절정에 도달했다. 세상에는 이유도 모른 채 해서는 안되는 일들이 있다. 그런데 아마 이런 것들이 가장 중요한 일이 아닐까? 사람들은 정말 이런 일들이 가장 중요하다고 알고 있다. 살다보면 끔찍한 중압감을 느낄 때가 있다. 혹한에 손가락이 얼어붙듯 온몸이 급격하게 오그라들 때도 있다. 하지만 초원의 얼음이 녹는 것처럼 우리 몸도 간간이 녹는다. 인간은 신중하고, 어둠과 밝음이 공존하며 무한히 확장되는 존재다. 하지만 삶은, 뼈마디가 튀어나온 인생은, 뭔가 단호한 결정을 내려야 하는 인생은 부주의하게 엉뚱한 곳에 자기 사지를 걸어놓고 아무 일도 하지 않는다.

클라우디네는 벌떡 일어났다. 문을 열어야겠다는 생각에 조용히 앞으로 걸어가 두 손으로 빗장을 풀었다. 하지만 정적만 맴돌 뿐이었다. 아무도 문을 두드리지 않았던 것이다. 문을 열고 내다보기까지 했다. 아무도 없었다. 벽들만 텅 빈 공간을 비춰주는 흐릿한 등불을 응시하고 있었다. 그가 떠나가는 소리를 듣지 못했던 게 틀림없었다.

클라우디네는 잠자리에 들었다. 여러 비난들이 머리를 스쳐 지나갔다. 이미 잠에 취한 그녀는 남편을 아프게 하고 있다고 느꼈다. 하지만 이상하게도 지금 자신이 하는 짓을 남편도 하고 있을지도 모른다는 생각이 들었다. 이미 잠에 빠진 그녀는 아무도 해보지 못한 일을 함으로써 그들 부부가 더욱더 단단하게 결합될 수만 있다면, 어떤 대가도 치를 준비가 되어 있다고 여겼다. 딱 한 번, 한순간 잠에서 깨어 일어난 그녀는 이 남자가 자신과 남편을 이길 것이라고 생각했다. 하지만 이긴다는 것이 무엇인가? 그녀는 잠에 취한 채 다시 이 문제로 미끄러져 들어갔다. 그녀는 자신이 떨쳐버리지 못하는 양심의 가책은 죽는 날까지 따라다닐 남편에 대한 사랑이라고 느꼈다. 세계를 어둡고 깊게 파고들어가는 자신만의 고유성 찾기가 죽게 될 사람을 걷어차고 가는 것처럼 그녀를 타넘고 일어났다. 클라우디네는 자신의 감긴 두 눈 뒤로 숲과 구름 그리고 새들을 보았다. 그들 사이에 끼여 있는 그녀는 작고 보잘것없는 존재로 변해 있었다. 하지만 모든 것은 오로지 그녀를 위해 존재하는 것 같았다. 자기 고유성을 굳게 지키고, 낯선 것을 배제해야 할 순간이 왔다. 자신과 타자를 아주 순수하게 아우르는 큰 사랑이 거의 반 꿈을 꾸면서 완성되어가고 있었다. 이 사랑은 피상적인 모든 대립물들을 흔들어 용해시켰다.

참사관은 다시 오지 않았다. 그래서 그녀는 초원 위의 나무처럼 문을 활짝 열어놓고 편안하게 그대로 잠이 들었다.

다음날 아침 부드럽고 신비로운 하루가 시작되었다. 잠자리에서 일어난 클라우디네는 빛과 함께 다가온 현실세계를 밖으로부터 막아주는 밝은 커튼 뒤에 있는 것 같았다. 그녀는 산책을 나갔다. 참사관도 동행했다. 푸른 공기와 흰 눈에 취해 현기증이 날 것 같았다. 둘은 그 도시의 끝까지 걸어가 도시 밖을 보았다. 하얀색으로 물든 대지가 빛의 향연을 벌이고 있었다.

그들은 들판 길을 가로막은 작은 울타리에 서 있었다. 시골 아낙이 닭에게 모이를 주고 있었으며, 누렇게 이끼 긴 작은 땅이 하늘을 향해 아주 밝은 빛을 발하고 있었다.

"당신은… ?"이라고 클라우디네는 묻고, 고개를 돌려 길을 따라 흐르는 연푸른 대기를 바라보았다. 그리고 이 말을 끝내지 않고 잠시 후 "… 꽃다발이 저곳에 얼마나 오래 걸려 있을까요? 공기가 꽃다발을 알아볼까요? 꽃다발은 어떻게 살까요?"라고 말했다. 그밖에 아무 말도 하지 않았으며, 자신이 왜 이런 말을 했는지도 몰랐다. 참사관은 그저 웃기만 했다. 클라우디네에게는 모든 것이 금속으로 조각된 것 같았으며, 조각칼에 눌린 상처로 아직까지 벌벌 떨고 있는 것 같았다. 그녀 옆에는 남자가 있고 자신을 응시하고 있으며 항상 자기에게 말을 걸고 싶어 한다고 느끼자 클라우디네의 내면은 어느 정도 정돈이 되었으며, 원을 그리며 나는 새의 두 눈 아래로 펼쳐진 광활한 들판처럼 밝고 넓어졌다.

이런 인생은 푸르고 어둡다. 작은 황토색 땅과 함께…. 이 인생이 원하는 것은 무엇일까? 이렇게 닭들을 유인하는 것, 옥수수를 조용하게 던져주는 것, 이를 통해 인생은 시간을 알리는 종소리처럼 갑자기 지나가며… 이 인생은 누구에게 말하는 걸까? 인간 내면 깊숙이 들어가 있다가 아주 가끔 수초의 짧은 틈을 이용해 지나가듯 분출될 따름이며 그 밖에는 죽은 채로 있는 아무 말도 할 수 없는 상태… 이 상태는 도대체 무엇이란 말인가? 클라우디네는 이 상태를 침묵의 눈으로 응시했으며, 가끔 더이상 할 말이 없어 그냥 두 손을 이마에 갖다댈 때처럼 그 상태가 무엇인지 생각하지 않고 감각으로 느꼈다.

그녀는 미소지으며 참사관이 하는 모든 말을 겨우 듣고 있었다. 참사관은 자신이 던져놓은 그물이 조심스럽게 그녀를 바싹 포위하고 있다고 생각했다. 클라우디네는 그가 하는 대로 내버려두었다. 참사관이 말하는 동안 그녀는 사람들이 이야기를 나누는 집들 사이를 걸어가고 있는 것만 같았다. 이리저리 얽힌 생각의 그물 안으로 때때로 제2의 생각이 밀려들어와 그녀를 이리저리 잡아당겼다. 클라우디네는 자발적으로 참사관의 뜻을 따랐으며, 잠시 동안 다시 자기를 의식하긴 했지만, 그것도 곧 반쯤 흐릿하게 되더니 사라져버렸다. 이렇게 그녀의 생각은 뒤죽박죽 복잡하게 뒤엉켜 있었다.

그 사이 클라우디네는 이 사람이 스스로를 사랑하는 나르시스트임을 눈치챘다. 그것은 그녀만의 직감이었다. 참사관의 자기애를 상상하는 것만으로도 그녀는 조용히 달아올랐다. 무언의 다른 판단들이 지배하는 구역으로 들어온 것처럼 주위는 정적만 감돌았다. 참사관이 결정을 독촉하자, 그의 뜻을 따를 수밖에 없을 것 같았다. 하지만 문제는 그것이 아니었다. 나뭇가지에 앉은 새처럼 그녀의 마음에도 무언가가 자리잡고 노래를 불렀다.

밤이 오자 가볍게 식사하고 일찍 잠을 청했다. 모든 것이 이미 약간 죽어 있었다. 감각적 욕구도 더이상 느끼지 못했다. 그럼에도 잠깐 동안의 선잠에서 깨어났으며 참사관이 아래층에 앉아 기다리고 있다는 것을 알았다. 옷을 찾아 입었다. 일어나 옷을 입긴 했지만 다른 아무 짓도 하지 않았다. 어떤 감정도 느끼지 않았고, 어떤 생각도 하지 않았다. 다만 옳지 않은 일을 하려 한다는 의식만 아련히 들 뿐이었다. 내려갈 준비를 마쳤을 때 아마 욕망을 감추지 못하고 적나라하게 드러내는 것은 아닌가 하는 생각을 했는지도 모른다. 그녀는 그렇게 아래층으로 내려왔다. 그곳은 텅 비어 있었고, 책상과 의자가 야간 보초병처럼 바짝 긴장한 채 말없이 자리를 지키고 있었다. 한귀퉁이에 참사관이 앉아 있었다.

그와 이야기를 나누었다. 그중에는 아마 위층에서 무척 외로
웠다는 말도 끼여 있었을 것이다. 그녀는 참사관이 이 말을 어떤
식으로 오해할지 알았다. 잠시 후 참사관은 그녀의 손을 잡았다.
클라우디네는 일어나서 머뭇거렸다. 그러고는 밖으로 뛰어나가
며 지금 자신이 철없는 소녀 같은 짓을 하고 있다는 느낌에 사
로잡혔다. 하지만 그런 생각이 그녀를 흥분시켰다. 계단에서 뒤
쫓아 오는 소리와, 계단이 삐걱대며 신음하는 소리가 났다. 이때
불쑥 이제 거의 잊어 그 형태도 불분명한 기억이 아련히 떠올랐
다. 그녀는 숲에서 사냥꾼에게 쫓기는 동물처럼 온몸을 부들부
들 떨었다.

참사관이 그녀의 방에 들어와 옆에 앉으며 대략 이렇게 말
했다.

"나를 사랑하는 게 맞죠? 예술가나 철학자는 아니지만 나는
완전한 사람이오. 나는 내가 완전한 사람이라고 생각해요."

그러자 그녀가 대답했다.

"완전한 사람이라니, 그것이 무슨 말이에요?"

참사관은 매우 흥분해서 말했다.

"참 이상한 질문이군요?"

하지만 그녀가 말했다.

"그게 아니라, 제 말은 우리가 누군가를 좋아하는 이유가 그
를 좋아하고, 그의 눈을 좋아하고, 그의 혀도 좋아하고, 그가 한

말이 아니라 그의 목소리를 좋아하기 때문이라는 게 이상하다는 얘기예요…"

그때 참사관은 그녀에게 키스했다.

"그러니까 나를 그렇게 좋아한다는 말이지요."

그리고 클라우디네는 그의 말에 반대할 힘을 얻었다.

"아니에요, 내가 당신 옆에 있다는 사실을, 내가 당신 옆에 있게 된 우연을 좋아해요. 우리는 에스키모인의 집에서 모피로 된 바지를 입고 앉아 있을 수도 있고, 젖가슴을 드러내놓고 살 수도 있으며, 이 모든 게 아름답다고 생각할 수 있죠. 그렇다면 우리와 다른 기준에서 완전한 사람들이 이 세상에 또 존재하지 않을까요?"

하지만 참사관은 말했다

"틀렸어요, 당신은 나를 사랑하고 있소. 당신은 이런 내 말에 아직 어떤 변명도 하지 못하고 있잖아요. 이것이 바로 진실한 애정의 징표 아닐까요?"

그가 이렇게 자기 몸을 덮치고 있다고 느꼈을 때, 그녀는 자기도 모르게 망설였다. 하지만 참사관은 그녀에게 부탁했다.

"오, 제발 아무 말도 하지 말아주십시오."

클라우디네는 아무 말 없이 가만히 있었다. 그녀는 딱 한 번 입을 열었다. 둘이 옷을 벗는 동안 그녀는 아무 목적도 없는 부적절하면서도 무가치한 말을 내뱉기 시작했지만, 그것은 고통스럽게 뭔가를 스쳐 지나가는 소리 같은 것이었다.

"… 짐승들만 다니는 좁은 길로 들어갈 때와 같은 기분이에요. 동물, 사람, 꽃 할 것 없이 모두 변해요. 우리 자신도 완전히 다른 존재로 변하죠. 만약 내가 처음부터 여기에서 살았다고 한다면, 당신은 내가 이것은 어떻게 생각하고 저것은 어떻게 느낄지 한번쯤 묻지 않았을까요? 우리가 넘어가기 위해 필요로 하는 선(線)이 단 하나밖에 없다는 사실이 이상하지 않나요? 저는 당신에게 키스하고 싶어요. 하지만 그 다음엔 빨리 당신 품에서 도망치고도 싶죠. 그리고 그 다음엔 또 당신에게 가고 싶어요. 이 한계선을 넘을 때마다 매번 저는 이런 감정을 더 확실하게 느끼는 것 같아요. 저라는 존재는 점점 희미해져가는 듯해요. 사람들은 죽어가겠지요, 아니 시들어가겠지요. 나무와 동물과 마찬가지로 말이에요. 결국 아주 가느다란 연기만 남겠지요… 그리고 그 다음에는 공기를 타고 흐르면서… 빈 공간을 넘어가는… 멜로디만…"

그녀는 한번 더 말했다.

"부탁입니다. 가주세요." 그녀는 말했다. "역겨워 구역질이 날 것 같아요."

그러나 참사관은 미소만 지었다. 그러자 클라우디네가 말했다.

"부탁이에요. 떠나주세요"

그러자 참사관은 만족한 듯 한숨을 내쉬었다.

"마지막으로, 마지막으로 사랑하는 당신, 꿈꾸는 작은 여인이

여, 나를 사랑한다고 인정해주십시오."

그러자 클라우디네는 온몸이 쾌감으로 가득 차 전율했다. 하지만 그때 그녀는 예전에 봄이 오면 한 번씩 느꼈던 감정을 떠올리는 듯했다. 그것은 자신을 모든 사람들에게 줄 수 있을 것 같지만, 또 자신은 사랑하는 오직 한 사람에게만 속한다는 감정이었다. 아이들이 신은 위대하다고 말할 때와 같이, 사랑은 아득히 멀리 있는 것이라고 클라우디네는 생각했다.

생전의
유고

파리잡이 끈끈이

파리잡이 끈끈이 탱글-풋(Tangle-foot)은 길이가 약 36센티미터고, 폭은 21센티미터다. 독성이 있는 노란색 끈끈이가 묻어 있으며 캐나다에서 수입되었다. 일단 파리가 그 위에 내려앉으면—특별히 탐나는 게 있어서라기보다는 다른 파리들도 그렇게 많이 달라붙기 때문에 습관적으로 그 자리에 앉는 것이다—많은 다리 가운데 가장 바깥에 구부러진 것부터 먼저 달라붙는다. 이때 파리는 어두운 길을 걷다가 물렁물렁하고 따뜻하지만 뭔가 꺼림칙한 것을 맨발로 밟았을 때처럼 아주 미약하지만 낯선 느낌을 받는다. 이것은 인간의 냄새가 서서히 밀려 들어오는 무서운 느낌, 어딘가에 숨어 있던 손이 우리를 붙잡으려고 다섯 손가락을 점점 분명하게 드러냄을 알아차렸을 때 느끼는 섬뜩함과 다르지 않다.

그러고 나면 자기 병을 숨기려는 척수결핵 환자나 늙고 병든 노병처럼 파리들도 모두 억지로 몸을 똑바로 세운다. 그 모양새는 두 다리가 붙지 않는 오다리 병사가 뾰족한 산마루에 서 있는 모습과 같다. 이놈들은 침착하게 남은 힘을 모으고 달아날 방법을 궁리한다. 몇초 후 파리들은 모종의 결단을 내리고 일단 할 수 있는 것부터 시작한다. 그들은 요란하게 날갯짓을 함으로써 끈끈이로부터 떨어져나오려고 발버둥친다. 이 광란의 행위는 힘이 빠져 지칠 때까지 계속된다. 그러고는 잠시 쉰 다음 다시 탈출을 시도한다. 하지만 이 휴식은 시간이 흐를수록 점점 더 길어진다. 파리들은 여전히 그곳을 벗어나지 못하고, 어찌할 바를 몰라 당황할 따름이다. 의식을 어지럽히는 냄새가 밑에서 올라온다. 힘들고 지쳐서 내민 혀는 작은 해머처럼 무거워 보인다. 머리는 갈색이고 야자열매처럼 털이 덥수룩하게 나 있으며 마치 사람 모양으로 깎은 우상(偶像) 같기도 하다. 그들은 옴짝달싹할 수 없이 달라붙은 다리를 떼보려고 몸을 앞뒤로 구부리고, 무릎을 굽혀보며, 무거운 물건을 나르는 짐꾼들처럼 두 다리에 온 힘을 주어 버둥대며 일어서려고 한다. 이때 파리들은 노동자

들보다 더 비극적이며, 극도로 애쓰는 이들의 표정에는 라오콘
(Laokoon, 뱀에 휘감겨 죽어가는 라오콘과 두 아들을 묘사한 그리스 조각상—옮긴이)
보다 더한 절절함이 배어 있다. 그 다음에 늘 똑같은 기이한 순
간이 찾아오는데, 현재의 순간적 욕망이 계속 살고 싶다는 강력
한 감정을 모두 누르는 순간이다. 그것은 암벽 등반가가 손가락
의 고통 때문에 꽉 쥔 손을 스스로 놓아버리는 순간, 눈 속에서
길을 잃은 남자가 어린아이처럼 그 자리에 드러눕는 순간, 그리
고 사냥꾼에 쫓긴 짐승이 옆구리에 난 상처가 화끈거려 멈춰서
버린 순간이다. 파리들은 사력을 다해보지만 떨어져나오지 못
하며, 몸만 더 지쳐 밑으로 가라앉을 따름이다. 이 순간은 인간
이 현재 처한 상황과 똑같다. 즉시 그들은 새로운 자리에서 붙잡
히며, 위에 앉은 놈은 다리가 붙고, 그 아래에 앉은 놈은 몸통이
나 날개 끝부분이 붙는다.

잠시 후 영혼이 지쳐가는 현상을 극복하고 살아남기 위한 투
쟁을 다시 시작한다 해도 파리들은 점점 불리한 상황에 빠지
며 움직임도 부자연스러워진다. 그래도 그들은 뒷다리를 쫙 뻗
고 팔꿈치로 몸통을 괸 자세로 버티며 다시 일어서려고 시도한
다. 또는 무례한 남자의 손아귀에서 손을 비틀며 빼내려다 실패
한 여자처럼 팔을 쭉 뻗은 채 장승처럼 앉아 있다. 혹은 달리기
를 하다가 넘어진 사람처럼, 배는 땅에 붙인 채 머리와 팔을 앞
으로 쭉 뻗어 엎어진 자세로 대가리만 높이 쳐들고 있다. 하지만
적은 수동적인 상대가 절망하거나 당황해서 어찌할 바를 모르

는 순간에만 승리를 쟁취한다. 파리들이 도망가지 못하도록 잡아당기는 것은 아무것도 아닌 것, 이름 모를 그 어떤 것이다. 이과정은 따라갈 수 없을 정도로 천천히 진행되다가 결국엔 파리들이 가진 마지막 내면의 힘까지 다 소진할 시점에 이르면 갑자기 빠른 속도로 진행된다. 그러다가 휙 앞으로 꼬꾸라지거나, 비스듬히 떨어질 경우도 있는데, 이때에는 모든 다리가 앞으로 쫙 뻗어 있다. 종종 허리로 떨어지는 경우도 있는데, 이때에는 다리가 뒤로 꺾여 허우적거리기도 한다. 그들은 그렇게 널브러져 있다. 그 모습은 날개 한쪽을 공중으로 치켜세우고 추락한 비행기 같다. 아니면 두 다리를 뻗고 죽은 말(馬) 같다고 할까. 그것은 끝 모를 절망에 빠진 사람이나 잠자는 사람이 취하는 자세다. 그 다음날에도 가끔 파리 한 마리가 잠에서 깨어나 한동안 다리 한쪽을 긁거나 날개를 퍼덕이며 날아다닌다. 이따금 넓은 벌판을 날기도 하지만, 결국에는 죽음으로 조금 더 깊이 빠져들어갈 것이다. 몸통 옆 부분, 즉 다리가 시작되는 부분에는 아주 작지만 반짝이는 신체기관이 있는데, 이것은 좀더 오래 생명을 유지한다. 그것은 눈을 떴다 감았다 한다. 현미경 없이는 어떻게 생겼는지 자세히 설명할 수 없지만 쉬지 않고 열렸다 닫혔다 하는 것이 마치 인간의 조그만 눈처럼 보인다.

원숭이 섬

로마에 있는 빌라 보르게세(Villa Borghese, 피치오 언덕의 공원—옮긴이)에
는 잔가지도 없고 껍질도 전부 벗겨진 큰 나무가 서 있다. 이 나
무는 태양과 물이 껍질을 매끈하게 벗겨버려 마치 두개골처럼
앙상하며 해골처럼 노랗다. 뿌리도 없이 뻣뻣하게 서 있지만 사
실은 죽은 나무다. 이 나무는 작은 증기선 정도의 크기로 시멘트
로 만든 타원형 섬에 돛대처럼 서 있는데, 이 섬 주위로 콘크리
트로 잘 만든 도랑이 파여 이탈리아 왕국과 분리돼 있다. 이 도
랑의 폭은 아주 넓고 울타리 외부와 연결된 벽은 원숭이가 기어
오르거나 뛰어넘을 수 없을 정도로 높다. 외부에서 안으로 들어
오는 것은 가능할지 모르지만, 되돌아 나가는 것은 불가능하다.

한가운데 있는 나무줄기는 원숭이들이 잡고 올라타기 좋은
곳이라 여행자들의 말처럼 맛있는 음식을 실컷 먹은 원숭이가
민첩하게 기어오를 수 있다. 나무 꼭대기에는 이 줄기로부터 길
고 튼튼한 큰 가지들이 수평으로 뻗어 있다. 신발과 양말을 벗고
둥근 가지에 발꿈치와 발바닥을 잘 밀착시키고 양손을 앞으로
뻗어 이 나뭇가지를 단단히 붙잡고 올라가면, 따사로운 햇살이
비추는 소나무 꼭대기에 깃털처럼 난 녹색 꽃잎 너머까지 뻗은
긴 가지의 끝까지 충분히 도달할 수 있을지도 모른다. 이 불가사
의한 섬에는 식구 수가 서로 다른 세 가족이 살고 있다. 이 나무
에는 체격이 우람하고 매우 민첩한 15마리의 수컷과 암컷 원숭

이들이 살고 있는데, 이들의 키는 약 네살 난 아이 정도 된다. 나무 밑에는 섬의 유일한 건물인 집이 있다. 모양이나 크기로 볼 때 개집처럼 보이지만 그 집에는 이 왕국에서 가장 힘이 센 원숭이 부부가 새끼 아들과 함께 살고 있다. 이들이 섬의 국왕 부부이고 황태자다. 땅에 머물 때 왕 원숭이 부부는 아들에게서 한시도 떨어지지 않으며, 경호원처럼 양 옆에 꼼짝하지 않고 앉아 사나운 눈초리로 앞을 똑바로 바라본다. 한 시간에 한 번씩 왕 원숭이는 자기 구역을 둘러보기 위해 자리에서 일어나 나무에 오른다. 그는 나무를 타고 올라간 다음 가지를 따라 천천히 걷는다. 왕 원숭이는 자신을 무서워하거나 믿지 못하는 다른 원숭이들이 나뭇가지 끝까지 차츰 뒤로 물러서다가 결국 목숨을 걸고 딱딱한 시멘트 바닥으로 뛰어내리는 것에 전혀 신경을 쓰지 않는 눈치다.

왕 원숭이는 그렇게 나뭇가지 사이를 차례로 옮겨가며 모든 나뭇가지를 둘러본다. 원숭이들이 모두 자리를 피해 텅 빈 나뭇가지를 다 둘러보고 다시 돌아올 때까지, 아무리 주의 깊게 관찰해도 그가 지배자의 의무를 수행하는 건지, 아니면 병을 치료하기 위한 보행요법을 하는 건지 표정에서는 전혀 분간이 가지 않는다. 왕비 원숭이 역시 매번 같은 시간에 집을 비우기 때문에 그 동안 집 지붕에는 황태자 원숭이가 혼자 앉아 있다. 쫑긋 세운 그의 얇은 귀를 관통하는 태양은 산호초처럼 붉은 빛을 발한다. 어디서도 이 새끼 원숭이만큼 어리석고 가엾지만, 그럼에도 눈에 보이지 않는 위엄이 넘쳐흐르는 놈을 볼 수 없을 것이다. 땅으로 쫓겨나 너무 화가 난 나무 원숭이들이 차례로 지나가며 이놈의 가냘픈 모가지를 잡아 비틀어 죽일 수도 있을 것이다. 하지만 그들은 주변을 빙 돌며 왕의 가족에게 바칠 경의와 두려움을 이 꼬마 원숭이에게 표한다.

이놈들 외에도 종속된 삶을 살아야 하는 원숭이들이 섬에 더 있다는 것을 알기까지는 좀더 많은 시간이 필요하다. 땅과 공중에서 쫓겨나 도랑에 사는 수많은 작은 원숭이 가족이 그들이다. 이놈들 가운데 한 놈이라도 섬으로 기어오를라치면, 나무 원숭이들에게 호된 교육을 받고 다시 도랑으로 쫓겨난다. 식사시간에도 그들은 옆에 얌전히 앉아 있어야 하며 나무 원숭이들이 모두 실컷 먹고 나뭇가지로 올라가 쉬고 있을 때야 비로소 몰래 빵부스러기에 다가갈 수 있다. 관람객이 던져준 것조차도 건드려서는 안된다. 성질 나쁜 수컷 원숭이나 장난꾸러기 암컷 원숭이들이 소화불량에 걸린 체하면서 실눈을 뜨고 그 순간만을 기다리고 있기 때문이다. 그들은 꼬마 원숭이들이 버릇없게 빵부스러기를 집어먹고 흡족해하는 꼴을 보면 당장 나뭇가지에서 살금살금 내려온다. 이쯤 되면 겁없이 섬 위로 올라왔던 얼마 되지 않는 놈들은 울부짖으며 재빨리 도랑으로 도망가 다른 놈들 사이로 몸을 숨긴다. 원망의 울부짖음이 일어난다. 그러면 이제 도랑에 사는 원숭이들이 모두 모여든다. 머리털, 살가죽 그리고 초점 잃은 어두운 눈들이 외진 벽에 딱 붙어 만들어낸 평면은 양동이 속의 물이 기울어졌을 때처럼 한쪽으로 솟아 있다. 박해자가 난간을 따라 걸어가자 경악의 파도도 그를 따라 춤춘다. 그때 작고 검은 얼굴들은 펄쩍펄쩍 뛰어오르며 두 팔을 높이 치켜들고, 난간으로부터 내려오는 악의에 찬 낯선 눈길을 피하려고 손바닥을 넓게 편다. 이 눈길이 점차 한놈에게 집중되면, 그놈은 앞뒤로 우왕좌왕하며 안절부절 못하고, 이 긴 눈길이 누구를 겨냥하는지 아직 파악하지 못한 다른 다섯 놈들도 그와 함께 움직인다. 하지만 연약하고 너무 놀라 사지가 마비된 대다수 원숭이들은 자리를 양보하지 않는다. 그러면 길고 무관심한 눈길이 우연히 한놈에게 박히고 이쯤 되면 그놈은 너무 겁먹은 표정을 지어도, 너무 겁없는 표정을 지어도 안되는 자기 통제력을 상실한다. 한 영혼이 다른 영혼을 조용히 뚫어보는 동안 순간 순간 그가 저지른 잘못의 크기는 커져만 가고 박해자는 증오에 가까운 화를 내며 아래로 뛰어내린다. 불쌍한 그 원숭이는 큰 원숭이가 휘두르는 폭력에 수치심도 모르는 듯 아프다고 계속 소리친다. 다행히 이 원숭이에게 맞지 않은 다른 원숭이들은 도랑을 따라 달리면서 미친 듯 소리치고 해방의 기쁨을 토해낸다. 그들은 화형의 불길 속에 던져진 미친 영혼처럼 빛도 들지 않는 곳에서 서로 뒤엉킨 채 눈을 깜박거리며, 폭력의 현장에서 가장 멀리 떨어진 곳으로 달아나 기쁜 마음으로 꽥꽥대며 다시 모인다.

모든 것이 끝나면, 박해자는 큰 나무를 사뿐히 잡고 제일 높은 가지까지 올라간다. 그는 가지의 제일 끝 부분까지 어슬렁거리며 걸어가 몸을 세우고 조용히 앉아 꼼짝하지 않은 채 오랫동안 근엄한 자세로 머문다. 그의 시선은 피치오 언덕의 나무우듬지와 빌라 보르게세 공원의 나무우듬지에 머물거나, 공원을 넘어가기도 한다. 그의 시선이 공원을 떠나면, 아래의 노란색 대도시 위에 정처없이 머문다. 그의 눈길이 머물렀던 나무우듬지는 여전히 희미한 녹색 구름에 덮여 있다.

발트해의 낚시꾼

해변가 모래사장에서 그들은 두 손으로 오목하게 작은 구덩이를 파고, 검은 흙이 담긴 자루에서 통통하게 살찐 지렁이들을 구덩이에 털어넣는다. 반짝이는 모래구덩이에 힘없이 떨어진 검은 흙과 지렁이들은 처음엔 꺼림칙하고 의심스러워 거부감이 들었지만 왠지 모를 구덩이의 매력에 굴복하고 만다. 구덩이 옆에는 깔끔하게 정리된 나무상자가 있다. 이것은 길지만 그리 넓지 않은 책상서랍이나 계산대처럼 생겼는데, 그 안에는 깔끔하게 잘 손질된 그물이 가득 담겨 있다. 구덩이의 맞은편에는 아무것도 담기지 않은 똑같은 모양의 상자가 하나 더 있다.

한쪽 상자의 그물에 달린 수백 개의 낚시 바늘들은 작은 철제 봉의 끝부분에 가지런히 일렬로 정리되어 있다. 이제 그들은 물기를 머금은 깨끗한 모래로 끝부분을 채운 빈 상자에 이 바늘을 떼어내어 하나씩 차례대로 옮긴다. 이 과정은 일사천리로 진행된다. 그 사이 길고 마른 편이지만 억세 보이는 네 개의 손이 간호사처럼 정성껏 지렁이를 낚시 바늘에 꿴다.

두 무릎과 발꿈치를 모래에 파묻고 웅크린 채 이 일에 집중하는 남자들은 툭 튀어나온 건장한 등뼈와 길고 자비로운 얼굴에 파이프를 물고 있다. 그들은 알 수 없는 말들을 주고받는데, 두 손의 움직임처럼 말은 입에서 부드럽게 흘러나온다. 한 남자가 두 손가락으로 통통한 지렁이 한 마리를 잡고, 다른 손의 똑같은 두 손가락을 이용해 숙달된 솜씨로 이놈의 몸통을 정확하게 세 조각으로 찢어발긴다. 그것은 구두장이가 정확하게 치수를 잰 다음 종이테이프를 가위로 싹둑 잘라버리는 것과 똑같은 모습이다. 그러자 다른 남자는 저항하며 발버둥치는 이 토막들을 차분하고 조심스럽게 낚시 바늘에 끼운다. 모든 작업이 끝나면 지렁이들은 잠시 물속에서 기력을 회복한 다음 부드러운 모래가 깔린 상자에 나란히 놓인 작고 예쁜 침대로 옮겨지며, 이곳에서 신선한 상태로 죽는다.

이것은 조용함과 정확성을 요구하는 일이다. 이 일을 할 때는 우악스럽게 생긴 낚시꾼의 손가락도 발끝으로 살금살금 도망치듯 조용히 움직인다. 이 일은 고도의 집중력을 요구하기 때문이다. 날씨가 좋을 땐 둥근 하늘이 눈이 시리도록 푸르며, 갈매기들도 하얀 제비처럼 원을 그리며 주변을 높이 날아다닌다.

말(馬)도 웃을 수 있을까?

명망 높은 한 심리학자가 다음과 같은 문장을 쓴 적이 있다.

"…왜냐하면 동물은 웃음이 무엇인지 모르고, 웃을 줄도 모르기 때문이다."

내가 예전에 말이 웃는 것을 본 적이 있다고 이야기하는 것도 이 글 때문이다. 지금까지 나는 말도 웃을 수 있다고 생각하지만 이 문제로 야단법석을 떨고 싶지는 않았다. 하지만 이것은 아주 중요한 문제이기에 그에 관해 자세히 이야기하고자 한다.

그러니까 그때는 전쟁이 일어나기 전이었다. 내 생각으로는 그 뒤로 말은 더이상 웃지 않았던 것 같다. 말은 작은 마당을 둘러싼 갈대 울타리에 매여 있었다. 태양이 빛을 내뿜었고, 하늘은 푸르렀다. 2월이었지만 날씨는 따뜻했다. 이처럼 신이 내린 안락함과는 반대로 눈을 씻고 찾아봐도 인간들 사이에 안락함이라곤 없었다. 한마디로 말해 나는 로마 근처 성문 앞 시골길을 걷고 있었는데, 이곳은 도시의 변두리와 시골의 대초원이 시작되는 경계지역이었다.

그 말 역시 캄파냐(Campagna)종이었다. 어리고 귀여웠던 이 말은 조랑말 종류는 아니지만 작고 잘생긴 품종으로, 키 큰 기병이 올라타면 인형의자에 어른이 앉은 것 같았다. 장난기 많은 병사가 말빗으로 털을 빗겨주고 있을 때였다. 태양빛이 가죽에 닿자 그놈의 어깨는 간지러웠다. 말은 어깨가 네 개이기 때문에, 간지

럼도 아마 인간보다 두 배나 더 탈 것이다. 그런데 특히 이 말은 허벅지 안쪽에 아주 민감한 곳이 있는 것 같았다. 누가 그곳을 건드리기라도 할라치면, 영락없이 그놈은 웃음을 참지 못했다.

말빗이 멀리서부터 가까이 다가오자 그놈은 귀를 뒤로 젖히며 불안해했고, 주둥이를 그쪽으로 가져가려 했다. 그것이 어렵게 되자 이번에는 이빨을 드러냈다. 말빗은 털의 결을 따라 차례차례 장난기 있게 전진해 들어갔다. 입술은 이제 점점 옆으로 찢어져 이빨이 다 드러날 정도였다. 동시에 귀는 점점 뒤로 젖혀졌으며, 몸의 중심이 한쪽 다리에서 다른 다리로 옮겨졌다.

그러다 갑자기 웃기 시작했다. 이빨을 훤히 드러내면서 말이다. 그놈은 자신을 간지럽히는 병사를 주둥이로 맹렬하게 떠밀어내려고 했다. 그 모습은 못살게 구는 남자를 깨물지 못하자 두 손으로 밀어버리는 시골 처녀 같았다. 그놈은 몸을 한바퀴 빙 돌려보려고 했고, 온몸을 이용해 병사를 밀어버리려고도 했다. 하지만 시종처럼 그의 털을 빗겨주는 병사는 여러모로 유리한 위치에 있었다. 그가 빗을 겨드랑이 근처로 가져가면, 말은 더이상 웃음을 참지 못했다. 그놈은 몸을 돌린 채 온몸을 떨었으며, 가능한 한 이빨로부터 살이 떨어지게끔 잡아당겼다. 몇초 동안 이놈은 이제 더이상 웃을 수 없을 정도로 심하게 간지럽힘을 당한 인간과 같은 자세를 취했다.

의심 많은 학자들은 그래도 말은 웃을 수 없다고 항변할 것이다. 이에 대해 말과 사람 중 매번 너무 우스워 껄껄 웃는 쪽은 마구간 관리병이었기 때문에 이 말은 옳다고 할 수 있다. 사실 그렇다고는 해도 웃긴 일에 대해 웃을 수 있는 것은 인간뿐일 것이다. 그럼에도 둘이 한마음이 되어 장난을 쳤던 것은 분명하며, 그들이 이 장난을 처음부터 다시 시작하자마자 말도 또 웃으려 했고, 마구간 관리병이 간지럽혀주기를 그놈 역시 기대했다는 것을 나는 의심할 수 없었다.

그러므로 동물의 웃는 능력에 대한 학자들의 의심은, 동물들은 위트에 대해서만 웃을 수 없다는 뜻으로 제한돼야 된다.

하지만 이것이 동물에게 항상 나쁜 것만도 아니다.

잠에서 깬 남자

급히 커튼을 걸었다. 고요한 밤이다! 방안의 짙은 어둠 가운데 창가의 틈에는 마치 네모난 수조의 수면처럼 부드러운 어둠이 드리워져 있었다. 나는 어둠을 바라보는 걸 그리 좋아하지 않는다. 하지만 이 날은 공기처럼 물이 따뜻해 손을 보트 밖으로 내밀게 되는 여름날 같은 날씨였다. 그때는 11월 1일 아침 여섯 시였다.

나를 깨운 건 신이었다. 나는 잠에서 총알같이 깨어났다. 내가 이렇게 일어나야 할 별다른 이유는 전혀 없었다. 책에서 찢겨나간 종이처럼 나는 스스로에게서 분리된 상태였다. 하늘에 얌전히 떠 있는 초승달은 푸른 종이에 그린 황금빛 눈썹 같았다.

하지만 해가 떠오르는 쪽의 다른 창문은 이미 녹색으로 변한 상태다. 아니 앵무새의 깃털 같은 초록색이라 해야겠다. 이미 태양이 빨간 띠 모양으로 얌전히 솟아오른 상태였지만, 세상은 여전히 녹색과 푸른색으로 물든 채 조용히 쉬고 있었다. 나는 첫번째 창문으로 뛰듯이 되돌아왔다. 초승달이 아직 떠 있을까? 달은 아직 깊은 밤 은밀한 시간이라는 듯 그대로 떠 있었다. 달은 연극을 하듯 자기가 부린 마술이 현실이라고 굳게 믿고 있다. 이른 아침 거리 풍경을 이야기하다가 갑자기 연극 리허설 이야기를 하는 부조리한 경우보다 더 웃긴 일은 없을 것이다. 왼쪽에서는 이미 도시의 거리들이 생기있게 약동하고 있지만 오른쪽에서는 초승달이 공연 연습을 하는 중이다.

나는 이상하게 생긴 형제들을 발견한다. 굴뚝들이다. 셋이나 다섯, 일곱씩 떼를 지어 모여 있거나 아니면 혼자 외롭게 떨어져 있는 굴뚝도 있다. 지붕에 올려진 그 모습을 보면, 평지에 우뚝 솟은 나무들 같다. 굴뚝들 사이로 흐르는 강물처럼 공간은 꼬불꼬불 굽이쳐 깊숙이 흘러간다. 수리부엉이 한 마리가 그 사이를 미끄러져 집으로 날아간다. 아마 까마귀 아니면 비둘기이리라. 이리저리 집들이 서 있다. 이상한 모양의 집들, 다 쓰러져가는 벽들, 결코 거리를 따라 질서있게 서 있지 않다. 내가 왜 이 숫자를 셌는지 모르겠지만 도자기로 만든 서른여섯 개의 주두 (柱頭)와 열두 개의 철사버팀줄로 지붕을 떠받치는 지주는 완전히 설명될 수 없으며 은밀한 비밀로 가득 찬 지고한 존재처럼 새벽 하늘에 우뚝 솟아 있다. 나는 이제야 잠에서 완전히 깨어났다. 하지만 내가 몸을 돌리는 쪽으로 내 눈길도 5각형, 7각형, 급경사의 마름모 주변을 미끄러지듯 돌고 있다. 그렇다면 나는 누구일까? 쇠도 녹일 듯한 화염을 가득 담고 있는 지붕의 엠포라 (양쪽 손잡이가 달린 그리스-로마 시대의 단지—옮긴이), 온종일 웃음거리가 되는 파인애플 나무, 이 경멸스럽고 저급한 취향의 조각상도 고요한 정적 속에서는 금방 지나간 인간의 발자국처럼 심장을 약동하게 만든다.

드디어 한 사람이 새벽 어둠을 뚫고 걸어온다. 여인이 걷는 소리 그리고 귀, 나는 그것을 바라보고 싶지 않다. 대신 문에 대고 있는 것처럼 내 귀가 거리를 향해 쫑긋이 서 있다. 낯선 여인이 사라지며 내는 발걸음 소리가 이제 내 귓속에 점점 깊이 박혀온다. 지금 이 여인만큼 나와 하나가 될 수 있는 사람도 없을 것이다.

그 다음 두 여자가 걸어온다. 한 여자는 펠트 카펫을 걷듯이 살금살금 걸어오고, 다른 여인은 나이를 무색하게 할 정도로 힘차게 걸어온다. 나는 내려다본다. 세상은 아직 검게 물들어 있다. 나이든 여인의 옷은 이상한 모양이다. 그들은 교회로 가려한다. 오래전부터 이 시간이면 영혼은 교회에서 교육과 보살핌을 받아왔다. 하지만 나는 이제 더이상 그런 훈육을 받고 싶지 않다.

양을 다르게 보면

양의 역사에 관해: 오늘날 사람들은 양이 어리석다고 생각한다. 하지만 신은 양을 사랑했다. 신은 여러 번 인간을 양에 비유했다. 신이 틀렸단 말인가?

양의 심리에 관해: 대단한 척 꾸미고 있지만 그 표정은 양의 우둔함을 드러낼 뿐이다.

로마 근처의 초원에서: 그들의 얼굴은 길고, 머리는 순교자처럼 사랑스럽다. 그들이 신은 검은 양말과 하얀 가죽에 달린 수도사의 두건은 죽음의 형제들(17~8세기에 활동한 '죽음의 형제단'을 일컫는 것으로 추정된다—옮긴이)과 광신도를 떠올리게 한다.

드문드문 짧게 난 초지를 돌아다니며 고개 숙여 풀을 찾을 때, 양들의 입술은 신경질적으로 떨리며, 화가 나서 대지를 향해 현악기의 금속성 음을 질러댄다. 양들이 모여 부르는 합창은 성당에 모인 성직자들이 탄식하며 올리는 기도소리 같다. 하지만 많은 양들이 노래를 부를 때, 수놈은 수놈, 암놈은 암놈끼리, 새끼는 새끼들끼리 모여 합창을 한다. 그들은 여러 개의 원을 그리며 모여 소리를 높이기도 하고 낮추기도 한다. 그 모양은 2초마다 한 번씩 빛이 비춰지는 어둠속의 순례행렬 같다. 수놈들이 언덕 아래 계곡을 횡단하는 동안 새끼양의 목소리는 늘 언덕에서 들려온다. 양들의 노래 때문에 낮과 밤은 수천 배나 더 빨리 흘러가고, 세상은 종말을 향해 치닫는다. 이따금 개별적인 목소리가 위로 솟아오르거나 지옥에 대한 공포 때문에 아래로 떨어진다. 돌돌 말린 하얀 털은 하늘에 떠 있는 구름 같다. 양들은 아주 오래된 가톨릭의 동물이며, 인류의 종교적 동반자다.

남쪽에서 한번 더: 양들 사이에 있으면 인간은 실물보다 두 배나 커 보이며, 교회의 첨탑처럼 하늘을 찌를 듯 솟은 것 같다. 발 아래 흙은 갈색이고, 풀은 날카로운 것으로 긁어 새겨놓은 담록색 줄 같다. 태양은 납 거울 속에 담긴 듯 무거운 빛을 바다로 발산한다. 작은 배에선 성 베드로 시대처럼 고기잡이가 한창이다. 곳은 디딤판을 딛고 날아오를 것처럼 하늘을 향해 눈길을 열어주다가 길을 잃고 헤매는 오디세이 시대처럼 노랗고 하얗게 수평선 끝으로 사라진다.

도처에서: 양들은 사람이 가까이 다가오면 겁을 먹고 얼이 빠진다. 그들은 거만하게 남을 때리거나, 돌을 던질 줄도 안다. 하지만 조용히 서 있거나, 먼 곳을 바라볼 때면 거만함은 까맣게 사라진다. 그들은 머리를 한데 모아, 열 마리씩, 열다섯 마리씩, 방사형의 원을 그리며 서 있을 때도 있는데, 크고 무거운 머리들이 원의 중심에 자리잡고, 등이 모여 다른 색깔의 방사상을 이룬다. 머리에 쓴 관은 서로 머리를 맞대고 꼭 붙어 있게 만든다. 그들은 이렇게 서 있다. 그들이 만든 바퀴 모양의 원은 몇시간 동

안 꼼짝도 하지 않는다. 마주한 이마들 사이로 오로지 바람과 태양만을, 또한 한순간이나마 무한성이 약동하고 있음을 느끼려 하는 것 같다. 무한성은 그들의 피 속에서 맥박치고 있으며, 죄수들이 머리로 감방의 벽을 박아 신호를 주고받듯 머리에서 머리로 계속 전달된다.

관 덮개

피치오 언덕 뒤편 어딘가 혹은 빌라 보르게세 공원에는 싸구려 돌로 만든 관 덮개 두 개가 들판의 수풀 사이에 나뒹굴고 있다. 그 덮개는 값나가 보이지 않으며 아무렇게나 널브러져 있다. 그 덮개에는 부부가 다리를 길게 쭉 뻗고 누운 모습이 조각되어 있는데, 옛날 이 부부는 자신들을 끝까지 기억하도록 이런 포즈를 취했을 것이다. 로마에 가면 이런 관 덮개들은 널려 있다. 하지만 박물관이나 교회에 가보아도 여기 수풀에 있는 것처럼 인상적인 관 덮개를 보기는 힘들다. 이 덮개에 조각된 인물들은 교외로 소풍 나온 것처럼 다리를 쭉 뻗고 있으며, 2천 년의 긴 잠을 잤으면서도 잠깐 자고 막 깨어난 듯 생생하다.

그들은 팔꿈치를 괸 자세로 서로 응시하고 있다. 둘 사이에 빠진 것이 있다면 치즈와 과일 그리고 포도주가 담긴 바구니뿐이다.

여인의 머리는 짧은 고수머리 스타일이다. 죽기 직전에 유행했던 이 헤어스타일로 머리를 다듬었을 것이다. 그들은 서로 미소를 보내고 있다. 길게, 아주 길게. 당신이 시선을 돌린다 할지라도 그들은 끝없이 그렇게 미소를 보낼 것이다.

사랑에 빠진 평범한 인간의 성실하고 믿음직한 눈길이 수백 년 세월을 이겨낸 것이다. 이 눈길이 고대 로마에서 출발하여 오늘날 당신 눈까지 날아왔으니 말이다.

그들의 눈길이 당신 눈앞에 계속 머무르며, 눈길을 돌리거나 눈을 내리깔지 않는다고 이상하게 여기지 마라. 그들이 돌처럼 딱딱하게 굳어버리지 않고 아직 살아있는 사람처럼 활기찬 인상을 주는 것도 바로 이 때문이니까.

토끼의 최후

그 암토끼는 분명히 어제 처음 큰 가게의 유리 진열장에 나타났다. 토끼의 작고 인형 같은 얼굴이 움직이는 것을 보려고 작은 숟가락을 진열장에 집어넣어 휘젓고 싶을 정도로 귀엽고 사랑스러운 놈이었다. 꿀처럼 매끄럽고 밀랍처럼 물컹물컹한 발바닥에는 신발을, 다리에는 자와 하얀 분필로 재단한 것 같은 바지를 이놈은 자랑스럽게 내 보이고 있었다. 바람이라도 불어주면 사람들은 매우 좋아했는데, 바람이 그 옷을 암토끼의 앙상한 골격에 바짝 달라붙게 만들어 이놈의 작은 입과 멍청한 얼굴이 그대로 드러났기 때문이다. 당연히 이놈의 작은 입은 사람들에게 용감한 표정을 짓고 있었다.

작은 토끼들은 아무 영문도 모른 채 하얀 바지주름과 찻잔처럼 얇은 치마 옆에서 살게 된 것이다. 이 섬의 영웅 전설은 이 토끼들 주위로 월계수처럼 암녹색으로 펼쳐진다. 들판의 작은 연못에는 갈매기떼들이 날아들어 보금자리를 만들곤 했는데, 그 모양은 흡사 하얀 눈꽃이 만발한 화단이 바람에 출렁이는 것 같았다. 덩치는 작지만 흰털이 길게 난 테리어도 있다. 털가죽으로 옷깃을 장식한 이 암사냥개는 손가락 넓이밖에 되지 않는 코를 땅에 처박고 수풀을 지나 사냥감을 샅샅이 찾아다닌다. 섬에서 이놈만큼 멀리까지 냄새를 맡는 개는 없다. 이곳에는 개들이 섬 곳곳을 돌아다니며 미지의 작은 발자국들에 얽힌 낭만적 이야기를 남겨놓는다. 고독한 섬에서 개는 위대한 영웅이다. 흥분하면 그놈은 칼날처럼 날카로운 소리로 짖는다. 으르렁거리며 드러낸 이빨은 신화에 나오는 바다괴물의 이빨처럼 번쩍거린다. 암토끼는 위험을 알리려고 작은 입을 뾰족하게 만들어 휘파람을 불어보지만 허사다. 토끼가 입술로 만들어낸 작은 소리는 바람에 찢겨 다 날아가버리기 때문이다.

예전에 나는 날카로운 이빨을 가진 폭스테리어와 함께 빙하 길을 개척한 적이 있다. 사람들은 스키를 타고 얼음판을 달렸고, 사냥개는 깨진 얼음조각에 베여 배에서 피가 흘러나올 때까지 더 야성적으로, 행복에 겨워 지칠 줄 모르고 길을 뚫고 나갔다. 지금 이놈이 섬에서 사냥감의 흔적을 찾은 것이다. 두 다리는 바람에 날리는 작은 나무막대기처럼 질주하고, 주둥이는 흐느껴 울듯 큰 소리로 짖어댄다. 순간 이상한 점은 바다 위에 평평하게 떠 있는 섬이 고산지대의 깊은 협곡과 높은 분지를 떠올리게 한다는 것이다. 해골처럼 노랗고, 바람에 갈고 닦여 반짝반짝 빛나는 모래언덕은 바위를 엮어 만든 꽃다발처럼 섬 위에 솟아 있다. 사구와 하늘 사이에는 아직 완성되지 않은 세계인 허공이 떠 있다. 빛이 여기저기를 비춘다기보다는 양동이의 물이 실수로 엎질러진 것처럼 온 세상에 쏟아졌다고 하는 편이 나았다. 매번 우리는 동물들이 이 고독에 적응하며 산다는 사실에 경탄을 금치 못한다. 그놈들에게는 뭔가 은밀한 구석이 있다. 작고 부드러운 털로 덮인 가슴에다 그놈들은 불꽃 같은 생명력을 숨기고 있다. 사냥개가 쫓는 것은 작은 토끼 한 마리다. 내 생각으로는 아무리 사냥개라 해도 야생의 거친 비바람, 추위와 싸우며 살아온 작은 산짐승을 쉽게 따라잡지 못할 것 같았다. 지리 시간에 배운 기억들이 생생하게 되살아난다. 지금 우리가 서 있는 섬은 원래 해저에서 높이 솟은 산봉우리 아닌가? 입고 있는 옷만 놓고 보자면 우리는 알록달록한 정신병원 환자복을 입고 열 명씩, 열다섯 명씩 떼지어 어슬렁거리며 돌아다니는 온천욕객 같았다. 다시 생각해보니 정신병자들과·우리 사이에 공통점이 있다면, 그것은 오직 지독한 고독감일 것이다. 사람들이 거의 살지 않는 세상은 기수를 내동댕이친 말처럼 정신이 나가 있다. 그렇다. 작은 섬에 자리한 높은 산은 진짜 정신병에 걸린 것처럼 병들어 보인다. 우리를 놀라게 한 것은 개와 토끼 사이의 거리가 좁혀지고 있다는 사실이다. 사냥개는 토끼와의 거리를 점점 좁혀간다. 우리는 토끼를 따라잡는 개를 이제껏 한 번도 본 적이 없다. 그것은 개의 세계에서 최초의 위대한 승리로 기록될 것이다. 우리가 환호성을 지르자 추적자는 날개를 단 듯 날아간다. 사냥감을 거의 따라잡은 순간 개의 거친 숨결은 환호성으로 변한다. 이놈이 몇초 안에 토끼를 따라잡을 것임은 더이상 물어볼 필요도 없다. 그때 갑자기 토끼가 방향을 틀었다. 순간 나는 이놈이 유약한 놈이라는 것을 알았다. 그것은 앞니에 심하게 다친 흔적이 보이지 않기 때문이었다. 그놈은 큰 토끼가 아니라 작은 토끼, 새끼 토끼다.

너무 흥분한 나머지 내 심장은 심하게 떨렸다. 사냥개는 속도를 늦추었으며, 토끼와 채 열다섯 걸음도 떨어지지 않았다. 이제 곧 토끼의 최후가 찾아올 것이다. 새끼 토끼는 짧은 꼬리 뒤에 추적자가 바짝 따라붙었음을 귀로 안다. 토끼는 이제 힘이 빠져 지친 기색이 역력하다. 나는 그 사이로 끼어들려고 했지만 팬티 뒤에 있는 의지가 발바닥까지 내려가는 데 꽤 오랜 시간이 걸렸거나 이에 대한 반감이 생겼을지도 모르겠다. 나는 바로 내 앞 스무 걸음쯤 되는 위치에서 작은 토끼가 모든 것을 포기한 채 멈춰서지 않고, 추적자에게 격렬하게 저항하는 모습을 상상했을지도 모르겠다. 그러나 사냥개는 이빨로 그놈을 물더니 이리저리 몇차례 내팽개치듯 돌렸고, 곧이어 옆으로 내동댕이치더니 주둥이로 두어 번 가슴과 배를 물었다.

나는 눈을 들어 쳐다보았다. 잔뜩 흥분하여 붉게 상기된 얼굴들이 만면에 웃음을 띠며 주변에 늘어서 있었다. 갑자기 밤새 춤추고 놀다가 다음날 새벽 4시가 된 듯한 기분이 들었다. 피를 본 사냥이 연출한 도취상태에서 우리 가운데 제일 먼저 깨어난 것은 작은 폭스테리어였다. 그놈은 토끼를 그 자리에 놓아두고 의심의 눈초리로 좌우를 곁눈질하더니 다시 뒤로 물러났다. 개는 몇 발자국 가지 않아 돌이 날아오리라 예상이라도 했다는 듯 짧은 보폭으로 잠행하듯 달아났다. 하지만 우리는 옴짝달싹 못했으며 어안이 벙벙한 상태였다. '생존투쟁'이나 '자연의 잔혹함' 같은 진부한 냄새가 나는 식인종 시대의 말들이 우리 사이에서 흘러나왔다. 그런 생각은 엄청나게 깊은 곳에서 솟아오른 해저 상부의 얕은 곳처럼 밋밋해 보였다. 내가 제일 하고 싶었던 것은 토끼가 있는 곳으로 되돌아가 어리석은 암토끼를 실컷 패주는 것이었다. 이것은 정말 나의 솔직한 심정이었다. 하지만 도덕적으로 좋은 일은 아니었다. 그래서 나는 아무 말도 하지 않았다. 이로써 나도 그 자리에 있던 모든 이에게 퍼져가던 불확실한 침묵 속으로 빠져 들어갔다. 결국 가장 건장해 보이는 사내가 기뻐하면서 토끼를 두 손으로 잡더니 다가오는 사람들에게 토끼의 상처를 보여주었다. 그는 개가 사냥한 시체를 작은 관을 나르듯이 근처 호텔의 식당으로 가져갔다. 이로써 사내는 이 설명할 수 없는 사건으로부터 빠져나온 최초의 남자가 되었고 발 아래 유럽이라는 단단한 땅을 밟고 서게 되었다.

쥐

짧고 간단하게 암시만 줄 뿐 사실 이야깃거리라 할 수 없을 정도로 사소한 사건이 일어난 것은 세계대전 때였다. 평화롭던 시절 인가에서 수천 미터 혹은 이보다 훨씬 멀리 떨어진 남 티롤의 포다라 베들라(Alpe Fodara Vedla)에 누군가 만들어놓은 벤치가 있었다.

밝은 빛이 넓게 들며 움푹 들어간 곳에 설치된 이 벤치는 전쟁중에도 온전히 보존되었다. 포탄이 그 위로 날아간 덕분이었다. 벤치는 물고기떼나 항구에 정박한 배처럼 조용히 숨어 있었다. 포탄은 벤치 훨씬 뒤편의 아무것도 없고 아무도 살지 않는 곳에 떨어졌으며, 몇달 전부터 줄기차게 그곳을 계속 때려 아무 죄도 없는 언덕을 폐허로 만들었다. 군인들이 왜 그곳을 공격했는지는 아무도 몰랐다. 작전의 실수일까? 아니면 전쟁의 신이 부린 변덕 때문일까? 하여간 벤치는 전쟁과 무관한 듯 까맣게 잊혀졌다. 하루 종일 무한정 높은 곳에서 쏘아대는 햇빛만 벤치에 떨어졌다.

벤치에 앉는 사람은 누구나 꼼짝달싹하지 못했다. 입도 벌리지 않았다. 비좁은 곳에 함께 딱 붙어 엎드려 있으면서도 피곤해 죽을 것 같아 서로를 잊은 남자들처럼 사지가 각각 분리된 채 따로 잠들어버렸다. 이곳에 있으면 숨쉬는 것조차도 낯설게 느껴졌다. 자연의 진행이 낯설게 변한 것일까? 아니다. 자연의 숨결은 낯설게 느껴지지 않았다. 오히려 사람들이 숨쉬는 모습을 살펴보면 가슴이 이렇게 인간의 의지와는 무관하게 동일한 박자로 움직인다는 사실이 낯설어 보였다. 호흡은 파란색 괴물이 실신한 인간에게 공기를 불어넣어 임신한 것처럼 배를 부풀어 오르게 하는 운동이 아닌가?

주변에 난 풀은 1년 전 그대로였다. 흰 눈처럼 창백하고 추한 모습이었으며, 큰 돌이 치워진 자리처럼 핏기 없어 보였다. 멀고 가까운 모든 곳에는 수없이 많은 웅덩이와 언덕 그리고 이상한 모양으로 굽은 괴목과 방목장이 있었다. 이처럼 꼼짝달싹할 수 없다는 불안함 때문에, 또한 땅이 언제 황녹색 거품처럼 산산조각날지 모른다는 불안감 때문에 눈길은 늘 병풍처럼 앞을 두른 붉은 바위 쪽으로 높이 솟았다가 다시 수백 개의 눈길로 쪼개진 채 다른 곳으로 돌아다녔다. 그리 높지 않은 바위 위로 햇빛만 공허하게 비추고 있었다. 그곳은 이처럼 황량했으며, 하느님이 천지를 창조했을 때처럼 매우 장엄했다.

작은 쥐 한 마리가 찾아오는 사람 하나 없던 벤치 근처에 체계적으로 교통호를 파놓았다. 얼른 도망갔다가 다른 곳에서 다시 튀어나올 수 있도록 자신만 들어갈 수 있는 깊이로 쥐구멍을 파놓은 것이다. 쥐는 둥글게 건설된 교통호 속으로 휙 사라졌다가 다시 불쑥 튀어나왔고 원을 그리며 사라졌다. 먼 하늘에서 천둥 같은 대포 소리가 그치면 엄청난 정적이 찾아왔다. 당황한 인간은 벤치 팔걸이에 올려두었던 손을 가만두지 못하고 급히 아래로 내렸다. 바늘구멍처럼 작고 검은 쥐의 눈도 천둥소리가 나는 쪽으로 향했다. 우리는 한순간 뭔가 이상하게 전도되었다는 느낌을 받았다. 작고 생기발랄한 검은 눈이 돈 것인지, 아니면 요지부동의 자세로 버티고 서 있을 것 같던 거대한 산이 움직인 것인지 더이상 알 수 없었기 때문이다. 우리는 세계의 의지가 실현되는 건지, 작고 고독한 눈에서 빛을 발하는 쥐의 의지가 실현되는 건지 도무지 분간이 가지 않았다. 그리고 전쟁이 벌어지는 건지, 영원성이 지배하는 건지 더이상 알 수 없었다.

그래서 우리는 알 수 없는 문제에 그렇게 오랫동안 매달리게 되는가보다. 하지만 이것은 분명 아주 짧은 이야기일 뿐이다. 그 사이에 이야기는 매번 우리가 어디서 끝낼지 정확히 말하기도 전에 끝나기 때문이다.

방음이 되지 않는 방

일찍 침대에 누웠다. 약간 감기 기운이 있었고, 열도 있었던 것 같다. 천장을 멍하니 바라보거나, 호텔방 발코니 문에 걸린 붉은 커튼을 보았는지도 모르겠다. 뭘 한 것인지 구분하기 힘들다.

내가 막 그런 생각을 마쳤을 때, 너도 역시 옷을 벗기 시작했다. 나는 기다린다. 나는 오로지 네 소리에만 귀를 기울인다.

분간할 수 없지만 이쪽저쪽에서 문이 열리고 사람들이 나가는 소리가 난다. 너는 들어와 침대에 무언가를 놓는다. 그것은 무엇일까? 그 사이 너는 장롱을 열고 무언가를 그 안에 집어넣거나 끄집어낸다. 장롱 문이 다시 닫히는 소리가 난다. 너는 단단하고 무거운 물건을 탁자에 놓고 다른 것들은 옷장 대리석 상판에 놓아둔다. 너는 쉬지 않고 이리저리 움직인다. 그 다음 머리를 풀고 빗질하는 소리도 들리는데 나는 이 소리를 익히 잘 알고 있다. 세숫대야에 물 붓는 소리도 난다. 그 전에 분명히 옷 벗는 소리도 들었는데 이제 그 소리를 또 듣는다. 네가 몇개의 옷을 벗었는지 알 수 없다. 이제 너는 신발도 벗었다. 네 양말은 조금 전 신발이 그랬던 것처럼 부드러운 카펫에 이리저리 내동댕이쳐지겠지. 너는 서너 번 연속해서 컵에 물을 따른다. 나는 네가 왜 그렇게 하는지 모른다. 너는 분명히 현실에서 항상 뭔가 새로운 일을 찾아내지만 내 상상력은 이미 오래전에 고갈돼버렸다. 네가 잠옷을 갈아입는 소리도 난다. 하지만 이것으로 모두 끝난 것은 아니다. 다시 수백 개의 소소한 행동이 있을 것이다. 나는 네가 나 때문에 서두르고 있음을 알고 있다. 너의 모든 행동은 분명히 꼭 필요하며, 가장 좁은 의미에서 너의 자아에 속한 것이다. 그리고 아침부터 저녁까지 동물들이 하는 무언의 동작처럼 너는 아무것도 모른 채 수많은 행동을 함으로써 내 숨결이 닿지 않는 넓은 곳으로 불쑥 들어간다.

우연히 나는 그렇게 느꼈다. 열이 있었고, 너를 기다리고 있었기 때문이다.

슬로베니아의 마을장례식

터키식 커튼에다 붉은 페인트로 칠한 내 방은 처음부터 좀 특별한 구석이 있었다. 가구들은 군데군데 금이 가거나 갈라져 있었고 그 틈 속에는 자갈을 깐 배수로나 자갈로 연결된 띠처럼 먼지가 일렬로 가지런히 내려앉아 있었다. 아주 미세한 먼지였고, 정말 자갈이 작게 부서져 있는 것만 같았다. 하지만 먼지는 너무 외롭게 한줄로 앉아 있었으며, 결코 서로 뒤엉킬 것 같지 않았다. 그래서 이 먼지를 보고 있노라면, 빛과 어둠이 밀물처럼 밀려왔다 썰물처럼 빠져나가면서 젖어드는 높은 산의 깊은 고독이 떠올랐다. 당시 나는 이런 체험을 많이 했다.

이 집에 처음 왔을 때 이곳은 죽은 쥐들이 품어내는 악취로 가득 차 있었다. 내 방과 여교사들의 방 사이에는 함께 사용하는 큰 다용도실이 있었는데, 사람들은 마음에 들지 않거나 더이상 보관할 필요가 없는 것들을 이 방에 처박아놓았다. 예를 들면 조화(造花), 먹다 남은 음식, 과일껍질, 더이상 세탁할 필요가 없는 찢어지고 때묻은 옷가지들이 버려졌다. 더구나 내가 하인에게 그 방을 정리하라고 시키면, 불평을 늘어놓기까지 했다. 하지만 여교사들 가운데는 천사보다 더 어여쁜 아가씨가 있었다. 그녀의 언니는 어머니보다 더 자상했는데, 매일 동생의 뺨에 장미처럼 볼그스레하게 화장을 해 성모 마리아만큼 예쁘게 만들어주었다. 가끔 우리 집에 놀러온 어린 여학생들은 두 사람을 아주 좋아했다. 한번은 몸이 아파 이 자매의 호의를 받은 적이 있는데, 그들의 친절이 내 방을 따뜻한 냄새로 가득 채우는 방향제 같다고 느꼈을 때 왜 아이들이 이 자매를 좋아하는지 까닭을 알 수 있었다. 한번은 집주인인 이 자매에게 할 말이 있어 낮에 둘의 방을 찾아간 적이 있었다. 그때 자매는 아직 침대에 누워 있었다. 내가 되돌아가려고 하자 남을 돕기 좋아하는 자매는 이불을 차 던지고 일어나 옷을 차려입고 나왔다. 더구나 그들은 때묻은 외출용 신발을 침대 다리 언저리에 숨겨두기까지 했다.

　내가 서서 장례식을 구경한 것도 바로 이 집에서였다. 고인은 뚱뚱한 여자였는데, 그녀는 여기서 바깥쪽으로 약간 구부러진 라이히슈트라쎄(Reichstraße)에서 우리 창문을 비스듬히 마주보고 살았었다. 오전에 목공소에서 일하는 청년들이 관을 들여왔다. 겨울이어서 그들은 손으로 끄는 조그만 썰매에 관을 싣고 왔다. 오전에 날씨가 좋았기 때문에 그들은 징이 박힌 신발을 신고 썰매를 몰았다. 그들이 끌고 온 크고 검은 관은 덜커덩거리며 이리저리 튀어올랐다. 이 광경을 지켜본 사람이라면 누구나 그 젊은이들이 누굴까 하는 의문을 품었으며 호기심 어린 눈으로 썰매가 뒤집히지 않나 지켜보았다.

오후가 되자 벌써 그 집 앞에는 장례행렬이 준비를 마치고 서 있었다. 실크모자, 털모자, 최신 유행 모자, 방한용 두건은 모두 어두운 빛깔이어서 맑고 투명한 잿빛 하늘과 묘한 대조를 이루었다. 검붉은 물결 모양의 하얀 셔츠를 입은 성직자들도 눈이 빙판으로 변해 미끄러운 길을 가로질러 왔다. 몸집이 제법 크고, 털이 지저분하게 뒤엉킨 어린 갈색 개 한 마리가 성직자들의 꽁무니를 따라 달리며 지나가는 마차에 대고 그들을 향해 짖어댔다. 이렇게 말해도 된다면 이 개가 완전히 잘못 보고 짖어댄 것은 아니었다. 이 순간 그 집에 다가오는 사람들에게는 애초부터 성스러움이나 인간적인 품위 같은 것은 중요하지 않았다. 미끄러운 빙판길 위에서는 오로지 동물처럼 생존의 메커니즘을 따르는 복잡한 동작만 필요하기 때문이다.

하지만 이후의 상황은 성스러운 분위기로 돌변했다. 누군가 나직이 깔리는 베이스 음으로 매우 아름답고 슬픈 노래를 불렀다. 나는 이 노래에서 아베 마리아라는 가사만 알아들을 뿐이었다. 여기에 마치 밤(栗) 같은 연갈색 바리톤 음이 끼어들었다. 그리고 목소리가 하나 더 들렸는데, 그것은 테너의 목소리로 사방으로 울려퍼지고 있었다. 이와 동시에 검은색 두건을 쓴 여자들이 집에서 끝없이 쏟아져 나왔는데, 그들이 든 촛불이 겨울 하늘 아래 담황색으로 타올라 여러 장례도구들을 비춰주었다. 이 모습을 보고 울고 싶은 사람이 있다면, 그것은 그의 나이가 이미 서른이 넘었기 때문일 것이다.

몇가지 이유가 더 있다면, 어쩌면 장례행렬 뒤에서 사내아이들이 주먹질하며 싸웠기 때문이거나 개를 끌고 나온 젊은 신사가 몸을 곧추 세우고 다른 사람들의 머리 위로 고개를 내민 채 왜 이렇게 사람들이 모여 있을까 하는 표정으로 꼼짝하지 않고 이웃의 슬픔에 동참하는 성스러운 장례행렬을 지켜보았기 때문일 것이다. 세상은 불확실한 것으로 가득 차 있는 정말 불안한 곳이다. 깨지기 쉬운 도자기가 가득 든 장(欌) 같다고나 할까. 나는 정말 불안을 억누를 수 없었다. 우연히 군중 한가운데 다시 그 젊은 신사가 한 손을 등 뒤로 돌리고, 그의 커다란 갈색 개가 주인의 손을 장난감 삼아 노는 모습을 보자, 나는 몸둘 바를 몰랐다. 개는 주인의 손을 감싸 물며 장난치고 있었고, 그의 언 손을 따뜻한 혓바닥으로 녹여주려 했다. 나는 상황이 어떻게 진행될지 흥미롭게 지켜봤다. 한참 시간이 흐른 뒤 그 젊은 신사의 얼굴은 뭔지 모를 것에 고양된 채 얼음처럼 굳어 있었다. 그러나 등 뒤에 있던 손은 그로부터 분리된 채 따로 놀았고, 자신도 모르게 개의 주둥이를 가지고 장난을 치기 시작했다.

이유는 모르겠지만 이 광경은 내 영혼을 다시 건강하게 만들었다. 당시 내 영혼은 참고 견디기만을 강요하는 주변환경 때문에 쉽게 혼란에 빠졌다가 아무 이유 없이 제자리로 돌아오곤 했다. 장례식이 끝나면 같이 사는 사람들이 한잔의 술과 몇마디 의례적인 말과 함께 악수를 건넬 것이라는 기대에 기쁘기도 했고 불쾌하기도 했다. 불행이 어쩌면 사람들을 서로 가깝게 만들거나 비슷하게 만드는 것 같다는 말은 반박할 수 없는 말이 아닐까?

님머메어 여관

예전 로마에 어떤 독일 여관이 있었다. 물론 이 여관 외에도 수없이 많은 여관이 있긴 했지만 당시 이탈리아에서 특정한 이미지로 알려진 독일 여관은 분명히 매우 특별한 곳이었다. 내가 한때 묵었던 또다른 여관을 생각하면 지금도 끔찍한 느낌을 지울 수 없다. 그곳에서는 모든 것이 울고 싶을 정도였다. 하지만 여기 소개할 여관은 그렇지 않았다. 내가 사무실로 들어가서 먼저 주인이 있느냐고 묻자, 주인의 어머니는 "아, 지금 올 수 없을 거요. 티눈이 심하게 났거든요"라고 대답했다. 나는 그를 님머메어(Nimmermehr) 씨라고 부르겠다. 그러므로 그의 어머니는 님머메어 부인이다. 그녀는 귀부인처럼 몸에 꽉 끼는 코르셋을 입고 있었다. 그러나 그녀의 몸은 세월과 함께 살이 빠져, 이제는 몸을 감싸는 코르셋의 가장자리가 불규칙적으로 튀어나왔다. 때문에 그녀는 블라우스로 이것을 덮어 가리고 있었다. 하여간 그녀의 코르셋은 가끔 누군가 떠난 자리에서 발견되는, 주인 잃고 뒤집어진 우산을 떠올리게 했다. 내가 관찰한 바로 그녀는 부활절과 10월 사이에는 여행객이 몰려오는 기간에만 미장원에 갔다. 이 기간 동안 그녀의 머리는 하얬던 것 같다. 그녀만의 개성을 드러내는 또다른 것이 있다면 그녀는 아주 길게 터진 치마를 입고 있었고, 날씨가 더울 때면 늘 단추를 풀어 위 아래로 열어놓았다는 것이다. 아마 이런 차림이 더운 여름에 훨씬 더 시원했을 것이다. 하지만 이것이 이 여관만의 특별함을 말해주는 것인지도 모르겠다. 왜냐하면 식당에서 일하는 여직원 라우라(Laura)도 이런 목적으로 뒤에서 잠그는 깨끗한 블라우스를 입고 있었기 때문이다. 하지만 내가 로마에 머무는 동안 그녀는 항상 맨 밑에 달린 단추 두 개까지 꼭 채웠기 때문에 그녀의 속옷과 예쁜 등을 보는 것은 성배를 찾는 것만큼이나 어려웠다. 그럼에도 이 집 주인은 '님머메어'라는 이름에 걸맞게 아주 평판이 좋았다. 여관의 고풍스럽고 호화로운 방들은 호평을 받았으며, 요리도 일품이었다. 원래 라우라의 담당이었지만, 손님이 식사를 하는 동안 지배인인 님머메어 씨가 개인적으로 식탁 옆에서 서비스를 해줄 때도 있었다. 한번은 그가 라우라를 꾸짖는 소리를 들은 적도 있었다.

"마이어 씨가 숟가락과 소금을 직접 가져오셨잖아요!"

라우라는 깜짝 놀라 소곤거렸다.

"마이어 씨는 아무 말씀도 하지 않았는데 왜 그러세요?"

그러자 님머메어 씨는 이 조용한 항의에 왕실전속 요리사다운 품위를 보여주었다.

"마이어 씨가 그런 말을 하실 분입니까?"

님머메어 씨는 왕실전속 요리사라는 높은 지위에 오를 만한 사람이었다. 내가 기억하기로 그는 큰 키에 마른 편이었으며 대머리였다. 눈빛은 창백했고, 요리가 특별히 맛있음을 말해주기 위해 접시를 들고 손님에게 허리를 숙일 때면 가시처럼 수북한 수염이 천천히 위아래로 움직였다. 이 모든 것은 님머메어 씨 가족만의 고유한 특성이었다.

당시 나는 이 여관에서 일어난 사소한 일까지 전부 기록했다. 내게 이런 기회는 두 번 다시 없을 것 같은 느낌이 들었기 때문이다. 여기에 기록해둔 내용이 아주 보기 드물고 중요한 것임을 말하려는 것은 결코 아니다. 좀 특별한 구석이 있다면, 동시성과 연관된 것뿐인데, 이것을 설명하기란 쉽지 않다. 이 집 벽에는 시계가 한 스무 개쯤 걸려 있었는데, 이것들을 갑자기 쳐다보면 각각의 시계추들이 서로 다른 위치에 있었다. 시계들은 모두 동일한 시간을 보여주는 것 같지만 그렇지 않았던 것이다. 실제 시간은 시계들 사이 어딘가를 흘러간다. 아마 이런 사실이 우리를 섬뜩하게 만들었을지도 모른다. 그 당시 님머메어 여관에 묵고 있던 사람들은 모두 그렇게 느낄 특별한 이유가 있었다. 우리는 모두 로마에 볼 일이 있었다. 하지만 로마의 여름은 너무 더워 하루에 많은 일을 처리할 수 없었기 때문에 우리는 늘 여관에 모여 있곤 했다. 예를 들면 키가 작고 나이도 제법 든 스위스 남자는 교세가 그렇게 크지 않은 개신교 교파의 일 때문에 여관에 묵고 있었다. 이 교파는 교황이 살고 있는 로마에 개신교 교회를 지으려 했다. 태양이 모든 것을 태워버릴 듯 뜨거운 열기를 내뿜고 있는데도 그는 늘 검은 양복을 입고 다녔다. 뿐만 아니라 위에서 두번째 조끼 단추에다 시계 줄을 걸고 약간 아래쪽에 검은색 메달을 달고 다녔는데, 이 메달 안에는 황금 십자가가 부착되어 있었다. 그의 수염은 좌우로 가지런하게 정리되어 있었지만 턱수염은 너무 짧게 나 있어서 어느 정도 가까이에서만 알아볼 수 있었다. 그리고 뺨 주변의 수염은 완전히 자취를 감추고 있었다. 윗입술 주위에도 원래 수염이 나지 않는 것처럼 보였다. 이 노인의 머리는 갈색 기운이 도는 회색이었으며 머릿결은 아주 부드러웠다. 얼굴은 붉다고 할 수도 있겠지만, 일단 안색이 변하면 방금 떨어진 눈송이처럼 하얗게 되어 황금색 안경이 눈 속에 파묻힌 것 같았다. 한번은 살롱에서 환담을 나눌 때 그가 마담 제르베(Gervais)에게 이렇게 말했다.

"당신 나라엔 무엇이 없는지 아시오? 당신 나라 프랑스에는 왕이 없소."

의아해하며 나는 마담 제르베를 도우려고 나섰다.

"하지만 당신은 스위스 사람이고, 당신도 공화주의자 아닙니까?"

하지만 키 작은 그 남자는 황금 안경테 너머로 우리를 쳐다보며 응수했다.

"그것은 다른 문제요. 우리가 공화주의자가 된 것은 600년 전이오. 45년 전이 아니란 말이오."

로마에서 개신교 교회를 짓고 있던 스위스 남자는 그렇게 말했다.

마담 제르베는 그녀 특유의 사랑스러운 미소를 지으며 대답했다.

"만약 외교관이나 신문이 없었다면, 우리는 영원한 평화를 누렸을 거예요."

"훌륭합니다. 매우 훌륭합니다!"라고 그 노인은 다시 부드럽게 그 말에 동의했다. 그는 킥킥 웃으면서 고개를 끄덕였는데, 목에 어린 염소 한 마리를 안고 있기라도 한 것처럼 가늘고 부자연스러운 목소리였다. 노인은 의자에 앉은 채 한쪽 다리를 들어 마담 제르베 쪽으로 다시 몸을 돌려 앉았다.

마담 제르베는 이렇게 현명한 답을 할 줄 아는 여자였다. 부드러운 고수머리에 가늘고 긴 목, 예쁜 귀걸이로 장식한 귀 등 그녀의 옆모습은 식당 창문에 비쳐 더욱 두드러져 보였다. 처음 보았을 때, 마담 제르베는 하늘색 비로드 천에 새겨진 핑크색 보석 같았다. 그녀는 나이프와 포크를 든 두 손을 조심스럽게 몸 쪽으로 당기더니 포크로 복숭아를 찍어올려 완벽한 손놀림으로 껍질을 벗겨나갔다. 그녀가 제일 좋아하는 말은 "상스럽군요" "예의가 없으시군요" "정말 호화롭군요" 그리고 "정말 멋지네요"였다. 그녀는 종종 "소화" "소화가 잘되는"이라는 표현도 사용했다. 마담 제르베는 카톨릭 신자인 자신이 파리의 개신교 교회에 간 이야기를 털어놓은 적도 있었던 것 같다. 그날은 황제의 생일이었다. "내가 당신에게 확실하게 말하지만"—그녀는 덧붙여 말했다—"그곳이 우리 교회보다 훨씬 더 위엄있게 보였어요. 훨씬 더 소박했지만요. 결코 조잡한 코미디 같지 않았다는 말이에요." 마담 제르베는 이렇게 말했다.

남편이 호텔에 근무하기 때문에 그녀는 독일어와 불어로 대화를 나누는 것을 아주 좋아했다. 자세히 말하면, 그녀의 남편은 제법 인정받는 호텔 직원이었다. 그는 식당, 바, 객실 서비스, 사무실 등 모든 업무를 총괄했다. 이런 남편을 두고 마담 제르베는 "바이스로 공작물을 다듬는 기계공처럼 바쁘게 일해야 해요"라고 말했다. 마담 제르베는 자유주의적인 계몽주의자였다. 그녀는 신사였던 한 흑인 왕자가 파리의 호텔에서 미국인들에 의해 출입을 거부당한 사건을 떠올리며 분개했다.

"그 왕자는 이런 표정만 지었답니다. 이렇게요."

마담 제르베는 직접 표정을 지어 보였는데, 그것은 경멸하듯이 입술을 실룩거리며 찌푸린 표정이었다. 그녀에게 휴머니즘,

국제 감각, 인간의 품위 같은 고전적이며 고결한 이상은 호텔 직원이라는 삶과 완전히 일치하는 것이었다. 물론 처녀 때 부모님과 함께 자동차 여행을 했고, 이런저런 수행원이나 외교관들과 이곳저곳을 다녀본 적이 있으며, 모 후작 부인을 잘 아는데, 그부인이 이런저런 말을 했다는 둥 중간중간 자기 자랑을 늘어놓는 것도 좋아했다. 하지만 남편의 직장생활에 대해 언급하며, 남편 친구는 팁이 금지된 호텔에 근무하면서도 한 달에 팔백 마르크의 팁을 받지만, 자기 남편은 그런 규정이 없는 호텔에 다니는데도 겨우 육백 마르크밖에 벌지 못한다고 이야기할 때는 여간 고상한 척하는 게 아니었다. 그녀는 항상 성성한 꽃을 몸에 지니고 다녔으며 한 타스의 식탁보를 가지고 여행을 했는데, 이것을 이용해 조그만 여관방에서 고향 분위기를 연출하기도 했으며 남편이 쉬는 날에는 이곳에서 남편을 맞이했다. 마담 제르베는 자신의 양말을 라우라가 세탁해주기로 계약을 맺기도 했다.

마담 제르베는 씩씩한 여자였다. 유난히 키가 크고 천사처럼 여린 외모를 지녔지만 작은 입만은 통통하게 살이 올랐다는 사실을 어느날 나는 알아챘다. 자세히 살펴보면 웃을 때 그녀의 뺨은 코 위까지 엄청나게 치솟았다. 하지만 그녀가 예쁘지 않다고 여기면서도 이상하게 우리 두 사람은 그 후에도 더 진지한 대화를 나눌 정도로 친해졌다. 마담 제르베는 일찍 아버지가 돌아가신 것이며, 어릴 때 아주 오랫동안 병에 걸린 적이 있다는 이야기, 뇌연화증에 걸려 병석에 누운 계부의 변덕스러운 성격 때문에 고생했다는 이야기까지 해주었다. 그 때문에 사랑하지 않으면서도 남편과 결혼할 수밖에 없었다고 내게 털어놓기까지 했다. 자신이 결혼한 이유는 그저 혼자 힘으로 벌어먹고 살아야 할 나이가 되었기 때문일 뿐이라고 말이다.

"애정도 없이, 정말 애정도 없이 말이에요!"

마담 제르베는 내가 여관을 떠나기 하루 전날 이런 이야기를 털어놓았다. 그녀는 늘 적합한 표현을 찾아 말을 할 줄 알았고, 영혼에서 우러나오듯 솔직하게 모든 것을 털어놓는 여자였다.

함께 묵었던 비스바덴 출신의 부인에 대해서도 이와 비슷한 이야기를 하고 싶다. 하지만 유감스럽게도 이 여인에 대한 기억은 그리 많지 않다. 얼마 남지 않은 기억도 이런 의도에 꼭 들어맞지 않을 것 같다. 아직까지 기억하는 것은, 그녀가 늘 세로 줄무늬 치마를 입고 다녀 마치 구겨진 하얀 블라우스가 걸린 큰 나무 울타리처럼 보였다는 것뿐이다. 그녀는 종종 자신이 한 말을 스스로 뒤집었다. 아마 대부분 이런 식이었던 것 같다. 예를 들어 누군가 "오타비나는 참 예쁘지요"라고 말하면, 이에 대해 그녀는 "예"라고 말하고는 곧바로 "전형적인 로마 미인이에요"라고 덧붙인다. 그리고 승자의 기세로 다른 남자를 쳐다보지만, 그는 싫건 좋건 진실을 위해 그녀의 말을 고쳐주어야 했다. 하녀인 오타비나는 토스카나(Toskana)출신이었기 때문이다. "예, 그렇지요"라고 그녀는 대답했다. "그녀는 토스카나 출신이에요. 하지만 제 말은 전형적인 로마의 미인 형이라는 얘기에요! 로마

여자들은 모두 코가 이마에 걸릴 정도로 크잖아요" 하지만 오타
비나는 토스카나 출신일 뿐 아니라 이마에 걸릴 정도로 코가 큰
것도 아니었다. 비스바덴 출신의 그 숙녀는 머릿속에 늘 여러 가
지 판단들이 준비되어 있어 완성된 판단을 연달아 하나씩 밀어
낼 정도로 지나치게 활발한 정신의 소유자였다. 나는 그녀가 불
행한 과거를 가진 여인이 아닐까 염려했다. 그녀는 미혼이었던
것 같다. 그녀는 배를 타고 아프리카 여행을 했으며, 일본으로
가려고 했다. 그녀는 이와 관련해 맥주 일곱 잔을 마시고 담배
사십 개비를 피운 여자친구 이야기를 해주었다. 그녀는 이 친구
가 굉장히 좋은 동료였다고 말했다. 그런 이야기를 할 때 그녀는
얼굴이 두껍고 입, 코, 눈 부분이 비스듬히 째진 아주 방탕한 여
인처럼 보였다. 그때 우리는 그녀가 최소한 아편 정도는 할 것이
라고 짐작했다. 하지만 남들이 자신을 보고 있지 않다고 느끼면
곧바로 한번에 7마일을 날아가는 장화 신은 난장이처럼 착하고
얌전한 얼굴로 변했다. 그녀가 바라는 최고의 꿈은 사자 사냥이
었다. 그녀는 이것을 하려면 얼마나 많은 힘이 필요한지 우리 모
두에게 물어보기도 했다. 그녀는 자신이 이 모험을 감당할 정도
로 충분한 용기가 있다고 생각했을까? 그녀는 조카가 사자 사냥
에 데려가달라고 조르고 있다고 했다. 하지만 아직 악동처럼 강
한 스물두살 청년에게 그것은 좀 다른 문제가 아닐까? 하지만
조카에게 그녀는 배를 타고 세계 일주를 하는 멋진 고모 아닌
가! 나는 그녀가 아프리카의 태양 아래서 조카의 어깨 위에 무

모하다 할 정도의 광기를 부여해 사자들이 그를 피해 살금살금 도망가게 만들 것이라고 확신했다. 마담 제르베와 나도 할 수만 있다면 그렇게 했을 테니까.

이따금 나는 님머메어 부인을 찾아 사무실로 슬쩍 들어가거나 복도로 살금살금 걸어가 오타비나가 있는지 살펴보기도 했다. 그녀를 본다는 것은 신들의 나라에 떠 있는 별을 향해 눈길을 던지는 것과 같았다. 아니 오타비나는 그보다 훨씬 더 예뻤다. 그녀는 객실청소부였으며 열아홉살이었고, 집에 남편과 아들 하나가 있었다. 그녀는 내가 그때까지 본 여자 가운데 제일 예뻤다. 이 세상에는 아름다운 것이 수없이 많고, 종류와 그 정도 역시 천차만별이라고 말하지 마라! 나도 그쯤은 알고 있다. 사실 오타비나처럼 생긴 미인형에 대해서는 관심이 없다. 그녀는 내가 싫어하는 라파엘로형의 미인이었기 때문이다. 그렇지만 그녀는 내 눈길을 사로잡기 충분할 정도로 예뻤다! 그녀의 아름다움은 눈으로 직접 보지 않은 사람에게는 설명할 길이 없다고 말해도 좋을 것이다. 조화, 균형, 완전성, 고귀함이라는 말로 그녀의 아름다움을 표현하고 싶지는 않다. 우리는 이런 개념들을 너무 살찌워놓았다. 이 개념들은 아주 작은 두 발로 서 있는 뚱뚱한 여자처럼 우리 마음을 한 발자국도 움직이게 할 수 없을 것이다. 실제로 조화미가 살아있는 완벽한 미인 오타비나를 본다면, 우리는 그녀의 자연스러움에 경탄을 금치 못할 것이다. 오타비나는 천상의 세계에서 지구로 내려온 여인이었다. 흐르는 시냇물처럼 결코 규칙에 매여 있지 않으며, 별 신경쓰지 않고 자연스럽게 살아도 경탄을 자아낼 정도로 완벽한 아름다움을 저절로 뽐낼 수 있는 자연 미인이었다. 내가 오타비나에 대해 키가 크고 튼튼하며 품격있고 우아하다고 말하면, 꼭 다른 사람에게서 빌려온 말 같다는 느낌이 든다. 동시에 나는 여기에다 몇 마디 더 추가하고 싶은 욕구를 느낀다. 키는 크지만 그렇다고 사랑스러움을 잃어버릴 정도는 아니다. 제법 몸무게가 나가 보이지만 어느 곳에서도 가만히 앉아 있는 법이 없다. 고상하지만 인간의 본성을 찾아볼 수 없는 것도 아니다. 그녀는 여신이자 이집의 객실청소부다. 나는 열아홉살의 오타비나와 이야기를 나눌 기회가 없었다. 그녀는 내 이탈리아어 실력이 형편없다고 여기고, 내가 무슨 말을 하면 매우 공손하게 '예, 아니오'로만 대답했기 때문이다. 그러나 나는 그녀를 흠모했던 것 같다. 물론 확실히 알 수 없다. 오타비나 근처에 가면 모든 것이 전혀 다른 의미를 가졌기 때문이다. 나는 그녀를 갈망하지 않았다. 그녀가 없다고 고통스럽지도 않았고, 그녀에 대해 몽상하지도 않았다. 그 반대였다. 그녀를 볼 때마다 나는 죽어야 할 운명을 지닌 인간이 신들의 모임에 참석한 것 같은 어색한 태도를 남모르게 취하려 했다. 웃을 때 그녀의 얼굴에는 주름도 잡히지 않았다. 남자인 내 팔에 안긴 그녀의 모습을 상상할 때면, 그녀를 갈망하며 붙들려는 남자의 손아귀를 피하며 부끄러운 나머지 얼굴 위로 구름처럼 드리우는 부드러운 홍조 외에 그 어떤 것도 상상할 수 없었다.

물론 결혼한 오타비나에게는 아들이 있다. 나는 가끔 그녀를 기다리지 않고 님머메어 부인의 사무실로 들어가 이야기를 나누며 현실을 다시 깨닫곤 했다. 방을 걸어다닐 때 님머메어 부인은 두 팔을 손등이 보이도록 앞쪽으로 늘어뜨리고 다녔다. 그녀의 등은 매우 넓었으며, 배는 귀부인 같았다. 님머메어 부인은 삶을 더이상 꾸미지 않았다. 꼭 알고 싶은 마음에 그녀의 크고 검은 고양이 미쉐떼가 수놈인지 암놈인지 물어보면 생각에 잠겨 물끄러미 바라보며 철학적인 답변을 늘어놓았다.

"오, 그것은 말할 수 없어요. 그놈은 카쉬트라트예요."

젊은 시절 님머메어 부인은 까를로라는 고향 친구를 마음에 품었다고 한다. 그런데 님머메어 부인이 있는 곳이면 지금도 늘 창밖 어딘가에 까를로 씨가 앉아 있는 것을 볼 수 있었다. 그때는 분명히 부활절과 10월 중간쯤이었다. 왜냐하면 까를로 씨는 거의 폐인에 가까운 사람이었고, 여행시즌이 아닌 지금조차도 모든 투숙객들에게 알려져 있긴 하지만 공식적으로 인정받지 못하는 유령 같은 존재였기 때문이다. 그는 늘 때묻은 밝은색 양복을 입은 채 벽에 딱 붙어 앉아서 꼼짝하지 않았다. 두 다리는 기둥처럼 아래위가 똑같았으며, 검은색 카보우르 수염을 기른 귀족풍의 얼굴은 기름때와 고생으로 일그러져 있었다. 밤에 집으로 돌아올 때만 그가 움직이는 것을 보았다. 자신을 지켜보는 눈들이 모두 잠에 빠졌을 때 까를로 씨는 발을 질질 끌며 복도

를 걸어가거나 이쪽에서 저쪽 벤치로 끙끙거리며 옮겨다니면서
호흡경련과 싸우고 있었다. 까를로 씨는 이렇게 하면서도 즐거
워했다. 지체없이 나는 안부를 물었고, 까를로 씨는 정중하게 고
마움을 표시했다. 나는 까를로 씨가 님머메어 부인이 준 빵에 감
사하는지, 그가 님머메어 부인의 배은망덕함에 항의하는 것인
지 혹은 자존심에 상처를 입어 마치 온종일 눈을 뜬 채 잠잔 사
람처럼 보이는 것인지 도무지 알 길이 없었다. 님머메어 부인이
옛 친구인 까를로 씨에게 어떤 감정을 가지고 있는지도 알 수
없었다. 다만 추측할 수 있는 것은 그녀가 이 노인의 한결같이
아름다운 마음을, 청년시절 노인이 소중히 간직했던 마음을 이
미 오래전에 무시해버렸을지 모른다는 것이다. 어쨌든 나는 예
전에 사무실에서 그녀가 까를로 씨와 함께 있는 모습을 본 적이
있다. 까를로 씨는 벽에 붙어 앉아서 잠에 취한 눈길로 반대편
벽을 통해 바깥 쪽 무한세계를 응시하고 있었으며, 님머메어 부
인도 책상에 앉아 열린 문을 통해 어두운 밤거리를 바라보고 있
었다. 두 눈길은 약 1미터 정도 떨어진 채 나란히 바깥쪽으로 흘
러갔다. 눈길 아래에 자리한 책상다리 옆에는 이 집을 지키는 개
두 마리와 고양이 미쉐떼가 앉아 있었다. 등에 노인성 건조증이
시작되어 군데군데 털이 빠진 포메라 종 갈색 슈피츠인 마이
크는 평소에 개들끼리만 하는 짓을 고양이 미쉐떼에게도 하려
고 했다. 그 사이에 뚱뚱한 갈색 슈피츠인 알리도 고양이 미쉐떼
의 귀를 기분 좋게 깨물고 있었다. 아무도 그것을 막지 않았다.

미쉐뗴도, 두 노인도 막지 않았다.

이런 행동을 막을 수 있는 사람이 있다면, 아마 미스 프레이저였을 것이다. 마이크는 그녀 앞에서는 결코 그런 짓을 하지 못했다. 매일 저녁 열린 우리 살롱에서 미스 프레이저는 안락의자의 끝자락에 몸을 살짝 걸치고 앉아 있었다. 상체를 등받이에 기댄 채 몸을 쭉 뻗자 그녀의 몸은 의자 등받이 가장자리까지 닿았으며, 두 다리는 곧게 쫙 펴져서 발뒤꿈치가 땅에 닿았다. 이런 자세로 그녀는 뜨개질을 했다. 이 일을 마치면 타원형 원탁에 앉아 우리 대화에 끼어들거나, 읽은 내용을 글로 썼다. 이 일도 다하면 재빠른 손놀림으로 카드패 놀이를 했으며, 패가 다 떨어지면 잘 자라는 인사와 함께 자리를 떴다. 그 시간은 보통 열시였다. 이 생활규칙이 깨질 경우는 우리 중 누군가가 토론의 열기 때문에 열대지방처럼 달궈진 살롱의 분위기를 식히기 위해 창문을 열었을 때뿐이었다. 그 경우 미스 프레이저는 일어나서 창문을 다시 닫았다. 아마 찬 밤공기가 들어오는 것을 견딜 수 없었던 것 같다. 그녀가 매일 읽은 책 내용이 무엇인지, 누구를 위해 뜨개질을 하는지 몰랐던 것처럼 우리는 그 이유도 몰랐다. 미스 프레이저는 영국 할머니였다. 그녀의 옆모습은 중세 기사를 닮았으며, 귀족처럼 날카로워 보였다. 이에 반해 앞에서 본 모습은 두리뭉실했고 피부는 사과처럼 붉었으며 백발이었지만 소녀처럼 귀여운 구석이 있었다. 그녀 스스로 사랑스럽게 보이려고 노력했는지는 알 수 없다. 우리와 대화할 때 그녀의 말투에는 늘 공손함이 배여 있었다. 어쩌면 우리의 빈둥거림과 잡담 그리고 부도덕함을 경멸했는지도 모른다. 그녀는 이미 600년 전에 공화주의자가 되었던 스위스 남자에게 단 한번도 신뢰감을 보이지 않았다. 늘 한가운데 있었기 때문에 미스 프레이저는 우리 모두를 알았다. 그리고 우리 가운데 그녀가 어떤 사람인지, 왜 그곳에 있는지 아는 사람이 없는 유일한 투숙객이었다. 추측해보면 미스 프레이저는 이 자리에서 뜨개질을 하고 책을 읽는 것, 붉은 사과 같은 미소를 짓는 일이 매우 즐거웠기에 우리와 계속 교제를 이어갈 수 있었던 게 아닐까 싶다.

성격 없는 사람

오늘날 성격을 찾으려면 등불을 들고 다녀야 할지 모르겠다. 대낮에 불을 켠 채 돌아다닌다면, 아마 웃음거리가 될지도 모르지만 말이다. 지금 나는 자기만의 성격을 찾는 데 늘 어려움을 느낀 한 남자의 이야기를 하려 한다. 간단히 말해 그는 성격이라는 것이 결코 있어본 적 없는 남자다. 여기서 염려되는 것은, 내가 시간적 여유를 갖고 그라는 존재의 의미를 잘 파악했는지, 결국엔 그를 개척자나 선구자와 같은 존재로 만들어주는 것은 아닌지 하는 점이다.

그는 어릴 적 내 친구였다. 이 친구가 남들에게 이야기하고 싶지 않은 사소한 잘못을 저지르면 그의 어머니는 한숨을 내쉬곤 했는데, 그것은 아들에게 할 매질이 그녀를 피곤하게 했기 때문이다. 그럴 때면 그녀는 "이 녀석아, 넌 쓸 만한 성격이라고는 눈을 씻고 찾아봐도 없으니, 대체 뭐가 되려고 그러니?" 하며 잔소리를 늘어놓았다. 좀더 심한 잘못을 저질렀을 때는 아버지까지 나섰다. 그러면 매질은 격식과 진지한 품격까지 갖춘 학교의 공식적인 행사처럼 성격이 변해버린다. 이 의식을 시작하기 전에 내 친구는 고위 행정관이었던 아버지에게 직접 회초리를 만들어 대령해야 했는데, 내 친구가 구해온 회초리는 원래 하녀가 부엌에서 옷에 묻은 먼지를 털 때 쓰려고 보관해두었던 작대기였다. 이 경우에는 대개 매를 다 맞고 난 다음 아들이 아버지에게 키스하고, 가르침에 감사드린다는 말과 함께 부모님께 근심을 끼친 것에 용서를 구하기 마련이다. 하지만 내 친구는 이 과정을 거꾸로 했다. 그는 매를 맞기도 전에 벌써 빌고 울면서 용서를 구했는데, 이것은 매질이 이어지는 동안에도 계속 되었다. 하지만 일단 모든 것이 끝나면, 그는 더이상 한마디도 하지 않았으며, 파랗게 질린 얼굴만 더욱 붉힐 뿐이었다. 그리고 눈물과 침을 들이마셨으며, 얼굴에 묻은 눈물과 침 자국을 부지런히 닦아내어 자기감정의 흔적들을 없애려 했다. 그러면 아버지는 "저 녀석은 무엇이 될지 모르겠어. 정말 쓸 만한 성격이 하나도 없으니 말이야"라고 말하곤 했다.

이렇게 어린 시절 성격이란 그것이 없다는 이유로 매를 맞는 구실이었다. 그래서 우리는 성격에는 분명 올바르지 않은 것이 숨어 있을 것이라고 여겼다. 친구의 부모님이 쓸 만한 성격을 가질 것을 요구하면서 예외적으로 이것이 무엇인지 설명해주었을 때 성격이란 형편없는 성적, 수업 빼먹기, 개꼬리에 양은냄비를 매놓는 것, 수업시간에 선생님 눈을 피해 장난치거나 잡담하는 것, 변명하거나 고집을 피우는 것, 주의력이 산만한 것, 아무 죄 없는 새에게 돌팔매질하는 야비한 행위 등과 개념상 정반대되는 것이라고 말했다. 하지만 이 모든 것의 반대는 당연히 처벌의 두려움, 들킬 것에 대한 두려움, 나쁜 짓을 했을 때 느끼는 후회를 통해 우리 영혼이 당하는 양심의 가책이다. 이것은 절대적인 것이었다. 우리가 추론한 성격에는 그 밖의 다른 가능성이나 행위는 없었다. 그래서 성격은 우리에게 완전히 불필요한 것이었다. 그럼에도 어른들은 자꾸 성격이 있어야 한다고 요구했다.

"이놈아, 넌 자부심도 없느냐?" 또는 "어떻게 그런 비열한 거짓말만 하느냐?"는 등 벌을 받는 동안 때때로 내 친구에게 설명조로 내던진 말들이 아마 우리가 벌을 받아야만 하는 이유일지도 모르겠다. 하지만 여기서 꼭 말해야 할 것은, 뺨을 맞고도 어떻게 자부심을 느낄 수 있으며 무릎을 꿇고도 어떻게 자부심을 보여줄 수 있을지 지금도 잘 모르겠다는 것이다. 오히려 분노를 느낄 상황이었지만, 그래도 우리는 화를 내서는 안되었다. 이것은 거짓말의 경우에도 마찬가지다. 어떻게 비열하지 않게 거짓말을 할 수 있는가? 거짓말은 원래 좀 졸렬한 짓이 아닌가? 이 문제를 깊이 생각해보면, 당시 어른들은 우리 어린아이들에게 정직한 거짓말을 하라고 요구하지 않았나 싶다. 하지만 여기에는 두 가지 계산이 깔려 있었다. 첫째, 거짓말을 해서는 안된다. 둘째, 그래도 거짓말을 해야 할 경우에는 최소한 부정한 거짓말은 해서는 안된다. 아마 어른이 되어 범죄를 저지른 사람들은 이것을 구분할 수 있어야 할 것이다. 냉혈한처럼 치밀하고 철저히 계획적인 범죄를 저질렀다면, 법정은 늘 특별히 악의적인 범죄라는 판결을 내릴 것이기 때문이다. 하지만 당시 어른들은 아이들에게 이것을 너무 분명하게 요구했다. 그 당시 나도 이 친구처럼 성격이 없었다. 다른 사람들이 이런 사실을 알아채지 못했을 따름이다. 내게 성격이 없다는 사실이 드러나지 않은 것이 내가 이 친구처럼 부모님의 세심한 관심을 받으며 자라지 못했기 때문은 아닐까 하고 나는 걱정했다.

성격과 연관해 부모님 말씀 중에 가장 또렷이 남는 것은, 지금은 없더라도 남자라면 언젠가는 꼭 성격이 필요할 것이라는 훈계였다. 그것은 아마 "사내아이라면 남자가 되어야 하지 않겠느냐?"는 말이었던 것 같다. 이것은, 이 문제가 의지로 완전히 해결될 수 있는 게 아니라는 것을 제쳐둔다 해도, 최소한 성격은 먼 훗날에야 필요한 것이라는 사실을 분명히 보여준다. 그렇다면 무엇 때문에 벌써부터 성급하게 성격을 갖도록 준비해야 하는가? 아마 당시 우리가 하고 싶었던 말은 바로 이게 아니었나 싶다.

당시 내 친구는 성격이 없었지만 별로 아쉬워하지 않았다. 아쉬움은 훨씬 뒤에야 찾아왔는데, 우리가 열여섯살이나 열일곱살쯤 되었을 때였다. 그때 우리는 극장에 가거나 소설을 읽기 시작했다. 도시의 극장에 출연한 모사꾼, 자상한 아버지, 영웅적인 애인, 희극적인 인물들, 더군다나 살롱의 악마 같은 여자, 마법에 걸린 순진한 여자 주인공은 나보다 훨씬 열정적으로 예술에 매혹되었던 내 친구의 머리를 완전히 사로잡고 말았다. 그는 이들의 대사를 모방한 어투로 말했으며, 그러다보니 갑자기 독일 연극무대에 나오는 인물의 성격을 모두 갖게 되었다. 그가 무슨 약속을 하면 영웅으로서 한 것인지, 모사꾼으로 한 것인지 아무도 몰랐다. 그는 약속을 하되 교활하게 시작해서 정직하게 끝내거나 거꾸로 하기도 했다. 또한 친구들을 큰 소리로 호통치며 맞이하다가도 갑자기 탕아의 다정한 미소로 우리에게 자리를 권하거나 초콜릿 사탕을 주었으며 혹은 아버지처럼 포용하면서 우리 주머니의 담배를 훔치기도 했다.

하지만 소설 읽기가 그에게 미친 영향에 비하면 이것은 아무것도 아니었다. 소설에는 수많은 삶의 상황은 물론 아주 이상한 행위방식들이 묘사되어 있다. 하지만 큰 단점은, 우리가 처한 상황이 소설 속에 준비된 삶의 상황, 즉 소설 속의 인물이 행동하고 말하는 것과 일치하지 않는다는 것이다. 세계문학이란 수백만의 영혼에게 소설 주인공의 고결함, 분노, 사랑, 조롱, 질투의 감정을 함께 느끼게 만들고, 귀족과 평민으로 만들어주는 장

대한 서고(書庫)다. 사모하는 여인이 우리 감정을 두 발로 무참히 짓밟는다면, 복수하겠다는 결심과 동시에 사랑이 가득 담긴 눈길을 보내고 싶다는 것쯤은 누구나 안다. 악당이 고아를 학대한다면, 주먹을 날려 그자를 땅바닥에 처박고 싶다는 것도 안다. 하지만 연모하는 여인이 감정을 짓밟아놓고 바로 방문을 닫아 우리 눈길이 그녀에게 도달할 수 없다면 어떻게 해야 할까? 또 고아를 학대한 악당과 우리 사이에 값비싼 유리잔이 놓인 탁자가 있다면, 어떻게 해야 할까? 문을 두들겨부수고, 구멍을 통해 애정이 담긴 부드러운 눈길을 던져야 할까? 그리고 분노의 주먹을 날리려고 팔을 쳐들기 전에 비싼 유리잔을 조심조심 치워야 할까? 이처럼 실제로 중요한 상황에서 문학은 우리를 곤경에 빠뜨린다. 아마 수백 년 후에 더 많은 상황이 묘사된다면, 좀더 나아질지 모르겠다.

그러나 바로 이런 점 때문에 실제 상황에 처했을 때 소설을 많이 읽은 사람은 매번 매우 불편한 상황을 맞이하게 될 것이다. 이런저런 장황한 이야기로 화제를 꺼낸다든지, 눈을 반쯤 뜨거나 주먹을 불끈 쥐는 것, 등진 자세로 서 있거나, 두 손으로 가슴을 치는 것 등은 모두 실제로 그가 처한 상황과 완전히 맞지 않을 수 있다. 그렇다고 전혀 맞지 않는 것도 아닐 수 있기에 마음속에는 이런 행동들이 끓어오를 것이다. 이와 함께 그는 입언저리를 위아래로 세게 당겨 심하게 늘여놓을 것이며 음울하게 찌푸린 이마는 깊은 주름살이 패인 채 빛날 것이고, 동시에 눈길은 벌을 주려는 듯 튀어나올 듯하다가도 부끄러운 마음에 다시 뒤로 쑥 들어갈 것이다. 이것은 아주 불편할지 모른다. 자기 의사와 반대로 행동하는 것은 참으로 고통스럽기 때문이다. 그 결과 인내의 실룩거림과 삼킴이 입술과 눈, 손 그리고 목을 넘어 퍼져나가다 급기야 온몸을 격렬하게 엄습해 암나사에서 빠져나온 수나사처럼 온몸을 뒤틀게 만들 것이다.

그때 내 친구는 자기만의 고유한 오직 한 가지 성격만 가지면 정말 편할 것임을 깨닫고 이를 찾기 시작했다.

친구는 새로운 모험을 감행했다. 먼 훗날 다시 만났을 때 그는 변호사가 되어 있었다. 그는 안경을 썼으며, 말끔히 면도를 한 채 낮은 목소리로 말했다.

"날 자세히 봐줄래"라며 그는 말을 꺼냈다. 그때 그의 모습은 한 가지라도 대답을 찾아야 한다고 내게 명령을 내리는 것 같았다.

"내가 변호사처럼 보이니?"라고 친구가 물었다. 이 문제로 논쟁하고 싶지 않았는데도 그는 내게 설명했다.

"변호사들이 코안경을 통해 시선을 던지는 방식은 아주 특별하지. 예를 들면 의사들이 보는 것과도 달라. 그들이 하는 행동이나 하는 말은 모두 두리뭉실하거나 사교성 없는 신학자의 말보다 훨씬 예리하고 확실하다고 할 수 있어. 신문 문예란이 목사의 설교와 구분되는 것과 마찬가지로 변호사들도 신학자들과는 달라. 한마디로 말해 물고기가 이 나무에서 저 나무로 날아갈 수 없는 것과 마찬가지지. 그래서 변호사들은 코안경이라는 중간 매개체를 꼭 쓰고 결코 벗으려 하지 않는 거야."

"직업적인 성격이라는 거지!"라고 나는 말했다. 내 친구는 이 대답에 만족해했다.

"이 안경을 쓰는 것은 그렇게 쉽지 않았어. 처음 변호사 생활을 시작했을 때, 나는 예수처럼 수염을 길렀지. 하지만 대표가 못하게 했어. 변호사라는 직업적인 성격과는 어울리지 않는다는 거야. 그 다음에는 화가처럼 수염을 길렀지. 그마저 못하게 되자 휴가철에는 선원들처럼 수염을 기르기도 했어."

나는 물어보았다.

"저런, 왜 그랬는데?"

그는 대답했다.

"물론 오직 하나의 직업적 성격을 받아들이는 것이 싫어서였겠지. 고약한 점은 그 누구도 이 직업적 성격을 떨쳐버릴 수 없다는 거야. 물론 시인처럼 보이는 변호사가 있듯이 채소장사처럼 보이는 시인도 있어. 그리고 사상가의 머리 모양을 한 채소장사도 있긴 해. 하지만 변호사들은 모두 눈에 안경을 쓰고 얼굴에 수염을 붙이고 있거나, 제대로 아물지 않은 상처가 있지. 왜 그런지 이유도 모른 채 그렇게 돼버렸어."

그는 특유의 미소를 짓더니 한마디 더 곁들였다.

"알다시피 난 한번도 나만의 고유한 성격을 가진 적이 없잖아."

316

나는 그가 수많은 배우의 성격을 가진 적이 있었음을 환기시켜주었다.

"다 철없던 어린 시절 얘기지"라고 그는 한숨을 내쉬며 덧붙였다.

"어른이 되면 사람들은 성, 민족, 국가, 계급적 성격에다 지정학적인 성격도 갖게 되지. 또 필적이나 손금, 골상에 따른 성격에 더해 태어나는 날짜의 별자리에 따른 성격도 가질 수 있지. 이건 너무 많아. 내가 가진 성격 가운데 어떤 게 내게 맞는 것인지 잘 모르겠어." 그의 얼굴에는 또다시 조용한 미소가 감돌았다.

"약혼한 것은 다행이야. 그런데 내 약혼녀는 결혼하겠다는 약속을 아직 지키지 않는다는 이유로 내게 성격이 없다고 하더군. 그녀와 결혼하고 싶은 이유는 그녀의 건강한 판단력이 내게 꼭 필요하기 때문이야."

"약혼녀는 어떤 사람인데? 그녀의 성격은 어때?"

그가 내 말을 끊으며 말했다.

"자신이 무엇을 하고자 하는지를 늘 아는 여자야. 원래 쉽게 흥분하는 작은 아가씨였지. 그녀를 알게 된 지는 꽤 오래 되었어. 그녀는 내게서 많은 것을 배웠지. 그녀는 내가 거짓말하는 걸 끔찍하게 싫어해. 사무실에 지각이라도 하면, 그렇게 살면 식구들을 먹여살리지 못할 거라고 말하는 여자야. 내가 했던 약속을 지킬 것인지 결정을 내리지 못하면 그녀는 그것은 비열한 악당들이나 하는 짓이라고 말하지."

친구는 한번 더 웃었다. 당시 그는 상당히 매력적인 남자였다. 누구나 친절한 미소를 지으며 그를 바라보았다. 하지만 그가 어떤 일이건 실행에 옮길 것이라고 진지하게 믿는 사람은 아무도 없었다. 그것은 그의 외모에서도 드러나는데, 말을 시작하면 그의 몸에 붙은 사지는 각각 다른 위치에서 놀고 있었다. 그는 두 눈을 사팔뜨기처럼 옆으로 돌리고, 어깨, 팔, 손은 서로 반대방향으로 움직였다. 최소한 한쪽 다리는 편지저울처럼 무릎 관절이 꺾인 채, 나무에 걸린 새의 깃털인 양 가볍게 흔들리고 있었다. 말했다시피 그는 매력적이었으며, 겸손하고 소심하며 타인을 존중해주는 남자였다. 이따금 정반대의 모습을 보일 때도 있었지만 사람들이 어떤 호기심에서 그에게 호의를 보인다는 것만은 분명했다.

그 친구를 다시 만났을 때, 그에게는 자동차와 그림자처럼 붙어다니는 부인 그리고 명망있고 영향력있는 일자리도 있었다. 그가 왜 이렇게 된 것인지 모르겠지만, 모든 비밀은 그가 뚱뚱해졌다는 데 있을 것이라고 나는 추측했다. 이제 그의 얼굴에서 위축되거나 불안한 표정은 찾기 어려웠다. 자세히 보면 예전 모습이 여전히 남아 있었지만 그 모습은 살을 덮은 두꺼운 표피층 아래 깊숙이 숨겨져 있었다. 예전에 그가 변호사 생활을 시작했을 때 새끼 원숭이의 슬픈 눈처럼 우리에게 감동을 주었던 두 눈만큼은 내면에서 우러나오는 빛을 아직까지 잃지 않았다. 하지만 쿠션처럼 높이 부풀어오른 두 뺨 사이에서 두 눈을 옆으로 돌리려 할 때마다 그는 무척 힘들어했다. 그는 교만해 보였지만 고통스런 표정으로 주변을 멍하니 바라보기만 했다. 내면적으로는 예전처럼 이리저리 활발하게 움직이고 있었지만, 몸을 굽히거나 사지의 관절을 움직일 때면 축적된 지방 때문인지 잘 움직이지 못했다. 그 결과, 그는 쌀쌀맞고 단호한 사람처럼 보였다. 이제 그렇게 변한 것이다. 오락가락하던 그의 정신은 뚜거운 벽과 단단한 확신을 얻었다. 아직도 이따금 그에게 참신하고 좋은 생각이 떠오를 때가 있긴 하다. 하지만 그것은 그의 내면을 밝게 비추는 것이 아니라, 누군가에게 감명을 주거나 혹은 일정한 목적을 달성하기 위해 떠올린 생각일 뿐이다. 예전에 비하면 그는 많은 것을 잃어버렸다. 이제 그 친구의 말이 질 좋고 믿을 만한 상품은 될 수 있을지 모르지만 결코 중요하지는 않았다. 그는 자신의 과거를 철없는 시절 저지른 어리석은 짓을 떠올리듯 이야기했다.

예전에 나는 그를 우리의 옛 이야깃거리, 옛 시절을 특징짓는 성격으로 기억할 수 있었다. 그는 내게 숨을 헐떡이며 말했다.

"확실한 것은 내 성격이 변한 것은 전쟁 때문이라는 거야. 오늘날에도 여전히 성격은 전 세계에서 오로지 반쯤 야만적인 사람들에게서만 찾아볼 수 있어. 칼과 창을 들고 싸우는 사람은 창을 조금이라도 더 길게 뽑기 위해서라도 성격을 가져야 하기 때문이야. 하지만 그렇게 확고한 성격이 있다 해도 장갑차와 화염방사기 그리고 독가스를 어떻게 상대할 수 있겠어? 이 때문에 오늘날 우리에게 필요한 것은 성격이 아니라 군기야."

나는 그 말에 반대하지 않았다. 그렇지만 하나 이상한 점은—내가 이 기억을 이렇게 쓰는 이유도 여기에 있지만—그 친구를 바라보는 내내 그가 이제 노인처럼 늙어버렸다는 느낌을 떨쳐버릴 수 없었다는 것이다. 다만 약간 더 살이 쪘을 뿐 예전 모습이 그대로 남아 있는데도 그는 이미 노인이 되어 있었다. 그의 눈길은 다른 사람의 눈길이었고, 그의 말 역시 마찬가지였다. 그것은 정말 끔찍한 체험이었다. 나는 이후로도 이 친구를 몇번 다시 만났는데 이런 인상은 매번 반복되었다. 이렇게 말해도 된다면, 내가 분명히 볼 수 있었던 것은 그는 계속 창가에 다가서려 했지만, 무언가가 그를 방해하고 있었다는 사실이다.

세 개의 세기 이야기

1729년

에파탕(Epatant) 후작이 맹수의 먹이로 던져졌을 때—유감스럽게도 이 이야기는 18세기 역사책에는 단 한줄도 언급된 적이 없다—갑자기 그는 이제껏 한번도 경험해보지 못한 아주 고통스러운 상황에 처했음을 감지했다. 후작은 삶의 미련을 완전히 버린 사람처럼 허망한 미소를 지으며 걸어 나왔다. 그의 눈빛은 빛바랜 보석에서 나온 듯했으나 아무것도 바라보지 않았으며, 죽어 이 세상에서 사라지기만을 기다리는 것 같았다. 하지만 후작은 현세에서 죽어 영원의 세계로 해방된 것이 아니라, 몸을 오그린 채 그대로 살아 있었다. 한마디로 죽어 아무것도 아닌 존재가 된 게 아니라, 아직 아무 일도 일어나지 않은 것이다. 다시 눈을 떠 앞을 보았을 때, 후작은 어떤 결정도 못 내린 채 망설이며 자신을 노려보는 큰 맹수를 보았다. 이보다 더 고통스러운 일은 없을 것이다. 후작은 두려웠다. 하지만 그 순간 앞에 있는 맹수가 암놈이라는 사실을 몰랐다면 이 정도 두려움을 느끼는 것도 당연하다고 여겼을지도 모른다. 여성이 우월하며 세상을 지배할 것이라는 스트린드베리(Strindberg)의 세계관은 그 시절 아직 존재하지 않았다. 사람들은 18세기 세계관 속에 살다가 죽었다. 원래 숙녀를 만나면 점잖게 모자를 벗어 정중하게 고개 숙여 인사하는 것이 에파탕 후작의 몸에 밴 행동이었다. 하지만 이때 후작은 자신을 바라보는 이 숙녀의 손목이 자기 허벅다리만큼 굵다는 것을 알았으며, 호기심과 탐심으로 가득 찬 아가리 속 이빨로 곧 자신을 먹어치울 것이라고 상상했다. 앞에 서 있는 이놈은 공포심을 불러일으키기에 충분했고 아름다웠으며 강인했다. 하지만 눈길과 외모에서 그놈은 분명 여자였다. 온몸을 이용해 애정을 표현하는 들고양이를 보고 후작은 침묵을 통해서도 상대방을 매혹시키는 사랑의 훌륭한 말재주를 깨달았다. 그는 단지 겁만 먹을 게 아니라 질 줄 뻔히 알면서도 이놈과 격투를 벌여야 했다. 겁이 나긴 했지만 무슨 일이 있어도 남자는 여자에게 위압적인 존재가 되어야 하며, 싸우면 언제나 이긴다는 인상을 심어주어야 한다는 남자의 자존심이 있었기 때문이다. 하지만 싸우기는커녕 후작은 암놈 앞에서 무릎을 꿇고 어쩔 줄 몰라했다. 이 놈은 야수답게 그를 위협했고, 모든 움직임에서 뿜어져 나오는 완전한 여성성은 감히 대적할 엄두를 못 낼 정도로 후작을 무기력하게 만들었다. 남자인 에파탕 후작은 이 상황에서 여자의 역할을 맡게 된 것이다. 그것도 삶이 얼마 남지 않은 상황에서. 후작은 자신에게 가해질 악의적 욕설을 피할 기회도 얻지 못한 채 정신을 잃고 말았다. 하지만 정말 다행스러운 것은 그 후 자신에게 어떤 일이 일어났는지 몰랐다는 사실이다.

기원전 2197년

이 연도가 정확하다고 말할 수 없다. 하지만 아마존 족이 세운 나라가 실제 존재했다면, 남자들에게 심각한 위협이 되었던 여인들이 이 나라에 살았을 수도 있을 것이다. 만약 그들이 단지 폭력적인 여성인권 단체였다면, 역사에서 기껏해야 고대 그리스의 압데라 시민 또는 산초 판사(sancho pansa)라는 평판만 듣거나 오늘날까지도 여자이면서도 여자가 아닌 것처럼 살았던 희극적 존재로만 기록되었을지도 모른다. 하지만 그들은 영웅으로 기억될 삶을 살았다. 우리는 그들이 그 시대에 아주 능수능란하게 불을 지르고 사람을 죽이며 물건을 약탈했을 것이라고 추정할 수 있다. 아마존 여인들이 명성을 떨치기 전에 이미 그들에 대한 공포심은 인도 게르만 남성을 능가했다. 겁을 먹고 도망친 영웅들도 한두 명이 아닐 것이다. 한마디로 선사시대 남성들이 여인들을 무서워하는 자신의 초라한 모습을 변명하기 위해 그들을 전설적인 인물로 만들 때까지, 아마존 여인들은 남성의 자존심을 적지 않게 건드렸을 것이다. 남성들이란, 피서지에서 암소를 피해 도망친 남자조차도 그놈이 수소였을 거라 우기는 법이니까 말이다.

하지만 이처럼 처녀들로 이루어진 나라가 존재한 적이 없었다면 어떻게 될까?

그런 나라가 없었을 가능성이 있는 이유는 남자를 죽이는 처녀들에게 졸병들만 보내 싸우게 할 지휘관이 있을 리 만무하기 때문이다. 그리고 고대의 영웅들이 무엇을 두려워했겠는가? 그들에 관한 이야기는 모두 폭력으로 얼룩진 기이한 꿈같은 이야기 아니던가? 여기서 우리가 기억하는 것은 그들도 여신을 경배했고, 제사 의식에 도취되면 여신의 몸을 갈기갈기 찢어버렸다는 것이다. 파리가 거미를 방문하는 것처럼 신의 뜻을 알고자 한 테베 사람들은 스핑크스를 찾아갔다. 고대 그리스인들이 거미나 곤충의 꿈에 대해 알았다는 사실에 약간 놀라워해야 할지도 모르겠다. 여자에게 별 관심이 없는 모범적인 운동선수들도 여자들의 꿈을 꿨고, 여자들을 두려워했다. 결국 자허마조흐 (Sacher-Masoch, 오스트리아의 작가로 마조히즘이라는 성적 용어를 낳았다―옮긴이) 씨도 이처럼 긴 선조들의 대열에 끼어야 하지 않을까? 그런데 이것은 한번도 진지하게 받아들여진 적이 없다. 옛날은 매우 어두운 시대였을 것이라고 우리는 상상하고 싶기 때문이다. 또한 그것은 이를 통해 오늘날 우리 세계가 예전보다 더 밝아졌을 것이라고 기대하기 때문이다. 하지만 우리들은 고전어 수업의 기초가 그 정도로 엉망이라고 생각할 수 없다. 고대 그리스인들은 농담을 좋아했을까? 아니면 레반트 지방의 장사꾼처럼 모든 것을 엄청나게 부풀려 말하는 사람들이었을까? 처음 그들의 타고난 도착성은 원래 무해한 것이었지만, 이것이 먼 훗날 병든 새싹을 돋아나게 만든 것은 아닐까?

문명의 시작은 어둠에 쌓여 아무도 알 수 없다.

1927년

현대 2백 년의 역사 동안 어떤 일이 벌어졌나?

광야에서 벌어진 전투에서 남성이 아마존 군대를 무찌르고, 아마존 여인은 정복자와 사랑에 빠진다. 그래서 이제 모든 것이 제자리를 찾는다. 야생마 같은 아마존 여인의 반항심은 길들여져 이제 창과 방패를 버리고 술자리에 끼여 남자들에게 교태를 부리며 웃음을 파는 존재로 전락한다. 이것은 옛 전설에 나오는 이야기다. 교양시민 계급의 시대는 남자의 갈비뼈에 화살을 박고 싶어 안달했던 거칠고 젊은 여인들에게 도덕을 강요한다. 그 도덕은 원래 그들이 타고나지 않은 충동을 타고난 본성으로 전도시킨다. 그래서 이제 마녀, 뱀처럼 간교한 여자 그리고 요부들은 기껏 먼 옛날 남자들을 죽였던 그들의 선조들을 회상하는 연극과 극장 그리고 열일곱살짜리 소년의 머리에서만 보잘것없는 잔재로 남는다.

시간은 강물처럼 흘러간다. 담쟁이가 우람한 떡갈나무를 조심스럽게 휘감듯 부하 남성 직원들을 거느리고 다니는 여자 상사 이야기를 굳이 할 필요는 없을 것이다. 남성의 허영심이 어떤 것인지 핵심적으로 보여주는 이야기가 있다. 얼마 전 유명한 학자인 크반투스 네가투스(Quantus Negatus)가 참석한 회의에서 여성들이 남성들을 상대로 한판 논쟁을 벌인 사건이다. 정치 집회는 아니지만 이 회의는 적어도 새로운 세계정신이 구시대의 세계정신과 부딪히는 현장이었다. 수많은 업적을 남긴 남자 크반투스는 구시대 정신의 쿠션이 깔린 의자에 편안히 앉아 있었다. 처음에 그는 세계관의 문제로 논쟁을 펼칠 줄은 꿈에도 몰랐기에 여인들의 등장을 가벼운 기분전환쯤으로 여기고 환영했다. 여자들이 단상에서 연설하는 동안 아래쪽 청중석에 앉은 그는 단화를 신은 그들의 발만 바라보고 있었다. 그때 갑자기 몇마디 말이 그를 사로잡았다. 남자는 대부분 당나귀처럼 멍청하다고 말하는 것을 들었던 것이다. 여자들의 어투는 남자들을 자극할 만한 것이었다. 물론 그들은 이렇게 직접적으로 말하지는 않았지만, 눈에 띌 정도의 과격한 어투였던 것만은 분명했다. 한 여자가 연설을 끝내고 앉자 다른 여자가 약간 다른 어조로 남성에 대한 비난을 이어갔다. 너무 분노하고 긴장한 나머지 그들의 이마에는 작은 주름살이 일직선처럼 생겼고, 손놀림은 아무 생각 없는 아이들을 꾸짖는 선생님 같았다. 그리고 그녀의 입에서 나오는 말들은 마치 꿩을 잡는 법을 배우는 요리사의 말처럼 아주 세심하게 정리된 것들이었다.

유명한 학자 네가투스는 웃고 말았다. 그는 당나귀가 아니었기 때문이다. 그는 이 상황과 무관한 사람이었고, 여인들의 도전을 선입견 없이 받아들일 수 있었다. 그래서 하마터면 표결에서 자기 생각대로 투표할 뻔했다. 하지만 우연히 다른 남자들을 바라보았을 때 문득 이 자리에 나온 남자들이 여학생들처럼 뻣뻣하게 앉아 있는 것 같다는 생각이 들었다. 그 여학생들은 논리라는 위력적인 마술을 가르치는 남자 선생님에게 배우고 싶지 않다며 대드는 것말고는 달리 뾰족한 수가 없는 듯했다. 그때 네가투스는 자신도 이와 다르지 않음을 직감했다. 급기야 남성의 의지는 잠들고 지성은 머리쓰는 것을 싫어하는 뚱뚱보 시민 같다는 소리까지 들었지만 그는 장난삼아 그 여인의 다리, 손가락 끝, 입가의 주름, 몸의 방향전환을 바라보고 있었다. 네가투스는 지금 벌어지는 상황이 흔한 일은 아니라고 반쯤 확신했다. 학자로서 명성을 쌓은 자신이 집에서 잔이나 씻고 냄비를 올려놓으며 부지런히 일하는 주부 같다는 생각이 든 반면, 여기 있는 여자들은 거품 물고 달리는 말에 올라타 넓은 세상으로 돌진하는 영웅 같았다. 그와 같이 소수의 전문가들만 자세히 잘 알고 있는 특수한 문제들이 다수 있기는 하다. 하지만 이런 일반적인 문제에 있어서 이런 사실이 무슨 도움이 되겠나, 아무리 완벽한 남자라 하더라도 이 불확실한 문제를 어떻게 해결할 수 있겠느냐고 그는 하마터면 말할 뻔했다. 그는 젊은 여자들의 주장이 헛소리라는 오성의 항변은 사실 여성들에 대한 두려움의 표시가 아닐까 하고 생각했다. 그는 여자들의 정신이 거칠게 쏟아내는 말들에 열광적으로 몰입했다.

그가 마음의 안정을 다시 찾을 수 있었던 것은 반대편 남자들이 일어나서 논점과는 무관한 쓸데없는 말만 지껄였기 때문이다. 회의는 이따금 이런 식으로 진행되었다. 아무도 다른 사람이 연설을 끝내도록 내버려두지 않았다. 크반투스 네가투스는 여자 연설자들이 무엇을 하는지 관찰했다. 당황한 남성들이 고함을 지르는 동안에도 여자들은 아무 말 없이 웃기만 했다. 제발 그만하라고 부탁하는 것처럼 보였다. 그때마다 살찌고 힘이 세 보이는 젊은 남자가 일어났다. 큰 얼굴에 머리숱도 많은 그 남자는 타고난 성량을 과시했는데, 다른 사람들이 발언하는 중에 질러대는 그의 목소리는 거의 이성을 잃은 톤이었지만, 단 한마디로 적진 스무 명의 목소리를 묻어버렸다. 이 때문에 잠시 정적이 흐른 뒤 크반투스는 여자들이 그 사이에 중단된 연설을 계속 이어가는 소리를 들었다. 처음에 그는 "역시 남자야!"라며 자랑스럽게 생각했다. 하지만 지금 분위기에서 이 문제를 곰곰이 생각해보니, 큰 목소리는 어린 시절 길게 땋은 머리와 풍만한 가슴과 마찬가지로 성적인 매력만 풍길 뿐이라고 생각했다. 이처럼 아주 낯선 생각으로 그는 피곤해졌다. 하지만 자기편을 곤경에 빠뜨리고 회의장을 슬쩍 빠져나가고 싶지는 않았다. 고등학교 시절의 어렴풋한 기억이 마음을 움직였다. 당시 그는 '아마존족 여인들이 세상을 뒤집어놓을 거야!'라고 생각했다. 하지만 곧 다음과 같은 생각도 했다. "뒤집어진 세상을 상상해보는 것도 아주 특별한 경험일 거야, 상상만으로도 분명 세상이 바뀔지도 몰라." 이 생각에 그는 다시 흥분했다. 이런 사유에는 대담하고 솔직한 남자의 호기심이 들어 있었다. 그는 생각했다. "문명의 미래는 참 어둡겠지! 나는 남자다. 하지만 곧 참된 남성의 시대가 도래하지 않으면, 결국 이 말은 매우 여성적이라는 것을 의미할 것이다." 그러나 정작 표결의 순간에 그는 반동적 태도를 취했다.

반대편이 졌다. 그리고 회의는 끝났다. 눈을 떴을 때, 크반투스는 무거운 마음으로 양심의 가책을 느꼈다. 동시에 그의 눈길은 끈기있게 버틴 상대편 여자들을 찾았다. 그때 이들은 새로 산 화장품을 꺼내놓고 은색 거울을 쳐들고 있었다. 잠시 전 죽일듯한 어투로 논쟁을 펼쳤을 때와 똑같이 냉정함을 잃지 않은 채 이제 그들은 화장에 몰두했다. 크반투스는 놀랐다. 그리고 회의장을 빠져나가면서 마지막으로 다음과 같은 생각을 했다. "머리 나쁜 남자들은 어째서 쓸데없는 생각만 하는 걸까?"

질트의 해일

 8월 30일 해수욕장으로 유명한 질트 섬에 수십 년 동안 보지 못했고, 앞으로도 있을 것 같지 않은 어마어마한 해일이 급습했다.

 해일이 닥치기 전 심상치 않은 날씨가 계속 이어졌다. 이 섬은 간간이 부는 돌풍 외에는 악천후라고는 모르는 곳이었다. 기상학적 이유로 보통 악천후는 섬의 남쪽 끝 지점에서 갈라지면서 섬 양쪽으로 나뉘어 노르트제(Nordsee)나 바트(Watt) 쪽으로 넘어가 그곳에 많은 비를 뿌렸기 때문이다. 하지만 이번에는 남서풍이 계속 불면서 며칠 밤 동안 섬에 장대비를 뿌렸다. 오전에 비가 내리다가 오후에 다시 개고 저녁과 다음날 아침에 아주 맑아지는 날씨가 며칠 이어졌다. 그해 해수욕 손님이 이례적으로 빨리 떠난 것은 이처럼 날씨가 나빴고 교통비도 인상되었기 때문이었다. 그래서 며칠 전부터 섬 특유의 고독하고 환상적인 분위기가 되돌아온 듯 보였다. 해일이 일기 전날 밤에 번개가 들이쳐 농가에 불이 났다. 해수욕 시즌의 생기 넘치는 분위기와 여행을 떠난 도시인들이 휴가지에서 유흥비를 마구 써대는 흥청망청한 분위기와는 달리 이 섬은 이처럼 별로 중요하지 않은 사건조차 고독하게 살아온 주민들에게 중요한 의미를 지니는 곳이었다. 섬사람들은 너무 놀라 이런 불행한 사건은 27년 만에 처음인 것 같다고 수군거렸다. 번개는 여름 휴가손님을 받기 위해 개조한 작은 18세기 프리슬란트식 집에 떨어졌다. 하얀 창틀에 붉은 기와를 얹어 지은 이곳 시골집들은 낡은 타일이나 오래된 가구와 함께 흙과 돌로 쌓은 담장 아래로 바짝 몸을 움츠리고 있었고, 갈대를 높이 엮어 만든 지붕도 이마를 깊숙이 떨구고 있었다. 그제야 나는 날씨가 나빠지면 섬사람들이 왜 잠자리에 들지 못하는지, 섬의 남쪽 마을을 제외하고 번개를 막을 시설이 없었던 집의 창문마다 램프 불빛이 왜 유령처럼 어른거리는지를 알았다. 우리는 양손을 주머니에 꽂은 채 빙 둘러서서, 세차게 내리는 비로도 잡히지 않는 불길을 지켜보았다. 얼마 되지 않는 우리 휴가객들은 나란히 붙은 집에서 뛰쳐나왔다. 소방대원들은 여기저기 곡괭이를 든 채 화염에 휩싸인 서까래를 쳐다보기만 할 뿐이었다. 소방호스에서 내뿜은 물이라고 해봤자 정원용 호스에서 나오는 것처럼 물줄기가 약하게 졸졸 흘러나왔다. 먹구름이 짙게 낀 하늘 아래 모든 것이 귀엽고 사랑스러워 보였다. 대문에서 불어닥치는 바람은 대장간의 풀무에서 나오는 것처럼 엄청난 소리를 내며 섬뜩한 불길을 일으켰다.

그날 밤 바람은 점점 거세게 불었고, 다음날 아침이 되어서야 섬을 두껍게 뒤덮으며 지나갔다. 고산지대로 들어간 바람은 산을 타고 급하게 떨어지면서 바다로 흘러들어가 거품을 일으켰다. 이 바람은 어마어마하게 셌지만 소리없이 흐르며 오직 내부의 자극에 의해서만 요동치는 강물 같았다. 해안에 형성된 모래 언덕 꼭대기에 오르면 눈을 뜰 수 없었으며 언덕 뒤 황무지에는 알록달록한 점퍼를 입은 사람들이 바람에 흔들리는 들꽃처럼 불어오는 바람에 밀려 이리저리 비틀거렸다. 만조는 3시 정각이었다. 우리는 바람을 뚫고 해안 백사장으로 나가 1시부터 수위가 점점 높아지는 것을 바라보았다. 물은 제일 먼저 모래성과 드넓은 백사장을 먹어치웠고 그 다음 해안 바로 뒤쪽에 수직으로 쌓아올린 제방의 중간부분에 올려놓아 안전하다고 믿었던 바구니 모양의 비치 의자마저 삼켜버렸다. 육중한 바다표범이 물속으로 들어가듯이 이것들은 파도에 휩쓸려 차례로 물속으로 휩쓸려갔다. 비록 자연의 원초적인 힘을 실감케 하고 심각한 손해도 야기했지만, 이 모든 광경은 장난 같았다. 그러나 만조가 다시 빠지기 시작해야 할 3시 정각이 되어도 수위는 내려가지 않았고 엄청난 바람의 압력으로 점점 불어나기만 했다. 해안선을 따라 길게 형성된, 높이가 20에서 30미터에 이르며 모래와 흙, 점토가 층층이 쌓여 만들어진 호머풍 실루엣의 낭떠러지도 절반 정도 높이까지 물에 씻겨나갔다. 파도에 포위되고 빗물에 젖어 연약해진 어마어마한 땅덩어리가 수 킬로미터에 달하는 질트의 해안선을 따라 군데군데 끊겨 있었다.

대재앙은 만조 때 무방비 상태로 파도가 들이친 여기 해안선이 아니라, 놀랍게도 바트에서 일어났다. 질트는 베스트란트 뒤편 남쪽을 향해 집게를 크게 벌린 모양의 섬이다. 이 집게의 양팔 사이에 큰 대양을 향해 가로막힌 바트 해가 위치해 있는데, 간조 때 바닷물은 해안선에서 멀리 밀려나기 때문에 이곳은 큰 습지나 다름없었다. 비교적 작은 규모의 이 바닷물은 북해에서 불어오는 바람이 내뿜는 엄청난 에너지를 받아 파도를 거세게 일으키지만, 높이가 몇미터 되지 않는 이 섬은 여기서 완전히 평지로 푹 주저앉아 해수면과 거의 같은 높이에 위치하며 방목장으로 이용되는 습지에서 끝난다. 겉으로 보기엔 몇몇 실개천을 따라 난 저지대처럼 보이는 이 땅에 엄청난 위력을 지닌 큰 파도가 갑자기 들이치더니, 파도가 부서지는 소리와 함께 수십 킬로미터나 되는 이 지대를 덮쳤다. 파도의 급습은 서너 시간 동안 계속 되었으며, 집과 농장을 소유한 사람들은 파도에 맞서 제방을 쌓았다. 그러나 전혀 예상하지 못한 어마어마한 파도가 밀려왔기 때문에, 추수한 곡식은 대부분 건질 수 있었으나 가축들이 많이 희생되었고, 물에 빠져 죽은 사람도 있었다.

다음날 폭풍우가 가라앉자, 피해는 그다지 심하지 않은 것처럼 보였다. 못은 그대로 남아 있었고, 미처 추수하지 못한 곡식들도 쓰러지지 않은 채 그대로 자라고 있었다. 농부들은 곡식과 건초를 긁어모았다. 베스트란트의 공공시설 피해는 미미했지만 다른 곳에서는 흙덩어리들이 해안가까지 흘러내려와 있었다. 바다를 좋아하는 몇몇 관광객들은 벌써 모래성을 새로 쌓고 있었다. 남쪽 해안을 따라 2킬로미터 정도 걸어가다가 나는 남자 키 높이의 제방에서 물에 빠져 죽은 들쥐 한마리를 보았다. 털에 온통 물을 뒤집어 쓴 이놈을 파도가 이렇게 높은 곳까지 던져놓았던 것이다. 이것이 대재앙의 현장에서 큰 물이 호기심 많은 관찰자에게 남긴 모습이다. 파도가 춤추듯 넘실댔던 바다가 밀물을 이용해 자신이 잡아먹은 귀한 희생자를 다시 밖으로 토해놓은 것이다.

재단사의 동화

1

나는 그가 재단사였다고 생각하지 않는다.

그는 판사 앞에서 말했다.

"감옥에 가고 싶습니다. 감옥이 제게 제일 행복한 곳이거든요. 어머니는 돌아가셨고 친구들과의 관계도 틀어졌습니다. 저는 어머니의 뜻을 심하게 거역한 적도 없습니다. 인생이란 얼마나 가치있는 것입니까. 자살은 해서는 안되는 것이죠. 제게 부디 동정을 베풀어주십시오. 판사님, 제발 저를 평생 감옥에 있게 해주십시오. 그래만 주신다면 정말 행복할 것 같습니다. 감옥에서 재단사로 일할 것이며, 더이상 세상에 나올 일도 없을 거예요."

하지만 판사는 이런 사정을 고려하지 않았으며, 겨우 일주일간의 구류를 선고했다. 이에 대해 피고인은 형벌이 너무 낮다는 이유로 항소했다. 형벌이 낮다는 이유로 항소할 수 있는 사람은 검사뿐이라고 판사는 가르쳐주었다. 하지만 검사는 그럴 마음이 없었다.

2

그 후 나는 11월 12일 순환도로를 통해 내 키보다 훨씬 큰 폭탄을 굴렸던 것으로 기억합니다. 나는 평생 이 폭탄을 만들었습니다. 폭탄을 이용해 이 시대를 공중으로 날려버리려고 했습니다. 경찰관이 나를 붙잡아 폭탄을 자세히 살펴보았습니다. 나는 "이 시대가 나를 따르지 않기 때문에 폭탄으로 날려버려야 합니다. 경찰관 아저씨, 이것은 내가 꼭 해야 할 입니다"라고 말했습니다. 순간 폭탄은 신문 인쇄소의 거대한 종이롤만큼이나 커 보였습니다. 이때 경찰관은 친절하게 말했습니다. "아, 당신 ○○ 신문사에서 나오셨습니까? 그러면 허가증은 필요없소."

3

내 폭탄은 희한하게 방향을 틀어 의회 주차장 아래 작은 문을 지나 큰 홀로 굴러갔습니다. 이곳은 혁명을 선언할 때마다 늘 수많은 경찰관들이 지키고 있던 곳입니다. 나는 폭탄에 불을 붙일 수도 있었지만 이 불은 꺼져버렸습니다. 위에서 누군가 말했기 때문입니다. "내가 죽은 지 20년 후에도 폭탄 공격은 계속 될 거야"라고 외치자 경찰관들이 모두 나를 덮쳤습니다. 그때 나는 흉부견착용 드릴이라고 부르는 도구를 가지고 있었는데, 이것은 가슴으로 받치고 손으로 돌리는 크랭크를 작동시켜 강철에 구멍을 내는 공구입니다. 나는 그 드릴로 저항했습니다. 드릴을 어느 경찰관이 입은 제복의 두번째와 세번째 단추 사이에 대고 돌렸습니다. 그는 너무 놀라 안색이 점점 하얗게 변해갔습니다. 하지만 다른 경찰들이 내 팔을 잡으려고 손을 뻗었습니다. 그럼에도 내 팔을 붙잡는 것이 여의치 않자 점점 더 많은 사람들이 팔을 잡고 늘어져 내 팔 주위에는 더 큰 혼란이 일어났습니다. 이 때문에 팔을 더이상 앞으로 뻗지 못해 나는 체포되었습니다.

4

"판사님!" 나는 말했습니다.

"판사님, 저는 대학에서 많은 것을 공부했고, 일도 많이 해보았습니다. 그것은 꼭 …때문만은 아니며 시인이 되고 싶었고, 이 시대를 알고자 했기 때문입니다."

부끄러운 줄도 모르고 나는 내 자신을 변호했습니다. 하지만 판사는 이미 다 알고 있다는 듯 미소지으면서 내게 물었습니다.

"당신, 돈은 번 적 있소?"

"한번도 없습니다." 나는 거리낌없이 말했습니다. "그것은 제게 금지된 일입니다."

그때 주심판사는 부심판사의 얼굴을 쳐다보았고, 오른쪽 변호사는 왼쪽 변호사를, 검사는 기자들을 쳐다보고 모두 웃음을 터뜨렸습니다.

"전문가의 감정을 요청합니다." 변호사는 의기양양하게 외쳤습니다.

판사는 말했습니다.

"당신이 기소된 이유는 돈을 벌지 않았기 때문이오."

5

그 이후로 나는 감옥에 들어갑니다.

전문가는 내게 돈분비선(Gelddruse)이 없고, 이 때문에 도덕규칙이 결여되어 누군가 내게 몰염치하게 대하는 즉시 신경질적으로 반응한다고 설명했습니다. 그 밖에도 나는 의상분일증(意想奔逸症, 주의가 산만하여 생각이 끊임없이 다른 주제로 옮겨가는 정신병—옮긴이)을 앓고 있으며, 이 때문에 다른 사람들이 수백 번 말한 것을 기억하지 못하고 항상 새로운 생각을 찾아다닌다고 했습니다. 문서감정사의 감정은 더 심각했습니다. 그에 따르면 나는 전반적으로 처벌 가능한 수준의 저능아였습니다.

하지만 세상에서 멀리 떨어진 감옥에 들어간 후 나는 질서라는 동화 속에 살았습니다. 아무도 규칙을 어겼다고 나를 꾸짖지 않았지요. 오히려 나는 교도관 사이에서 괜찮은 사람으로 통했습니다. 사람들은 나를 머리 좋은 사람으로 여겼고 권위있는 문필가로도 통했습니다. 더군다나 후견인들에게 편지를 써도 되었지요. 모두 나를 칭찬했습니다. 합법적인 삶을 살아야 하는 세계에서 나라는 인간은 저능아였지만, 불법적인 인간들이 사는 세계에서 나는 모든 사람들이 인정하는 도덕적이고 지적인 천재였죠. 돈을 벌기 위해서가 아니라 칭찬을 받기 위해 모든 일을 했습니다. 나는 다시 재단사로 일했습니다. 이 일에는 마술적인 면이 있는데, 내 영혼은 여러 시간 동안 들어오고 나감을 반복하며, 하루 종일 벌처럼 윙윙거리며 날아다니는 바늘이 됩니다. 하지만 이 일을 하고 있을 때면, 마치 무덤 속에 누운 사람처럼 벌이 날아다니는 소리는 하나도 들리지 않습니다. 밖에는 벌떼가 윙윙거리며 날아가고 있는데도 말이에요.

6

하지만 만약 누군가 내게 이 모든 것은 거짓이며, 내가 전에 머리가 모자란 재단사도 아니었고 지금 감옥에 있지도 않다는 것을 증명할 경우에는 공화국의 여러 재판장에게 정신병원에 있는 특실 한 자리를 부탁할 것입니다.

그곳 역시 좋겠지요. 어쩌면 그곳에서 바라는 요구 정도는 다 들어줄 수 있을 것입니다. 아무도 내가 이 요구를 들어주기 위해 일하는 것을 이상하게 여기지 않을 것입니다. 그렇습니다. 그 반대로 사람들은 내가 하는 일을 가로막는 장애물을 모두 치워줄 지도 모르지요.

갈망하는 사람들

그 녀석의 이름은 알리(Ali)였고, 학살이 일어나기 몇시간 전에 우리 대열에 자발적으로 끼어들었다. 우리는 그놈이 어디서 왔는지 몰랐으며 두 갈래로 갈라지는 산중턱 여기저기 흩어진 농장 어딘가에서 살았을 것이라고만 짐작했다. '알리'라는 이름도 우리 멋대로 지은 이름이었다. 그냥 지어낸 이름이란 이야기다. 이놈을 처음 보았을 때, 일행 중 선생인 사람이 불쑥 그렇게 불렀다. 이 이름이 그리 어울릴 것 같지도 않았고 부조리해 보이기까지 했지만 그의 내면에서 너무 확고하게 튀어나왔기 때문에, 우리는 모두 이 이름이 선생에게 시처럼 떠올랐을 것이라고 여기며 경탄했다. 이제 우리는 모두 이놈을 알리라고 부르기로 했으며, 녀석도 지금껏 늘 그렇게 불렸다는 듯이 마음에 들어 했다. 우리 다섯 명은 오후에 여관에서 나와 울퉁불퉁한 돌길을 따라 시내물이 흐르는 곳까지 내려왔다. 황무지 삼각주라고 불리는 데서도 알 수 있듯이, 이곳은 개천을 발원지로 야생의 계곡에서 시작된 강이 옛날부터 유럽에서 유속이 빠르고 문명화되기로 유명한 강과 만나기 전에, 비옥하고 큰 계곡으로 들어가면서 근처의 지형을 파 뒤집어 형성된 삼각주였다.

"이 삼각주의 원시상태는 견딜 수 없군"이라고 나는 흥분해서 말했다.

"자연이 기하학적인 단순한 모양을 취하는 곳은 어디나 악의로 가득 차 있지. 원처럼 둥근 바다는 무한히 깊고, 화산은 원추형 모양을 하고 있고…" 나는 내 말을 뒷받침해줄 증거를 더 찾았지만 아무것도 떠오르지 않았다.

"담석도 모서리가 마모된 정육면체지"라며 농잠업을 하는 친구가 거들었다.

"가파른 비탈에서 눈사태를 일으키는 눈도 널빤지 모양의 사각형이야"라며 보조기관사로 일하던 일행이 거들었다. 그는 대학에서 3학기 동안 법학을 전공한 적이 있는데, 그때 스키 강습을 받기도 했다.

"너희는 네모 같은 얼간이들이야"라며 선생이 이 대화에 종지부를 찍었다.

"지구가 둥글다는 사실은 어쩌구?" 그는 우리 가운데 목소리가 가장 큰 사람이었다.

옳고 그름을 떠나 개천을 지나갈 때면 늘 황량하다는 인상을 지울 수가 없었으며, 이것을 핑계삼아 우리는 유별나게 행동했다. 이 길은 바짝 마른 개천처럼 삼각주를 가로지르는 자갈길이었는데, 우리는 이 길을 피해 시끄러운 소리를 내며 개천을 직접 뛰어 건넜다. 개천은 갈수기라 바짝 말라 돌이 많은 도랑으로 변해 있었다. 숲속으로 넓게 퍼져 들어갈 때면 혼자 뒤처지지 않기 위해 우리는 서로 손목을 붙잡고 갔으며, 이 때문에 숲속에서 함께 구른 적도 있었다. 십 분 정도만 걸어가면 지나갈 수 있는 이 황무지에서, 우리는 몇마일을 가도 개미 한마리 못 볼 것처럼 큰 소리로 고함을 쳤고 작은 섬처럼 군데군데 난 풀을 뜯어먹는 양 떼들을 향해 소리를 질러 쫓아버리기도 했다. 알리는 특히 위험한 존재였다. 그놈은 흡족한 표정으로 환호성을 질렀고, 우리는 휘파람을 불며 "알리!"라고 소리쳤다. 이놈이 양떼 가운데 한 마리를 잡아 진짜 물어죽일 수도 있겠다는 걱정에 눈에서 그놈을 놓치지 않으려고 1미터나 점프를 했고, 그놈과 똑같이 소리치기도 했다.

알리는 우리와는 다르게 개였으며, 자연 지식에 관한 한 누구도 따라갈 수 없었던 선생이 우리에게 확인해준 대로 베니스산 사냥개의 일종인 브라케였다. 알리는 그 선생만 쫓아다녔지 우리를 따르지는 않았다. 이놈은 몸집이 그리 크지 않았지만, 어깨가 넓고 탄탄한 몸에 힘이 넘쳐 보였다. 귀는 사냥개처럼 크고 온순하며, 다리는 약간 굽어 있었지만 튼튼해 보였다. 짧은 털 가죽에는 갈색과 하얀 반점이 넓게 퍼져 있었는데, 마치 마로니에 열매 같았다. 얼룩의 흰색 부분은 검은 반점의 백마처럼 아직 검은색으로 물들지 않은 상태였던 것 같다. 만약 알리가 양을 한 마리라도 죽였다면, 우리는 아주 곤란한 상황에 빠졌을지 모른다. 그것은 개천에서 수백 걸음도 떨어지지 않은 곳에 소도시가 시작되기 때문인데, 이 도시는 시장마당 정도의 면적이었지만 깨끗하고 잘 정리된 곳이었고 매우 부유한 사람들이 모여 사는 곳이라 대도시 못지않은 대접을 받는 곳이었다. 숲 가장자리에 도달하자 우리는 바지나 신발에 묻은 먼지와 오물을 털고 얼굴에 남겨진 야생성을 재빨리 없앤 후 알리를 신속히 발 아래로 불러들였다. 시골길을 따라 건너편 호수로 넘어가 새로운 즐거움을 누리기 위해서는 상점이 즐비한 이 도시의 거리를 통과해야 하기 때문이었다.

유럽 지도를 펼쳐놓고 가장 날카로운 바늘 끝으로 이 지점을 찍는다면, 바늘 자리만으로도 도시와 도시를 둘러싼 거대한 산들을 훨씬 넘어서게 될 것이다. 우리가 젊었을 때 도시를 떠나 살 가망은 거의 없다. 도시에는 매주 한 번씩 전 세계에서 날아온 사진들이 실린 잡지가 배포된다. 마천루와 200킬로미터 속도, 나체 춤을 추는 무희, 지체 높은 귀부인의 세탁물, 위대한 사기꾼, 아프리카 사냥여행, 코카인에 취해 자살한 여인, 최상류 계층의 결혼식 등으로 가득 찬 곳이 도시다. 우리는 삶의 이 멋진 장면을 기술을 이용해 담아낸 사진을 알고 있었으며, 화려한 보석을 삼켜 몸속에 보관하듯이 우리 눈은 이 사진을 몸속으로 빨아들였다. 나는 이것이 세계를 정복하기 위해 범죄단체를 만들려는 우리의 계획을 막을 수 없을 것이라고 생각한다. 하지만 우리는 어떻게 세계를 정복할지 몰랐다. 그곳에 사는 사람들은 이 점에서 우리와 전혀 다르게 생각하고 있었다. 그들은 종종 좀 더 큰 이웃도시로 갔다. 그리고 상인들은 이 도시보다 큰 도시로 갔는데, 어떤 이들은 당시 유행하던 넥타이를 사오며 수줍은 미소를 지었고, 다른 사람은 이보다 훨씬 더 나쁜 기억을 가지고 돌아왔으며, 작은 자동차를 구입해 오는 사람들도 있었다. 이 약삭빠른 소도시는 이렇게 점차 새로운 시대를 받아들였으며, 마침내 도시의 울타리 안에서 사소한 불륜이나 은밀한 추문 없이는 살아갈 수 없게 되었다. 하지만 우리는 이것을 경멸했다. 우리는 자동차는 고물 같은 골동품이라고 말했고 너무 화가 난 나머지 그 도시를 완전히 우회해서 지나갔다.

알리가 다른 개를 물어 죽인 작은 사고가 터진 그날 우리는 다시 시냇물을 빠져나와 가난한 사람들과 철도 노무자들이 사는 변두리 집들 쪽으로 다가가고 있었다. 이때 알리는 우리를 앞질러 달려나가 담장과 현관 문턱에 코를 박고 킁킁대며 냄새를 맡고 있었다. 알리가 원래 주인에게서 쫓겨난 이유가 바로 이 모험욕구 때문이었는데도 우리는 계속 소리를 질러 녀석을 흥분시켰던 것이다. 아무것도 모른 채 우리는 녀석이 이렇게 냄새를 맡고 있을 때 작은 강아지 한 마리가 알리를 향해 짖는 소리를 들었다. 강아지는 집에서 달려 나오더니 거드름을 피우며 낯선 손님에게 어떤 자리도 양보할 생각이 없는 까칠한 성격의 집주인 행세를 하며 으르렁거렸다. 하지만 으스대는 과장된 행동 뒤에는 상대에게 기꺼이 친절을 베풀겠다는 마음도 분명히 읽을 수 있었다. 흰색과 갈색이 뒤섞인 긴 털에 이곳저곳 때가 묻은 그 강아지는 아주 볼품없는 작은 개였다. 우리가 미리 그 녀석에게 남자로서, 가장으로서의 의무를 부여했다 해도 아마 기꺼이 하려 했을 순진한 얼굴이었다. 하지만 알리는 더이상 그 일에 재미를 느끼지 못했다. 나중에 농잠업을 하는 친구의 말에 따르면,

당시 그 강아지는 긴 꼬리를 옆으로 움직이며 꼬리를 흔들었다고 한다. 이놈의 꼬리가 첫 박자의 후반부를 끝내기도 전에, 즉 뒤에서 시작된 그 개의 미소가 몸 뒷부분을 완전히 벗어나지 못해 몸 앞부분이 여전히 으르렁거리고 있을 때 알리는 갑자기 분노에 몸을 떨며 그 강아지의 목덜미를 물었으며, 두 번씩 공중으로 이리저리 돌리더니 땅에 다시 뱉어냈다. 고통으로 가득 찬 짧은 비명이 우리 귀를 찢었고, 우리가 황급히 도착하기도 전에 끔찍한 정적이 흘렀다. 강아지는 이미 집 앞에 뻗어 있었다. 사체는 뻣뻣이 굳어 있었지만, 엷은 미소와 다소 흥분한 표정이 남아 있었다. 반면 알리는 그 주변을 빙 둘러서 이 광경을 보고 있던 우리 사이를 비집고 도망치듯 빠져나갔다.

보통 이런 경우라면 아무리 마음씨가 착하고 욕심 없는 사람일지라도 그저 어깨만 들썩이며 유감을 표시하고 말 텐데, 흥미롭게도 당시에는 이 사소한 체험이 번개처럼 우리를 기습해 우리는 무방비 상태로 빠져들었다. 이로 인해 우리는 변화를 경험했다.

"자네가 그 녀석을 잡아 때려주어야겠어!"

이해할 수 없을 정도로 심하게 흥분하며 나는 선생에게 소리 질렀다. 그리고 다른 사람들도 모두 한목소리로 그렇게 요구했다.

"자네가 그 녀석을 패게나."

선생은 이처럼 모든 사람이 똑같은 확신을 갖고 있다는 데 압도된 듯이 보였다. 악몽을 꾼 것처럼 그는 울타리에 걸려 있던 포도덩굴을 꺾더니 알리를 가까이 불러들였다. 매질을 당하면서도 이놈의 입에서는 신음소리 하나 튀어나오지 않았다. 벌을 받는 동안 알리는 땅바닥에 조용히 누워 있었으며 지체 높은 가문의 투사처럼 모든 것을 참고 있었다. 하지만 윽박지르는 소리와 함께 고통이 지속되고, 자기 생각에 적당한 처벌수위를 넘어섰다고 판단되자, 알리는 으르렁거리기 시작하며 이빨을 드러냈다.

"더 혼이 나봐야겠네."

우리는 소리쳤고, 그만하려고 했던 선생도 매질을 계속했다. 하지만 알리가 겁을 먹은 것처럼 보일수록 그는 더 천천히 때렸다. 이런 매질은 특별히 선한 목적을 위한 교육이었다. 하지만 선생은 사실 매질을 달가워하지 않았다. 그는 힘센 젊은 남자였고, 머리카락도 매우 굵었다. 나는 늘 그를 대담한 남자라 여겼지만 이제 뒤에서 그의 얼굴을 보지 않고도 그가 겁을 먹고 있으며 유약한 사람이라는 것을 눈치챘다.

이로써 전혀 예상치 못했던 작은 사건은 끝났다. 잔소리하는 것을 좋아할 것처럼 보이는 마른 여자가 팔에 열쇠를 들고 집 모퉁이를 돌아나왔다. 우리는 그녀가 죽은 강아지의 주인이어서 비명을 질러 전혀 예상치 못한 사태가 벌어지면 어쩌나 하고 걱정했다. 이 소도시에서 우리는 평판이 좋은 사람들이 아니었기 때문이다. 그래서 우리는 바로 도망쳤다. 처음에는 아무 일

없다는 듯 당당하게 천천히 걸어갔지만, 어떤 집을 지나면서 우리 모습이 가려지자마자 빠른 걸음으로 걷기 시작했고 그녀의 눈길로부터 좀더 멀리 떨어졌을 때는 말처럼 달렸다. 아무 죄도 없는 것처럼 보이기 위해 활기차게 큰길을 가로질러 달리긴 했지만, 가능한 빨리 범행장소를 벗어나려는 마음뿐이었다. 하지만 그때 뒤쪽에서 개가 따라오는 소리가 들리지 않았다. 처음에 언짢은 마음으로 우리 뒤를 느릿느릿 걸었던 알리가 우리가 이렇게 도망치는 것을 보자 어느새 우울한 기분을 떨쳐버리고 주둥이로 닥치는 대로 건드리면서 우리 앞으로 달려가더니 큰 소리로 컹컹대며 길 안내인 노릇을 했던 것이다.

건너편에는 사람 키높이보다 훨씬 큰 옥수수 밭이 있었다. 이 옥수수를 넘어뜨리고 지나가면서 양심의 가책을 느낄 때 아주 놀랍게도 그것들이 우리에게 말을 건네며 속삭였다. 그 다음에 호수가 나왔다. 길은 산비탈을 올라가며 나 있었다. 밤나무 숲을 통과하니 단풍나무가 나왔다. 호수는 점점 더 낮아 보였다. 우리는 길가에 맛있는 밀가루 빵과 와인이 있는 식당을 그냥 지나치는 법이 없었다. 낮의 열기가 얼굴을 벌겋게 달구었고 와인의 취기는 달이 구름 속으로 들어가는 것처럼 천천히 우리 얼굴에 퍼져나갔다. 우리가 앉은 나무 아래 자리에는 벌써 어둠이 깔렸다. 돌로 된 식탁에 등잔불이 놓였다. 식당 여종업원은 이 길을 따라 조금만 더 가면 돌투성이의 험한 산비탈이 나올 것이며, 이 산을 넘어가면 큰 골짜기가 나올 것이라고 말했다. 이렇게 이야기한 여종업원은 식당 주인의 딸인 아크네제였다. 잘은 모르지만 그녀의 애인은 공무원이었던 것 같다. 하지만 어쨌든 우리에게 특별한 인상을 주는 남자는 아니었다. 달과 와인 그리고 모든 것을 녹일 듯했던 그날의 긴장감이 그때까지 서로 숨기고 있었던 알리의 살생을 또렷이 되살려주었다.

"덩치에서 상대가 되지 않았는데, 그런 짓을 하다니 온당치 않아."

스포츠맨 정신을 중시하는 보조기관사는 우리의 두려움을 누그러뜨리려 말을 시작했다.

"공정치 않은 싸움은 거부감을 주지."

하지만 그의 설명에 동조하는 사람은 아무도 없었다. 다른 사람이 말했다.

"최소한 고양이 정도였으면 모를까!"

쉽게 사그라들지 않는 이 혐오감을 없앨 수 있는 사람은 없었다. 침묵이 찾아왔다. 마침내 누군가가 천천히 입을 열었다.

"이 사건은 전혀 잊혀지지 않을 것 같아. 오히려 그 안으로 빨려 들어가고 있어."

당시 우리는 그런 심정이었다. 말로 표현할 수 없는 고통의 외침이 허공에 울렸을 때 우리는 양심을 짓밟고 그곳으로부터 도망쳐나왔다. 이제 우리는 실수로 오렌지 껍질을 밟아 미끄러질 것 같은 발길질로 이 기억을 멀리 날려버리려고 했다.

"만약 그 녀석이 사람이었다면 아마 충동살인죄에 해당될

걸.” 이렇게 말하면서 비단옷 재단사는 이야기를 딴 쪽으로 돌렸다.

“3년 형은 받을 거야, 그 이상은 안될 거고.”

선생이 말을 받았다.

“동물을 인간처럼 재판할 수는 없지.”

불현듯 그는 이런 분위기라면 우리가 알리에게 불리한 결정을 내릴 수도 있겠다고 생각했던 모양이다.

잠시 정적이 흐른 뒤 누군가 갑자기 거칠게 질문했다.

“자네는 어떻게 그렇게 자세히 알고 있나?!”

그때 우리는 원래 하고자 했던 이야기로 다시 돌아왔다.

“그것은 아무것도 모르고 하는 소리야”라고 재단사가 느닷없이 소리치며 선생을 곤경에 빠뜨렸다.

“우리도 다른 사람의 목덜미를 물고 죽도록 흔들 수 있을지 누가 알아!”

재단사는 더이상 해명하지 않고 침묵했다. 모두가 깜짝 놀란 눈으로 그를 쳐다보았다. 부자인 재단사는 우리 중 유일하게 이 소도시 가문 출신이었으며, 당장 닭의 목이라도 물어뜯을 수 있을 것 같은 표정이었다. 유감스럽게도 우리는 그의 말에 반대할 수 없었다. 모두가 억지로 동의는 했지만, 이 동의는 그에 대한 역겨움과 거의 구분되지 않았다.

“왜 모두 내게만 그 녀석을 두들겨 패라고 하지?”

이제 선생이 원망하듯이 물었다. 그래 왜 그랬을까? 누군가

의자를 뒤로 밀치고 일어나며 말했다.

"대체 얼마나 더 빌어먹을 이 도시의 구석에서 참아야 하는
거야?"

나는 등불을 들고 알리가 잠들어 있는 탁자 아래를 비췄다.
우리는 그놈을 쳐다봤다. 녀석은 깨어 있었고 앞발을 쭉 뻗은 채
누워 있었으며, 처진 주둥이 살은 천진난만하게 이빨 위에 걸려
있었다. "알리!" 우리는 그놈을 불렀다. 아크네제가 팔짱을 낀
채 집 문턱에 서서 우리를 바라보았다. 말문이 막히거나 말이 폭
포 위로 솟아오르는 물보라처럼 별나라로 올라갈 때면 늘 그녀
는 그렇게 서서 우리를 쳐다보았다. 우리는 그녀가 우리 말을 알
아들었는지 알지 못했으며, 동물이나 말없이 움직이는 것을 쳐
다볼 때처럼 우리 대화에 한번도 끼어들지 않은 채 그녀는 우
리를 그저 바라보기만 했다. 그녀는 우리를 경멸하는 것처럼 보
였다. 나는 다시 등불을 뒤로 빼냈고, 탁자 위에 팁을 던졌다. 이
돈으로 그녀는 생활했다. 마지막에 알리는 자기 몸을 쭉 뻗더니
우리를 앞질러 도시로 되돌아갔다. 그놈은 오늘 하루 매우 만족
한 듯 보였다. 우리 모두 그놈을 은근히 부러워하고 있으리라고
나는 생각했다.

영혼의 해부학자 로베르트 무질

최성욱

1. 소홀히 다루어진 작가

1942년 4월 15일, 망명지인 스위스 제네바에서 무질은 뇌졸중으로 초라하게 눈을 감는다. 젊은 시절 장래가 촉망되는 작가로 문단에 화려하게 등단했고, 여러 번 권위있는 문학상을 수상하며 죽는 날까지 글쓰기로 생을 보낸 작가임에도 당시 그의 죽음을 알고 있었던 사람은 거의 없었다. 사후에 현대 소설의 거장으로 대접받을 정도로 문학성이 뛰어났던 무질이 생전에 이렇게 소홀히 다루어진 이유는, 그의 문학이 '잽싸게 움직이는 물고기'처럼 시류에 가볍게 올라탄 게 아니라 '아주 좁은 보폭'으로 시대를 점검하고, 위기에 빠진 개인과 시대를 구원할 '새로운 인간상'과 '새로운 세계관'을 성찰한 덕분이었다.

무질은 결코 넓은 독자층을 향해 소설을 쓴 작가가 아니다. 그는 오히려 문학이 단순한 재밋거리나 오락에서 벗어나야 한다고 생각했다. 그는 문학이 현실에 대한 새로운 인식을 주어야 한다고 믿었기에 문학을 통해 삶의 진정한 인식을 추구했다.

무질에게 문학은 삶과 분리될 수 없는 것이며, 삶에 대한 분명한 인식을 주어야 하는 것이었다. 하지만 과학적 인식과는 달리 문학적 인식은 확고한 규칙과 법칙을 찾아가는 것이 아니라 '변화'와 '미래'에 대한 인식을 요구한다. 무질에 따르면 세계는 멈춰 있는 부동체가 아니라 영원히 변화하는 유동체다. 그러므로 참된 인식을 얻기 위해서는 세계를 하나의 완결된 체계로 환원시키고, 그 속에서 영원불변한 법칙을 찾아내려는 과학의 시도로는 부족하며, 세계의 가변성을 인식하고 열린 태도로 접근해야만 한다. 이런 의미에서 작가의 임무는 지구를 들어올릴 확고한 '아르키메데스의 점'을 찾는 것이 아니라 항상 변화하는 해결책, 연관관계, 변수들을 찾아내어 모든 것을 포괄하는 총체적 세계관을 구성하는 것이다.

무질에 따르면 문학은 과거에 벌어진 사건을 충실하게 모방하는 것이 아니라, 미래에 새롭게 형성될 삶을 고안해내는 것이다. 무질은 잽싼 물고기가 아니라 '뭍에 얹혀 죽어가는 한마리 고래'일 수밖에 없었다. 세계에서 분명한 해답을 찾는 것이 불가능하다는 것을 알면서도 그 사명을 받아들였기 때문이다. 무질은 일기에서 자신에게 맡겨진 작가의 숙명을 피하지 않고 죽음을 기다리는 것이 참된 예술가라고 밝힌다. 이것은 그의 필생의 역작『특성 없는 남자』가 애초에 쓸 수 없고 완성할 수 없는 미완의 꿈이었음을 암시해준다.

2. 무질의 삶

2-1. 불행한 아이

로베르트 무질은 1880년 오스트리아 클라겐푸르트에서 아버지 알프레트 무질(Alfred Musil)과 어머니 헤르미네 베르가우어(Hermine Bergauer) 사이에서 태어난다. 복잡한 가정 상황으로 인해 이미 유년시절부터 그의 불행은 시작된다. 어머니 헤르미네는 스무살에 결혼했다. 그녀는 자기 삶을 꽉 움켜쥐고, 자신의 환상에 관심을 보여줄 수 있는 남자를 원했다. 하지만 남편 알프레트는 그럴 만한 권위가 있는 남자는 아니었다. 그는 부인의 별난 성질을 묵묵히 참고 견뎠으며, 그런 남편을 그녀는 일밖에 모르는 남자로 받아들였다. 그녀는 결혼한 지 7년 만에 남편의 친구인 하인리히 라이터와 부적절한 관계에 빠졌다. 남편 알프레트도 이 관계를 알고 있었지만 둘 사이를 인정했고, 이때부터 라이터는 무질의 또다른 식구가 되었다.

이런 유년시절의 체험은 단편 「통카」의 주인공이 어머니의 남자친구 히아친트에게 보인 경멸과 반항감에서도 드러난다.

부모와의 비정상적인 관계는 부모에 대한 존경과 신뢰를 무너뜨렸으며 소년은 점점 바깥 세계로부터 멀어져 자기 방에 스스로를 은폐시킨다. 이 시절 그에게 유일한 기쁨은 창가에 서서 집 정원을 바라보는 것이었다. 그는 밤중에 창가에 서서 낯선 세계를 바라보는 것을 좋아했다. 멜랑콜리한 시선으로 바라본 세계는 마법적 현실로 되돌아왔다. 그는 정원에 서 있는 나무와 이리저리 뒹구는 낙엽을 보면서 현실이 아니라 그 이면의 뭔가 알 수 없는 '유령 같은 것'이 내면으로 들어와 영혼을 충만시키는 체험을 한다. 이로써 그는 외부세계를 받아들이는 또다른 길을 발견한다. 세계를 오성의 눈을 통해 합리적으로만 받아들이는 것을 넘어서 세계와 영적으로 교류하면서 총체적으로 받아들이는 길을 깨달은 것이다.

말년에 무질은 유년시절을 떠올리며 부모에 대한 거리감 때문에 자기 인생이 '현실로부터 벗어나기' 시작했다고 회고한다. 이런 그의 성향은 소설에도 그대로 반영된다. 무질은 『특성 없는 남자』의 창작 의도를 다음과 같이 말한다. "실제 사건에 대해 사실적으로 설명하는 것에는 관심이 없습니다. (…) 사실들은 늘 변화 가능한 것이니까요. 저에게 관심있는 것은 영적인 전형입니다. 제가 말하고자 하는 것은 '사건 뒤에 숨은 유령 같은 것'입니다." 이에 따르면 소설은 '경직된 현실'이라는 껍데기 속의 시대정신을 그려내야 한다. 그에게 시대정신은 현실에만 있는 것이 아니라 현실의 껍데기 속에서 아직 현실화되지 못한 것에도 있다. 이처럼 그가 떠올린 유년시절의 특징은 모든 것이 '이중적 윤곽'으로 경계가 모호하다는 것이며, 이것은 훗날 무질 문학의 핵심 개념이 된다.

2-2. 작가의 길

이후 작가로 살겠다는 결심을 굳힐 때까지 그의 학창시절은 군인(사관학교), 엔지니어(공대), 인문학도로 변신하는 매우 혼란스럽고 불안한 과정이었다. 그가 엔지니어의 길을 선택한 가장 중요한 이유는 '정확성의 파토스', 즉 정확성을 기반으로 불합리하고 환상적인 것을 불신하는 엔지니어의 태도를 신뢰했기 때문이다. 그는 오직 기술적 사유만이 세계를 합리적으로 바꿀 수 있을 것으로 믿었으며, 때문에 엔지니어는 가장 진보적인 역사의식을 가진 직업으로 보였다. 그에게 엔지니어는 미래의 예언자이자 새로운 세계를 창조할 새시대의 구원자였다.

무질은 1901년 기술고시에 합격하고 1902년 슈투트가르트 공대 재료시험연구소에서 1년간 조교로 근무하면서 엔지니어로서의 경력을 쌓아나간다. 하지만 그가 생각했던 엔지니어의 상과 실제 그들의 삶 사이엔 큰 괴리가 있었다. 엔지니어들은 연구실에서는 합리적이며 냉철한 개혁성을 지녔지만, 연구실 밖에서는 구태의연하고 관습적이었다. 엔지니어들은 자신의 변혁의지와 냉철한 사유방식을 생활에 적용하고, 기술의 발전이 가져올 의미를 포괄적으로 사유하는 데 무관심했다. 무질은 과학

기술이 인류의 미래를 약속해줄 것이라는 희망을 포기했다. 슈투트가르트에서 보낸 1년은 그에게 무의미하고 무료한 시간이 되고 말았다. 틀에 박힌 일상은 이런 희망을 좀먹는 곰팡이였으며, 그는 외로움과 무료함을 달랠 새로운 탈출구를 찾아야 했다. 그에게 탈출구는 바로 문학이었으며, 첫 작품 『생도 퇴를레스의 혼란』(*Die Verwirrungen des Zöglings Törless*)은 그렇게 세상에 나왔다.

이 소설에서 암시되듯이, 무질이 엔지니어의 길을 포기한 결정적 계기는, 자기 내면 깊숙한 곳에서 이성적으로 파악할 수 없는 '불확실한 충동'을 느꼈기 때문이다. 모든 것을 과학적이며 합리적인 사유체계 속에 가지런히 정리할 수 있다고 믿었던 젊은 공학도에게 내면의 무질서하고도 불확실한 감정은 반드시 해명되어야 할 삶의 문제였다.

하지만 이 답을 과학적 방법으로 찾으려는 노력은 오히려 그에게 혼란만 가중시켰다. 왜냐하면 그는 합리화의 토대가 되는 수학에도 '무한개념'과 '-1의 제곱근이라는 상상의 숫자'처럼 비합리적이며 불가사의한 힘이 존재함을 알았기 때문이다. 이 때문에 무질은 "세계와 우리 존재는 그 심연이 무질서하고 불확실하며 불가사의할뿐더러 수학자조차 파악할 수 없는 영역이 존재한다"고 말한다. 이로써 그는 세계와 자아의 이원성, 즉 세계는 수학적으로 해명될 수 있는 영역(합리적 영역)과 해명될 수 없는 영역(비합리적 영역)으로 나뉘어 있으며, 세계에 대한 완전한 해명은 두 영역을 합일시킬 수 있을 때만 가능하다는 인식에 이른다. 이와 같은 두 영역의 합일은 그가 엔지니어의 길을 포기하게 된 결정적 배경이었고, 훗날에는 무질 문학의 기본 개념이 되었다.

공학은 합리적으로 해명되지 않는 영역으로의 접근을 허락하지 않았다. 공학은 세계의 반쪽만 해명해주었으며, 세계를 완전히 해명하기 위해서는 공학을 뛰어넘어 새로운 영역을 파악해야 한다. 무질은 이 영역을 '영혼'이라는 개념으로 요약하는데, 여기서 영혼은 합리적으로 해명되지 않지만, 내면에서 분명히 감지되는 불확실한 감정을 의미한다. 결국 영혼을 탐색하고 해명하기 위해 그는 작가로 변신한 것이다.

2-3. 글쓰기 실험

첫 작품 『생도 퇴를레스의 혼란』으로 성공적으로 문단에 데뷔한 무질은 5년 후(1911) 「사랑의 완성」(Die Vollendung der Liebe)이 수록된 소설집 『합일』(Vereinigung)을 내놓는다. 하지만 『합일』은 첫 소설처럼 대중적인 반응을 얻지는 못한다. 그 이유는 작품의 집필 시기가 작가의 베를린 유학 시절과 겹쳐 있었고, 이 시기에 작가는 자신의 전공인 생철학과 심리학 연구에 더 집중했기 때문이다. 작가는 세계와 인간의 겉모습을 모방하는 것보다는 시시각각 변하는 역동적인 인간심리를 그리는 데 더욱 관심을 가졌다. 작가에게 중요한 것은 피상적 외양의 전달이나, 인간 내면의 심리변화를 인과법칙에 따라 이야기하는 것이 아니라, 계속 변화하며 움직이는 인간 내면의 특수한 진실을 정확하게 그려내는 것이었다. 이를 위해 그는 새로운 서사기법을 필요로 했는데, 그것은 외적 사건을 인과관계의 사슬로 엮어 충실하게 모방하는 전통 리얼리즘의 기법을 벗어나, 요동치는 인간의 고유한 내면 심리를 정확하게 포착하는 것이었다.

무질은 이처럼 피상적·일차원적·인과적·연대기적으로 이야기를 엮어가는 리얼리즘적 서사기법으로는 삶의 심연에 도달할 수 없다는 인식 아래 『합일』을 자신의 독창적인 서사기법을 실험하는 무대로 삼았다. 하지만 그의 새 작품은 전통적인 소설 독법에 익숙해 있던 독자들의 이해와 공감을 얻지는 못했다.

비록 『합일』이 대중적 성공을 거두지는 못했지만, 이 작품집은 무질의 문학 노선을 근본적으로 변화시킨 결정적 계기가 되었다. 그는 이 작품을 통해 외적 사실을 허구적으로 모방하는 전통소설의 경향에서, 내면의 심리변화를 정확하게 그려냄으로써 '진리'를 추구하는 실험적 작가로 변신하며, 리얼리즘적 요소를 간직한 심리묘사에서 이와 질적으로 완전히 다른 묘사기법으로 전향한다.

3. 무질의 문학론: 과학과 신비주의의 합일

"최근에 나는 내 자신에게 붙일 매우 멋진 말을 발견했다. '해부학자'(Monsieur le vivisecteur) (…) 나의 삶은 20세기 초반부 영혼을 해부하는 해부학자의 모험과 방황이다."

1920년 무질은 우연히 어떤 책의 서평을 읽다가 '영혼 해부학과 영혼 해체학의 대작'이라는 문구를 발견한다. 여기서 알수 있는 것은 그에게 해부(Vivisektion)는 '영혼의 해부'(die psychische Zergliederung)를 뜻하며, 언제든지 변화 가능한 살아있는 생명체를 연구 대상으로 삼는다는 것이다. '해부학자'라는 개념은 작가 무질의 행로에 결정적 전환점이 된다. 그는 해부학자란 무엇인가라는 질문에 "아마도 새롭게 다가올 뇌의 인간이 아닐까?"라고 반문한다. 따라서 그에게 작가의 사명은 외부 현실의 모방을 벗어나 인간의 뇌를 분석하는 창조적인 작업에 몰두하는 것이다. 그는 '심리적 현미경'을 가지고 자신을 관찰, 분석하기 때문에 일상적 삶의 연관관계로부터 분리된 장소에서 고독하게 실험에 몰두한다. 하지만 이 실험은 자연과학의 실험처럼 대상을 객관적·즉물적으로 분석하는 것이 아니라, 자유연상 기법을 통해 대상과 나의 경계를 허물고 그 속으로 침잠하여 인간 내면의 은밀한 지점을 파헤친다. 그러므로 해부학자는 대낮의 밝은 빛이 비치는 곧은 거리를 보면서도, 그것이 곧지도 않고 밝지도 않음을, 그 아래에는 비밀과 수수께끼로 가득 찬 구덩이와 지하통로, 숨겨진 감옥, 파묻힌 교회가 각각 여러 갈래 길을 따라 숨어 있음을 감지한다.

따라서 무질이 자신을 영혼의 해부학자라 정의할 때, 그는 원근법적 시각에서 사물의 다층성을 관찰하는 퇴를레스와 마찬가지로 사물의 양면성과 이로 인한 혼란을 뼈저리게 느낀다. 「시인의 인식에 관한 스케치」(1918)는 이 분열을 체계적으로 정리한 에세이다. 제목에서도 알 수 있듯 그는 이 글에서 '철학적 인식론'이 아니라 '시인의 인식론'을 주장한다. 문학이 진리, 즉 참된 인식에 도달할 수 있느냐의 문제는 플라톤 이후 예술과 철학이 벌인 첨예한 논쟁의 대상이었다. 이에 대해 전통 철학은 비합리적 가상세계를 다루는 문학은 결코 진리에 도달할 수 없다고 주장한다. 하지만 무질은 문학이 개인의 직접적인 감정이나 체험을 전달하는 한, 충분히 참된 인식에 이를 수 있다고 본다. 그에게 문학은 합리적 인식은 아니지만, 그보다 존재론적으로 더 진솔한 인식이 될 수 있다. 왜냐하면 문학의 인식은 개념에 의존한 간접적·추상적 인식이 아니라, 주체의 경험을 통해 그 고유성이 보장되는 직접적 인식이기 때문이다.

무질은 여기서 '합리적 영역'(das ratioide Gebiet)과 '비합리적 영역'(das nicht-ratioide Gebiet)이라는 개념을 통해 과학의 인식방법과 시인의 인식방법을 구분한다. 그에 따르면 시인의 세계인식은 확실한 점 'a'를 가진 사람, 즉 합리적 영역에서 활동하는 인간의 세계인식과는 다르다. 합리적 영역은 과학적으로 체계화할 수 있는 것, 법칙으로 정리 가능한 것, 그리고 물리적 자연세계를 포함한다. 이 영역은 사실들의 고정불변성과 반복가능성이 높은 비중을 차지하고, 확실한 개념이 지배하여 예외를 허용하지 않는다. 하지만 이 영역의 심층부는 대단히 불안하게 동요하고 있다. 수학의 가장 깊은 토대는 논리적으로 불확실하며, 물리학의 법칙조차도 근사치로만 효력을 인정받는다. 무질의 혼란은 이처럼 오성에 기초한 완전한 세계질서의 균열, 즉 합리적 사유방식으로 파악될 수 없는 대상들이 '이 빠진 원'처럼 존재하고 있다는 사실에서 출발한다. 무질의 문제의식은 이 균열을 없애고 새로운 총체적 세계질서를 확보하는 것이다. 이를 위해 그는 합리적 인식 너머의 대상들까지 포괄할 수 있는 새로운 인식방법을 필요로 했다. 무질에게 그것은 바로 시인의 인식방법이었다. 왜냐하면 오성을 초월한 비합리적 사건을 인식하는 것이 문학의 일이기 때문이다.

작가의 과제는 '확실한 것'(das Feste)을 찾는 것이 아니라 합리적 정신이 포착할 수 없는 미지의 현실을 열어주는 것이다. 무질에게 문학의 대상은 '무한히 다양한 영적 모티브'다. 이것은 항상 새로운 관계를 맺으면서 무한히 변하기 때문에 결코 체계화할 수 없고, 경계를 지어 논리적으로 명확하게 설명할 수도 없다. 무질은 시인을 책임 능력의 경계에 있는 '예외적 인간'으로 보는 시각에 반대한다. 시인은 광인이나 예언자 또는 이성의 불구자가 아니다. 시인은 예외를 존중하는 사람이라는 의미에서만 예외적 인간이다. 무질에게 작가는 특정한 방식으로 특정한 영역에서 활동하는 '인식하는 인간'이다. 그는 합리적 인간들이 사용하는 인식방법 이외에 다른 것을 사용하지 않는다. 다만 자아를 배제한 채 오로지 오성을 이용해 사유에서 사유로, 사실에서 사실로 걸어가는 그들의 사유습관을 따르지 않을 따름이다. 다시 말해 그는 합리적으로 정리될 수 없는 '사물의 내면성'과 인간 무의식 속에서 우리를 조롱하는 영혼의 움직임(모티브)을 오성을 사용해 해명해보려 시도한다.

따라서 작가는 비합리적 영역에서 활동하는 합리적 인간이며, 그를 합리적 인간과 구분해주는 것은, 그가 사실(Tatsache)을 '자기 외부'(außer sich)에서 찾는 게 아니라 '자기 내면'(in sich)에서 찾는다는 것이며, 이때 인과관계에 따라 자기 체험을 한줄로 연결시켜 해명하는 것을 포기한다는 것이다.

무질에 따르면, 영혼을 이성과 대립시키는 것은 오해에서 비롯된 것이며, 우리의 근본문제는 합리주의와 비합리주의에 관해 아무렇게나 갈겨씀으로써 이 둘을 혼동하고 있다는 데 있다. 이제 작가에게 필요한 것은 무절제한 감정의 탐닉을 찬양하는 문학이나, 세계사를 한줄로 세우는 명쾌한 과학적 이론이 아니라, 추상적 개념을 일상생활의 구체적 체험과 연결시킬 수 있는 융통성 있고 개방된 사유형식이다. 그것은 이성에 대한 한계설정인 동시에 인간이 가진 이성적·논리적 능력과 감정적·신비적 능력을 결합하는 것이다. 이에 따라 문학의 과제는 이성과 신비주의의 이원론적 대립을 극복하고 하나로 합일을 이루는 것이다.